RAINER STADELMANN

DIE ÄGYPTISCHEN PYRAMIDEN

KULTURGESCHICHTE
DER ANTIKEN WELT

BAND 30

VERLAG PHILIPP VON ZABERN · MAINZ AM RHEIN

RAINER STADELMANN

DIE ÄGYPTISCHEN PYRAMIDEN

Vom Ziegelbau zum Weltwunder

VERLAG PHILIPP VON ZABERN · MAINZ AM RHEIN

296 Seiten mit 92 Textabbildungen, 23 Farb- und 54 Schwarzweißtafeln

Umschlagbild: Große Sphinx und Cheops-Pyramide

Vorsatz vorn: Nekropole von Dahschur mit der Knickpyramide aus dem Alten Reich und der Schwarzen Pyramide aus dem Mittleren Reich. Im Vordergrund der See von Dahschur.

Vorsatz hinten: Pyramiden von Giza, Blick über das Fruchtland.

Lizenzausgabe mit Genehmigung
der Wissenschaftlichen Buchgesellschaft, Darmstadt
© 1985 by Wissenschaftliche Buchgesellschaft, Darmstadt

ISBN 3-8053-0855-8
Satz: Robert Hurler GmbH, Notzingen.
Lithos: Witzemann & Schmidt, Wiesbaden.
Printed in West Germany by Philipp von Zabern.

Inhaltsverzeichnis

Das Königtum des Re

Totentempel und Kult − Priester und Pyramidenstadt

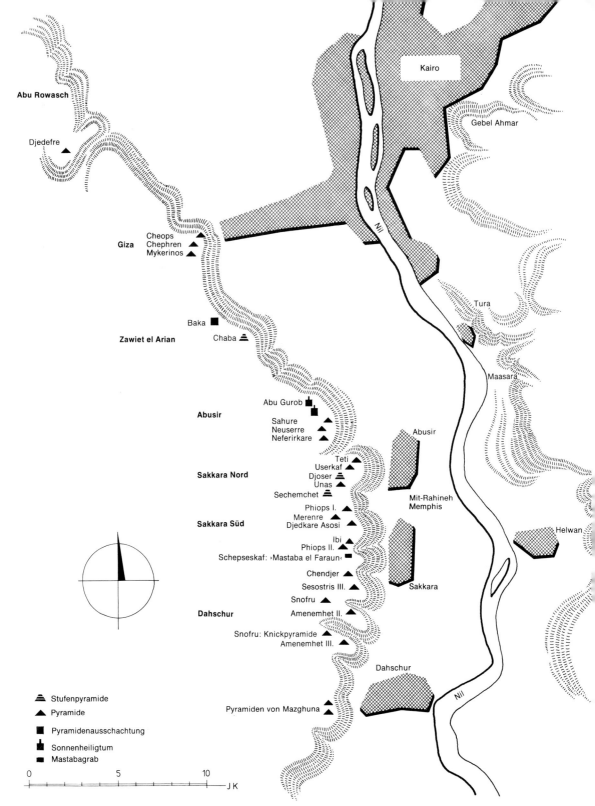

Abu Rowasch

Djedefre ▲

Giza Cheops ▲
Chephren ▲
Mykerinos ▲

Baka ■

Zawiet el Arian Chaba ☰

Kairo

Gebel Ahmar

Nil

Tura

Maasara

Abu Gurob ▮
▮

Abusir Sahure ▲
Neuserre ▲
Neferirkare ▲

Abusir

Teti ▲
Userkaf ▲
Sakkara Nord Djoser ☰
Unas ▲
Sechemchet ☰

Mit-Rahineh
Memphis

Phiops I. ▲
Merenre ▲
Sakkara Süd Djedkare Asosi ▲

Ibi ▲
Phiops II. ▲
Schepseskaf: ›Mastaba el Faraun‹ ■

Chendjer ▲
Sesostris III. ▲
Snofru ▲
Dahschur Amenemhet II. ▲

Helwan

Sakkara

Snofru: Knickpyramide
Amenemhet III. ▲

Dahschur

Nil

☰ Stufenpyramide
▲ Pyramide
■ Pyramidenausschachtung
▮ Sonnenheiligtum
▬ Mastabagrab

Pyramiden von Mazghuna ▲

0   5   10
├─┼─┼─┼─┼─┼─┼─┼─┼─┤
J K

1 Pyramidenfriedhöfe von Abu Rowasch bis Dahschur.

6

Einleitung

Die Pyramiden Ägyptens haben schon immer die Phantasie und die Gedanken der Menschen beschäftigt. Seit sie Ende des 3. Jahrtausends erstmals beraubt und ihre Kultanlagen verödet waren, sah man in ihnen je nach der Einstellung des Betrachters Denkmäler vergangener Größe und Religiosität, oder ragende Zeugen eines eitlen Wahns, ja der Selbstvermessenheit der Menschen gegen die Götter. Die Ägypter des Neuen Reiches kannten noch sehr wohl die Grabfunktion der Pyramidenanlagen, die sie als Monumente vergangener, großer Zeiten besuchten und bewunderten. Der pietätvolle Sohn Ramses' II., Chaemwaset, ließ die gestörten Bestattungen restaurieren und schützen; zur gleichen Zeit erblickte man in den Pyramidengräbern jedoch schon die Verkörperung einer vergeblichen Hoffnung auf eine ewige körperliche Bewahrung und beklagte das Los ihrer Erbauer. In der Saitenzeit setzte dann eine beinahe systematische Erforschung – und mit ihr leider auch eine ebenso gründliche Beraubung – der großen Pyramidenbezirke in Giza und Sakkara ein; die Schatzsuche verband sich mit dem Bestreben, die Geheimnisse und verborgenen Kenntnisse der Vorzeit zu ergründen, die Kunst und den Stil, die Themen und die Beischriften möglichst genau nachzuahmen und damit die Verbindung mit der Vergangenheit zu wahren.

Als erster Fremder hat Herodot die Pyramiden von Giza beschrieben. Von ihm stammt die negative Wertung der großen Pyramidenerbauer, in denen der freiheitlich gesinnte Grieche nur gottlose Unterdrücker und selbstsüchtige Tyrannen erkennen konnte. Die späteren klassischen Autoren, unter ihnen Diodor und Strabo, folgten ihm darin. Diodor hat allerdings die Pyramiden unter die Weltwunder gezählt. Zahlreiche Namensgraffiti in griechischer und lateinischer Schrift auf den unteren Verkleidungssteinen der Pyramiden sind Zeugen des regen Tourismus in der Antike. In islamischer Zeit ging das Interesse an den Pyramiden – nach einer neuerlichen Ausplünderung – zurück und selbst die Namen der Erbauer der Pyramiden von Giza gerieten in Vergessenheit, ebenso wie die Bestimmung der Riesenbauten als Königsgräber. Christliche Pilger sahen in ihnen die Kornspeicher des Joseph, die dieser in den sieben „fetten Jahren" für Pharao erbaut habe, um für die „mageren Jahre" vorzusorgen. Erst die Humanisten des 15. und 16. Jahrhunderts konnten diese biblische Deutung zurückweisen und den wahren Zweck als Königsgrab wieder feststellen[1]. Inzwischen waren die Pyramiden und die sie umgebenden Gräber zu wahren Steinbrüchen geworden, aus denen der kostbare Turakalkstein der Verkleidung zum Bau der Mauern Kairos und der Zitadelle, der Paläste und selbst der umliegenden Dorfhäuser, sowie bis in die neueste Zeit das Material für die Befestigung der Kanäle und der Straßen gewonnen wurde[2]. Die wissenschaftliche Erforschung der Pyramiden setzte mit der Ägyptischen Expedition Napoleons ein. Erstmalig unternahmen Gelehrte Ausgrabungen und Vermessungen an den Pyramiden von Giza. Das Interesse an den Pyramiden und ihren Geheimnissen zog Wissenschaftler wie phantasievolle Laien des 19. Jahrhunderts gleichermaßen an; Grabungsgenehmigungen und solche für einfache Untersuchungen waren anfänglich leicht zu erhalten, so daß die Pyramidenforschung − besonders die Pyramidenmystik − bald zur Mode wurde[3]. Unter den ernsthaften Forschern der Mitte des Jahrhunderts ragen die Engländer Howard Vyse[4] und J. S. Perring[5] heraus, deren Meßergebnisse noch heute zum Teil unübertroffen sind und Gültigkeit haben. Richard Lepsius erstellte während seiner wissenschaftlichen Expedition in den Jahren 1842−45 einen Katalog aller Pyramiden Ägyptens und Nubiens und hat als erster eine Bautheorie des schalenförmigen Wachstums der Pyramiden ersonnen[6], die später der große Bauforscher und Ausgräber der Abusirpyramiden, Ludwig Borchardt, als Grundlage seiner Bautheorie übernahm[7]. W. Flinders Petrie begann seine wissenschaftliche Tätigkeit in Ägypten mit einer jahrelangen, mustergültigen Vermessung der Gizapyramiden, die noch immer grundlegend ist[8]. Die Erforschung der kleineren Pyramiden wurde mit der Entdeckung und Aufnahme der Pyramidentexte in den Pyramiden der 6. Dynastie durch Gaston Maspero in Angriff genommen[9]. In Sakkara begründete schließlich Jean Philippe Lauer eine lange und erfolgreiche Karriere als Ausgräber und Architekt an der Stufenpyramide des Djoser[10].

Die Form der Pyramide entwickelte sich langsam und, wie Borchardt am Ende einer grundlegenden baugeschichtlichen Untersuchung am Beispiel der Stufenpyramide von Meidum formulierte[11], beinahe zufällig und auf den merkwürdigsten Umwegen. Letzteres mag übertrieben klingen: Kubus und Pyramide sind einfache geometrische Formen, die sich bei entsprechender Abstrahierung monumentaler Massivbauten beinahe zwangsläufig ergeben, wie ein vergleichender Blick auf andere darin sicherlich unbeeinflußte Kulturen, etwa im Zweistromland oder in Mittelamerika, zeigt. Entscheidend, wenn auch unterschiedlich in den einzelnen Kulturen, ist dabei allein das Streben, monumentale Formen geometrisch zu gestalten[12]. Dabei können durchaus konträre Vorstellungen anregend und gestaltend wirken. In Mesopotamien ist die Vorstellung, die der sumerischen Ziggurat zugrunde liegt, von Anfang an ein Hügel, der Götterberg, auf dem ein Heiligtum errichtet wird[13]. Ganz anders in Ägypten: Daß Berge und natürliche Hügelformen die Gestaltung der Pyramiden inspiriert und gefördert haben, wird immer wieder behauptet, ist aber von der Entwicklung her absolut ausgeschlossen. Im Gegensatz zu Mesopotamien, wo Berge und Hügel als Wohnung der Götter und Träger des Kultobjektes vorgesehen waren, wächst in

Ägypten die Pyramide schalenförmig zu einem künstlichen Hügel um ein in dessen Innern verborgenes und geborgenes Kultobjekt, das Königsgrab. Erst relativ spät und kurzfristig innerhalb dieser Entwicklung wird der Pyramidenstumpf Sockel und Träger eines Kultobjektes, nämlich der Obelisken der Sonnenheiligtümer der 5. Dynastie. Daß die in Ägypten weit verbreitete und theologisch immer schöpferische Idee des Urhügels niemals Anwendung auf die Pyramiden findet, zeigt deutlich, wie konträr die Vorstellungen von Hügel und Pyramide gelagert waren, und daß letztere allein dem Wunsch und Bestreben nach einer Monumentalisierung des Königsgrabes ihre Entstehung verdankt.

Dagegen sind die Anordnung und die Gestaltung der Grabräume und der Kultanlagen durch die jeweils vorherrschenden, religiösen Vorstellungen einer Zeit bestimmt und erfahren größere Veränderungen. Eindeutig ist dies am Grabkorridor und dem Eingang in der Mitte der Nordseite abzulesen, der über das gesamte Alte Reich so beibehalten bleibt, wobei nur die Höhe des Eingangs aufgrund praktischer Anforderungen der Bestattung und des Verschlusses verändert wird. Darin spiegelt sich das Verlangen des toten Königs wider, zum Nordhimmel aufzusteigen und zu den unvergänglichen Sternen zu gelangen, wo nach altem Glauben das königliche Jenseits gesucht wird. Inwieweit dagegen die Versenkung der Grabräume in tiefe Schächte und unterirdische Galerien neben der Sicherheitsfunktion das Eindringen chthonischer Ideen und Glaubensgehalte, wie sie durch die Götter Ptah, Sokar und Osiris verkörpert werden, ausdrücken und bedeuten könnte, ist noch immer stark umstritten und bedarf weiterer Untersuchungen, die aber über den Rahmen dieser baugeschichtlichen Darstellung hinausgehen würden. Dies gilt auch für die Deutung der Totentempel als Kultbühne der Bestattung und der damit verbundenen Rituale oder als Stätte der Erhaltung und Selbstdarstellung königlicher Macht und Vergöttlichung.

Damit ist der Rahmen der vorliegenden Untersuchung abgesteckt. Sie soll eine baugeschichtliche Entwicklung in ihren wesentlichen Zügen nachzeichnen, dabei sichtbare Unterschiede, Veränderungen und Entfaltungen beschreiben, um damit dem Verständnis dieser Pyramidenanlagen näherzukommen.

Von der Mastaba zur Stufenpyramide – Abydenisches Grubengrab und Butische Mastaba

Die Vorformen und die Entwicklung von Pyramide und Pyramidenbezirk müssen in den königlichen Grabanlagen der Thinitenzeit, d. h. der Könige der 1. und 2. Dynastie gesucht werden. Allerdings wird dieses Vorgehen dadurch erschwert und verunklärt, daß es für diese Periode zwei gleichzeitige Königsfriedhöfe mit unterschiedlichen Grabformen gibt, einen in Abydos und einen in Sakkara. Für beide Friedhöfe läßt sich anhand der Lage, der Architektur und der Funde ausreichendes Beweismaterial für die Behauptung beibringen, daß dies jeweils die Königsnekropole sei[14]. Eine vermittelnde These, die vor allem von dem Ausgräber der Sakkara-Nekropole, Walter B. Emery, und von Jean Philippe Lauer vorgetragen wurde, wonach die Könige der 1. Dynastie in Sakkara beigesetzt waren und in Abydos Kenotaphe gehabt hätten, wird von den Verfechtern der Abydostradition weniger aufgrund des archäologischen Befundes abgelehnt, als vielmehr anhand der in den Sakkaragräbern gefundenen Beamtensiegel, die diese Gräber, ungeachtet ihrer überragenden Größe, als Prinzen- und Beamtengräber auswiesen. Auch die bis heute umfassendste und tiefschürfendste Studie zur ägyptischen Baukunst des Alten Reiches von Herbert Ricke[15], der

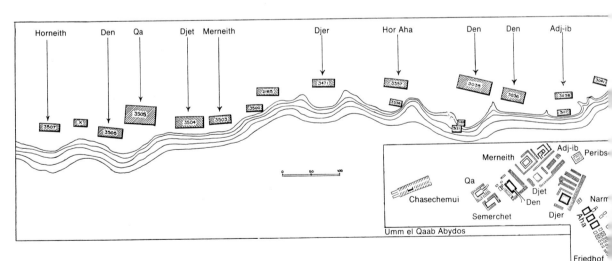

2 Königsgräber der 1. Dynastie in Sakkara und Abydos.

in den beiden Nekropolen die traditionellen Vorstellungen und Bauelemente einer nomadischen Kultur Oberägyptens (Abydos) und einer bäuerlichen, seßhaften Unterägyptens (Sakkara) zu finden glaubte und sicherlich auch teilweise zu Recht aufgezeigt hat, fußt auf der These der Doppelgräber, eines oberägyptischen Scheingrabes in Abydos und eines unterägyptischen Begräbnisses in Sakkara; sie ist in diesem Punkt auf Ablehnung gestoßen. Die gelegentlich geäußerte Überlegung, Abydos oder Sakkara seien je nach dem Todesort des Königs, der in der 1. Dynastie noch ohne feste Residenz von einer Königspfalz zur anderen reiste, als Nekropole gewählt worden, erscheint denkbar, besonders wenn man berücksichtigt, daß zu dieser Zeit die Methoden der Mumifizierung und Konservierung der Toten noch keineswegs so entwickelt waren, daß sie den Transport des verstorbenen Königs über Hunderte von Flußkilometern ermöglicht hätten[16]; sie scheiterte aber an der Tatsache, daß an beiden Orten eine in sich geschlossene Grababfolge vorliegt, die bei einer gelegentlichen Belegung nicht zu erwarten wäre. Beide Nekropolen haben sich ohne Zweifel gegenseitig beeinflußt und in unterschiedlicher Weise Ideen und Bauformen an die späteren Pyramidenbezirke weitergegeben, auch wenn die direkte Linie für uns heute nicht immer ungebrochen aufweisbar ist.

Der Königsfriedhof von Abydos wurde 1895 von Emile Amélineau entdeckt und ausgegraben[17], wobei eine Anzahl von Königsstelen, darunter die berühmte des Königs Djet = Schlange, und zahlreiche beschriftete Gefäße, Siegelabrollungen und Elfenbeinetiketten sowie Fragmente der Grabausstattung gefunden wurden. Eine unmittelbar sich anschließende Nachgrabung von Petrie 1900/01 hat dieses Material erheblich erweitert[18]; seiner Publikation verdanken wir die gültige Vermessung und Bestimmung der Gräber und deren Pläne. In neuester Zeit hat das Deutsche Archäologische Institut Kairo eine erneute Nachuntersuchung an dem Friedhof in Umm el Qaab durchgeführt[19], bei der vor allem die Zuordnung der ältesten Gräberreihe an die Könige Irj-Hor, Ka, Narmer und Hor Aha gesichert werden konnte und zudem wesentliche Feststellungen zur Architektur der Oberbauten der Gräber gewonnen wurden, von denen Petrie nur die Grabgruben aufgenommen hatte; die Oberbauten schienen endgültig verloren. Taf. 1 Die Grabgrube − dies veranschaulicht gerade die neueste Untersuchung von W. Kaiser[20] sehr klar − ist das Charakteristikum dieser Gräber, die man daher am besten mit Kaiser als Grubengräber oder Kammergräber bezeichnen kann. Die früheren Gräber der Könige vor Menes/Aha haben bemerkenswerterweise je zwei Grabgruben, das des Aha besteht sogar aus drei hintereinandergelagerten, mit Ziegelmauerwerk verkleideten Kammern[21]. Man wird darin einen zunehmenden Raumbedarf für die Bestattung und die Beigaben erkennen dürfen, dem aber die technische Möglichkeit der sicheren Überdachung eines entsprechend großen Einzelraumes noch fehlt. Dies scheint erst mit dem Grab seines Nachfolgers Djer voll gegeben zu sein, das mit ca. 12 × 13 m Innenraum zugleich das größte Grab der 1. Dynastie in Abydos war, dessen Überdachung sicherlich die

Grenzen der damaligen Technik erreichte. In diese, durch dicke Ziegelmauern verfestigte, jedoch nur ca. 250 cm tiefe Grube war nach den von Petrie beobachteten Spuren eines Balkenrostes eine Holzkammer oder ein Holzschrein eingestellt, dessen Seiten- und Vorderflächen durch Zungenmauern gegen die Grubenmauern zusätzlich versteift und gehalten wurden, während die Rückwand offenbar bündig an die Gräbermauer anstieß. Zwei Scheintüren an der südlichen Rückwand und im Südteil der Westwand legen die Vermutung nahe, daß dort jeweils der Sarg bzw. Statuen untergebracht gewesen sein könnten[22]. Über den Standort der Königsstelen, die, seit Narmer belegt, im Schutt des Grabhügels verworfen gefunden worden sind, ist allerdings keine Sicherheit zu gewinnen. Sie könnten vor der Ostfassade − weniger wahrscheinlich im Grab − oder auf der Außenseite der Ziegelumfassungsmauer aufgestellt gewesen sein[23].

Der bemerkenswerteste Teil der Grabarchitektur war damit ohne Zweifel die eingebaute hölzerne Kammer, deren Aussehen anhand der erhaltenen Fragmente allerdings schwerlich mehr wiederzugewinnen sein wird. Man könnte mit Kaiser an einen Holz-Matten-Bau denken[24], wie ihn Ricke für den Südpalast („Maison du Sud") des Djoserbezirkes rekonstruiert, für den Grabgebrauch verstärkt, oder doch vielleicht an einen oder mehrere Schreine, wie sie in sicher gewandelter Form in der Grabkammer des Tutanchamon standen. Derartige Schreine sind für die späteren Pyramidengrabkammern nicht ganz auszuschließen. Sicher haben Schrein oder Holzkammer nicht über die eigentliche Grabkammer hinausgeragt, sondern wohl unter der Ziegelverkleidung der Grube abgeschlossen. Die Decke kann man sich nur in Form mächtiger Rundbalken vorstellen, die wiederum nach den neueren Untersuchungen von Kaiser und Dreyer von einem nur mäßig hohen Sandhügel von ca. 1,20−1,50 m Höhe bei Djer und Djet bedeckt war[25]; spätere Gräber, z. B. das des Königs Udimu/Den, erhoben sich vermutlich sogar nur 0,20−0,40 m über dem Wüstenboden[26]. Der äußere Eindruck dieser Gräber ist also durchaus nicht der eines Hügels und keineswegs ein monumentaler. Eine Entwicklung zeigt sich eigentlich nur darin, daß die hölzernen Einbauten näher und näher an die Ziegelausmauerung des Grabes angepaßt wurden − vielleicht auch ein technischer Fortschritt in dem Zusammenbau vorgefertigter Teile −, und daß die Gruben zur Mitte der 1. Dynastie wieder tiefer werden, dafür der obere Abschluß beinahe eben mit dem Wüstenboden verläuft, und daß, ebenfalls seit der Mitte der 1. Dynastie und damit im baulichen Zusammenhang mit der Vertiefung der Gruben, eine Treppe in das Grab hinabführt. Dieser offensichtliche Mangel einer Entwicklung und einer Entfaltung über fast zwei Jahrhunderte in einer an sich so dynamischen Zeit wirkt in der Tat erstaunlich und deutet doch vielleicht schon auf ein provinzielles Stagnieren und auf eine spürbare Distanz von dem Zentrum künstlerischer und geistiger Aktivität hin.

Dieser Eindruck wird gleichermaßen durch den Verfall der künstlerischen Gestaltung der Königsstelen von Abydos unterstrichen[27]: die Stelen der ersten beiden Könige Aha und Djer sind wohl nicht bzw. nur fragmentarisch erhalten; die des 3. Königs Djet/Schlange gilt mit Recht als ein Werk höchster künstlerischer und technischer Vollendung; dagegen fallen die Stelen der folgenden Könige einschließlich der der Königin Merneith deutlich ab. Sie sind grob und nur einseitig bearbeitet, die Rundung unbeholfen und weit entfernt von der eleganten Linienführung des oberen Stelenabschlusses der Djet-Stele. Der Königsname in der Palastfassade ist auf der Djet-Stele dezentriert, um die theologisch bedeutsame Figur des Horusfalken frei im Relieffeld wirken zu lassen; die späteren Stelen haben diese künstlerische Spannung absolut verloren, sie sind damit provinzielle Denkmäler geworden.

Diese − überspitzt ausgedrückt − Entwicklungslosigkeit und äußerliche Unscheinbarkeit der abydenischen Kammergräber wird jedoch teilweise durch weitere Bauten wettgemacht, die in ca. 2 km Entfernung von den Gräbern nahe der antiken Stadt am Fruchtlandrand errichtet waren, den sog. Talbezirken[28]. Sowenig auch der archäologische Befund über die Funktion dieser Bauten eine sichere Aussage zuläßt, so haben doch die Untersuchungen von Kemp[29] und Kaiser[30] die Tatsache erkennen lassen, daß mit gewissen Ausnahmen jedes der Königsgräber einen ihm zugeordneten Talbezirk hatte, wodurch eine funeräre Bewandtnis kaum mehr bezweifelt werden kann. Nicht zufällig beginnt die Reihe der Talbezirke mit dem des Djer, der auch in seinem Grab eine neue Entwicklung einleitet und dieses erstmals auf das Fruchtland hin ausrichtet. Allerdings sind die älteren Talbezirke bis zur Mitte der 1. Dynastie unter Udimu/Den nur durch die sie umgebenden Zingel von Nebengräbern rekonstruierbar. Sie waren offenbar aus leicht vergänglichem Holz- und Mattenwerk errichtet; erst die Talbezirke ab Udimu/Den sind aus Ziegelmauerwerk und daher anfänglich mit ca. 65 × 25 m Umfang wesentlich kleiner als die riesigen Höfe des Djer und Djet mit jeweils ca. 100 × 50 m Umfang. Diese Talbezirke bilden alle riesige, offene Höfe, die im Innern offenbar nur zeitweise und kurzfristig benutzte Bauten aus leichtem, vergänglichem Material, vermutlich Holz- und Mattenkonstruktionen, enthielten; erst in den Talbezirken der 2. Dynastie läßt sich jeweils nahe dem in der Südostecke gelegenen Tor ein kleiner, rechteckiger Ziegelbau nachweisen, der vielleicht dem gleichen Zweck wie die Holz-Matten-Konstruktion gedient hat, sicherlich aber aufgrund der bescheidenen Ausmaße keineswegs als Palast, selbst nicht als eine königliche Absteige[31]. Das Besondere dieser Talbezirke sind damit die mächtigen Umfassungsmauern, deren Außenseite durch eine umlaufende Nischenarchitektur monumental gegliedert war, wodurch sie einen Betrachter vom nahen Fruchtland und Tempel aus als eindrucksvolle königliche Totenfestungen anmuteten.

Diese dabei zur Schau gestellte Nischenarchitektur ist jedoch offensichtlich ein Baudekor, das − wie die damit gestalteten Höfe − erst sekundär den Kammergräbern beigegeben worden ist. Der ältere Königsfriedhof der Könige Irj-Hor, Ka, Narmer und Aha hatte diese Höfe noch nicht, bei Djer und Djet waren die

Fassaden noch nicht durch Nischen gegliedert. Da diese Nischenarchitektur in der funerären Architektur Ägyptens bis zur Pyramidenzeit eine so beherrschende Rolle spielt, kann die Frage nach ihrer Entstehung, ihrer Herkunft und dem ihr innewohnenden Symbolgehalt nicht ausgeklammert werden[32].

Die Nischengliederung von Mauerfassaden in Form einer regelmäßigen Folge von Vor- und Rücksprüngen ist eine Eigenheit der Ziegelarchitektur der Frühzeit, die am Übergang zur Pyramidenzeit auf die Steinbauweise übertragen wird, wobei sicherlich der symbolische Gehalt dieser Wandgliederung gegenüber der reinen Dekoration, bzw. dem durch das Baumaterial Ziegel Vorgegebenen schon bei den ersten uns erhaltenen und bekannten Baudenkmälern überwiegt, wenn auch letzteres bei der Entstehung und Entwicklung der Nischengliederung von Fassaden nicht unterschätzt werden sollte. Innerhalb der Nischengliederung können zwei Formen unterschieden werden: die reich gegliederten Palastfassadennischen und die einfachere Nischengliederung mit abgestuften Vor- und Rücksprüngen. Ob diese Verschiedenheit auch symbolhafter Natur ist, oder am Ende doch nur eine technische und vom Material her weniger aufwendige Bauvariante ist, können wir bei unserem heutigen Wissensstand nicht mit Sicherheit entscheiden; die einfachere Nischengliederung ist anfänglich häufiger an kleinen Mastabas der 1. Dynastie zu beobachten, die sicher nicht der königlichen Sphäre angehören, allerdings sind beide Gliederungen, die prunkvollere und die einfache, an einem der großen Gräber in Sakkara verwendet worden, das dem letzten König der 1. Dynastie zugeschrieben wird[33]. Die Ost-, Süd- und Nordfassaden dieser großen Mastaba (S 3505) weisen die reiche Nischengliederung im Palastfassadenstil auf, während die Westseite – die Rückseite (?) – die einfachere Gliederung hat.

Die Tatsache, daß die prunkvolle Palastfassaden-Nischengliederung mit einem Schlag und ohne bauliche Vorstufen zu Beginn der 1. Dynastie sowohl in Sakkara und im memphitischen Bereich wie auch im entfernten Oberägypten gleichzeitig auftritt, hat innerhalb der Forschung reichlich Verwirrung hervorgerufen[34]. Auf der Suche nach den Ursprüngen und den Entwicklungsformen richtet sich der Blick ganz zwangsläufig auf die traditionell bezeugten Königreiche von Buto und Sais im Delta[35], das trotz aller Anstrengungen bis in neueste Zeit archäologisch ein wenig erforschtes und durch die natürlichen geologischen Gegebenheiten vielleicht auch ein unergiebiges Terrain bleiben wird. Andere Ausgräber sehen in der Nischenarchitektur sogar ein weiteres Zeugnis für frühe Kulturbeziehungen und -beeinflussungen durch die sumerische Djemdet Nasr-Kultur im Zweistromland[36], ohne allerdings eine plausible Erklärung anzubieten, wie eine doch recht andersartige Nischengliederung aus unterschiedlichen Bauvorstellungen als mehr oder weniger fertige Form nach Ägypten gekommen wäre. Ohne grundsätzlich Beziehungen und kulturelle gegenseitige Berührungen und auch Beeinflussungen leugnen zu wollen, glaube ich doch, daß diese einerseits sehr viel mehr handgreiflicher, d. h. wirtschaftlicher Natur waren,

14

andererseits auf kulturellem Gebiet vielleicht nicht mehr als ein Stimulans, eine Anregung zum Überdenken und Verarbeiten von Erfahrungen und Erkenntnissen gewesen sein können.

Woher die Anfänge und Ursprünge dieser Bauform auch kommen mögen, sie müssen letztlich im Delta verarbeitet und weiterentwickelt worden sein, bevor sie zu Beginn der 1. Dynastie im memphitischen Raum verwendet worden sind. In Ermangelung archäologischer Ortsbefunde müssen somit umso stärker altägyptische Traditionen und Darstellungen herangezogen werden, um Hinweise und Spuren dieser Deltaarchitektur aufzudecken. Eine einfache Form der Nischengliederung – vielleicht auch Bastionen, aber in so regelmäßigen Abständen, daß dies wiederum schon eine Nischengliederung ergibt – zeigt die Umfassungsmauer eines Widdertempels, vielleicht des Tempels von Mendes, auf einem Elfenbeintäfelchen, das in Abydos im Grab des Udimu/Den gefunden worden ist[37]. Nischengliederung und nicht Bastionen weisen die beiden Gebäude auf der Stierpalette im Louvre und der Städtepalette in Kairo auf[38], ebenso vielleicht der Palast des erschlagenen Deltakönigs Wasch im unteren Feld der Rückseite der Narmerpalette[39]. Darstellungen des butischen Königsfriedhofes stimmen darin überein, daß die Gräber Nischengliederung hatten[40]; in die Nischen eines Sarges der 3. Dynastie sind wechselweise Palmen und Lotosblüten gemalt, die den heiligen Hain von Buto darstellen sollen[41]. Holzpfähle zum Befestigen von Palmenwedeln hat Emery in den Nischen am Grab des Hor Aha gefunden[42], Baumgruben vor dem Nischengrab des Udimu (3036)[43]. Allerdings fehlt unter diesen Beispielen immer noch eine Darstellung der prunkvollen Nischengliederung; diese schmerzliche Lücke im Befund kann vorerst nicht geschlossen werden. Dennoch glaube ich, daß man gerade für diese hochentwickelte und komplizierte Nischenform einen längeren Zeitraum ansetzen muß; sie kann nicht – wie Ricke[44] annimmt – in der kurzen Spanne zu Beginn der Regierung des Hor Aha in der Begegnung oberägyptischer und unterägyptischer Kulturen im memphitischen Raum geschaffen worden sein.

Das Grab des Hor Aha in Sakkara (S 3357)[45] war ein mächtiger, längsrechteckiger Kubus von etwa 41,60 m nordsüdlicher Längenausdehnung und 15,55 m Breite, was dem ägyptischen Maß von 80 × 30 Ellen (künftig E abgekürzt) entspricht. Nach dem modernen ägyptisch-arabischen Wort Mastaba = Bank werden diese Grabformen Mastaba genannt. Die vier Außenflächen der Mastaba waren durch eine regelmäßige Abfolge von je 9 prunkvollen Nischen des Palastfassadenstils auf den Längsseiten und je 3 auf den Schmalseiten gegliedert. Die Höhe ist nicht sicher bestimmbar, sie dürfte aber wohl etwa 3–5 m, vielleicht auch schon 10 Ellen = 5,25 m betragen haben. Eine niedere, doppelte Umfassungsmauer umgab die Mastaba auf allen vier Seiten; nach Norden hin schloß sich ein Bereich mit Totenkultanlagen (siehe unten Abb. 8) und einem Schiffsgrab an, das erste dieser Art. Ab der Pyramidenzeit gehören Bootsgruben und die Beigabe von königlichen Reiseschiffen zur Ausstattung des Pyramidengra-

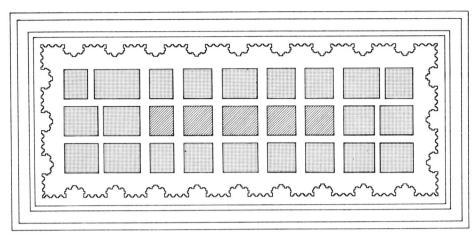

a

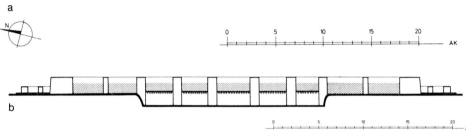

b

3 Sakkara. Grab des Hor Aha. a Grundriß b Aufriß.

bes. Eine besondere Kultstätte ist an der Mastaba selbst nicht gekennzeichnet, die tiefen Nischen sind — wie die Türrolle an höher erhaltenen Nischenmastabas der gleichen Zeit eindeutig belegt — als Scheintore aufgefaßt worden, durch die der Tote ein- und ausgehen konnte; modellierte Stierköpfe mit echten Hörnern in und vor den Nischen dienten dem Schutz der Tore, vielleicht auch der Idee des Opfers; davor steckten teilweise noch Holzpfosten, die nach einer sehr ansprechenden Vermutung Rickes vielleicht zur Befestigung von Palmwedeln gedient haben, um den Butischen Königshain, den Friedhof der unterägyptischen vorgeschichtlichen Könige symbolisch an die Stätte des neuen Königsfriedhofes zu versetzen. Versorgung und Ausrüstung für das Jenseits fand der Tote in den vier Magazinräumen nördlich und südlich des Grabraumes im Grabschacht; dieser war nur knapp 1,35 m tief in den Felsboden vertieft, dafür aber 19,10 m lang und 2,90 m breit; durch Quermauern war er in 5 Kammern aufgeteilt, wovon die mittlere, etwas größere, die Grabkammer sein muß. Die Wände dieser 5 Kammern waren mit Lehm verputzt und mit bunten Matten gleichsam tapeziert. Die Decke bestand aus Holzbalken und Brettern. Über die Holzdecke der Grabräume war eine feste Schüttung aus Sand und Schotter, gleichsam ein flacher, festgestampfter Tumulus von etwa 1 m = 2 Ellen Höhe gelegt worden, vielleicht eine Reminiszenz an lang zurückliegende Tumulusgräber? Bemerkenswert unter den reichen Funden von Keramik, Steingefäßen und Grabbeigaben sind Tonmodelle von Rhinozeroshörnern, die in den oberen Füllräumen nahe den Ecken gefunden worden sind. Ob sie dem magischen Schutz des Grabes dienten?

Das Grab des Hor Aha war das erste Königsgrab in Sakkara; mit ihm wurde diese traditionsreiche, größte Nekropole des Alten Reiches inauguriert. Die Wahl dieses Platzes auf einem Felsenriff hoch über dem Niltal war sicher dadurch beeinflußt, daß Hor Aha, in dem man heute allgemein den Menes der späteren Überlieferung erkennt, nach der Tradition die Festung und Königsburg Inebu-Hedj, die Weißen Mauern, und den Ptahtempel nahe dem heutigen Dorf Mitrahina gegründet hat, in direkter Linie zu dem Felsriff von Sakkara-Nord. Eine ältere, befestigte Königspfalz lag wohl weiter südlich bei dem heutigen Tarkhan, dessen Bedeutung sich in dem großen Friedhof der Reichseinigungs-zeit widerspiegelt. Allerdings muß man mit dem Begriff Königsburg und Resi-denz vorsichtig sein. Die spärlichen textlichen Zeugnisse dieser Zeit und die spätere Tradition lassen erschließen, daß es während der Thinitenzeit, d. h. während der ersten beiden Dynastien keine feste Residenz gegeben hat. Der König und sein Hof zogen per Schiff von Pfalz zu Pfalz; doch gab es sicher bevorzugte Plätze, Siedlungen und vor allem Tempel, die der König regelmäßig besuchen mußte, um den Kult aufrechtzuerhalten; denn nach einer durch die gesamte Geschichte zu beachtenden strikten Vorschrift ist allein der König befä-higt, mit den Göttern im Kult zu verkehren; er allein kann theoretisch Priester dazu delegieren. Die größeren Tempel wird man sich anfänglich auch als die Zentren der königlichen Verwaltung des Landes vorstellen müssen; daher ist es auch nicht verwunderlich, daß an diesen Orten sich die königliche Präsenz wäh-rend der frühen Thinitenzeit manifestiert: im Süden ist dies die Stadt und der Tempel des Reichsgottes Horus in Hierakonpolis, wohin schon die protodyna-stischen Könige Skorpion – der vielleicht sogar dort begraben war – und Nar-mer ihre Weihgeschenke sandten; Hor Aha hat den Tempel vielleicht erneuert und ihm ein Tor in der neuen, prunkvollen Dekoration der Palastfassadenglie-derung gegeben. In Ombos, der Goldstadt, mit dem Tempel des Seth und einem großen, traditionsreichen Friedhof prä- und protohistorischer Fürstengräber liegt ein weiteres, großes Nischengrab, das durch die in ihm gefundenen Siegel-abrollungen und Elfenbeinetiketten mit Jahresangaben des Hor Aha/Menes die-sem König, bzw. seiner Gemahlin Neith-hotep oder einem Prinzen zugeschrie-ben wird[46]. Mit ca 53 × 26 m Umfang, d. h. 100 × 50 Ellen wird es nur noch durch das spätere Grab 3035 in Sakkara übertroffen, das dem König Udimu/Den zugeordnet wird.

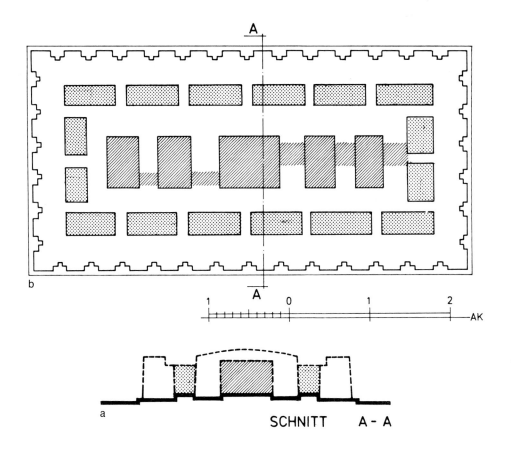

SCHNITT A - A

4 Königsgrab von Negade. a Aufriß b Grundriß.

Gegenüber den Sakkaragräbern macht dieses Grab in Ombos/Negade einen ursprünglicheren Eindruck; es könnte durchaus der Prototypus der großen Nischenmastabas gewesen sein, die in der Regierungszeit des Hor Aha aus bescheideneren Vorbildern im westlichen Delta zu monumentaler Größe entwickelt wurden. Die Mastaba steht auf einem Ziegelsockel — in Sakkara ist daraus ein Lehmestrich geworden; der Kernbau der Mastaba, mit 75 × 25 Ellen, ist nicht vertieft, sondern steht auf dem Sockel; mit seinen 5 Kammern, die durch eine Tür im Norden erschlossen waren, bildet er ein festes Gebäude für sich, das in dem größeren Mittelraum den eigentlichen Grabraum enthielt[47]. Diese durchweg oberirdische Grabkonstruktion steht unter den vertieften Grubengräbern im gleichzeitigen Ober- und Mittelägypten einzigartig dar. Dagegen ist eine derartige Grabbauweise für das mittlere Delta ganz natürlich, wo man wegen der

18

jährlichen Überschwemmung selbst auf den anstehenden Sandhügeln vermeiden mußte, tiefe Grabgruben anzulegen. In dieser Beziehung ist das Negadegrab daher sicher ursprünglicher als das Sakkaragrab des Hor Aha, das schon durch oberägyptische Grubengrabtraditionen beeinflußt war. Aber auch die Anlage der äußeren Schale mit den Nischenmauern scheint mir eine ältere, ursprünglichere Phase anzuzeigen, in der die Nischenmauer wie eine Hofmauer um den Kernbau errichtet worden ist. Verbindungsstege aus Ziegelmauerwerk zwischen der „Hofmauer" und dem Kernbau dienten in erster Linie der Abstützung und Konsolidierung des Bauwerkes; die dadurch gebildeten Kammern wurden mit einer Mischung aus Sand und Geröll aufgefüllt; gleichzeitig stellten diese Kammern weitere, symbolische Magazine für den Jenseitsgebrauch dar. Ob der Kernbau über die äußeren Nischenmauern hinausragte[48], oder flach bzw. mit einer leicht gewölbten Sanddecke abschloß, läßt sich nicht bestimmen, für ein Ziegelgewölbe ist die Spannweite wohl zu groß gewesen.

Es sind nicht nur die ungeheuren Ausmaße, die dieses Grab zu einem Prototyp machen, sondern auch die geschilderte Bauweise. Der Kernbau mit seinen 5 Einzelräumen und den Türen erweckt durchaus noch den Eindruck eines festen Ziegelgebäudes, und durch das Hintereinander der Räume eher den einer Kapelle als eines Wohnhauses. Die Verbindungsmauern zu der umgebenden, nischengegliederten Hofmauer ist durchaus noch sekundär, während in den Sakkara-Gräbern — vielleicht beeinflußt und ausgelöst durch die Verlegung der mittleren Grabräume unter die Oberfläche — das obere Kammersystem wie ein einheitliches Schachbrett angelegt wird; d. h. es gibt keinen Kernbau mehr, sondern eine Grabgrube. Dies könnte durchaus eine Lösung sein, die durch die oberägyptischen Grubengräber angeregt worden ist. Andererseits hat aber auch das Negade-Grab — oder vielmehr dessen unbekannter Prototypus — die abydenischen Kammergräber in der Art beeinflußt, wie die vermutlichen Holzkammern ab Djer in die Grabgrube eingefügt waren: wie nämlich im Negadegrab der Kernbau durch kleine Stützmauern abgesichert war, so wurden auch die Holzkammern oder Schreine des Djer und Djet in Abydos gegen die Ziegelausmauerung des Grabes verstrebt. Vielleicht sind die in diesen beiden Gräbern festgestellten, zahlreicheren Scheintüren Ersatz oder besser eine Übertragung der unterägyptischen Prunknischengliederung in die abydenische Grabgrube[49]?

Die weitere Entwicklung der großen Nischengräber spielt sich ausschließlich im memphitischen Raum ab; König Djer hat zwei große Nischengräber in Sakkara S 3471[50] und QS 2185[51]; ein drittes S 3503[52] wird gewöhnlich der Königin Merneith zugeschrieben; es wäre aber auch möglich und vorstellbar, daß Djer sich während seiner langen Regierungszeit mehrere Gräber hat anlegen lassen[53]; das zweite Grab QS 2185 hatte jedenfalls erstmals eine Decke aus mächtigen Steinbalken über der Grabkammer, die damit allerdings kleiner ausgefallen war als die früheren, holzgedeckten. Bemerkenswert ist eine andere Neuerung, nämlich die Anlage von Nebengräbern um das Königsgrab, für Abydos allerdings nicht ganz so neu, da schon das ältere Königsgrab des Hor Aha im Osten eine Reihe von Nebengräbern hatte, die nun unter Djer fast verzehnfacht wurden[54]. In Sakkara bleibt die Zahl dagegen begrenzt. Man hat bei der Frage nach dem realen Begräbnisort der Könige diese Nebengräber immer als ein gewichtiges Indiz zugunsten von Abydos gewertet[55]; dagegen muß jedoch ganz grundsätzlich eingewandt werden, daß die Zahl von Nebenbegräbnissen keine Beweiskraft hat: Entweder sind Nebenbegräbnisse dieser Art auf Königsgräber beschränkt und damit ein Hinweis auf ein Königsgrab oder ein Kenotaph; oder, da dies nach der Verteilung auf mehrere Friedhöfe nicht zutrifft, eine Bestattungssitte einer bestimmten Oberschicht der Frühzeit, Ausdruck einer patriarchalischen Gesellschaft und damit für die Frage der Königsgräber nicht beweisgültig. Was die Zahl anbetrifft, so fällt jedenfalls auf, daß im memphitischen Bereich, d. h. bei den Gräbern in Sakkara und der Mastaba V in Giza-Süd, die Nebengräber jeweils nur eine Reihe um das Grab bilden und überdies nicht bei allen großen Nischengräbern beobachtet worden sind. Interessanter ist dabei aber noch die Frage, wer denn in diesen Nebengräbern bestattet war und wie man sich diese Bestattung vorzustellen hat. Auf die letztere Frage gibt es keine eindeutige Antwort; daß die Bestatteten beim Begräbnis der Könige gewaltsam getötet und als sein Hofstaat mitbegraben worden seien, wie die Ausgräber Petrie in Abydos und Emery in Sakkara annahmen, gilt heute als recht fragwürdig[56]. Besser Bescheid weiß man dagegen über die soziale Stellung der in den Nebengräbern Bestatteten: es sind nach den Stelen in Abydos Friseure, Zwerge, kleine Handwerker, Frauen und sogar Hunde, jedoch keine Prinzen und hohen Beamten[57]. Diese waren im memphitischen Raum von Tarkhan bis Giza bestattet, auch dort nicht in den Nebengräbern, sondern in Mastabagräbern, deren Herkunft von den königlichen Nischengräbern immer deutlicher wird[58].

Bis in die Mitte der 1. Dynastie bleiben die Gräber sowohl in den Ausmaßen wie auch in der Gestaltung der Grabräume und der schachbrettartig angeordneten, oberirdischen Abdeckung durch Füllräume auffallend gleichartig. Eine *Taf. 2 a* zukunftsweisende Änderung und Neuerung bringt die lange Regierung des Udimu/Den mit sich, dem wiederum 3 Gräber in Sakkara zugeschrieben werden, darunter die zwei recht ähnlichen, nebeneinanderliegenden S 3036[59] und 3035[60]; letzteres ist das größte Frühzeitgrab überhaupt, ersteres das einer Königin (?)

Beide Gräber haben erstmals einen Zugang durch eine Treppe vom Ostkorridor aus, d. h. das Grab konnte damit auch nach der kompletten Fertigstellung für das Begräbnis offengehalten werden. Ein schön bearbeiteter, schwerer Verschlußstein – der erste dieser Art in einer langen Reihe – ermöglichte den sicheren Verschluß des Korridors nach dem Begräbnis. Damit war eines der schwierigsten technischen Probleme dieser Art Mastaba gelöst, nämlich die Sicherung des Grabes und seiner Beigaben vor dem Begräbnis und unmittelbar danach, wenn die dafür vorgesehene Balkendecke zwar geschlossen, die Einfüllung und Abdeckung durch Sand und Ziegel aber noch im Gange war.

Eine Zwischenlösung könnte der etwas rätselhafte, niedrige, aber ummauerte Tumulus über der Balkendecke des Grabschachtes älterer Nischengräber in Sakkara gewesen sein[61] – gleichzeitig ein Rückgriff auf viel ältere, prähistorische Sandschüttungen über dem Grubengrab! Es ist nicht auszuschließen, daß diese niederen, nicht mehr als 1 m hohen Schüttungen die Idee des Hügelgrabes inkorporieren[62] und weitergeben und damit die Wurzel der Pyramidenentwicklung enthalten. Im übrigen ist es sicher nicht zufällig, daß Udimu/Den die Treppe auch in Abydos in das Kammergrab eingeführt hat und damit wie auch in Sakkara eine Vertiefung des Grabschachtes einhergeht. Die Parallelität dieser Neuerung spricht m. E. doch sehr stark dafür, daß beide Gräber denselben Bauherrn, d. h. den König selbst haben.

Von nun ab läßt sich in Sakkara eine lebhafte Entwicklung feststellen. König Adjib, dessen Grab in Abydos zwar das kleinste war, der aber auch dort durch die Zweiteilung der Grube eine allerdings nicht weiter verfolgte Veränderung eingeführt hat[63], besaß auch in Sakkara ein vergleichsweise bescheidenes Grab, das aber durch seine besondere Struktur zukunftsweisend wurde[64]. Über einen knapp 4 m tiefen Grabschacht, in den von Osten her eine Treppe hinabführte, wurde ein künstlicher Hügel in Form von sehr flachen Stufenziegeln aufgemauert, wobei die Ostseite eher eine steile Terrasse bildet. Der Gesamteindruck war *Taf. 2 b* der einer flachen Stufenpyramide, allerdings sind die oberen Lagen nicht erhalten; die Konstruktion erlaubt die Annahme, daß ein oder zwei Stufen sich über die eigentliche Mastaba erhoben. Dieser abgetreppte Grabhügel wurde daraufhin mit einer rechteckigen, nischendekorierten Hofmauer umgeben, so daß eine Nischenmastaba mit je neun Nischen auf den Längsseiten und je drei auf den Schmalseiten entstand, wobei die Zwischenräume zwischen dem Grabhügel und der Hofmauer mit Sand und Schotter aufgefüllt wurden. Dabei hat man aber auf das bis zu Adjib übliche schachbrettartige Kammersystem verzichtet und nur im nördlichen Teil eine größere Hofunterteilung durchgeführt. Diese Schüttung bedeutet aber keine Planänderung, die Aufgabe des Hügelgrabes, sondern ein Auffüllen von Leerräumen, Gängen und Höfen für den Jenseitsgebrauch, so wie über die Grabkammern und in die Magazine der Nischengräber eine meterdicke Aufschüttung gegeben wurde. Daß die aufgeschütteten Höfe und Magazine zumindest teilweise betretbar und zeitweise benutzbar gedacht waren, zeigen die Treppen, die jeweils von der mittleren Nische der Schmalseite in und auf die Schüttung der Mastaba führten. Die Nischen der Längsseiten allein waren – wie bei den meisten der älteren Nischenmastabas – durch modellierte Stierköpfe mit echten Hörnern geschützt, ein Hinweis auf ihre Funktion als Scheintüren in dem Grabbau. Manche dieser Prunknischen sind glücklicherweise so hoch erhalten, daß der Abdruck der Türrolle aus anderem Material noch sichtbar ist, wodurch nicht nur die Funktion, sondern auch die Anlage und die Vision eines Tores unterstrichen wird. Lauer hat auf eine eigenartige Darstellung hingewiesen[65], die mehrfach in Abydos und Sakkara auf Ton- und Steingefäßen vor-

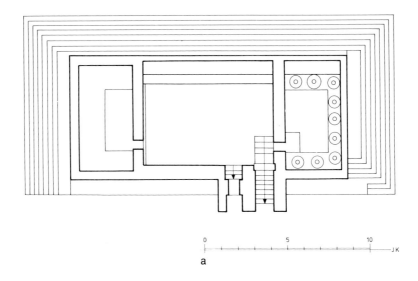

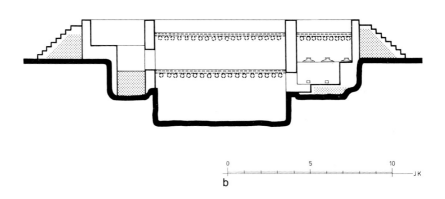

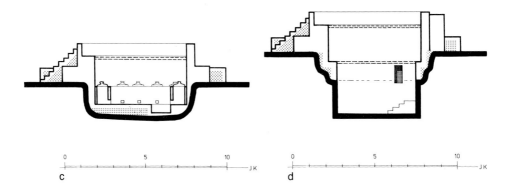

22

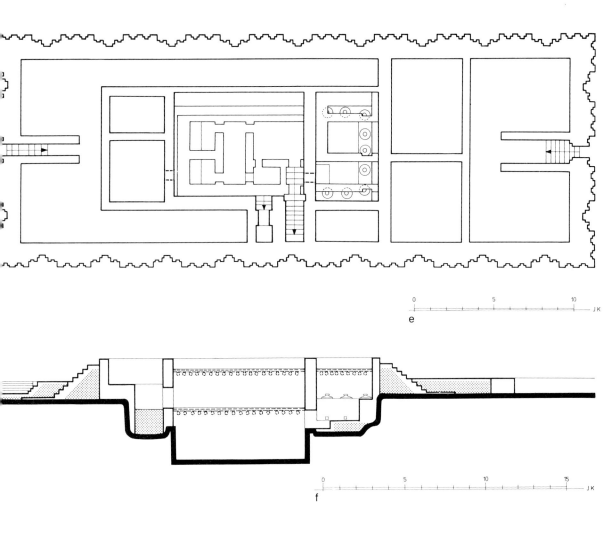

5 Sakkara. Stufenmastaba des Adjib

a 1. Bauphase als Stufenmastaba   b Längsschnitt   c Querschnitt durch den Maga-
zinteil der Mastaba im Norden   d Querschnitt durch die Grabkammer   e 2. Bauphase. Erweiterung der Stufenmastaba im N und S   f Längsschnitt durch die erweiterte Mastaba.

kommt, u. a. auch auf einer Scherbe eines Steingefäßes, das als Lieferung in die
Magazine der Stufenpyramide gekommen war[66]: es handelt sich ganz bestimmt
nicht um eine Stele auf einem Podest, wie Petrie es gedeutet hatte[67], sondern um
ein Bauwerk des Adjib, ein Gebäude, von dem aus Lieferungen, in den darauf
beschrifteten Gefäßen, geschickt werden konnten. Lauer[68] sieht mit aller Vorsicht darin eine Abbildung des Grabbaues des Adjib in seiner ersten Gestalt

23

einer abgetreppten Plattform. Wenn dies zuträfe, hätten wir damit einen weiteren Namen eines Grabbezirkes der 1. Dynastie. Zʾ-ḥʾ-Ḥrw „Schutz des Horus"[69].

Der Grabbau des letzten Königs der 1. Dynastie, Qa[70], – der des vorletzten Königs, Semerchet, ist in Sakkara nicht gefunden worden, vielleicht liegt er gar unter den Grabungs- und Verwaltungsgebäuden der Antikenverwaltung – belegt einen erneuten großen Schritt hin zu einem Grabbezirk, der Grab und Kultstätte einschließt! Gleichzeitig wird die bisher dominierende Grabform der Nischenmastaba sichtlich verkleinert und durch eine hohe, ungegliederte Ziegelmauer soweit umgeben, daß darüber hinaus nur der obere Teil der Mastaba sichtbar bleibt, wenn nicht die Hofmauer sogar gleich mit der Mastaba abschloß und überdeckt war[71]. Durch die Verringerung der Länge der Mastaba unter gleichzeitiger Verstärkung der Breite entsteht der Eindruck eines fast quadratischen Massivs, das zur Bedeckung der 8,70 × 5,00 m großen, erstmals eindeu-

6 Elfenbeintäfelchen des Adjib.

tig ost-westlich ausgerichteten Grabkammer notwendigerweise einer größeren Breite bedurfte. Dieser Grabschacht von 5,75 m Tiefe wurde durch einen nach Osten ansteigenden Korridor erschlossen, der aber außerhalb des Mastabamassivs nach Norden abzweigt und in den umlaufenden, durch die Mastaba im Westen und die hohe Hofmauer im Osten gebildeten Gang mündete; erstmals ist hier, vielleicht noch unbewußt und allein durch bauliche Gegebenheiten erzwungen, die Richtung des Grabganges nach Norden angelegt, die von der 2. Dynastie an bis zum Ende des Alten Reiches bestimmend und unveränderlich bleiben sollte. Die Veränderung, die die Mastaba erfährt, wird an der Auflösung der Nischenarchitektur offenbar. Nur mehr die Ost-, Nord- und Südseite des

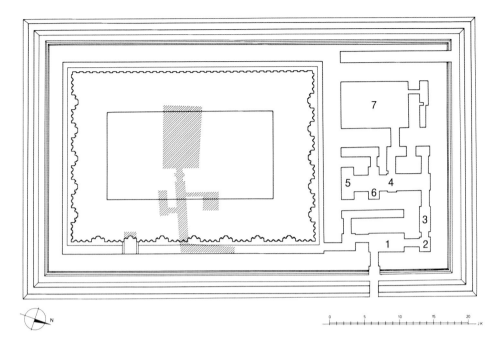

7   Sakkara. Mastaba des Qa mit erstem Totentempel im Norden.

Mastabamassivs sind mit einer auch hier schon vereinfachten Variante der Palastfassadennische dekoriert; die Westseite weist eine einfache Nischengliederung auf; Nischen und Vorsprünge waren aber auf allen vier Seiten, auch auf der Westseite, mit bunten Mattenmustern bemalt, die Scheindurchgänge der großen Palastfassadennischen auf der Ostseite im dunklem Rot, um ungeachtet der runden Türtrommel eine Holztür zu signalisieren. In und vor den Nischen waren wieder Stierköpfe aus Ton modelliert und mit echten Hörnern versehen; davor fanden sich allein wiederum auf der Ostseite im Boden eine Serie von runden Pfostenlöchern, vielleicht Baumgruben für Palmschößlinge, die während der Bestattungsfeierlichkeiten gepflanzt wurden.

Die weitreichendste Neuerung dieses Grabes bildet jedoch die Anfügung eines Totentempels im Norden[72], der von der Nischenmastaba zwar durch eine starke Mauer getrennt, aber innerhalb der gleichen dicken Hofmauer liegt, die Mastaba und Tempel gleichsam ummantelte. Das einzige Tor durch diese Hofmauer liegt in der südlichen Hälfte der Ostseite und führt in einen größeren, nord-süd-orientierten Raum (1), von dem aus man nach Süden in den Umgang um die Mastaba gelangte; ein Durchgang nach Norden führt in eine kleine Eckkammer (2), von da nach Westen abzweigend in einen ost-westlich orientierten

25

Gang (3), der nach Süden hin in einen T-förmigen Raum (4) abzweigt, dessen Querraum (5) ein Kalksteinpflaster aufwies. Es dürfte der Opferraum mit einem Opferaltar oder einer Opferplatte gewesen sein. In einer rechteckigen Nische (6) auf der Ostseite des nord-süd-orientierten Raumes standen zwei beinahe lebensgroße Statuen aus Holz, von denen allerdings nur der Holzsockel und Beinpartien erhalten waren. Gegenüber dieser Nische führte ein weiterer Korridor in einen großen, offenen Hof (7), den Schlachthof des Tempels (?).

Der Tempel hat − wie Lauer[73] hervorhebt −seine nächste Parallele in dem ebenso labyrinthischen Totentempel auf der Nordseite der Stufenpyramide, dessen Zugang gleich kompliziert von der Ostseite über einen mehrfach abknik-kenden Gang zu einer Kultstätte an der Nordseite der Pyramide führt, wobei − bedingt durch die Monumentalisierung der Djoseranlage − offensichtlich eine Vielzahl von Räumen und Höfen hinzugekommen ist (siehe Kapitel 2, S. 64). Der Serdab mit der Einzelstatue des Djoser gehört allerdings wohl nicht zum Bestand des Totentempels, da er einen eigenen Hof hatte. Aber man muß als sicher annehmen, daß in dem Totentempel der Stufenpyramide weitere Statuen, vielleicht aus vergänglicherem Material, gestanden haben.

In der abgewogenen, geschlossenen Form bildet der Grabbau des Qa einen zwar einfachen, aber durch die Existenz von Grabbau und Totentempel in sich genügsamen Prototyp der späteren Pyramidenbezirke, sozusagen die Zelle, aus der nach mannigfachen Änderungen und Zutaten der Grabkomplex der 3. Dynastie erwachsen konnte; die Grundlagen sind m. E. in diesem Grabbau gegeben. Man muß sich deshalb die doppelte Frage stellen: woher kommt ein-mal dieser entwickelte Totentempel und die Verbindung mit der Nischenmasta-ba, zum anderen, wie erklärt es sich, daß die Weiterentwicklung bis zum Pyra-midenkomplex des Djoser dann so lange gedauert hat, und woher kommen die weiteren Kultbauten dort.

Für die Beantwortung der ersten Frage bringt ein Blick auf die Königsgräber und Talbezirke in Abydos keine weiterführenden Erkenntnisse. Abgesehen von der Einführung der Treppe hat sich das abydenische Grab äußerlich, d. h. in den Oberbauten nicht wesentlich verändert; die Stelenkultstätte − wenn es sie gegeben hat und die Stelen nicht bloße Male, Namensstelen waren − hat jeden-falls keine sichtbaren Baureste hinterlassen. Die Talbezirke andererseits, in denen offenbar eher Kulthandlungen stattgefunden haben, enthielten allem Anschein nach bis in die 2. Dynastie nur einen kleinen Ziegelbau, dessen Lage innerhalb des Bezirkes und dessen Grundriß jedenfalls nicht auf einen Toten-tempel hindeuten (siehe unten S. 49). So müssen die Vorstufen und die Ent-wicklung in Sakkara selbst zu finden sein: Diese liegen einmal in der baulichen Struktur der großen Nischenmastabas. Beim Negade-Grab haben wir festge-stellt, daß es aus einem oberirdischen, festen Kernbau aus fünf hintereinander gelagerten Kammern und einer nischengegliederten, mächtigen Umfassungs-mauer besteht. Durch Aufschüttung und Unterteilung des Umganges zwischen

Kernbau und Nischenmauer mittels kleiner Stützmäuerchen entsteht eine Schutzzone. Nachdem der Kernbau mit dem Grab auch in Sakkara unter die Erde verlegt und gleichsam zu Kellerräumen geworden ist, ergibt sich daraus eine schachbrettartige, meterdicke, schützende Decke, die im wesentlichen aus einer Sand-Schotterfüllung besteht und damit auch kaum einen symbolischen Raumcharakter hat. Bei Adjib entwickelte sich aus dem ursprünglich zum Schutz des Begräbnisses während des Baues aufgeschütteten und ziegelvermauerten Tumulus ein stufenförmiger Grabhügel, der anschließend durch Aufschüttung voll in die Nischenmastaba inkorporiert wurde. Bei Qa wird daraus ein Mastabamassiv mit Nischengliederung, durch eine mächtige, aber ungegliederte Umfassungsmauer geschützt und umschlossen[74].

Auch der Komplex des Totentempels kann in Spuren innerhalb des Sakkarafriedhofes zurückverfolgt werden. Es muß eigentlich Verwunderung erregen, daß die Nischenmastabas keinerlei Vorrichtungen für einen Totentempel gehabt zu haben scheinen. Die Prunknischen sind zwar Scheintore und als solche sicher mit der Idee der Scheintür zu verbinden, aber an keinem der Nischengräber ist vor den Nischen eine Kultstelle – noch weniger eine Hauptkultstätte – zu erkennen[75]; das bleibt einer späteren Entwicklung an Privatgräbern überlassen, wo die Nischengliederung auf eine bzw. zwei Nischen reduziert wird, die damit zu Kultnischen werden[76]. Nun hat Emery nördlich des Grabes des Hor Aha recht ausgedehnte Reste eines Bezirkes gefunden, der durch spätere Gräber und den in Sakkara so verbreiteten Steinraub außerordentlich zerwühlt war[77]. Dennoch ließen sich einige noch zusammenhängende Architekturreste feststellen, die von Emery allerdings anders gedeutet worden sind. Der gesamte Bereich ist auf dem gleichen lehmverputzten Untergrund konstruiert, auf dem auch das Grab von Hor Aha steht, einer Art künstlich geschaffener Terrasse. Emery nimmt daher an, daß das Nischengrab und der nördliche Bereich wie bei späteren Gräbern von einer gemeinsamen niederen Umfassungsmauer eingefaßt waren, von der aufgrund der späteren Überbauung nichts mehr beobachtet werden konnte. Innerhalb des freigelegten und konservierten Bereiches sind offenbar einzig niedere, dünne Mauern erhalten, die nur als Raumtrenner in einem offenen Hof angesehen werden können. Deutlich werden dadurch zwei große Rechtecke geformt, an deren Südseite, d. h. in Richtung auf die Nordfassade der Nischenmastaba zu, jeweils eine Doppelreihe von niederen, rechteckigen „Bänken" aufgemauert sind, deren flache Oberfläche eine regelmäßige, rillenförmige Unterteilung mit Abflußtüllen zeigt, die nach einer mittleren Abflußrille oder zu einem Becken abführen. Emery hat in diesen Bänken, die nur aus leichtem Schotter mit einer dicken Lehmverputzschicht gebaut und anschließend weiß verputzt waren, ein Modell gesehen, sei es des Königspalastes, eines königlichen Wirtschaftsgutes für den Jenseitsgebrauch, oder auch eines Bezirkes, wie er im Grabkomplex des Djoser errichtet war; die Bänke ähneln jedoch in nichts Bauten der Frühzeit oder des Alten Reiches; besonders das „Tonnengewölbe" zwischen

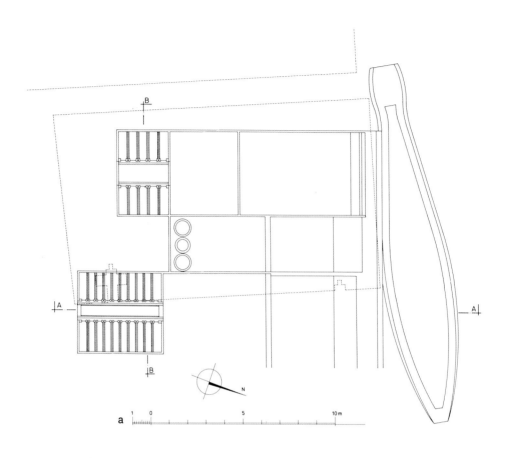

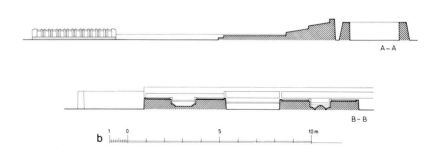

8   Sakkara. Totenkultanlage des Hor Aha mit Totenschiffgrube   a Grundriß   b Aufriß.

den beiden östlichen Bänken ist ohne Geschoß nicht als Bauwerk zu interpretieren.

So glaube ich, daß man vielmehr eine kultische Deutung des Befundes in Betracht ziehen muß, wobei man nicht übersehen sollte, daß der erhaltene Bereich nur einen Ausschnitt, vermutlich den offenen Hof, bewahrt hat. Die bankartigen Gebilde und die von niederen Ziegelmäuerchen abgegrenzten Rechtecke erinnern stark an den Befund vor und um den Altar des Sonnenheiligtums des Userkaf in Abusir[78]. Auch dort handelt es sich um Ziegel- und Lehmkonstruktionen, eine Reihe von Opferbänken und eine Hofgliederung durch Ziegelmäuerchen, vielleicht eine Darstellung der Opfergefilde des Re[79]. Eine ähnliche Vorstellung und bauliche Verwirklichung dürfte auch in dem Bereich des Hor Aha vorliegen, wobei man annehmen kann, daß die Opferbänke vielleicht noch weiter an die Mastaba hinreichten. Offenbar war zwischen den östlichen und westlichen Bänken ein Opferpfad freigehalten. Die beiden Bankreihen unterscheiden sich nur dadurch, daß bei der westlichen offensichtlich ein Flüssigkeitsbecken zwischen den Bänken vorgesehen war, bei der östlichen dagegen eine Abflußrinne. Von der Form her könnten die Bänke als Schlachtbänke zum Zerteilen des Opferfleisches gedient haben, d. h. wir hätten in dem erhaltenen Bereich den kultischen Schlachthof des Totentempels vor uns, der auch nach dem Plan des Totentempels der Mastaba des Qa im offenen Hof im nordwestlichen Tempelteil zu vermuten ist. Die Verwendung von Schotter und Lehm als Baumaterial ist nicht erstaunlich, da doch auch das Grab aus dem gleichen Material errichtet war. Außerdem ist anzunehmen, daß die kultischen Einrichtungen des Totentempels zu dieser Zeit vordringlich noch für die Bestattungszeremonien angelegt waren und nicht für eine ewige Dauer. Daß dieser Bezirk dem Totenkult des Hor Aha gedient hat, wird durch die ihn abschließende Bootsgrube unterstrichen, in der das Königsschiff − nicht eine Sonnenbarke − beigesetzt war, das den toten König zur Beisetzung nach Sakkara gebracht hat. Schiffsmodelle wurden seit prähistorischer Zeit in Gräbern den Toten mitgegeben[80]. Die Beigabe von ganzen Schiffen in Gruben neben dem Grab blieb jedoch bis in die 5. Dynastie ein ausschließliches Vorrecht der Könige und ist in der 1. Dynastie in Sakkara neben Hor Aha für die Gräber 3035 und 3036 des Udimu[81] und das Grab 3503 der Merneith[82] belegt. Auf der Ostseite von Grab 3036 hat Emery die Spuren einer Baumpflanzung feststellen können, vermutlich war diese mit dem 12 m nördlich der Mastaba liegenden Bootsgrab durch eine weitere, äußere Umfassung eingeschlossen. Allerdings sind weder nördlich von 3036 noch von 3035 Reste oder Spuren von Kultbauten beobachtet worden, möglicherweise weil sie nicht erwartet wurden.

Dabei ist es unvorstellbar, daß diese Grabbauten keine Kultstätte gehabt hätten! Die Gestaltung der Außenfassaden in Form von Prunkscheintüren, die Beigabe von Rinderköpfen als Schutz der Opfer, die Dekoration der Nischen mit Palmenzweigen oder Fahnenbändern, die Anlage von Blumenbeeten, dies alles

sind Symbolträger, die wir an den späten Totenkultstätten irgendwie wiederfinden. Der Symbolgehalt dieser Grabbauten erfordert damit an sich schon Kulteinrichtungen, die wie bei der Nischenmastaba 3357 des Hor Aha zu Beginn der
1. Dynastie bis zur Stufenpyramide des Djoser in der 3. Dynastie jeweils im
Norden gelegen sind. Die Bevorzugung der Nordrichtung mag auf die Beobachtung des nördlichen Sternenhimmels mit den nördlichen Fixsternen, „den
Unvergänglichen", wie der alte Ägypter sie nannte, hinweisen; in den älteren
Teilen der Pyramidentexte ist es der wiederholte Wunsch des toten Königs, zu

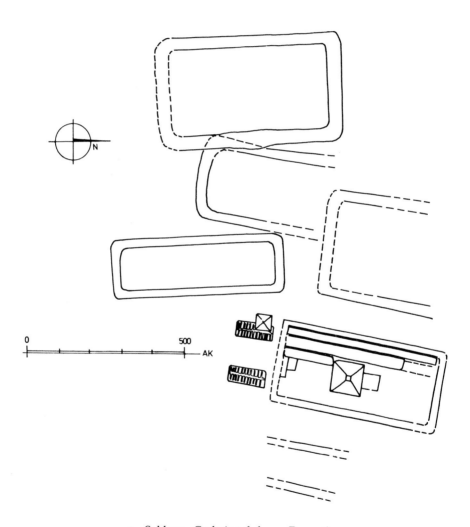

9 Sakkara. Grabzingel der 2. Dynastie.

30

den Sternen aufzusteigen; auch die nächtliche Fahrt der Sonnenbarke kreist über dem nördlichen Himmel. Der Eingang des Pyramidengrabes liegt daher im Alten Reich konsequent immer im Norden, wo sich auch bis ans Ende des Alten Reiches eine Nebenkultkapelle gehalten hat.

Anders scheint die Entwicklung der Totenkultstätte in Abydos verlaufen zu sein. Die schmucklosen Gräber, die sich kaum über dem Wüstenboden erhoben, wurden durch ein Stelenpaar bestimmt; ob dieses auch eine Kultstätte markierte, ist ungewiß und eher fraglich. Dagegen scheint der Kultbetrieb vielmehr in den erwähnten Talbezirken stattgefunden zu haben, also eine deutliche Trennung von Grab und Kultstätte, wie wir sie später im Neuen Reich in Theben wiederfinden!

Nun ist es allerdings nicht auszuschließen, daß ähnliche Talbezirke auch im unterägyptischen, memphitischen Bereich existiert haben; allerdings lagen sie dort nicht auf der Talseite der Nekropole, sondern weiter nach Westen in einem breiten Tal. Ein Bezirk der Zeit des Udimu ist durch den ihn umgebenden Zingel von Nebengräbern festgestellt worden[83]. Weiter südlich liegen drei gewaltige Mauerzingel im selben flachen Wüstental, die man bisher immer der 3. Dynastie, nach Djoser und Sechemchet, zugeschrieben hat[84]. Von den Innenbauten ist nichts erhalten, sie scheinen nicht einmal begonnen zu sein. Wären diese Pyramidenbezirke ähnlich denen und später als die des Djoser und des Sechemchet, hätte man zumindest die Spuren eines Pyramidenbaues und ebenso den Grabschacht entdecken müssen, da man kaum die Umfassung vor den Innenbauten fertiggestellt hat. Ich möchte daher annehmen, daß diese beiden Mauerzingel noch der späten 1. Dynastie oder der 2. Dynastie angehören und eine Art „Talbezirk" darstellen[85].

Während in der 2. Dynastie in Abydos Gräber und Talbereiche in den in der 1. Dynastie gefundenen Formen weitergebaut wurden, ändert sich in Sakkara die Gestaltung des Königsgrabes wesentlich. Bisher sind die Grabanlagen der Könige Hetepsechemui und Ninetjer aus dem Beginn der 2. Dynastie festgestellt worden[86], die des Königs Raneb ist durch eine Stele (Grenzstele?) bezeugt[87]. Erhalten sind allerdings nur die unterirdischen Partien der Gräber, ausgedehnte Galerien von bis zu 120 m Länge, die, wenn sie in einer Breite von 30–40 m überbaut waren, riesige, langgestreckte Massive ergaben, deren Schauseite im Osten lag. Dies darf nicht als unwahrscheinlich angesehen werden, denn auch das sog. Südgrab des Djoser ist so eine langgestreckte Mastaba von immerhin 85 m Länge, 13 m Breite und ca. 10 m Höhe; die Westmassive des Djoser mit 350 m Länge (vgl. unten S. 40), vermutlich Grabbauten der ausgehenden 2. Dynastie, übertreffen diese Maße sogar um ein Vielfaches.

Bemerkenswert und zukunftsweisend ist der lange, steingedeckte Korridor, der in gerader Richtung von Norden in das Grab hinabführt. Vier mächtige Tore mit Fallsteinen blockierten in regelmäßigen Abständen den Gang, auf dessen beiden Seiten verzweigte Magazine lagen. Die Grabkammer selbst ist aus dem

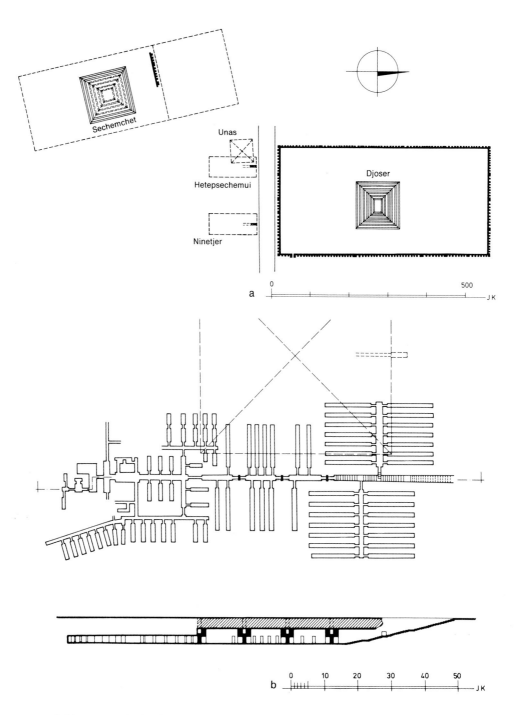

10 Sakkara. a Grabanlagen des Hetep-sechemui und des Ninetjer b Galeriegrab des Hetep-sechemui.

32

Taf. 1   Umm el Qaab, Abydos. Grabanlage des Königs Hor Aha, bestehend aus drei mit Ziegeln ausgemauerten Gruben und flachem Oberbau. Links davon das kleinere zweigrubige Grab des Königs Narmer. Neuere Ausgrabung des Deutschen Archäologischen Instituts Kairo.

Taf. 2   Sakkara Nord. Nekropole der 1. Dynastie.   ▷
a   Nischenmastaba des Königs Den/Udimu.
b   Frühe Stufenmastaba in Ziegelbauweise des Königs Adjib. Die Stufenmastaba war von einer nischengegliederten Hofmauer umgeben, die im Vordergrund zu sehen ist.

Taf. 3 a   Sakkara. Stufenpyramide des Djoser.   ▷ ▷
Südwestecke der ursprünglichen Mastaba M_{1-2}.
Taf. 3 b   Sakkara. Grabbezirk des Djoser. Südgrab auf der Umfassungsmauer.
Blick von Norden über den Südhof.

Taf. 2

af. 3

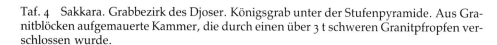

Taf. 4   Sakkara. Grabbezirk des Djoser. Königsgrab unter der Stufenpyramide. Aus Granitblöcken aufgemauerte Kammer, die durch einen über 3 t schweren Granitpfropfen verschlossen wurde.

Taf. 5   Sakkara. Stufenpyramide des Djoser. Blick von Osten über das Fruchtland.   ▷

Taf. 6   Sakkara. Stufenpyramide des Djoser. Blick von Süden über den Südhof. Unter der Pyramide erkennt man die ursprüngliche Stufenmastaba.

Taf. 7 a   Sakkara. Grabbezirk des Djoser. Fayencekachelwand aus den „Blauen Kammern" unter der Stufenpyramide, Teil der Wandverkleidung, die einen bunten Mattenbehang nachahmt.
Taf. 7 b   Sakkara. Grabbezirk des Djoser. Steingefäße aus den unterirdischen Galerien unter der Stufenpyramide.

Taf. 8   Sakkara. Grabbezirk des Djoser. Kalksteinstatue des Königs aus dem Serdab an der Südseite der Pyramide.

Taf. 9   Sakkara. Grabbezirk des Djoser. Südgrab. Unterirdischer Steinpalast des toten Königs. Scheintür mit Reliefdarstellung des Djoser beim Kultlauf.

Taf. 10/11   Sakkara. Grabbezirk des Djoser. Nischengegliederte Umfassungsmauer mit Eingangstor.

Taf. 12 a   Sakkara. Grabbezirk des Djoser. Sog. Maison du Nord, Massiv des Nordpalastes. Papyrussäulen des Hofes.
Taf. 12 b   Sakkara. Grabbezirk des Djoser. Unvollendete Statuen des Königs als Totenherrscher. Verschiedene Stadien der Bearbeitung. Ostseite des sog. Kleinen Festhofes.

Taf. 12

anstehenden Felsen ausgeschachtet, die Wände waren weder verkleidet noch geglättet.

Es ist wohl kein Zufall, daß die Gräber der Könige der 2. Dynastie nicht mehr in Sakkara-Nord in der Verlängerung des Königsfriedhofes der 1. Dynastie liegen, sondern gut einen Kilometer südwestlich davon. Aufgrund der intensiven Brandschichten in den Grabkammern der Königsgräber der 1. Dynastie hat man auf Wirren, Verfolgung und Gegensätze beim Übergang und zu Anfang der 2. Dynastie geschlossen. Sicher ist aber, daß der neue Typus des Königsgrabes mit den ausgedehnten, unterirdischen Galerien eine größere Fläche benötigte, die in Sakkara-Nord nicht zur Verfügung stand. Ob die Fassaden der Umfassungsmauern nischengegliedert waren, hat sich bisher leider nicht feststellen lassen. Die nord-südlich orientierten, weiträumigen Bezirke weisen jedoch schon auf den Pyramidenbezirk hin, der zu Beginn der 3. Dynastie im Grabbau des Djoser seine einstweilige Vollendung gefunden hat. Die Mastabagräber der 1. Dynastie einerseits und die Galeriegräber der 2. Dynastie andererseits lassen diese anscheinend so unvermittelt entstandene Form des Pyramidenbezirkes verstehen.

Auch wenn das uns heute bekannte inschriftliche Material der 1. und 2. Dynastie aus Abydos und Sakkara noch keinen eindeutigen Schluß darauf zuläßt, welches die wirklichen Königsgräber dieser Zeit gewesen waren, so läßt sich dennoch durch einen Vergleich der Gräberentwicklung im Hinblick auf Pyramide und Pyramidenbezirke erkennen, daß dafür die direkten Vorbilder und Vorformen in den Gräbern des Sakkara-Friedhofes gesucht werden müssen. Die Form des Mastabagrabes mit Nischenfassade – im Delta entwickelt – erfährt in Sakkara im Friedhof der 1. Dynastie ihre vollendetste Ausgestaltung und enthält in der Andeutung des Grabhügels die Vorstufe zur Stufenpyramide. Demgegenüber bleiben die Königsgräber von Abydos durchweg dem Typus der Grabgrube oder – vielleicht besser gesagt – des Kammergrabes verhaftet, der offenbar keine Monumentalisierung des Grabhügels kennt. Ebenfalls wiederum in Sakkara wird – vielleicht über die Vorstufen der Talbezirke – wohl schon in der 2. Dynastie der längsrechteckige, nord-süd-orientierte, großflächige Grabbezirk geschaffen, aus dem der Pyramidenbezirk der 3. Dynastie herauswachsen kann. Daß diese Architekturformen überwiegend dem nichtköniglichen Bereich entlehnt worden wären, erscheint mir unwahrscheinlich, zumal spätere inschriftliche und religiöse Quellen die Herkunft der nischengegliederten Mastaba mit dem vorgeschichtlichen, königlich-unterägyptischen Königsfriedhof von Buto verbinden. Zusätzliche Beweiskraft erhält diese These m. E. durch den Nachweis eines Totentempels nördlich des Grabes an der Mastaba des Qa und Spuren einer Totenkultanlage im Norden der Mastaba des Hor Aha aus dem Anfang der 1. Dynastie. Man wird wohl annehmen müssen, daß die Könige der sog. Dynastie 0, die Vorgänger von Horus Aha, noch in Oberägypten im thinitischen Raum um Abydos residiert haben, obwohl sie vielleicht schon seit mehreren

Generationen ganz Ägypten beherrschten. Erst Horus Aha, in dem man den Menes der geschichtlichen Überlieferung erkennen darf, hat aus praktischen Gründen der Landesverwaltung die „Königsburg Inebu Hedj", die „Weißen Mauern", bei dem späteren Memphis gegründet und vorwiegend wohl im memphitischen Raum hofgehalten, daher auch dort einen neuen Residenzfriedhof gegründet. Thinis und Abydos bleiben aus Traditionsgründen heilig, und man hat noch über 200 Jahre die Fiktion eines thinitischen Begräbnisses aufrechterhalten, indem man in der alten Königsnekropole Oberägyptens Gräber errichtet hat, in denen wohl Statuen der Könige beigesetzt wurden, währenddessen die toten Könige in Sakkara nach unterägyptischer Weise in butischen Mastabas begraben wurden. Aus dem butischen Begräbnis in einer nord-südorientierten, hochragenden Mastaba entwickelt sich die Form des nord-südorientierten, rechteckigen Pyramidenbezirkes mit der Stufenpyramide, während das oberägyptische, thinitische Grubengrab vor allem die unterirdische Grabkammer zu dieser Begräbnisform beigetragen hat.

Die monumentale Stufenpyramide als Symbol des zentralen Königtums der 3. Dynastie

Ebenso wie der Übergang von der 1. zur 2. Dynastie offenbar durch Kämpfe, Plünderungen und Zerstörungen auch in königlichen Grabdenkmälern gekennzeichnet war, liegt auch der Anfang der 3. Dynastie für uns im Dunkel einer wirrenvollen Zeit verborgen, selbst die überlieferten Namen der Könige und ihre Abfolge sind nicht eindeutig gesichert[88]. Aus diesem Grund macht auch die Zuordnung der ohnehin spärlichen und schlecht erhaltenen Baudenkmäler Schwierigkeiten. Neuerdings werden die sog. Forts von Hierakonpolis und El Deir sowie die großen Steinmauerzingel im Westen von Sakkara frühen Königen der 3. Dynastie vor Djoser zugeschrieben[89], was wohl wahrscheinlicher sein mag als die Einordnung in die späte 3. Dynastie – wenn sie nicht gar noch der späten 1. oder 2. Dynastie zugehörig sind[90].

Mit dem Beginn der 3. Dynastie zeichnet sich auch insofern ein deutlicher Bruch mit der Tradition ab, als die jahrhundertealte Sitte, im oberägyptischen Abydos ein Zweitgrab zu errichten, aufgegeben wird. Die Residenz, der dauerhafte Wohnsitz des Königs, des Hofes und einer schnell sich entwickelnden Zentralverwaltung, rückte an die Nahtstelle von Oberägypten und Unterägypten zwischen Fajum und der Deltaspitze. Vielleicht schon Sanacht Nebka, der erste König der 3. Dynastie, sicher aber sein Nachfolger Netjerichet Djoser residierte nahe dem Ptahtempel gegenüber Sakkara, wo seit der 1. Dynastie die Festung Inebu Hedj, „Die Weißen Mauern", stand.

Die Grabanlage des Nebka, der mit dem Horusnamen Sanacht hieß, kennen wir nicht. Siegelabdrücke mit seinem Namen sind in einem großen Nischengrab in Bet-Khallaf, 20 km nördlich von Abydos, gefunden worden, doch dürfte es sich dabei wohl um ein Prinzengrab eines Gouverneurs von Oberägypten, kaum um das Königsgrab handeln. Neuerdings wird die erstmals von J. Ph. Lauer[91] geäußerte Vermutung, Sanacht Nebka habe die erste ursprüngliche Mastaba unter der Stufenpyramide des Djoser als seinen Grabbau errichtet, immer häufiger wiederholt und ist damit schon beinahe zur gesicherten Lehrmeinung geworden. Dagegen läßt sich von der Baugeschichte einiges vorbringen; stärker und absolut ausschließend ist aber die nachweisbare Tatsache, daß wir aus dem gesamten Alten Reich kein usurpiertes Königsgrab kennen, nicht einmal eine Wiederverwendung einer leer bzw. unbenutzt gebliebenen Pyramide durch spätere Könige. Offenbar waren die Gründungsriten, durch die ein Grabbezirk abgesteckt und ein Grabbau determiniert wurde, kultisch und magisch so wirkungsvoll und dauerhaft, daß sie eine Wiederbenutzung oder gar Usurpation ausschlossen. Diese Gründungsriten sind auf dem Palermostein schon für die Grabanlagen der Könige der 1. Dynastie bezeugt und schließen die Planung, das Strickespannen, d. h. Vermessen des Areals, wobei häufig die Göttin Seschat, die Göttin der Rechenkunst assistiert, und die Öffnung oder Weihung des Bezirkes ein[92]. Grenzstelen und Namensziegel, die mitverbaut wurden, und beschriftete Modelle von Werkzeugen wiesen den Bau für ewig dem jeweiligen Stifter und Bauherrn zu und konnten später weder entfernt noch entmächtigt werden. Selbst die ephemeren Könige der 1. Zwischenzeit haben es nicht gewagt, gegen diese ewigen Garantien zu verstoßen; man hat im Mittleren Reich die Pyramiden des Alten Reiches zwar im Widerspruch zu den damals gerade formulierten ethischen Königslehren als Steinbrüche benutzt, niemals jedoch umgebaut, wiederverwendet oder usurpiert.

Abgesehen von diesem eindeutigen Tatbestand spricht auch die antike Überlieferung, nach der Djoser als Erfinder und Begründer des monumentalen Steinbaues gilt, gegen die Annahme, daß er eine schon begonnene Steinmastaba vorgefunden und umgebaut habe. Diese letztlich unbegründete und müßige Hypothese würde die historische Leistung Djosers und seines Baumeisters Imhotep mindern und die Großartigkeit und Einmaligkeit einer Planung in Frage stellen, einer Konzeption, die selbst schon in dem anfänglich bescheideneren Modell eine universale Vorstellung verwirklicht, nämlich die Idee, das Königsgrab über einen dauerhaften und wirksamen Schutz hinaus monumental für die Ewigkeit zu gestalten. Umgeben von den erstmals in Stein errichteten Kultstätten des Landes, in denen der tote König für ewig Riten vollzieht und Prozessionen durchführt, ist dies eine Darstellung der neu konzipierten, zentralen Königsmacht in ewiger, unvergänglicher Bauweise, die damit Göttlichkeit gewinnt. Es ist ein ganz besonderer Glücksfall für unsere moderne Forschung, daß dieser Archetypus und Modellbau eines Grab- und Totentempels so gut erhalten geblieben ist; ohne ihn wäre unser Verständnis ägyptischer Jenseitsarchitektur wesentlich beschränkter.

Den Ruhm, die umwälzende Entdeckung der Steinbauweise erdacht und damit die Ewigkeitsvorstellung in die Architektur umgesetzt zu haben, teilt Djoser mit seinem genialen Baumeister Imhotep, einem Prinzen, der nach einer Inschrift auf einem Sockel einer Djoserstatue u. a. Hoherpriester von Heliopolis, Architekt, Bildhauer und Meister der Steingefäßherstellung war[93]. Daß allerdings die neue Steinbauweise in der anonymen Priesterschule von Heliopolis erfunden worden sei[94], geht wohl zu weit, auch wenn später weiterhin der Titel eines Hohenpriesters von Heliopolis den Pyramidenbaumeistern zu eigen blieb. Das religiöse Gedankengut von Heliopolis gewinnt aber unzweifelhaft wachsenden Einfluß auf die kultische Gestaltung der Totentempel und demgemäß auf die Jenseitsvorstellung und -hoffnung der Könige. Imhotep selbst wurde schon gegen Ende des Alten Reiches und im Mittleren Reich als Weiser verehrt, eine erste Weisheitslehre wird ihm zugeschrieben; im späteren Neuen Reich wird er als Sohn des Ptah vergöttlicht, erhielt in der Spätzeit Tempel, Kult und Priester als Heilgott, Mittler und Nothelfer; die Griechen und Römer nannten ihn Imuthes und identifizierten ihn mit ihrem Heilgott Asklepios. Sein Grab wird im nördlichen Friedhof von Sakkara gelegen haben, doch sind alle Anstrengungen, es zu finden, bisher vergeblich gewesen[95].

Als Platz für seinen Grabbau wählte Djoser einen Bereich mitten auf dem Felsrücken von Sakkara, der durch die nahe gelegenen Grabanlagen der Könige der *Taf. 5* 2. Dynastie, Hetepsechemui, Raneb und Ninetjer, vielleicht auch durch eine oder drei weitere riesige Galeriegrabanlagen weiter westlich unter den späteren Westmassiven, vorbestimmt und begrenzt war[96]. Damit wird deutlich, daß Djo-

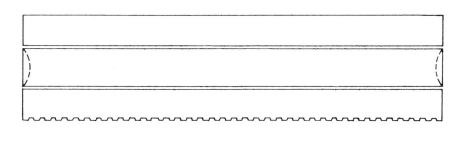

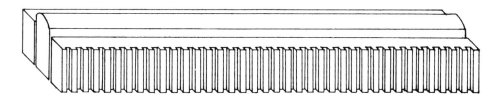

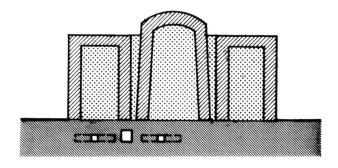

11 Sakkara. Westmassive des Djoserbezirks. Ohne Maßstab. Grab aus dem Ende der 2. Dynastie oder Beginn der 3. Dynastie (Khasechemui oder Sanacht).

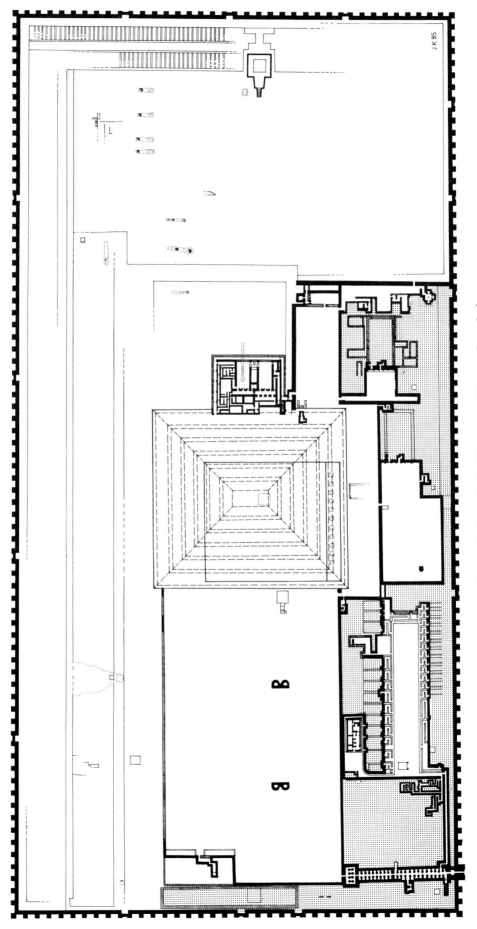

12 Sakkara. Grabbezirk des Netjerichet Djoser. Grundriß.

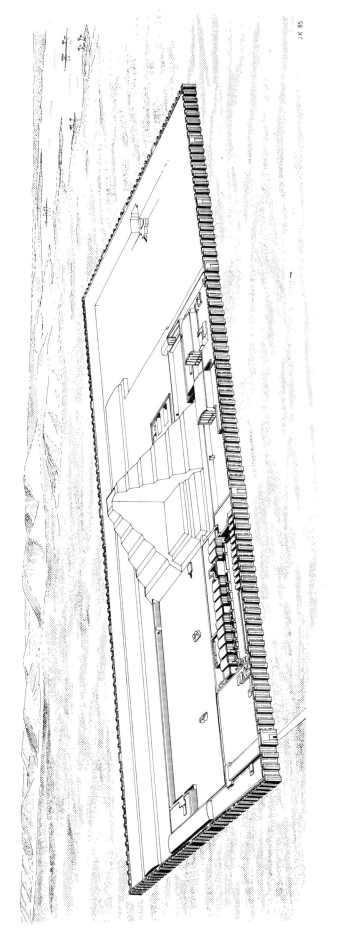

JK 85

13 Sakkara Perspektivische Ansicht des rekonstruierten Djoserbezirkes mit den verschiedenen Bauphasen der Stufenpyramide.

ser sich bei der Wahl des Platzes in die Königsnekropole der 2. Dynastie einreiht und damit eine gewisse Verbundenheit mit seinen Vorgängern demonstriert, die sich durch seine mutmaßliche Abstammung als Sohn der Königin Nimaathapi und des letzten Königs der 2. Dynastie, Khasechemui, ergibt[97]. Als erstes wurde ein Rechteck abgesteckt, durch Mauerzüge begrenzt und durch Grenzstelen markiert[98]. Dieser erste Bezirk von etwa 575 E (= 302 m) nord-südlicher und wahrscheinlich 215 E = 113 m ost-westlicher Ausdehnung war mit einer geringen Abweichung von 4° nach Osten erstaunlich genau genordet[99], hatte ein Tor in der Südostecke und ein weiteres an der Nordseite[100]. Seine Westmauer dürfte duch das östlichste der 3 langgestreckten Westmassive begrenzt gewesen sein, die erst in einer zweiten Bauphase[101] in den Gesamtbezirk eingeschlossen worden sind. Unter diesen Westmassiven, genauer unter dem mittleren liegt eine langgestreckte Galerie von mehr als 365 m nord-südlicher Ausdehnung, die sich schon durch ihre Länge erheblich von den Magazingalerien abhebt, in ihren ausgegrabenen unterirdischen Partien aber sehr den Königsgräbern der 2. Dynastie des Hetepsechemui und Ninetjer gleicht und nicht nur ein Begräbnis, sondern auch zahlreiche beschriftete Keramik der 2. Dynastie enthielt, so daß es naheliegt, hierin das Grab eines Vorgäners – von der Größe her am ehesten vielleicht sogar das memphitische Grab des Sanacht oder des Khasechemui – zu vermuten, an das sich der Grabbezirk des Djoser ursprünglich anlehnte[102]. Träfe dies zu, hätte man den Oberbau der Galeriegräber wohl ähnlich denen der Magazinmassive zu rekonstruieren, d. h. als riesige, langgestreckte, massive Mastaba mit überhöhtem, ein Gewölbe vortäuschenden Mittelbau. Von diesem sowohl in Abydos wie auch in Sakkara zumindest in den Galerien vorgefundenen Königsgrabtypus der 2. Dynastie unterscheidet sich der Grabbezirk des Djoser schon in der ersten Planung grundsätzlich; die langgestreckte Galerie, an deren Ende das Königsgrab lag, wird durch einen tiefen Schacht ersetzt, zu dem ein absteigender Korridor führt; die als notwendig erachteten Galerien und unterirdischen Gänge und Magazine aber wurden um den Schacht angelegt. Dadurch konnte die nord-südliche Längsausdehnung reduziert werden und der Gesamtbezirk an Tiefe gewinnen. Etwas aus der Mitte des rechteckigen Bezirkes nach Nordwesten versetzt, begann man mit dem Ausschachten des Königsgrabes und seines Zuganges von Norden her; gleichzeitig in der Südwestecke des Hofes, entlang der Südmauer mit dem Aushub eines nahezu identischen Schachtes, dessen Korridor aber von Westen her abgesenkt wurde. Offenbar hat man die Ausschachtungsarbeiten gleichzeitig mit der Konstruktion der Oberbauten durchgeführt, wie eine Schutzmauer über und um den Schacht anzeigt, die allein zum Schutz der im Schacht arbeitenden Arbeiter gedient haben kann[102].

Der Oberbau des Königsgrabes bildete erstmals eine ganz aus dem lokalen Steinmaterial gebaute, quadratische Mastaba[103] von 136 E = 71,50 m Seitenlänge, die von Anfang an als einstufige Stufenmastaba geplant und gebaut war

(M_{1-2}). Wie sehr die Baumeister noch dem Ziegelbau verhaftet waren, zeigt sich in den relativ kleinen Steinmaßen der Mastaba $M_1 - M_3$, die wie große Ziegel anmuten. Das Bestreben nach Sicherheit und Stabilität des Kerns erklärt auch die ca. 5 E starke Schicht aus gut behauenem Turakalkstein, die gleichsam den *Taf. 6* inneren Mantel bildet, gegen den die 8 E starke Schale der äußeren Stufe M_2 gebaut worden ist. Die Höhe dieser vermutlich leicht gewölbten Mastaba M_{1-2} *Taf. 3 a* betrug ca. 16 E = 8,40 m, die der Stufe 1 E. Außergewöhnlich ist der quadratische Grundriß dieser Mastaba; schon Lauer hat dies so gedeutet, daß die Gesamtanlage des Grabbezirkes als eine große, langgestreckte Mastaba zu sehen ist, in der das Königsgrab − wie bei den Königsgräbern der 1. Dynastie in Sakkara − durch einen Tumulus über dem Schacht markiert wird, aus dem und über dem sich der flache Stufenbau des Grabhügels entwickeln konnte[104]. Der 7 × 7 m breite und 28 m tiefe Grabschacht liegt nicht in der Mitte der Mastaba, sondern nach Nordwesten aus der Mitte verschoben; dies, wie auch der leicht versetzte schräge Abgang von Norden her, sind sicher keine Zufälligkeiten oder Meßfehler, da sie bei den Erweiterungen, spätestens beim Bau der Pyramide hätten korrigiert werden können. Diese Dezentrierung entspricht der eingangs festgestellten des Königsgrabes in dem Gesamtbezirk und wiederholt sich auch bei den Grabkammern späterer Pyramiden. Der Eingang des absteigenden Korridors, der anfänglich offen, dann durch den Fels auf wohlbehauenen Stufen

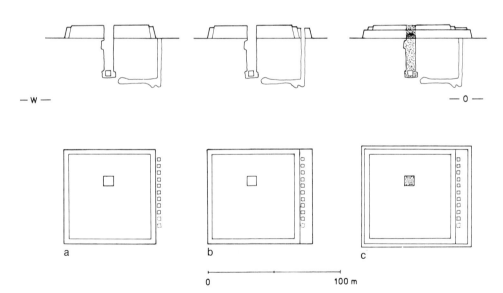

14   Sakkara. Entwicklung der Stufenpyramide des Djoser
a Stufenmastaba M_{1-2} b Erweiterung zu M_3 durch Einbeziehung der Schächte
im Osten   c Erweiterung zur Stufenpyramide P_1. Etwaiger Bauzustand
bei Beginn von P_2.

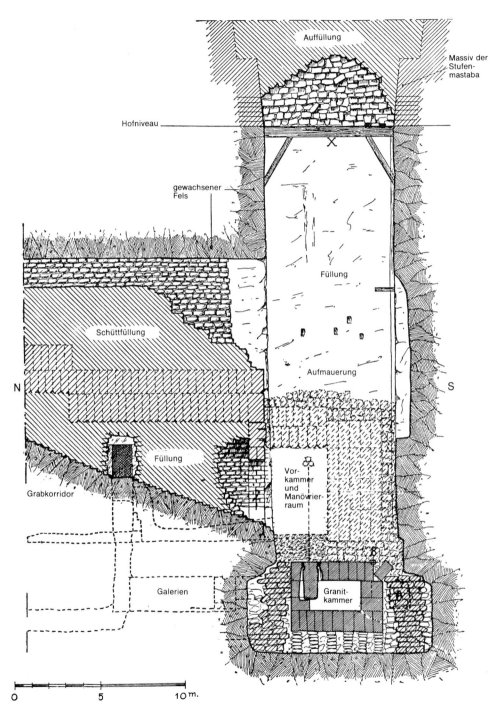

Auffüllung

Massiv der
Stufen-
mastaba

Hofniveau

gewachsener
Fels

Füllung

Schüttfüllung

Aufmauerung

N

S

Füllung

Vor-
kammer
und
Manövrier-
raum

Grabkorridor

Galerien

Granit-
kammer

0   5   10 m.

15   Sakkara. Stufenpyramide des Djoser. Schacht mit dem Königsgrab (Granitkammer).

hinabführt, lag ca. 20 m nördlich der Mastaba; er wird kaum offen gelegen haben, sondern ebenso wie der spätere zweite Korridor in einem Totentempel begonnen haben[105]. Im Grabschacht endete er in einer hohen Galerie, die direkt zum Schachtboden führte, auf dem das Königsgrab aus mächtigen Rosengranitblöcken aus Aswan aufgebaut war[106]. Es ist dies eine rechteckige Kammer, außen fast 4 m hoch, innen 2,96 × 1,65 × 1,65 m, von oben her durch eine runde Öffnung zugänglich, die durch einen ca. 1 × 2 m großen und ca. 3 Tonnen schwe- *Taf. 4* ren Granitpfropfen verschlossen war, der, wie Einkerbungen zeigen, durch dicke Seile nach dem Begräbnis herabgelassen wurde. Dies erfolgte von einer Vorkammer aus, der „chambre de manœuvre", in die der Grabkorridor mündete und durch deren Boden der Zugang in der Granitgrabkammer bis zum Begräbnis offengehalten war. In dieser Vorkammer, die ähnlich auch im Südgrab vorhanden war, war der schwere Verschlußpfropfen aufgehängt. Für die Aufhängevorrichtung und zum Herablassen muß eine Art Flaschenzug angenommen werden. In dem Steinmaterial, das zur Füllung des Schachtes gegen die Granitkammer geschichtet war, und in den benachbarten Galerien, fanden sich Fragmente feinen Turakalksteins, die beidseitig mit einem Sternenmuster verziert waren und offenbar zu einer älteren, etwas kleineren Kalksteinkammer eines ersten Grabes gehört haben[107]; man würde annehmen, daß diese erste Kammer vielleicht durch herabstürzende Blöcke zerschlagen und durch die Granitkammer ersetzt worden ist, hätte sich im Südgrab nicht ein ganz übereinstimmender Befund wiederholt, d. h. der Austausch der Kammern erfolgte gleichzeitig, planmäßig und ganz sicher noch vor der Errichtung der ersten Stufenpyramide, da die Konstruktion der Granitkammer nach der Füllung des Schachtes unmöglich gewesen wäre. In dem Granitgrab fand J. Ph. Lauer noch 1926 einen mumifizierten linken Fuß, einen Oberarmknochen und mumifizierte Hautpartien; Graf Minutoli hatte im letzten Jahrhundert bei einem ersten Besuch in der Pyramide noch den vergoldeten Schädel und vergoldete Fußsohlen auffinden können, wahrscheinlich die traurigen Überreste des königlichen Begräbnisses[108].

Um den Grabschacht liegen in gleicher Tiefe drei Galeriesysteme, die vom Schachtboden aus nach Norden, nach Westen und nach Süden abzweigen; es waren Magazine, gefüllt mit Steingefäßen und Keramik, d. h. die Speicher zur *Taf. 7 b* Versorgung des Königsgrabes[109]. Ein viertes Galeriesystem östlich des Grabschachtes konnte sowohl durch einen vom Grabkorridor abzweigenden Gang wie auch vom Schacht aus erreicht werden. Es bildet um einen massiven Felskern ein quadratisches Gangsystem, das größtenteils mit feinem Kalkstein verkleidet war. Im östlichen Gang sowie in den Kammern, die vom Schacht aus zu diesem System führen, waren die inneren Wandpartien mit einem regelmäßigen Muster, gebildet aus blauen Fayencekacheln, verziert. (S. unten S. 48–49). *Taf. 7 a* Teilweise sind dies ganze Wandpartien, teilweise wird durch diese Kachelwände auch ein gewölbter Raum angedeutet. Auf der südlichen Hälfte der Westwand des Ostkorridors ist das Mattenmuster durch drei Scheintüren und kleine

Fenster unterbrochen. Aus den Türen, die wie Stelen mit feinem Relief dekoriert sind, schreitet bzw. läuft der König in kultischer Tracht und im Gestus des Kultlaufes nach Osten hin ins Land der Lebenden: auf der nördlichen Scheintür führt er Kulthandlungen vor dem Horus von Behedet, d. h. dem Heiligtum des Nordens durch, auf der mittleren vor der Kapelle des „Großen Weißen (Pavian)" und auf der südlichen läuft er den Kultlauf im „südlichen Hof des *Taf. 9* Westens"[110]. Die Scheintüren tragen das königliche Namensprotokoll; auch die Türdurchgänge zwischen den einzelnen Korridoren sind im feinsten Relief mit den Königsnamen verziert. Dieses Galeriesystem stellt demnach den königlichen Palast mit seiner Mattenverkleidung und den Palasttoren dar[111], die Korridore sind wirklich, der eigentliche Palast und dessen Innenräume ist das Massiv des Felskerns, um den die Korridore ausgehauen sind. Diese sind nie ganz vollendet worden − anders als unter dem Südgrab, wo ein fast identischer Mattenpalast fertig und besser erhalten ist. Offenbar bereitete der Felsuntergrund hier den altägyptischen Baumeistern große Schwierigkeiten, ebenso sicher auch die gleichzeitige Erweiterung und Vergrößerung der ursprünglichen Mastaba M_{1-3} zur Pyramide, die einen neuen Eingangskorridor und damit weit größere Transportwege notwendig machte. Schon in alter Zeit − vermutlich in der 1. Zwischenzeit − haben Grabräuber die Gänge durchwühlt und zerstört. Lepsius, der nach Minutoli und Perring die unterirdischen Galerien besucht und aufgenommen hat, ließ eine der Fayencewände und einen Türdurchgang ausbrechen und nahm sie mit nach Berlin; eine andere Wand wurde aus herumliegenden Fayencekacheln zusammengesetzt und im Cairiner Museum aufgestellt.

Gleichzeitig mit dem Königsgrab und dessen Galerien wurde noch im Stadium der ersten Stufenmastaba M_{1-2} Vorsorge für die Gräber der königlichen Familie getroffen. Dafür wurden auf der Ostseite der Mastaba von Norden nach *Abb. 14 a* Süden 11 Schächte von über 30 m Tiefe angelegt, von denen aus Galerien nach Westen bis unter die Mattenpalastkorridore ausgehen[112]. Die fünf nördlichen Schächte und Galerien waren für Begräbnisse vorgesehen, daher stand je ein unbeschriftetes Stelenpaar östlich vor diesen Schächten[113]. Allem Anschein nach waren diese Galerien auch zu Begräbnissen benutzt worden, denn in der Galerie V, deren Wände noch Reste einer dünnen Holztäfelung haben, fanden sich zwei Alabastersärge, wovon der eine leer war, während im zweiten ein etwa 8jähriges Kind in einem Holzsarg lag, der einst vergoldet war. Zwei Sargkufen standen in der größeren, höheren Galerie III, deren Kammer eine Kalksteinverkleidung aufwies; Lauer nimmt an, dies sei das Grab der Königin gewesen; Bruch-

16   Sakkara. Stufenpyramide des Djoser   ▷
a Grundriß mit den Königsgalerien um das Königsgrab   b Grundriß mit den Ostschächten   c Ost-West-Schnitt durch die Stufenpyramide mit den Bauphasen M_{1-3} (Stufenmastaba), P_1 und P_2 (Stufenpyramide).

44

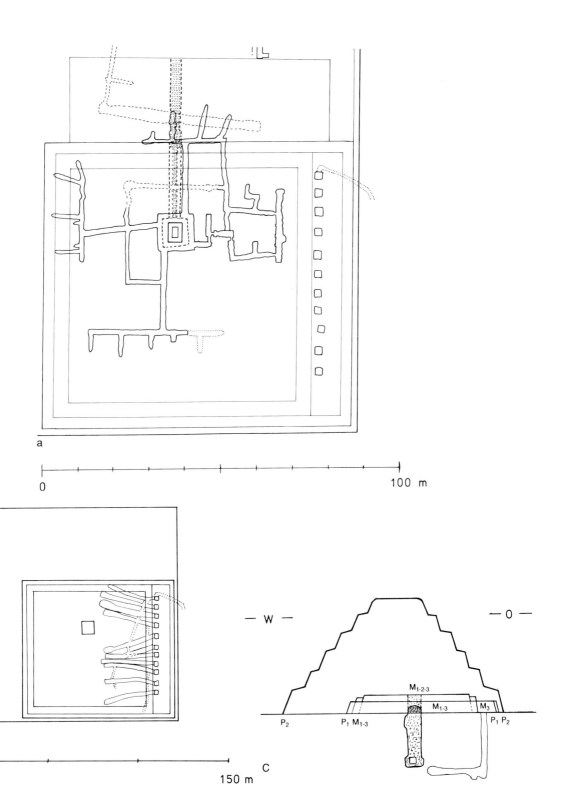

a

0   100 m

b

c

0   150 m

— W —   — O —

M_{1-2-3}

M_{1-3} M_3

P_2 $P_1\ M_{1-3}$ $P_1\ P_2$

45

stücke von Alabaster zeugen davon, daß 2 oder mehrere Särge hier standen. Auf dem Gipsmörtel der Kalksteinverkleidung war stellenweise die Abrollung eines Arbeitssiegels mit dem Namen Ntrj-ḫt, d. h. Djoser erhalten. Die Vorratsgalerien VI−XI waren mit der kaum vorstellbaren Zahl von ca. 40 000 Steingefäßen verschiedenster Formen und Materialien angefüllt, wovon ein nicht geringer Teil mit Stifternamen oder Materialangaben beschrieben war, darunter zahlreiche Gefäße mit den Namen von fast allen Königen der 1. und 2. Dynastie, keines aber mit dem Namen des Djoser!

Taf. 7 b

Wie läßt sich dieser merkwürdige Befund erklären? Lauer[114] sieht in dieser ungeheuren Anhäufung von kostbaren Versorgungsgefäßen einen Hinweis auf die einzigartige Selbsteinschätzung des Djoser; Helck[115] vertritt eine annähernd ähnliche Ansicht, wenn er meint, daß diese Gefäße − zusammen mit den ursprünglich in den Königsgalerien gestapelten − Bestände aus Magazinen und Herstellungszentren gewesen seien, die aus uns unbekannten Gründen nicht zur Auslieferung gekommen seien, oder unter Djoser aus Tempelmagazinen eingezogen worden waren! Eine andere mögliche Erklärung, die in diese Richtung geht, könnte ich mir darin vorstellen, daß Djoser beim Bau seines Grabes die zahlreichen, zu seiner Zeit schon beraubten Königsgräber der 1. und 2. Dynastie teilweise wieder restaurieren ließ und die verworfenen Steingefäße aus den erbrochenen Magazinen seinem Kultbetrieb einverleibte und damit erhielt. Eine ganz andere Erklärung bietet sich anhand der Archive des Totentempels des Neferirkare der 5. Dynastie an: Dort wurden mehrfach Lieferungen von größeren, wesentlich älteren Totenstiftungen aufgezeichnet; ähnlicherweise könnte man sich das Vorkommen von Steingefäßen mit Königsnamen der 1. und 2. Dynastie in den Magazinen des Djosergrabes mit Stiftungen etwa zur Fertigstellung der Stufenmastaba M_{1-2} oder zu bestimmten Festanlässen erklären, wobei die gelieferten Gefäße ja durchaus älteren Datums und alter Bestand gewesen sein können[116].

Abb. 14 b

Vielleicht noch während des Ausschachtens der Galerien und nachweislich vor deren Belegung wurde die Stufenmastaba M_{1-2} um eine weitere niedere Stufe allein nach Osten hin um 16 Ellen = 8,40 m erweitert, in der Absicht und mit der Bestimmung, die noch offenen Schächte in das geschützte Massiv einzuschließen. Nachweislich blieben die nördlichen 5 Schächte bei dieser Bauphase vorerst oben von der 1. Stufe aus offen und erreichbar; die dazugehörigen Grabstelen standen nun unmittelbar vor der Ostkante der neuen Stufenmastaba M_3[117], die durch die Erweiterung einen ost-westlich orientierten rechteckigen Grundriß erhalten hatte, in Anbetracht der traditionell Nord-Süd ausgerichteten Mastaba ebenso ungewöhnlich wie der quadratische Grundriß der älteren Mastaba M_{1-2}, vergleichbar aber mit dem ost-west-orientierten Südgrab. Die einzig vorstellbare Erklärung für dieses Abweichen muß in dem Raumbedarf des Totentempels auf der Nordseite gesucht werden, der etwa die Breite der Mastaba M_{1-2} eingenommen hat. Spuren dieses ersten Totentempels T_1 konnte Lauer mit großer Wahrscheinlichkeit unter der Stufenpyramide nachweisen[118]. Eindeutig und unmißverständlich ist aber der gesicherte Befund auf der Ostseite der Stufenmastaba: Die dort festgestellten Stelenpaare gehören sichtbarlich allein zu den Schachtgräbern der königlichen Familie und sind auch nur für die Bauphasen M_1-M_3 gesichert. Eine königliche Kultstätte an der Ostseite ist, entgegen allen Postulaten und Thesen, nicht nachzuweisen[119].

Dagegen umschloß der Grabbezirk der 1. Bauperiode der Stufenmastaba M_{1-3} schon eine Reihe von Einzelbauten, die noch weitgehend unverbunden waren, umgeben von abgesteckten Höfen aus leichterem Baumaterial[120]. Gleichsam den kultischen Gegenpol zu dem Königsgrab bildete das Südgrab[121], parallel zur südlichen Begrenzung des Bezirkes gebaut, eine langgestreckte Mastaba von ca. *Taf. 3 b* 160 E = 95 m Länge in Ost-West-Richtung bei nur ca. 25 E = 13 m Breite. Ein etwa 65 m langer Korridor führt von der Südwestecke des älteren, kleineren Bezirkes steil hinab durch den anstehenden Fels; auf halbem Wege zweigt ein kurzer Gang ab in eine lange, parallel verlaufende Galerie, in der Wein, Öl, Salben, Fleisch und Stoffkästen gelagert waren und noch in Spuren nachgewiesen werden konnten. Der Grabschacht selbst ist eine annähernd identische Kopie desjenigen der Stufenmastaba, 28 m tief, 7×7 m weit. Auf seinem Grund stand gleichfalls eine aus Granitblöcken gemauerte Kammer mit einem runden Eingang von oben, der durch einen Granitpfropfen verschlossen war. Allerdings waren die Ausmaße dieser Kammer geringer als die des nördlichen Grabes unter der Stufenmastaba: außen nur 3,20 m hoch, innen, bei einer quadratischen Grundfläche von nur 1,60 × 1,60, 1,30 m hoch. In der Kammer wurden keinerlei Spuren gefunden, die auf ein irgendwie geartetes Begräbnis schließen lassen, weder Reste eines Holzsarges noch Fragmente von Kanopenkrügen, was immerhin bemerkenswert ist, da das Grab zwar nachweislich in pharaonischer Zeit erbrochen worden ist, seit der Antike aber offenbar verschüttet war. Von den Maßen her möchte man annehmen, daß es für ein Begräbnis zu klein war, aber auch die Innenmaße der Steinsarkophage der Galerien IV und V unter der Mastaba M_3 erlauben keine größere Länge für die Holzsärge als ca. 1,50 m.

Anders als im Nordgrab führt der Korridor auch nicht direkt über die Granitkammer, sondern verläuft an der Südseite des Schachtes, von wo aus eine Tür in die aus Kalkstein aufgemauerte Manövrierkammer über der granitnen Grabkammer führte, wo der Verschlußpfropfen bis zum Termin des Verschlusses aufbewahrt war. Diese Kammer war zum Teil aus den mit Sternen verzierten Blöcken der ersten Grabkammer gemauert; es ist dies also ein ähnlicher Befund, wie er im Nordgrab festgestellt wurde, der Ersatz einer ursprünglich aus Alabaster und Kalkstein gemauerten Kammer, die wie eine Götter-Kapelle einen Sternenhimmel sowie ein Sternendach hatte, durch eine aus dem härteren Rosengranit, wohl doch aus der Überlegung heraus, daß die Kalksteinkapelle dem ungeheuren Druck der darüber vorgesehenen Füllung und dem Gewicht der Stufenmastaba nicht standhalten würde.

Wie im Nordgrab liegt auf der Ostseite des Schachtes ein Galeriesystem um einen quadratischen Felskern; allerdings ist dieses im Südgrab vollendet und besser erhalten geblieben, da es nach den antiken Plünderungen bis zur Entdeckung durch Firth und Lauer unberührt geblieben war. Durch die bessere Erhaltung erscheint der Plan klarer, doch bedarf es ohne Zweifel noch einer genauen und detaillierten Planaufnahme, um dem Verständnis dieser Räume und Gänge näherzukommen. Über einen gewundenen Gang gelangt man vom Schacht aus in einen langen west-östlich orientierten Korridor, der die Galerien in eine nörd-

Taf. 9 liche und südliche Hälfte teilt. Wie im Nordgrab liegt im Osten eine nord-südlich verlaufende Galerie, deren Ostwand mit glattem Kalkstein verkleidet ist, während die Westwand auf der Nordhälfte durchgehend mit 6 Feldern von Fayencekacheln mit Bögen, die Südhälfte mit reliefierten Scheintüren dekoriert ist, die in einer Wand von Fayencekacheln stehen, wobei über jeder Tür auch noch ein Fensterpaar angebracht ist[122]. Die Scheintüren zeigen wiederum den König

Taf. 13 bei Kulthandlungen, an der nördlichen mit oberägyptischer Krone im „Südlichen Hof des Westens", an der mittleren mit unterägyptischer Krone vor dem Heiligtum von Letopolis und an der südlichen erneut mit oberägyptischer Krone vor dem oberägyptischen per-wer Heiligtum. Wir haben hier wohl sicher die Fassade des Königspalastes dargestellt, daher ist die Ostwand glatt, d. h. offen; es ist ein Jenseitspalast, dessen Front dem Land der Lebenden im Niltal zugewandt ist. Die Fayencekacheln stellen den Mattenbehang des Palastes dar. Das südliche Tor unter dem Nordgrab und das nördliche unter dem Südgrab haben die gleiche Darstellung und Inschriften, sie verbinden beide Paläste damit. Unmittelbar hinter, d. h. westlich der Galerie mit den Scheintüren liegt ein ansonsten undekorierter Gang, der auf der Ostseite jedoch drei den Scheintüren entsprechende, geschlossen dargestellte Torflügel aufweist, Übersetzungen gewissermaßen der hölzernen Türflügel der Palasttore in Stein. Andere Räume wiederum sind voll mit Fayencekacheln ausgekleidet. Es sind dies die mattenbehangenen Innenräume des frühzeitlichen königlichen Zeltpalastes, in dem der tote König wohnt und aus dem er nach Osten zum Fruchtland hin heraustritt, um in den Reichsheiligtümern Kulthandlungen zu vollziehen, so wie es auf dem Türrahmen abgebildet und damit verewigt ist[123].

Bemerkenswert ist die hohe künstlerische Vollendung der feinen Reliefs auf den weißen Verkleidungsblöcken aus Turakalkstein, die man zur Verschalung der brüchigen lokalen Felswände eingebracht hat; bei ihrer Entdeckung hat man sie für spätzeitliche, saitische Restaurierungen gehalten, da sie stellenweise das spätzeitliche Gitternetz aufwiesen. Man hat nachweislich so schon in saitischer

Taf. 9 Zeit diese Reliefs in einer archaisierenden Tendenz genau kopieren wollen. Ebenso bewundernswert ist die technische Perfektion der Befestigung der Fayencekacheln an den Wänden[124]; dafür wurde auf die Kalksteinwände ein rasterartiges Muster aus Stegen und Vertiefungen angelegt. Die erhabenen, dreikantigen Stege bilden die querverlaufenden Pflanzenstengel nach; in die Vertiefungen wurden die vorgefertigten Fayencekacheln genau eingepaßt und mittels eines feinen Kalksteinmörtels eingegipst. Damit diese besser hielten, vor allem solange der Mörtel noch feucht war, wurden sie durch eine feine Schnur aus Pflanzenfasern − nicht Kupferdraht, wie man häufig liest − zusätzlich mit der Steinwand verbunden.

An die Nordseite der langgestreckten Mastaba, und zwar auf der westlichen Hälfte, stößt ein fast durchweg massiver Bau an, dessen Hoffassaden nischengegliedert sind und von einem Kobrafries gekrönt werden. Ein kurzer, versetz- *Taf. 3 b* ter Korridor führt in eine schmale Kammer, an deren Südende vielleicht einst ein Schrein mit einer Königsstatue stand. Dies ist die Kultkapelle des Südgrabes, ein vereinfachtes, auf das Wesentliche reduziertes Pendant des Totentempels im Norden des Königsgrabes unter der Pyramide. Vielleicht müssen wir uns den ersten, älteren Totentempel der Mastaba M_{1-3} nicht viel ausgedehnter vorstellen, wenngleich der Totenkult vermutlich einen größeren Raumbedarf beansprucht hat als die Statuenkultkapelle am Südgrab. Die auffallend langgestreckte Form der Mastaba und die ungewöhnliche west-östliche Ausrichtung − die allerdings in geringerem Maß und nur äußerlich auch an der Stufenmastaba M_{1-3} feststellbar ist − vermehren die Rätsel, die dieses zweite Grab ohnedies aufgibt; deren Diskussion soll am Ende der Gesamtbetrachtung erfolgen. Die West-Ost-Richtung wiederholt sich allerdings noch einmal an der Knickpyramide des Snofru, ohne daß wir dadurch klüger würden. Was die langgestreckte Form der Mastaba anbetrifft, so hat sie ihre nächste Parallele in den sog. Westmagazinen des Djoserbezirkes, in denen ich die Königsgräber der ausgehenden 2. Dynastie zu erkennen glaube. Die oben erwähnten Galeriegräber der 2. Dynastie, wenig südlich des Djoserbezirkes, dürften ähnlich zu rekonstruieren sein, mit dem einen Unterschied, daß die Längsachse des Südgrabes von Westen nach Osten verlief; dies mag aufgrund der vorhandenen Raumverhältnisse innerhalb der geplanten Gesamtanlage notwendig und daher unabänderlich gewesen sein.

Ob die Umfassungsmauer der 1. Bauperiode Nischendekor aufwies, läßt sich nicht ohne Nachgrabungen feststellen. Die Eingangskolonnade gehört aber sicher der späteren 3. Bauperiode an[125]. Zwischen Südgrabmastaba und dem Tor in der Südostecke stand dagegen schon ein Gebäude, das in doppelter Hinsicht auffällig ist. Einmal ist es nicht wie die Gesamtanlage ausgerichtet, sondern steht leicht schräg in der Südwestecke, zum anderen hat es auf der Hofseite, d. h. nach Norden zu, eine eindeutige Nischenfassade; im übrigen ist es wie auch die Kapelle des Südgrabes ein Massivbau mit einem versetzten aber blind endenden Korridor. Sehr überzeugend hat W. Kaiser[126] darauf hingewiesen, daß dieser nischengegliederte Bau seine nächsten Entsprechungen in zwei kleinen Ziegelbauten mit Nischenfassaden hat, die in den sog. Forts von Abydos, den Talbezirken des Peribsen und Khasechemui, ebenfalls schräg versetzt in der Südwestecke und auf das Tor bezogen stehen. Kaiser sieht in diesen Ziegelgebäuden den Wohnpalast des toten Königs oder des Thronfolgers während der

Vorbereitungen des Begräbnisrituales; Helck[127] bezeichnet sie als Statuenpalast, in dem eine Statue des toten Königs gestanden hat, im Djoserbezirk ganz konkret und recht ansprechend die Statue, zu der der nahebei gefundene Sockel mit der Inschrift des Imhotep gehörte. So überzeugend der Verweis auf die Ziegelgebäude in Abydos ist und so glaubwürdig beide Erklärungen des Gebäudes erscheinen, die merkwürdige Versetzung des Baues im Djoserbezirk erklärt sich damit nicht. Bei den beiden älteren Bauten in Abydos könnte man mit Kaiser auf die geringe Bebauung der Talbezirke generell und auf die in Abydos wohl noch nicht angestrebte architektonische Ausrichtung nach Norden verweisen, die bei den Königsgräbern wie auch den Talbezirken offenbar keine große Rolle gespielt hat; dies gilt aber gewißlich nicht mehr für den Djoserbezirk mit seiner strengen Gliederung, von der sichtbarlich nur das Eingangsgebäude abweicht. Immerhin hat man diese Abweichung von der Nord-Süd-Achse des Gesamtbezirkes in der 2. Bauphase, als die Eingangshalle errichtet wurde, nicht ausgeglichen, sondern im Gegenteil die 65 m lange Eingangshalle danach orientiert und damit erst auffällig gemacht. Daß man beim Bau dieses Modells eines Wohnpalastes oder eines Statuenpalastes die Nordrichtung genauer beobachtet hätte, ist wohl auszuschließen[128]. Es ist daher wohl an eine funktionelle Erklärung zu denken, die das Gebäude und die Kolonnade verbindet. Ganz offensichtlich gehört die Kolonnade zur spätesten Bauperiode des Bezirkes und reichte ursprünglich nur bis zu den noch heute trennenden Zungenmauern knapp westlich des fraglichen Gebäudes; außerdem war sie offen und ohne Säulen[129]. Man hat sie daher schon als einen inneren Aufweg bezeichnet, wogegen Lauer allerdings gewichtige Einwände vorbringt[130]. Der längsrechteckige Pyramidenbezirk der 3. Dynastie hat noch keinen Aufweg; nichtsdestotrotz weist die Kolonnade Eigenheiten auf, die bei den späteren Aufwegen wiederkehren, vor allem die Merkwürdigkeit, daß Aufwege nie im rechten Winkel auf die Pyramidenumfassung stoßen, sondern stets schräg, und daß sie häufig seitlich versetzt und nicht in der Mitte der Ostseite auf den Pyramidenbezirk treffen, was sicherlich nicht geländebedingt war. Helck[131] hat in anderem Zusammenhang zur Stützung seiner These, das Gebäude in der Südostecke sei der Statuenpalast gewesen, auf den sog. Taltempel der Knickpyramide verwiesen. Es ist in der Tat verführerisch und durchaus legitim sich vorzustellen, daß bei dem großen Umdenken und Umgestalten zu Beginn der 4. Dynastie eine Trennung, ein Auseinanderziehen stattgefunden hat, wobei funktionell unterschiedliche Bauten auch räumlich getrennt werden. Es ist durchaus vorstellbar, daß die merkwürdige und auffällige Achsenverschiebung des „Wohnpalastes" und der Kolonnade ihren Grund darin hat, daß sie funktionell von den anderen Bauten innerhalb des Grabbezirkes abgehoben und herausgestellt werden sollten.

Zum ersten Baubestand gehören aber nach Kaisers überzeugender Darlegung auch die Kapellen des sog. Hebsedhofes, versteinerte Holzmattenbauten[132], und die beiden „Maisons", das des Südens und das des Nordens[133]. Vermutlich waren diese Kapellen auf der Ostseite der Pyramide durch Hofzäune aus vergänglichem Material in ähnlicher Weise abgegrenzt, wie es später durch die Massive geschah. Die Deutung als versteinerter Schauplatz eines jenseitigen Sed-Festes geht auf den ersten Ausgräber Cecil H. Firth[134] zurück und ist seitdem fast unwidersprochen akzeptiert worden. Seit wir aber damit zu rechnen haben, daß diese Bauten viel stärker mit dem Begräbnisritual und mit jenseitigen Kulthandlungen zu verbinden sind, wird eine derartige Deutung nicht ganz so selbstverständlich stehenbleiben können. Da beim gegenwärtigen Stand der Erforschung des Djoserbaukomplexes ohne Nachuntersuchungen nur erschlossen werden kann, welche der Bauten in der 1. Bauphase als notwendig erachtet und fertig geworden sind, soll die Einzelbeschreibung der Behandlung der 2. Bauphase vorbehalten bleiben.

Eine 2. Bauperiode des Grabkomplexes beginnt mit der Überbauung der Stufenmastaba M_{1-3} durch eine Stufenpyramide, was wiederum in drei Bauphasen vor sich geht, die im einzelnen ohne Nachuntersuchungen schwer unterscheidbar sind. Die wichtigste und am einfachsten ersichtliche Phasenabfolge zeigt sich an der Stufenpyramide selbst, nämlich in den Änderungen in der Planung von einem vierstufigen Oberbau (P_1) zu einem auch im Grundriß erweiterten sechsstufigen (P_2) in einer 3. Bauperiode, die der 2. Bauperiode vermutlich sehr schnell gefolgt ist.

Wie wir oben gesehen haben, muß der Schacht der Mastaba bis zu dem Zeitpunkt offen geblieben sein, in dem die ursprüngliche Kalksteingrabkammer durch die granitene ersetzt worden ist, auf der auch die Manövrierkammer mit dem darin aufbewahrten Granitpfropfen aufgebaut war[135], da der Austausch der Kammern nur bei offenem Schacht hatte erfolgen können[136]. Die gleiche Überlegung gilt selbstverständlich auch für das Südgrab. Der Austausch der Kammern gehört damit noch in die 1. Bauperiode, die 2. beginnt mit der Auffüllung des Schachtes.

Man hat dazu die Granitkammer mit einem festen, gut geschichteten Mauerwerk ein- und überbaut, das über die Manövrierkammer hinaus hochgezogen wurde; darüber kam offenbar nur eine leichte Schüttung aus Kalksteinsplitter und Sand bis zum Schachtende in Höhe des gewachsenen Felsens, wo wiederum eine feste, gemauerte Blockierung errichtet wurde, die heute noch teilweise sichtbar ist, nachdem in saitischer Zeit die lockere Füllung bis zur Granitkammer entfernt worden war[137]. Die Steinblockierung erinnert an den durch Ziegelmauerwerk gefestigten „Erdhügel" über dem Schachteingang der Mastabas der 1. Dynastie in Sakkara-Nord! Darüber wurde der Schacht bis zur Höhe der Oberkante der Mastaba M_{1-3} vermutlich in ähnlicher Weise wie die Mastaba selbst hochgemauert und aufgefüllt.

Diese Einfüllung barg auf jeden Fall die Gefahr von unkontrollierbaren Senkungen in sich, die vermutlich schon unmittelbar nach der Fertigstellung sichtbar wurden. Zudem bot die unverbundene, lockere Füllung des Schachtes nun den am wenigsten geschützten Teil des Grabbaues mit einem direkten Zugang zu dem Grab selbst und seinen Schätzen. Die Erfahrung von einigen Hunderten von Jahren des Grabraubes mag daher den König und seinen Baumeister bewogen haben, nach einer sicheren Lösung zu suchen. Diese konnte nur in einer unüberwindbaren Aufschüttung durch Erhöhung des Oberbaues über dem Schacht bestehen. Eine Stufe allein hätte dafür nicht ausgereicht. Da der Schacht nicht in der Mitte der Mastaba lag, wäre er von der Nordseite aus leicht durch einen Tunnel zu erreichen gewesen. Man entschloß sich daher zur Planung einer bisher unbekannten Erhöhung auf 4 Stufen von insgesamt 42 m. Zur Sicherung

Abb. 14 c

Abb. 16 c des Unterbaues legte man eine weitere Schale von $5^{1/2}$ E = 2,90 m Stärke aus Turakalksteinblöcken um das bestehende Rechteck der Mastaba M_{1-3}, wodurch die damit begonnene Stufenpyramide P_1 eine rechteckige Grundfläche von 163 × 147 E bekam. Dabei unterscheidet sich die neue Mauertechnik sowohl durch die Verwendung eines größeren Steinformates, die Bauweise in 2−3 m dicke Schalen wie auch durch die deutliche Neigung der Steinlagen nach innen, indem sich die Mauerschalen gleichsam an die Außenböschung der Mastaba M_{1-3} mit dem Neigungswinkel von ca. 72°, d. h. etwa 18° von der Ver-

Taf. 6 tikalen anzulehnen scheinen. Die Bautechnik der nach innen geneigten Steinlagen und -schalen ist ebenfalls eine Erfindung des Baumeisters der Stufenpyrami-

Taf. 3 a de; sie bleibt ein Charakteristikum dieser Art Pyramiden[138]. Zumeist erklärt man dies damit, daß durch die Neigung eine größere Stabilität der einzelnen Schalen und der gesamten Baumasse erstrebt worden sei; der Druck der Masse würde nach innen geleitet, was sicher nicht die Absicht gewesen wäre, da damit ja der Sockel und das Königsgrab einem erhöhten Druck und Gewicht ausgesetzt gewesen wären; dies ist aber weder von der Statik her richtig, noch ist es nachweisbar, daß dies den altägyptischen Baumeistern bekannt gewesen wäre. Dagegen ist eine Bauweise in geneigten Steinlagen ein vereinfachendes und arbeitssparendes Mittel, wodurch beim Bau der ja nur gering gebröschten Stufenpyramiden normale, rechteckige Steine verwendet und damit der Böschungswinkel relativ einfach eingehalten werden konnte.

Eine $5^{1/2}$ E = 2,80 m starke Verkleidungsschicht aus dem besseren Turakalkstein wurde wieder um die gesamte Mastaba gelegt, sie war nicht nur Verkleidung − sonst hätte man die alte Verkleidung der Mastaba höherziehen können −, sondern eine festigende Klammer, besser in Material und Bauweise. Dabei wurden auf der Ostseite die Stelen vor den Schächten I−V in die neue Schale einbezogen, d. h. sie waren nun genausowenig mehr sichtbar oder beschriftbar und nicht mehr dem Kultbetrieb zugänglich, wie auch die Schächte selbst nicht mehr begehbar waren; diese wurden daher aufgefüllt und mit Holzbalken überdeckt, damit es bei der Überbauung durch die Stufen der geplanten Pyramide zu keinen Senkungen über den Schachteingängen kommen konnte[139]. Um die Grabgalerien der Schächte jedoch noch betretbar zu erhalten, wurde vom Schachtboden von Galerie I aus ein gewundener Gang nach Osten hochgeführt, damit von da aus auch später noch Bestattungen eingebracht werden konnten. Auf der Nordseite der neuen Stufenpyramide wurde gleichzeitig und baulich verbunden das Massiv eines Totentempels angefangen, der in Planung wohl ähnlich der Kapelle nördlich der Südgrabmastaba war[140].

Diese erste Stufenpyramide P_1 ist jedoch in der Höhe kaum über die Mastaba M_2 hinausgediehen; die äußere Verkleidungsschicht war erst ca. 2,50 m hoch[141], als das Projekt P_1 zugunsten einer weit größeren Pyramide P_2 aufgegeben wurde. Lauer ist bei der Rekonstruktion der einzelnen Bauphasen der Stufenpyramide davon ausgegangen, daß die Verkleidungsschichten jeweils erst nach Fertigstellung des Kernbaues hochgezogen wurden[142], der Beginn der Verkleidung von P_1 bedeutete für ihn demnach, daß der Rohbau der vierstufigen Pyramide P_1 tatsächlich errichtet war; darin ist ihm die Bauforschung bisher einheitlich gefolgt. Bei der Ausgrabung und Bauuntersuchung der nördlichen Steinpyramide des Snofru in Dahschur ist uns aber inzwischen der unumstößliche Nachweis gelungen, daß die Kernbauschichten und die der Verkleidung ineinander verzahnt sind, d. h. gleichzeitig gebaut und geglättet wurden[143], was von der Bautechnik her auch logisch erscheint, da die nachträgliche Anlage der Verkleidungsschale erneute Rampen erfordert hätte und bei einer Breite der Verkleidungsschale von $3-5$ E = 1,52−2,60 m bis zu einer schwindelnden Höhe von bis zu 40 m bzw. 60 m bei P_2 technisch unmöglich zu bewältigen war. Der gleichzeitige Verbund von Kernmauerwerk und Verkleidung ist an der Ostseite der Stufenpyramide noch feststellbar[144]. Man muß daher nicht mehr annehmen, daß die Stufenpyramide P_1 sich tatsächlich bis zu den geplanten 4 Stufen erhoben hat. Die Schwächen des Planes von P_1, besonders auf der Nord- und der Westseite im Hinblick auf die sichere Überbauung des Schachtes, sind wohl bald offensichtlich geworden, so daß man sich zu einer erheblichen Erweiterung der Grundfläche auf diesen beiden Seiten entschloß. Das brachte den großen Nachteil mit sich, daß der Ausgang des Grabkorridors der 1. Planung durch das Pyramidenmassiv bedeckt wurde[145]; daher mußte ein neuer, doch eher behelfsmäßig geplanter Gang weiter westlich angelegt werden, der über einen schon breiter ausgearbeiteten, ost-westlichen Korridor etwa auf der Hälfte des Weges wieder auf den originalen Grabkorridor mit den Stufen stößt. Andererseits schließt die nördliche Erweiterung im wesentlichen das Massiv des Totentempels M ein, wodurch die Maße der Erweiterung vorgegeben waren.

Auch diese 2. Phase der Erweiterung der Stufenpyramide ist durch die Annahme einer erst nachträglichen Verkleidung unnötig kompliziert und verunklärt worden. Lauer nimmt aufgrund der Spuren und Reste der Verkleidung auf der Ost- und Nordseite eine weitere, vierstufige Pyramide $P_{1'}$ an[146], die die erweiterte Grundfläche im Norden und Westen miteinschloß, vor die schließlich erst dann in einer 3. Phase des Pyramidenbaues nochmals eine endgültige Verkleidungsschicht von 3 E im Osten, Westen und Süden gelegt wurde, während im Norden 5 E hinzukamen, vielleicht weil dort der Untergrund abfiel und aufgefüllt werden mußte; mit gutem Grund wurde dort daher die Schale der besser gemauerten Verkleidung verbreitert[147]. Die Erweiterung $P_{1'}$ ist auf der Ost- und Südseite als geradlinige Verlängerung der Verkleidungsschicht von P_1 erkennbar; an der Nordostecke, so sie sichtbarlich kontrolliert werden kann, ist diese Schale stärker als die Verkleidung von P_1. Wie oben festgestellt, diente die Verkleidungsschicht wie eine Klammer dem besseren Zusammenhalt der inneren Schalen aus lokalem Kalkstein. Es wäre jedoch riskant und letztlich sogar sichtbar gewesen, hätte man die angesetzte Verkleidungsschale $P_{1'}$ als äußeren Mantel beibehalten, weshalb gleichzeitig mit der Erweiterung $P_{1'}$ die als endgültig anzusehende, umlaufende Verkleidungsschale P_2 vor die des alten Kernes P_1 und die Erweiterung $P_{1'}$ gebaut worden ist[148]. Dabei wurden besonders gut bearbeitete Blöcke größeren Formates und bis zu 1 E = 0,52 cm Höhe in einer Lage verwendet. Die Unterschiede im Steinformat sind auf der Süd-, Ost- und Nordseite deutlich festzustellen: sie belegen überzeugend den Übergang der Bauperioden P_1 auf P_2. Bei P_1 hat man noch das kleinere Steinmaterial verwendet, ebenfalls bei der Erweiterung im Norden und Westen (Lauers $P_{1'}$). Dieses kleinere Steinmaterial geht auf keiner Seite über die Höhe der Mastaba M_3 hinaus[149]; man hat demnach beim Übergang von P_1 auf P_2 erst ein einheitliches Massiv auf der erweiterten Basis bis zur Höhe der bestehenden Mastaba M_3 geschaffen und dann durchgehend mit dem größeren Steinformat überbaut; dies zeigt aber deutlich, daß weder eine vierstufige Pyramide P_1 noch die angenommene $P_{1'}$ zur Ausführung gekommen sind; bemerkenswert ist die Untersuchung der Westseite der Pyramide: Dort greift das Fundament der Pyramide tief in das östlichste der drei Massive ein, wobei das größere Steinformat verwendet worden ist[150]. Daß tatsächlich die Pyramide in das Massiv eingebaut wurde − und nicht umgekehrt −, zeigt die Beobachtung, daß die Verkleidungsschale von P_2 erst in einer Höhe von ca. 4,70 m, der Höhe dieses Massivs, einsetzt[151]. Die Grundfläche der Pyramide P_2 blieb weiterhin, auch mit der stärkeren Erweiterung nach Norden hin, ein leicht ost-westlich orientiertes Rechteck von 208 × 231 E = 109 × 121 m[152]. Die exakte Höhe der 6stufigen Pyramide ist aufgrund der Unebenheit des Gebäudes nur ungenau und anhand der Stufen zu errechnen, deren Höhe anfänglich jeweils 20 E beträgt, dann kontinuierlich je 1 E abnimmt:

Stufen: 1   2   3   4   5   6
Ellen: 20 20 20 19 18 17 + 5 Ellen für den gerundeten Abschluß, woraus sich eine Höhe von 114 + 5 E = 62,50 m ergibt.

Die oberste Stufe war nach den gefundenen Verkleidungsblöcken gerundet. Ob die Stufen selbst so stark geschrägt sind, wie Lauer sie rekonstruiert, ist nach dem Befund von Meidum nicht unumstritten[153].

Abb. 16 c — Aus dem Baubefund läßt sich somit die Erkenntnis gewinnen, daß die Pyramide P_1 kaum höher als die von ihr eingeschlossene Mastaba M_{1-3} gebaut worden war und keinesfalls die geplante Höhe von vier Stufen erreicht hatte, als man sich aus bautechnischen Gründen und solchen der Sicherheit des Königsgrabes entschloß, den begonnenen Stufenbau erheblich nach Norden und Westen zu erweitern und gleichzeitig um zwei Stufen zu erhöhen. Aus der Art der Erweiterung ist somit zu erschließen, daß $P_{1'}$ und P_2 in Wirklichkeit eine Bauphase oder besser gesagt eine einheitliche Bauplanung darstellen, daß also die Evolution der Stufenpyramide aus der Stufenmastaba in nur zwei relativ schnell aufeinander folgenden Schritten, 2 Bauperioden, geschehen ist, ja vielleicht sogar von Anfang an vorgesehen war; dieses Verständnis des Bauablaufes wird m. E. der Leistung und dem Genie des altägyptischen Baumeisters eher gerecht, als die Annahme dreier, hintereinander ausgeführter Pyramiden, die sukzessive erweitert und erhöht wurden. Eine befremdliche und viel zu wenig beachtete Eigenheit der Stufenpyramide ist dabei der Umstand, daß die anfängliche Stufenmastaba M_{1-2}, auf quadratischem Grundriß begonnen − schon dies ist außergewöhnlich, aber erklärlich −, durch die Einbeziehung der Ostschächte als Mastaba M_3 einen leicht ost-westlich orientierten Grundriß erhielt und bei der Erweiterung zur Stufenpyramide P_2 beibehalten hat. Der quadratische Grundriß der Kernmastaba ist m. E. ein starkes Indiz dafür, daß man von Anfang an geplant hat, über dem Schacht eine erste Stufenpyramide zu errichten. Die Einbeziehung der Ostschächte in den geplanten Bau hat mit der Stufenmastaba M_3 dann einen rechteckigen Unterbau ergeben, der auch bei der geplanten Ausführung der Pyramide P_1 beibehalten wurde, vielleicht mit Rücksicht auf das schon bestehende Massiv des ersten Totentempels M und den Grabkorridor. Wie wir aber gesehen haben, ist die Pyramide P_1 schon nach wenigen Metern Höhe zugunsten der weit größeren Pyramide P_2 aufgegeben worden. Warum hat man zu diesem Zeitpunkt der Planung nicht wieder den quadratischen Grundriß angestrebt? Dies hat einmal seine Gründe in den natürlichen Gegebenheiten des Geländes, das im Norden des ersten Tempelmassivs T_1/M stark abfällt[154]; damit waren die Möglichkeiten der Vergrößerung im Norden begrenzt. Im Süden und Osten hatte man das schon bestehende Massiv, das durch eine weitere Verkleidungsschicht, auf der die erste Stufe aufbaut, stabilisiert wurde. Man hätte allerdings im Westen die Möglichkeit gehabt, die Erweiterung einfach um 25 E = 13 m geringer zu planen. Warum hat man das nicht getan? Das wird nur verständlich, wenn man davon ausgeht, daß das bzw. die westlichen Massive − vielleicht noch außerhalb der geplanten Umfassung − schon bestanden haben. Diese Annahme wird durch die oben erwähnte These, daß diese Massive Königsgräber der 2. Dynastie seien, gestützt (siehe oben S. 37); es lassen sich aber auch Beobachtungen am westlichen Fundament der Stufenpyramide machen, die beweisen, daß nicht das Massiv gegen die Pyramide gebaut ist, sondern die Pyramide mit ihrer ersten Stufe in das Fundament einschneidet[155]. Die Blöcke dieses Fundamentes gehören durchweg der größeren Steinsorte an, die für die Pyramide P_2, nicht aber für die Erweiterung des Massives (Lauers Bauphase $P_{1'}$) charakteristisch ist. Die Verkleidungsschicht aus Turakalkstein müßte unter dem gegengebauten Massiv noch erhalten sein, wäre das Massiv später. Dagegen hat Lauer beobachtet, daß die Verkleidung, soweit in Spuren erhalten, erst in 4,70 m, nämlich genau über der Ostkante des Massives begonnen hat[156]. Hätte man die Pyramide auf quadratischem Grundriß bauen wollen, so wäre zwischen Pyramidenfuß und dem schon bestehenden Massiv nur ein schmaler Gang von weniger als 5 m geblieben, wodurch die Proportionen und die Abgewogenheit des Südhofes zur Pyramide erheblich gestört worden wären.

Die Form und die Achse dieses Hofes zwischen Südgrab und Stufenpyramide waren auf die Maße der Stufenpyramide P_1 zugeschnitten; die Vergrößerung der Pyramide hat den Altar vor der Südseite der Pyramide und die beiden B-förmigen Male im Hof dezentriert, was aber durch die unregelmäßige Gestaltung des Hofes im Südwesten sowie den Einschluß des Westmassives, das die Pyramide auf ihrer Westseite umklammert, wieder aufgehoben wurde. Die Hoffassaden

Taf. 6 wiesen rundum – mit Ausnahme der Pyramide im Norden – die einfache Nischengliederung auf; nur das Massiv der Kapelle des Südgrabes in der Südwestecke wird durch den Kobrafries herausgestellt[157]. Bemerkenswert ist, daß dieses Kapellenmassiv auch schon in der älteren Planung mit seinem Eingang nicht direkt auf die Kultbühne der Hofachse bezogen war. Man hat diesen Hof aufgrund der B-förmigen Male[158] mit dem Kultlauf beim Sed-Fest in Bezug gebracht; der Opferlauf des Königs ist jedoch generell Teil von Kulthandlungen, die sicher in Bezug zu dem Altar stehen, unter dessen Stufen – als Grundsteinopfer? – ein Rinderschädel mit Hörnern gefunden worden ist[159]. Da der Bestattungszug mit dem Leichnam des Königs gleichfalls diesen Hof passieren mußte, ist eher daran zu denken, daß dieser weite Hof vornehmlich Schauplatz und Kultbühne für das eigentliche Bestattungsritual gewesen ist, wofür ihn seine Lage zwischen den beiden Gräbern prädestiniert. Aufschlußreich ist dabei die Parallele, ja Duplizität zu dem weiten Hof nördlich der Pyramide, der bei der Vergrößerung des Gesamtbezirkes im Rahmen der 2. und 3. Bauperiode geschaffen wurde. Dessen einziges und beherrschendes Bauwerk war eine große, auf die Pyramide hin ausgerichtete Altarplattform[160] an der Nordmauer des

Taf. 15 b Grabbezirkes, umgeben von Opfermagazinen, gefüllt mit Speiseopfern; der ganze Nordhof war jedoch unvollendet geblieben. Er sollte anscheinend auf die Höhe des Tempelniveaus aufgefüllt und eingeebnet werden, wie dies auch mit dem Südhof geschehen war[161].

Für die Deutung des Südhofes würde dies bedeuten, daß dieser Hof mehr oder weniger ausschließlich zum Südgrab und den an und vor diesem vollzogenen Riten gehört. Der geplante Nordhof bildet aber nicht nur die kultische Entsprechung des Südhofes für das Königsgrab unter der Pyramide, er rückt diese gleichsam in den Mittelpunkt des gesamten Grabbezirkes in einem offensichtlichen Bestreben nach einer ausgewogenen Symmetrie.

Trifft meine Annahme zu, daß das Nordgrab von Anfang an als Stufenbau projektiert war, wofür der ursprünglich quadratische Grundriß eine ausreichen-

56

de Begründung bietet, dann bedeutet der Übergang von der Mastaba M$_3$ zur vierstufigen Pyramide P$_1$ keine Planänderung, vielmehr den Beginn einer 1. Phase der 2. Bauperiode, die mit dem Abschluß der Ausschachtungsarbeiten und der Vollendung des Grabes einsetzen konnte. Die Erweiterung und Vergrößerung der eben begonnenen, vierstufigen Pyramide P$_1$ schloß dann allerdings mit den Erweiterungen im Westen und Norden erhebliche Planänderungen ein, so daß man sich fragen muß, ob diese nicht in Wirklichkeit als eine 3. Bauperiode anzusehen wären. Die Verbindung und Verdichtung der ursprünglich freistehenden Einzelbauten des östlichen Streifens zu einer harmonischen, monumentalen Abfolge von Höfen und Massiven – vielleicht noch in der 2. Bauperiode geplant –, vor allem aber der Einschluß der Westmagazine und des Nordbereiches, wodurch die Pyramide zum Mittelpunkt des Grabbezirkes wird, ist gegenüber der 1. Planung keine Bauphase mehr, sondern tatsächlich eine Neukonzipierung, die die Annahme einer neuen, 3. Bauperiode des Gesamtbezirkes, ausgelöst durch die Monumentalisierung des Grabes, erlaubt.

Dabei wurde auch der Eingangsbereich in der Südostecke umgestaltet. Vorgegeben war dort neben dem festungsartigen Doppeltorbau das oben erwähnte, schräg stehende Gebäude mit der Nischenfassade, der sog. Wohn- oder Statuenpalast mit einem kleinen Hof. Im Verlauf dieser leicht schräg verlaufenden Hoffassade wurde nun eine 54 m lange Eingangshalle angelegt, die, wie die Böschung der Innenmauern deutlich dartut, ursprünglich offen und ungedeckt war[162]. Das würde allerdings bedeuten, daß das Vorbild dieser Eingangshalle nicht eine Säulenhalle des memphitischen Königspalastes war[163], sonst hätte sie von Anfang an Säulen und ein Dach gehabt. Anfänglich war die Halle auch kürzer; eine einfache Quermauer markiert das westliche Ende der ersten Halle. Bei der Erweiterung wurde als Abschluß ein kleiner, quergelagerter Säulensaal mit vier verbundenen Säulenpaaren vorgelegt und anschließend die gesamte Längshalle eingedeckt, wozu nachträglich Deckenstützen eingefügt werden mußten. Diese Stützen und ihre Form sind Gegenstand einer lebhaften wissenschaftlichen Auseinandersetzung: Lauer[164] hat sie als „colonnes engagées", „Verbundsäulen" bezeichnet und ihre Form als Schilfbündel erklärt; sie seien aus statischen Gründen, um die schwere Steinbalkendecke zu tragen, durch Mauerzungen mit den Längswänden der Halle verbunden worden; dieser Erklärung haben sich die meisten Bauforscher angeschlossen. Ricke[165] sieht dagegen in den Stützen Mauerzungen, deren Enden mit Palmblattrippen gegen Bestoß geschützt waren. Diese Mauerzungen hätte ihr direktes Vorbild in dem Ziegelpalast des Königs in Memphis gehabt; sie waren also keine „noch nicht gewagten" oder „noch nicht gekonnten" Säulen, sonden eine bewußte „Übersetzung" eines diesseitigen, aus vergänglichem Material errichteten Baues in eine jenseitige, ewige Steinkonstruktion. Gegen Rickes bestechende Argumentation spricht jedoch die schon oben erwähnte Beobachtung, daß die Stützen und die Bedachung sekundär eingebracht worden sind, weshalb eine hypothetische Emp-

Taf. 10–11

fangshalle des memphitischen Palastes nicht das Vorbild gewesen sein kann. Die sehr verschiedenen Einzelteile dieser Eingangshalle, das monumentale Tor, das Gebäude „Statuenpalast", die versetzte Achse und die Erweiterung nach Westen sprechen doch eher für ein langsames, eher zufälliges Zusammenfügen und -wachsen dieser Eingangszone. Auch der Umstand, daß in der späteren Entwicklung die einzelnen Elemente der Eingangshalle neu geordnet im Baubestand des Taltempels, Aufweges und Eingangsbereiches nachweisbar zu sein scheinen, deutet auf zwar thematische Gemeinsamkeiten, aber sekundäres Zusammenwachsen hin.

Unmittelbar westlich des monumentalen Torbaues und am Anfang der Eingangshalle zweigt ein langer, schmaler Gang nach Norden durch ein Massiv ab, das nur an der Nordostecke ein labyrinthisches System von Gängen und Räumen unklarer Bedeutung hat. Der Korridor mündet in einen Hof, der im Osten und Westen durch Kapellenreihen flankiert wird, die − wie wir gesehen haben

Abb. 12 u. 13

− schon zum Bestand der 1. Bauperiode gehört haben müssen, jetzt aber in der 2./3. Bauperiode durch Massive im Norden und Süden eingeschlossen und umbaut wurden. Wie auch anderswo − etwa im Totentempel − ersichtlich, war der 3. Bauabschnitt beim Tod des Königs noch nicht abgeschlossen; daher ist auch der Kapellenhof offensichtlich an der Ost- und Nordseite nicht vollendet

Taf. 12 b

worden. Dafür legen u. a. die nur roh zubehauenen Statuen jetzt im Südosten des Hofes Zeugnis ab[166]. Aus der Südwestecke des Kapellenhofes führt ein breiterer Weg in einen westlich gelegenen, kleineren Hof zu einem der selteneren betretbaren Gebäude, dem „temple T" oder Pavillon des Königs[167], einem Modellbau des königlichen Palastes, beschränkt auf die wichtigsten Räume, gleichzeitig auch eine Sakristei für Kultgerät und − vermutlich − eine Königsstatue, die darin residierte. Dies ist der Prototyp der späteren Tempelpaläste[168] an den Totentempeln des Neuen Reiches. Lauer betont, daß die auf der Westseite des kleinen Hofes nur spärlich erhaltenen Mauerreste keinen Anhalt für die Annahme eines Tores zum großen Südhof ergäben; auffällig ist aber, daß in der Südwestecke des kleinen Pavillonhofes ein Massivbau mit einer Nische steht und auch die erste, südliche Kapelle des Kapellenhofes an der Ecke eine Nische enthält, in der man sich jeweils eine Statue des Königs vorstellen könnte, die den Zugang des Kulthofes magisch beschützte.

Die Kapellen der Ost- und Westseite des sog. Heb-Sed-Hofes[169] haben eine Gemeinsamkeit: es sind Massivbauten, die durch ihre Fassaden als Götterkapellen ausgewiesen sind. Die 12 Kapellen der Ostseite haben einheitlich glatte Fassaden, umrahmt von einem Rundstab, und ein gewölbtes Dach; sie stellen den unterägyptischen Kapellentypus des sog. Per-nu dar, dessen reales Vorbild ein Holzrahmenbau mit Ziegelmauerwerk war und vermutlich eher ein gewölbtes Strohdach als eine Ziegeltonne hatte[170]. Seitlich versteckt hinter einer niederen, rechtwinklig gebrochenen und versetzten Hofmauer hatte jede Kapelle eine Statuennische. Die Kapellen der Westseite sind stärker gegliedert und weisen zwei

Fassadentypen auf: die erste, südliche Kapelle der Westreihe zeigt eine glatte Fassade, die von seitlichen Rundstäben eingefaßt ist; das flache Dach krönt eine Hohlkehle. Man kann in diesem Kapellentypus den des zḫ-ntr, der Götterkapelle par excellence erkennen, und es ist sicher in dem von uns noch nicht erschlossenen kultischen Bezug bedeutsam, daß dieser Kapellentypus am Anfang der Reihe stand. Während das große Tor in der Mitte der Kapelle ein Scheintor ist, führt von der nördlichen Seite aus eine versteckte Pforte zu einem kleinen Nischenraum mit gerundeter Decke, in dem wohl eine Statue, das versteinerte Modell der Kultstatue, gestanden hat. Die fünf folgenden Kapellen gleichen sich in der Konstruktionsweise: sie bilden in Stein einen Holzgerüstbau nach, der mit Matten verkleidet war. Das leicht gewölbte Dach wird scheinbar durch drei schlanke Stützen mit feinen Kanneluren getragen, die wie Halbsäulen die ansonsten glatte Fassade gliedern. In diesem Kapellentypus hat man die oberägyptische Kapelle erkannt[171], ursprünglich der Mattenpalast des vorzeitlichen oberägyptischen Stammeshäuptlings, per-wer genannt. Die in Stein übersetzten Holzstützen der Fassade lassen noch die Astlöcher und den pflanzlichen Blätterschmuck oder die Knaggen an den Kapitellen wiedererkennen[172]. Jede dieser Kapellen wiederholt die Andeutung eines Innenraumes mit Balkendecke und einer Statuennische[173]. Die beiden ersten Kapellen dieses Typus haben außerdem noch eine erhöhte Nische seitlich in der Fassade, zu der eine Treppe hochführt. Lauer nimmt an, daß dort Sitzstatuen des Djoser als König von Oberägypten und Unterägypten thronten. Die siebte Kapelle scheint wiederum eine flach gedeckte in Form des Götterkapellentypus gewesen zu sein; vielleicht nicht zufällig steht diese genau in der Mitte der Westseite. Dann folgen wieder drei des oberägyptischen Kapellentypus, dann ein weiter Hof, der über einen zweifach rechtwinklig gebrochenen Zugang tief in das Massiv hineinführt, dessen Westseite vielleicht erneut eine Nische birgt. Nach zwei weiteren oberägyptischen Kapellen folgt, vermutlich abschließend, nochmals eine Götterkapelle mit glatter Fassade und flachem Dach, die jedoch keine seitliche Nische hatte, sondern einen Statuenraum aufwies, von dem allerdings nur die Bodenplatte mit vier Fußpaaren erhalten blieb, je zwei größeren und zwei kleineren. Man hat darin eine Gruppe des Djoser mit einer Königin und den beiden Prinzessinnen Inetkaus und Hetephernebti vermutet. Eine andere Königin außer den beiden Prinzessinnen ist jedoch nicht bekannt. Diese tragen selbst den Königinnentitel und sind ohne Zweifel die Gemahlinnen des Djoser. Wer kann die vierte Person in diesem Schrein gewesen sein? Die Lage der Kapelle am Nordende des Hofes, von dem aus − entgegen der andersartigen Feststellung Lauers[174] − nach dem archäologischen Befund durchaus ein rechtwinklig gebrochener Zugang zu dem Osthof der Pyramide geführt haben muß[175], ist von größter Bedeutung innerhalb des Kultgeschehens, sei es nun im Rahmen des Bestattungszuges oder des Heb-Sed-Geschehens. Man könnte daher annehmen, daß neben Djoser und den beiden Prinzessinnen/Königinnen die Königsmutter Nimaathap dargestellt war.

Das Bildprogramm der zahlreichen Stelen der 1. Bauperiode läßt auf eine andere Gruppierung schließen, nämlich eine mit dem Totengott Anubis, dem Herrn der Nekropole, der in der gemeinsamen Statuengruppe den König und seine beiden Frauen nach dem Kultgeschehen in den Kapellen des Festhofes gleichsam in Empfang und bei sich aufgenommen hat. Der Fußstellung nach handelte es sich um Sitzstatuen. Es sei dabei erinnert, daß auf der Kapelle des Djoser aus Heliopolis, deren Relieffragmente sich heute im Museum in Turin befinden, die anthropomorphe Gestalt der Tiergottheiten gut bezeugt ist, so daß wir also auch hier Anubis mit menschlichem Körper erwarten können[176].

Vor den Kapellenreihen im Osten und Westen und gleichfalls das Massiv im Norden des Hofes verdeckend, lagen Vorhöfe mit einer über 2 m hohen Mauer gegen die Hofseite hin. Die Eingänge dazu bildeten jeweils zweimal rechtwinklig gebrochene, schmale Gänge, die untereinander durch steinerne Scheingatter verschlossen waren. Auf der Südseite des Hofes erhob sich eine Art Podest, der Sockel für eine Doppelkapelle des Königs mit einem kleinen Treppenpaar an den Enden von Osten her, von wo der Zugang zu dem Festhof über das süd-östliche Massiv erfolgte. Nach den Versatzspuren auf Steinen dieses Sockels könnte darauf ein Kiosk für Königsstatuen gestanden haben.

Die ersten Ausgräber des Djoserbezirkes, Firth und Quibell[177], haben aus der Form des Hofes und seiner Kapellen auf einen Sed-Festtempel geschlossen, in dem Djoser sein Regierungsjubiläum gefeiert habe. Lauer[178] hat diese Annahme dahingehend modifiziert und berichtigt, daß der Kapellenhof nicht die Kultbühne für ein diesseitiges Fest, sondern eine versteinerte Darstellung des Festhofes der Residenz zur ewigen Wiederholung dieser Festriten im Jenseits bilde. Rikke[179], der in seiner Interpretation des Djoserbezirkes als Jenseitsresidenz Lauer nahesteht, hat letztere Deutung bevorzugt und durch überzeugende Untersuchungen an den Einzelbauten untermauert. Die Abgeschlossenheit des Hofes und dessen Unzugänglichkeit gilt Ricke als Hinweis auf den Modell- oder Darstellungscharakter dieses Festhofes gegenüber dem realen Vorbild in der Residenz. Dabei unterscheidet sich der Festhof in Sakkara von den bekannten bildlichen Wiedergaben des Sed-Festes in bemerkenswerten Details, worauf auch Ricke hingewiesen hat[180], allerdings nur auf das Sed-Fest bezogen: Bei Darstellungen des Sed-Festes sind Handlung und Schauplatz durch Beischriften und Determinative festgelegt oder angedeutet. Dies fehlt in Sakkara, wo wir allein den Schauplatz haben, obgleich man bei den Kapellen durch Standarten oder Embleme Zeichen hätte setzen können. Daß dies nicht geschehen ist, zeigt m. E. sehr deutlich, daß der Hof und die Kapellen nicht ausschließlich und primär der Verewigung und Versteinerung des Sed-Festes bestimmt gewesen sein können, daß die Kapellenreihen vielmehr wechselnden Kulthandlungen gedient haben können und der Hof mehr als eine kultische Funktion hatte. Nach Kaisers Analyse wird die Idee einer jenseitigen Residenz ohnehin schwerlich aufrechtzuerhalten sein. Es ist daher in erster Linie daran zu denken, daß der

Kapellenhof – der Funktion des Gesamtbezirkes gemäß – Teil der Kultbühne der Bestattungsfeierlichkeiten war, und zwar ein Schauplatz und eine Raumkulisse, die als bedeutend genug angesehen wurde, daß sie auch fürs Jenseits und für die Ewigkeit bewahrt werden mußte.

Ein Vergleich mit den späteren Totentempeln bringt allerdings wenig Gesichertes, da bisher nur sehr dünne und brüchige Verbindungslinien aufgezeigt werden konnten. Ricke und ihm darin folgend Arnold haben den Kapellenhof des Djosergrabmals als möglichen Prototyp der „antichambre carrée", des quadratischen Vorraumes mit einer Mittelsäule vor dem Opferraum der späteren *Abb. 70* Totentempel der 5.–6. Dynastie angesprochen[181]. Dort wird auf allen vier Wänden im Relief eine Szenenfolge abgebildet, die andernorts als Folge der Sed-Festdarstellungen bekannt ist, nämlich der Besuch der Götter von Oberägypten und Unterägypten in ihren Kapellen, nachdem der König unter dem Festbaldachin (= Kiosk) gethront hat. Dies schließt grundsätzlich den Bezug auf Bestattungsriten nicht aus: das Sed-Fest als ein Erneuerungsritus für die Lebenskraft des Königs bezieht sich m. E. weit stärker als bisher beachtet auch auf die jenseitige Wiedergeburt des Königs und fügt sich damit in die Riten des königlichen Begräbnisses ein, die Krönung und Aufnahme in den Götterkreis einschließen. Daher werden diese Szenen aus dem Sed-Festzyklus bis in das Neue Reich in den Totentempeln immer abgebildet oder dem König versprochen. Gleichzeitig und ebenso dienen jenseitige Sed-Feste der Periodisierung einer unendlichen, jenseitigen Zeit und machen diese damit vorstellbar, ausdrückbar und geordnet – im kultischen Sinn durch die regelmäßige Wiederholung von Opferhandlungen.

Diese jenseitigen Opferhandlungen finden in einem Opferhof vor den Kapellen der Landesgötter statt. Mit Lauer möchte ich annehmen, daß in den erhabenen Nischen der beiden ersten oberägyptischen Kapellen der Westseite Königsstatuen gestanden haben; die der Ostseite sind offenbar unvollendet geblieben, die Statuen fanden sich noch in verschiedenen Bearbeitungsstadien im Hof. Auch die nördliche Statuengruppe, von der nur die Füße erhalten sind, gehörte zu diesen Königsbildern; die ebenerdig angebrachten Nischen der Kapellen haben dagegen wohl Götterstatuen enthalten, vielleicht neben solchen der Landesgottheiten auch Gaugottheiten, damit vergleichbar den Prozessionen der Gaugötter, die ihre Gaben zum Opferkult in den königlichen Totentempeln beitragen. Der Kapellenhof ist damit funktionell auch dem offenen Statuenhof der Pyramidentempel der 4.–6. Dynastie verwandt, in dem Opfer vor und für königliche Statuen dargebracht wurden, während die Reliefs der Wände die königliche Mächtigkeit und seine Herrschaftserneuerung durch Siege über das Chaos feiern. Dabei ist es nicht zufällig, daß der Pavillon des Königs, der sog. temple T, sich unmittelbar westlich und mit direktem Zugang zum Kapellenhof findet, so wie der Tempelpalast des toten Königs in den Totentempeln des Neuen Reiches zwar außerhalb der Tempelhöfe, aber mit Erscheinungsfenster und

Toren zu den Höfen angelegt ist. Eine transportable Statue des toten Königs konnte von dem Pavillon wie von den Tempelpalästen bei seinem Fest in den Festhof getragen und auf dem Kiosk bzw. in dem Erscheinungsfenster postiert werden, um am Festgeschehen teilzunehmen.

Diese weniger determinierte Bestimmung des Kapellenhofes bringt ihn in eine Linie mit den nördlich anschließenden Baukomplexen des östlichen Streifens, den „Maison du Sud" und „Maison du Nord"[182]. Diese Kapellen unterscheiden sich untereinander und gegenüber den Kapellen des Kapellenhofes nur unwesentlich und in den Ausmaßen. Wie diese sind die Archetypen der „Maisons" Bauten in Holzskelettbauweise mit Mattenbehang, d. h. die Paläste des frühgeschichtlichen Königs und die oberägyptischen und unterägyptischen Reichsheiligtümer, die im Lauf der Entwicklung allerdings längst in Ziegelbauweise umgesetzt worden waren.

Firth[183] hat in den beiden Massivbauten und ihren jeweiligen Höfen die Grabanlagen der Prinzessinnen Inetkaus und Hetephernebti gesehen, weil von den Massiven tiefe Schächte abgehen, die aber sicher dem Mittleren Reich angehören. Lauer hat dies eingehend widerlegt; er sieht in ihnen die Reichsheiligtümer von Oberägypten und Unterägypten, während Ricke[184] sie, in seiner Schau des Grabbezirkes als jenseitige Residenz des Djoser, als die Verwaltungsresidenzen des Königs von Oberägypten bzw. Unterägypten erklärt.

Die „Maison du Sud" öffnet sich nach Süden auf einen weiten Hof, der auf der Ost- und Südseite nischendekoriert war und nahe der Südwestecke eine Art hufeisenförmigen Altar besaß, dessen Oberfläche Brandspuren aufwies[185]. Der Eingang in den Hof liegt etwa in der Mitte der undekorierten Westmauer. Die Fassade des Kapellenmassives mit dem flachgerundeten Dach wird durch vier schlanke, fast 12 m hohe Halbsäulen gegliedert. An den Seiten springen die Seitenwände antenartig vor; sie ragen auch etwas über den Ansatz des Gewölbes hoch, wie es von den Iteret-Kapellen, den Reichsheiligtümern bekannt ist. Die Säulen stehen auf einem durchlaufenden Sockel ohne Basen, hatten aber — durch Farbspuren nachgewiesen — im Original eine Art Schuh aus Leder oder Metall, d. h. es waren Holzstützen in Stein übersetzt[186]. Der Eingang in die Kapelle ist merkwürdigerweise dezentriert, nahe an die westliche der mittleren Säulen hin verschoben. Über der Türhöhe verläuft ein durchgehender Cheker-Fries als einzige horizontale Gliederung der Front. Die Innenräume beschränken sich wiederum auf einen rechtwinklig gebrochenen Eingangskorridor mit einer kreuzförmigen Nische am Nordende. Die Decke des Korridors besteht aus gerundeten Steinbalken, die eine ursprüngliche Balkendecke anzeigen. An den Wänden des Korridors fanden sich eine Serie von Besucherinschriften des Neuen Reiches, die erstmals den Namen des Djoser belegen, gleichzeitig aber auch bezeugen, daß der Großteil der Bauten damals noch aufrecht stand[187]. Nahe der westlichen Außenwand, aber ohne Zugang befand sich ein vermauerter Raum unklarer Bedeutung. An der Ostseite des Hofes ist gleichsam als Kennzeichen und Hinweis auf die Bedeutung und Funktion des Komplexes eine Kapellenfassade mit der heraldischen Pflanze von Oberägypten, der Lilie, dargestellt.

Das Massiv der „Maison du Nord", ebenfalls in einem geschlossenen, etwas kleineren Hof nördlich der Südkapelle gelegen, unterscheidet sich von dieser allein durch die Gestaltung der Seitenwände, denen die hochgezogenen Anten fehlen, und in dem Innenkorridor, der 5 Nischen anstelle der 3 der Südkapelle *Taf. 12 a* besitzt. Von besonderer Eleganz und Feinheit sind die drei Papyrussäulen der Fassade der östlichen Hofkapelle; diese Wappenpflanzen Unterägyptens, halbplastisch vor die Wand gestellt, sind gleichzeitig die ältesten und natürlichsten Beispiele der Pflanzensäulen in Ägypten.

Der Zugang zu den Höfen und Kapellen verläuft nicht geradlinig über den Kapellenhof, sondern — wie durchweg im Djoserkomplex — über mehrfach gebrochene Korridore und Durchgangshöfe. Ein solcher Durchgangshof ohne erkennbare kultische Funktion, Gebäude oder Opferstelle ist auch der Osthof vor der Pyramide, schon durch seine schmale, langgezogene Gestalt als breiter Kommunikationshof gekennzeichnet. In diesen gelangte man einerseits von dem Kapellenhof, vorbei an der letzten Kapelle mit den vier Statuen, andererseits vom Südhof aus über ein Tor an der Südostecke der Pyramide. In das Westmassiv des Kapellenhofes, nahe dessen Nordwestecke, ist an dieser Stelle eine kleine Kapelle eingebaut, die hinter einem schützenden Vorraum drei kleine Nischen enthielt. Ricke[188] hat diese Kapelle als den Tempel des abydenischen Gottes Chontamenti, des „Ersten der Westlichen" bezeichnet, der am Eingang des Opferhofes liege. Da der Osthof jedoch keineswegs schon die Totenopferstätte enthielt, bleibt diese Deutung zweifelhaft, und man wird besser auf die Lauers zurückgreifen, der darin eine Statuenkapelle des Königs und der Prinzessinnen sieht. Bestechend ist dazu die Parallele zu der Statuenkapelle am Ausgang des Kapellenhofes!

Der Ausbau der Massive und der Hofmauern in der 3. Bauperiode hat zwar eindeutig die ehemals freistehenden Einzelbauten durch Mauerwerk verbunden, besser gesagt verdichtet, jedoch keineswegs einen Prozessions- oder Kultweg geschaffen. Im Gegenteil scheint mir die bei dem Ausbau zugrundeliegende Konzeption, eine von rechtwinklig abgeknickten, versetzten Eingängen und Korridoren gewesen zu sein, ein Prinzip, das gleicherweise auch in dem Massiv- und Gangsystem unter der Pyramide und dem Südgrab verwirklicht ist. Dabei läßt sich über die Darstellungen der Scheintürstelen der beiden unterirdischen Mattenpaläste eine direkte Beziehung zu den Baukomplexen des östlichen Streifens sehen: Aus dem unterirdischen Mattenpalast schreitet der König zu drei Kulthandlungen nach Osten heraus: zu Kultorten des Nordens, des Südens und zum Kultlauf im „südlichen Hof des Westens". Es ist mehr als verlockend, in dem „südlichen Hof des Westens" den Kapellen-/Hebsedhof zu erkennen und in den südlichen und nördlichen Kultstätten der Scheintürdarstellungen die Kapellen/Häuser des Südens und des Nordens[189].

Daß vor der Ostseite der Pyramide für den königlichen Totenkult, entgegen allen Behauptungen und Thesen, weder in der 1. noch in der 2. Bauperiode eine Totenopferkultstätte vorgesehen oder ausgeführt worden war, habe ich schon betont. Der Totentempel des Pyramidengrabes liegt im Norden der Pyramide[190]; diese Anordnung folgt dem Schema der Königsgräber der 1. Dynastie in Sakka-
Taf. 14 a ra und hat ihre Parallele in der Kapelle mit dem Kobrafries im Norden des Süd-grabes. Der unfertig gebliebene Zustand des gesamten Nordbereiches zeigt sich auch am Totentempel und erschwert dessen Verständnis. Nach der Ausdeh-nung des östlichen Vorhofes, des sog. Serdabhofes, zu urteilen, war der Toten-tempel gut doppelt so groß geplant; nach dem Tod des Königs wurde der unfer-tige nördliche Teil zu einem Massiv aufgefüllt. Der Zugangsweg zu dem Tempel führt von Osten her in den erwähnten Serdabhof; der Haupteingang in den Totentempel war wohl sicher von der äußersten Nordwestecke dieses Hofes über das fast ganz zerstörte Gebäude dort geplant. Die Reduzierung des Tem-

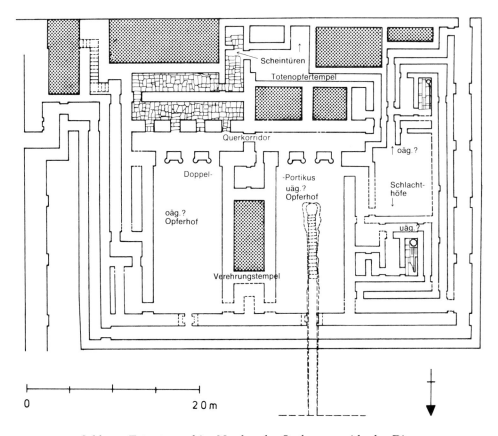

17 Sakkara. Totentempel im Norden der Stufenpyramide des Djoser.

Taf. 13   Sakkara. Grabbezirk des Djoser. Blaue Kammern unter dem Südgrab, die begehbaren Gänge des Scheinpalastes des toten Königs.

Taf. 14 a   Sakkara. Grabbezirk des Djoser. Totentempel im Norden der Stufenpyramide.   ▷
Taf. 14 b   Sakkara. Grabbezirk des Djoser. Schlachthauseinrichtungen mit Kalksteinbekken und Abflußrinnen im Westteil des Totentempels.

Taf. 15 a   Sakkara. Grabbezirk des Djoser. Eingang zum Königsgrab und den unterirdi-   ▷ ▷
schen Galerien aus der Mitte des offenen Hofes im Totentempel.
Taf. 15 b   Sakkara. Grabbezirk des Djoser. Großer Altarsockel an der nördlichen Umfassungsmauer des Nordbezirks mit Treppe und Resten der Kalksteinverkleidung.

Taf. 14

Taf. 16 Meidum. Pyramide des Snofru. Blick von Osten über den Aufweg und den klei- ▷
nen Stelentempel auf den Pyramidenstumpf. Deutlich erkennt man die geglätteten Flä-
chen und ungeglätteten Bänder der Bauphasen E_1 und E_2 der ursprünglichen Stufenpyramide.

Taf. 17/18 Dahschur. Blick vom sog. Taltempel des Snofru im Wüstental nach NW auf ▷ ▷
die Rote Steinpyramide.

Taf. 20

21

Taf. 22

pels auf die ausgeführte südliche Hälfte hat den Nebeneingang im Südosten zum eigentlichen Eingang gemacht. Gleichsam als Schutz für dieses Tor wurde eine Kapelle gegen die starke Böschung der Pyramidenverkleidung gebaut[191], die eine Statue des Djoser im rituellen „Hebsed-Mantel" enthielt; vielleicht war *Taf. 8* dies eine Art Reinigungskapelle vor Betreten des Totentempels. Anscheinend war diese Kapelle ursprünglich sogar in die Verkleidungsschicht der Pyramide versenkt und wurde erst bei der Planänderung als Kapelle ausgeführt. Bezeichnend ist wiederum die Blockhaftigkeit und Geschlossenheit; die Statue blickte von innen über den kleinen vorgelagerten Hof nach dem Tempeltor durch zwei Bohrungen an der Nordwand, die so hoch liegen, daß sie einen Blick nach innen auf die Statue ausschließen.

Der Eingang in den Tempel ist wiederum rechtwinklig abgeknickt; ein Korri- *Taf. 14 a* dor führt auf der Nordseite in zwei parallel angelegte Höfe. Der westliche Hof überdeckte den provisorischen Schacht zum Grabkorridor. Das trennende Mas- *Taf. 15 a* siv zwischen den Höfen war vielleicht für einen geradlinig geplanten Abgang in das Grab ausgespart geblieben (?). Darüber würde man eine Art Kapelle erwarten, wie sie später ab der späten 5. Dynastie − jedoch auch schon an der Knickpyramide als Opferstelle − bezeugt ist. Weiter westlich befindet sich ein weiterer Hof, zu dessen beiden Seiten nördlich und südlich zwei Raumgruppen mit Steinpflasterung und großen Kalksteinbecken lagen[192], vermutlich die Schlachthäuser des Tempels. Ein Portikus[193] von Doppelsäulen schloß den vorderen Teil des Tempels mit den Höfen gegen den intimen, südlichen Streifen ab, der in seiner westlichen Hälfte offensichtlich noch nicht fertig geworden und daher als Massiv gestaltet war. In der mittleren Raumgruppe, die tief in die äußere Verkleidungsschale der Pyramide eingesenkt ist, stand vielleicht wie bei späteren Pyramidentempeln gleicher Konstruktion eine Scheintür und die Kultstatue des vergöttlichten Königs. Die Annahme einer Scheintür wird durch die Feststellung fast zur Gewißheit, daß der direkte Grabkorridor, der vom Grabschacht nach oben führt und durch die Erweiterung der Pyramide zu P_2 überbaut war, genau hinter dieser Wand endet. Der gerade ansteigende Weg des toten Königs zu den nördlichen Fixsternen führte durch die Scheintür in den Totentempel. Auch in der ganz offensichtlich unfertig gebliebenen Ausführung sind die wesentlichen Baueinheiten für den Totenkult, die uns in den späten Totentempeln wiederbegegnen, verwirklicht worden: Der offene Opferhof, vermutlich mit Königsstatuen an den Seiten, Schlachthöfe im Westen, ein Portikus an der *Taf. 14 b* Stirnseite, der den offenen Teil des Tempels gegen den intimen, den eigentlichen Totenopfertempel abriegelt, und Räumlichkeiten für den Statuenkult und die Scheintür. Daß diese sichtbarliche Disposition bisher so wenig erkannt worden ist, daß Ricke[194] den Totentempel sogar als Palast umdeuten wollte, hat seine Ursache in zwei Prämissen, die man bisher fälschlich als Grundbestand der königlichen Totentempel angesehen hat: die Lage im Osten und die Stelenkultstätte als Hauptopferstelle. Lauer[195] hat jedoch inzwischen nachgewiesen, daß ein Totentempel schon seit Ende der 1. Dynastie im Norden der königlichen Mastaba des Qa bezeugt ist; ich nehme dies sogar schon für die Mastaba des Hor Aha in Sakkara an. Erst mit der Umgestaltung der Grabbezirke unter Snofru wird die östliche Lage der Totenopferstelle dominierend. Ebensowenig gehören die Stelen zum Bestand des Totenopfertempels. Sie sind, wie anhand einer vergleichenden Aufstellung aller Tempel deutlich wird, gesichert ausschließlich an Pyramiden bezeugt, die kein Begräbnis enthalten haben[196]. Die Kultstätte des Totenopfertempels ist dagegen sehr logisch von Anfang an eine Scheintür, die auch für den Totentempel des Djoser anzunehmen ist.

Die gewaltige Steigerung und Monumentalisierung im Verlauf der 2. und 3. Bauperiode wird neben der Vergrößerung und Erhöhung der Stufenmastaba zur Stufenpyramide am sichtbarsten durch die Erweiterung des Gesamtbezirkes im Norden. Daß der dabei entstandene Hof mit dem unterirdischen Magazin an der Nordmauer und dem Altarpodest keinesfalls ein erstes Sonnenheiligtum Taf. 15 b hat, ist durch den baulichen Befund dieses Podestes und dessen klare nord-südliche Ausrichtung auf die Pyramide und den Totentempel hin eindeutig feststellbar[197]. Der Nordhof hat vielmehr seine formale und kultische Entsprechung in dem sog. Südhof zwischen Südgrab und Pyramide. Gleichzeitig mit der Norderweiterung wurden die sog. Westmassive, wahrscheinlich ein Grabmassiv aus der 2. Dynastie, mit in den Grabbezirk einbezogen, der damit 1040 E (= 545 m) × 530 E (= 278 m) maß und im gesamten Umfang von einer mit Turakalkstein verkleideten, nischengegliederten Mauer von wahrscheinlich 20 E = 9,50 m Höhe umgeben war[198].

Außer dem wirklichen Tor nahe der Südostecke gab es weitere 14 Scheintore, also insgesamt 15 Tore, eine Torzahl, die an Särgen und Grabbauten von der 12. Dynastie bis in die Spätzeit Bedeutung hat[199]. Sie sind nur auf der Westseite regelmäßig aber keineswegs gegenüberliegend angebracht, woraus man anneh- Taf. 10–11 men kann, daß sie jeweils da, wo sie zu finden sind, einen sinnvollen, wenn auch für uns nicht immer klaren, ideellen Durchgang anzeigen[200]. Ein merkwürdiger Befund der 3. Bauperiode ist die Verwendung einer großen Zahl von sog. Grenzstelen, offenbar aus der 1. Bauperiode, als Baumaterial in der Baumasse Taf. 81 der 3. Bauperiode, den Nischenmauern des Südhofes, im sog. Hebsedhof und am Totentempel sowie nahe dem Nordaltar. Nicht nur die Tatsache, daß es sich um 2 verschiedene Stelentypen handelt, den normalen, oben abgerundeten und einen konischen mit einer flachen Vertiefung oben, auch die Menge von über 50 Stelen beider Typen schließt aus, daß dies Grabstelen waren. Aber auch für Begrenzungsstelen erscheint die Zahl sehr groß, es sei denn, daß diese Stelen in der ersten Bauperiode die Grenzen sowohl des Gesamtbezirkes wie auch der einzelnen Kultbezirke markiert hätten, was später durch die Nischenumfassungsmauern, Massive und Trennmauern ersetzt worden ist. Dafür spricht die sehr auffällige, beinahe einzigartige und stets gleiche Beschriftung dieser Stelen mit der Bekrönung durch „Anubis, Herrn des Heiligen Landes", dem Horsnamen Netjerichet in der Mitte, gefolgt von den Namen der beiden Königinnen Hetephernebti und Inetkaus gegenüber dem Anubisfetisch, der die Zeichen „Leben" und „Glück" den Königsnamen entgegenhält, gleichsam als Begrüßung und Empfang durch den Herrn der Nekropole. Der Bezug auf die Bestattung und die Jenseitsresidenz wird damit deutlich gemacht. Nicht weniger einmalig ist die Assoziierung des Königsnamens im königlichen Grabbezirk mit denen der Königinnen.

So wie ich den Vorgang der Entstehung der Stufenpyramide nicht als eine mehr oder weniger zufällig sich ergebende Entwicklung durch Umbauten der Mastaba M$_1$ ansehen möchte, sondern als einen ganz bewußten, von Anfang an geplanten, großen geistigen Wurf, so ist auch die Idee, die Bühne für die dem jenseitigen Weiterleben des Königs dienlichen Kulthandlungen in Stein zu verewigen und als unvergängliche, benutzbare Bauwerke dem König ins Jenseits mitzugeben, ein einmaliger, in dieser Vollständigkeit und Plastizität nicht mehr wiederholter Akt. In den nachfolgenden Totentempeln der 4. bis 6. Dynastie ist dieses ausführliche Kultprogramm gesichtet und eine Auswahl daraus getroffen worden; die Kultbühne wurde gestrafft und aus einem Nebeneinander zu einer Abfolge von Höfen und Räumen umgestaltet; anfänglich rundplastische und bauliche Verwirklichungen wurden dabei zu bildlichem Reliefschmuck umgewandelt. Woher diese Kultbühne übernommen worden ist, ob von den Grab- und Talbezirken von Abydos oder vielleicht vielmehr direkter dem ursprünglich unterägyptischen, butischen Begräbnisritual, das ohne Zweifel im memphitischen Friedhof an und um die Mastabagräber vollzogen worden ist, muß beim heutigen Stand der Forschung letztlich offenbleiben.

Ein echtes Rätsel und ein ungelöstes Problem ist die Existenz zweier Gräber in dem Grabbezirk, die in ihren unterirdischen Räumen und der Gestaltung der Grabkammer nahezu identisch sind, wogegen die Oberbauten grundverschieden gestaltet waren. Dabei hatte das Südgrab zwar die kleinere Grabkammer aus Granit, dagegen waren aber die sie umgebenden Galerien der blauen Kammern, der Mattenpalast des Königs, fertiggestellt, während die des Nordgrabes unvollständig geblieben waren. Aufgrund der noch aufgefundenen teilmumifizierten Bestattungsreste darf man aber sicher sein, daß der König und seine Familie im Nordgrab unter der Pyramide begraben waren. Das Südgrab hatte offensichtlich keine menschliche Bestattung aufgenommen. Die anfängliche Annahme, das Südgrab sei ein älteres Grab einer ersten Planung, muß aufgrund des Baubefundes und der Baugeschichte der beiden Gräber ausgeschlossen werden. Die beiden Gräber sind während der 1. Bauperiode entstanden. Der gleichzeitige Austausch der ursprünglichen Kalksteingrabkapellen mit Sternenmuster durch die Granitkammern und die fast gleichartige, komplizierte Verschlußvorrichtung dieser Kammern zeugen dafür, daß beide Gräber für eine Bestattung vorgesehen und bis zum Tod des Königs offengehalten werden mußten. Wie ist dieser merkwürdige Befund zu erklären?

Quibell[201] dachte an eine Bestattung der königlichen Plazenta in dem Südgrab, eine Annahme, die zwar durch afrikanische Gebräuche angeregt, in Altägypten jedoch weder textlich noch archäologisch belegbar ist und deshalb kaum Anklang gefunden hat. Firth[202] verband andererseits das Südgrab mit dem Sed-Fest, räumlich mit dem Südhof und dem Kapellenhof, den er als Sed-Festhof ansah. Er erklärte das Südgrab als Ritualgrab, in dem anläßlich des Sed-Festes der Tekenu begraben worden sei, eine urtümliche Darstellung der Hockerleiche, die bei Begräbniszügen der Privatleute im Alten Reich mitgeführt wird; doch spielt der Tekenu im Sed-Festritual keine Rolle. Nichtdestoweniger taucht die vage Idee eines Sed-Festgrabes in der neueren ägyptologischen Literatur wieder auf[203], wenngleich weder die Darstellungen des Sed-Festes noch die Texte die aus afrikanischen Gebräuchen erschlossene, rituelle Tötung des Königs bei diesem Fest belegen.

Angesichts der das altägyptische Denken und Handeln vordergründig beherrschenden, dualistischen Vorstellung, die vornehmlich in der Fiktion eines Doppelkönigtums von Oberägypten und Unterägypten Ausdruck gefunden hat, liegt es nahe, die Anlage zweier Gräber mit dieser Idee zu verbinden und das eine dem König von Oberägypten, das andere dem von Unterägypten zuzuteilen. Dies besonders, nachdem die Tradition eines Doppelbegräbnisses in Abydos und Sakkara schon für die 1. Dynastie bezeugt zu sein scheint[204]. Es bleibt jedoch auch hier die Frage offen, wie und in welcher Art man sich diese Doppelbestattung vorstellen soll. Lauer[205] hält das Südgrab für das oberägyptische Grab, den Nachfolger des Abydosgrabes, und nimmt an, daß dort die Kanopen mit dem Eingeweide bestattet waren. Ricke[206] folgte ihm zwar darin mehr oder weniger dezidiert, mußte jedoch aufgrund seiner baugeschichtlichen Untersuchung und Deduktion zu der Ansicht gelangen, daß das Südgrab die unterägyptische, butische Mastaba gewesen sei und das Pyramidengrab das oberägyptische Hügelgrab. Allerdings ist nach Ricke das Kanopenbegräbnis nicht die wesentliche Funktion des Südgrabes, da das Kanopenbegräbnis da, wo es später wirklich nachweisbar ist, in der Pyramide in einem benachbarten Zusammenhang mit dem Sarg gefunden worden ist, sei es neben diesem, sei es in einem Nebenraum. Daher hätte nach ihm das Südgrab eine Bedeutung, die mit den dort in dem Magazin gefundenen Vorratskrügen von Wein und Öl, Fleischresten und Fetten zu tun hat; es ist nach Ricke das Ka-Grab und gleichzeitig das unterägyptische, butische Begräbnis mit dem Kronenheiligtum[207] – das ist das Kapellenmassiv mit dem Uräusfries davor – und dem gewundenen Kanal und Palmenhain – die Eingangshalle mit den Säulen. In der Deutung des Südgrabes als Ka-Grab stimmt Ricke mit Jéquier[208] überein, der wohl als erster die Verbindungslinie zwischen Südgrab und den späteren Satellitenpyramiden südlich der Hauptpyramide aufgezeigt und diese als Ka-Pyramiden erkannt hat. Diese Funktion als Ka-Grab glaubt Altenmüller anhand der Texte zum königlichen Bestattungsritual für das Südgrab nachweisen zu können[209]; er muß dabei allerdings den augenscheinlichen Zusammenhang zwischen dem Südgrab und den späteren Satellitenpyramiden leugnen, da die Texte des Bestattungsrituals das Statuenbegräbnis offenbar in einen Nebenraum der Hauptpyramide verlegen[210].

Keiner dieser Deutungsversuche kann voll befriedigen, am wenigsten der des Kanopenbegräbnisses, da er nicht nur den späteren, gut bezeugten Befunden widerspricht, sondern auch dem ängstlichen Bestreben der alten Ägypter nach einer gesicherten und unversehrten Erhaltung der körperlichen Existenz, das die Verteilung der Bestattung über eine so große und unverbundene Distanz hin ausschließen läßt. Wenn aber kein Leichnam, auch keine Körperteile in dem Südgrab bestattet waren, mußten dann Sicherheitsvorrichtungen gleicher Art wie bei dem wirklichen Begräbnis zum Schutz des Ersatzbegräbnisses getroffen werden? Diese Frage scheint mir durch die Fallsteinvorrichtungen in den Satellitenpyramiden, die die Sicherung der Grabpyramiden kopieren, hinreichend beantwortet. Dieses Ersatzbegräbnis, das eine annähernd ebenso große, rituelle Bedeutung eingenommen hat wie der Leichnam selbst, kann nach unseren Kenntnissen der ägyptischen Religion nur das des königlichen Ka, der schöpferischen Lebenskraft, gleichsam der Idee des königlichen Daseins, gewesen sein, der in einer Statue innewohnend vorgestellt wurde. Die Ka-Gestalt aber, gleichsam als geistiges Doppel des Königs, kann weder die oberägyptische noch die unterägyptische Komponente des Königs allein repräsentieren, sondern nur dessen Einheit; so kann auch das Ka-Grab weder den unterägyptischen noch den oberägyptischen Grabtypus repräsentieren. Die formalen Unterschiede der Oberbauten der beiden Gräber bei Djoser müssen daher anderen Ursprungs sein, ebenso wie die Achsenrichtung der Grabzugänge. Die Richtung des Grabkorridors nach Norden ist in den Königsgräbern von Sakkara seit der Mitte der 1. Dynastie festgelegt worden und bleibt so für das ganze Alte Reich konstant. Nach den Pyramidentexten wünscht der tote König zu den Fixsternen des Nordhimmels, den „Unvergänglichen" emporzusteigen[210], und am Nordhimmel hofft er sich der Nachtfahrt der Sonne zuzugesellen. Wenn diese Richtung für den Eingang des Südgrabes anfänglich zumindest nicht unbedingt zwingend vorgegeben war, so zeigt das um so mehr, daß dies für die dort vorgenommene Bestattung – Statue oder Ka – nicht die gleiche Bedeutung hatte. Dies ist aber wiederum ein Hinweis darauf, daß das Südgrab nicht das Grab der oberägyptischen oder unterägyptischen Komponente des Königs gewesen sein kann, da für beide die gleiche Jenseitsvorstellung gültig sein muß. Dagegen wäre die Westrichtung für die Ka-Vorstellung nichts Ungewöhnliches.

Die Grabform der Stufenpyramide, deren Ursprünge nicht in einem hypothetischen Hügelgrab oberägyptisch-abydenischer Herkunft zu suchen sind, ist aus der butischen Mastaba, der Grabform der Königsgräber der 1. Dynastie in Sakkara entwickelt und geht letztlich auf den über dem Grabschacht aufgeschütteten Sand- und Ziegeltumulus zurück, der schon am Ende der 1. Dynastie monumental geworden ist. Aus der gleichen butischen Mastaba läßt sich auch die Grabform der Königsgräber der 2. Dynastie verstehen; es sind dies ins Monumentale gesteigerte, über 100 m, die letzten vielleicht bis zu 400 m lange butische Mastabas, deren Außenseiten möglicherweise weiterhin die vereinfachte Nischengliederung aufgewiesen haben. In dem Südgrab erkenne ich diese Grabform der Königsgräber der 2. Dynastie wieder, wie sie anhand der Galeriegräber – vor allem der sog. Westmassive – zu rekonstruieren sind. Trifft diese Annahme zu, dann hat Djoser in seinem Grabbezirk die Königsgrabformen seiner Vorfahren aus der unmittelbar vergangenen geschichtlichen Zeit baulich vereinigt, so wie er vielleicht auch die kostbaren Steingefäße aus den beraubten und zerstörten Gräbern der 1. Dynastie in den Schächten unter der Stufenpyramide wiederverwendet hat. Dabei ist der Grabbau des Djoser insgesamt und vom Fruchtland her gesehen nichts anderes als ein noch gewaltigeres und in Stein gebautes Mastabagrab des Butotypus und äußerlich nur durch den Grabhügel der Stufenpyramide von den Grabbauten der 2. Dynastie unterschieden. Die große, schöpferische Planung des Djoser und seines Baumeisters Imhotep hat in einer 1. Bauperiode aus der massiven Monumentalmastaba den Grabbezirk mit eingestellten Massiven, Scheinbauten und unterirdischen Galerien geschaffen. Sie waren sich dabei zweifelsohne nicht im klaren, daß damit eine Umkehrung der geistigen und baulichen Konzeption eingeleitet wurde, die einst im Delta zur Entstehung der butischen Mastaba geführt hat, nämlich der Auffüllung der Höfe eines vorgeschichtlichen Gehöftgrabes zu einem nischengegliederten Massiv, der butischen Nischenmastaba, wie sie sich am reinsten und ursprünglichsten in der ältesten dieser Mastabas, im sog. Menesgrab in Negade erhalten hat. Jetzt werden unter Djoser, nachdem diese butische Mastaba in der 2. Dynastie monumental geworden ist und weder kultisch noch in der Architekturform eine weitere Entwicklungsmöglichkeit hatte, diese Füllschichten zwischen Umfassung und Grabbau wieder entfernt und darin Höfe mit Kultbauten geschaffen. Bemerkenswert ist dabei der Befund, daß die Bauten der ersten Bauperiode durchweg als unbegehbare Massivbauten konzipiert waren[211], wie wenn man sich von der Idee der Massivbauweise noch nicht hätte befreien können. Erst die 2. und 3. Bauperiode belegt mit den begehbaren und kultisch voll nutzbaren Gebäuden, vor allem dem Totentempel und dem Prozessionsweg der Eingangshalle, ein neuerliches Überdenken und die Modifizierung der kultischen Planung, die nicht nur die Vergrößerung des Gesamtkomplexes einschloß, sondern eine neuerliche Auseinandersetzung mit den Möglichkeiten der gerade erfolgreich angewandten Steinbauweisen.

Sichtbarlicher Ausdruck dieser kühnen Planung ist die Schöpfung der Stufenpyramide. War schon der Bau der ersten Stufenmastaba M_{1-3} ganz aus Stein ein bedeutender und epochaler Schritt, so markiert die Errichtung der Stufenpyramide über der ersten Stufenmastaba eine Wende, den Beginn monumentaler Architektur in Stein. Daß sich beide Neuerungen in der Regierung des Djoser

Abb. 11

Abb. 12 u. 13

Abb. 4

und unter der Leitung des Imhotep vollzogen haben, ist durch zeitgenössisches Fundmaterial und die spätere Tradition ausreichend bezeugt. Nichtsdestoweniger ist es ein erstaunliches Phänomen, in welch kurzem Zeitraum — die Neuen Reich-Quellen geben dafür nur 21 Jahre an — derart umwälzende Entwicklungen stattgefunden haben. Der Entwurf einer quadratischen Stufenmastaba und deren Umwandlung zu einer Stufenpyramide kann dabei nicht mehr wie bisher als logischer Abschluß einer kontinuierlichen Entwicklung aus dem abydenischen Hügelgrab angesehen werden; ihre Vorstufen liegen weiter zurück in den Grabbauten der ausgehenden 1. Dynastie in Sakkara; ihre Monumentalisierung ist im Gegenteil ein sprunghaftes Geschehen, eine Entscheidung für eine Baukonzeption, die sich aus ideellen, symbolischen, ebenso aus praktischen, bautechnischen und sicher auch ästhetischen Beweggründen erklären läßt. Solche haben Lauer[212] und Junker[213] in unterschiedlicher Weise für die Erhöhung der ursprünglichen Mastaba zur Stufenpyramide geltend gemacht. Ricke[214] hat diese leidenschaftlich abgelehnt und dagegen ideelle Ansprüche, geschichtlich und sozial bedingt, ins Feld geführt, aus denen allein das entstehen kann, was er Monumental-Intensität benannt hat, in unserem Fall die Steigerung der Bauform der Mastaba zur Stufenpyramide. Ich stimme darin mit Ricke überein: die angeführten ästhetischen Motivierungen für sich sind nicht kreativ genug und konnten so allein kaum den Anstoß zur Entwicklung der Pyramide gegeben haben. Schon bei der Planung des ersten Abschnittes des Grabbaues und der Mastaba M_{1-3} müssen andere Ideen als die in der 2. Dynastie vorhandenen zur Geltung gekommen sein. Dennoch haben aber auch ästhetische Gesetze ihren Platz und ihre Rolle bei der Erzeugung der Monumental-Intensität, ebenso wie nicht zuletzt auch rein praktische und funktionelle des Schutzes des Grabbaues, wenn man in Betracht zieht, welch große geistige und wirtschaftliche Bedeutung der Schutz des intakten Begräbnisses im Alten Ägypten gehabt hat. Die Funktion des Grabes als schützende Wohnung ist schon in der butischen Mastaba, dem Palast des toten Königs, angelegt und durch die Auffüllung der Freiräume zwischen Grab und Außenmauer, der Versenkung des Grabes unter die Erde — vielleicht angeregt vom oberägyptischen Grabtypus — verstärkt worden. In der 2. Dynastie ist die Sicherung der Korridore durch Fallsteine vervollkommnet worden. Die traurige Erfahrung der Beraubung und Beschädigung der Bestattung über die Grabschächte und der Wunsch nach einer wirksamen Sicherheit des jenseitigen, physischen Weiterbestehens und Lebens des vergöttlichten Herrschers hat m. E. ebenso zu der Idee und Planung der Stufenpyramide beigetragen, wie diese Ausdruck und Schöpfung einer neuen, geschichtlich bedingten Gesellschaft und ihres Staates ist. Im Lauf des nächsten halben Jahrhunderts hat sich die neue Form der Stufenpyramide als Symbol des zentralistischen, göttlichen Königstums nicht nur in der Grabarchitektur durchgesetzt, sondern zumindest kurzfristig auch als Wahrzeichen königlicher Präsenz an den Residenzhöfen des Landes. Auch das Südgrab der späteren königlichen Grabbezirke hat schließlich in einer in sich logischen Anpassung die Pyramidengestalt annehmen müssen.

Djosers Nachfolger, Horus Sechemchet, hat weniger als ein Jahrzehnt regiert[215]. Sein unfertiger Grabbezirk wurde erst 1951 entdeckt[216] und ist bisher leider recht unvollständig ausgegraben[217], weshalb viele Fragen offenbleiben müssen. Der Grabbezirk ist mit 11° Abweichung von der Nordrichtung wesentlich ungenauer als der des Djoser orientiert; das gleiche gilt übrigens auch für die beiden großen Mauerzingel weiter im Westen und Nordwesten, die aber vielleicht ältere „Talbezirke" waren (siehe oben S. 31); jedoch läßt sich daraus schließen, daß die exakte Nordung, wie sie in Giza nachweisbar ist, vielleicht doch eine relativ späte und sekundäre Errungenschaft war. Ein ursprünglicher Mauerzingel von 500 × 348 E (ca. 262 × 185 m) war wesentlich kleiner geplant[218] als der des Djoser, umschloß aber in seinem Innern eine auf quadratischer Basis geplante Pyramide von ca. 230 E (= 120 m) Seitenlänge, die in vermutlich 7 Stufen bei einem Winkel von etwa 72° eine Höhe von ca. 70 m erreicht hätte, von der aber nur circa 7 m der Fundamentierung und untersten Stufe fertig geworden sind. Die Pyramide ist in 14 Schalen um einen breiteren Kern gemauert, wobei die Steinlagen wie bei der Stufenpyramide des Djoser mit Neigung nach innen verlegt sind. Von Nordwesten führte offenbar eine Rampe an das Pyramidenmassiv und auf dieses hoch[219]; die Verkleidung scheint, wie nicht anders zu erwarten, erst über der Fundamentschicht geplant gewesen zu sein; falls davon schon etwas vorhanden war, ist dieser begehrte Turakalkstein Opfer des Steinraubes geworden, wie überhaupt die ganze Anlage später als Steinbruch gedient hat.

In der Anlage der unterirdischen Räume läßt sich eine weitere deutliche Vereinfachung gegenüber dem Vorgängerbau erkennen: Vor allem hat man auf den Mittelschacht verzichtet, dessen Einfüllung und anschließende Überbauung erfahrungsgemäß eine Schwachstelle des Grabbaues gebildet hat. Statt dessen führt ein ca. 80 m langer, anfänglich offener Schacht durch den Fels von Norden her unter die Pyramide, wo er genau unter der Mitte in etwa 32 m Tiefe sich zu einer voll ausgehauenen Kammer von ca. 9 m nord-südlicher Länge, 5 m ostwestlicher Breite und 4,50 m Höhe erweitert. Auf der Ost- und Westseite, nahe der Mitte, öffnen sich breite Nischen. Sicherlich sollte die Kammer nicht so roh behauen belassen, sondern anschließend mit Turakalkstein ausgekleidet werden. In der Mitte der Grabkammer stand ein einfacher, jedoch fein polierter Alabastersarkophag mit einem fallsteinartigen Verschlußsystem an einer der Schmalseiten, der verschlossen war, sich bei seiner Öffnung jedoch als leer erwies[220]. Da der Zugang zu der Grabkammer unmittelbar davor mit einer originalen Steinsetzung vermauert war, hat dies zu vielerlei Fragen und Erklärungen geführt[221]; am wahrscheinlichsten bleibt jedoch die Lauers von einer Beraubung über die westliche Nebengalerie. Diese U-förmig um die Grabkammer getriebe-

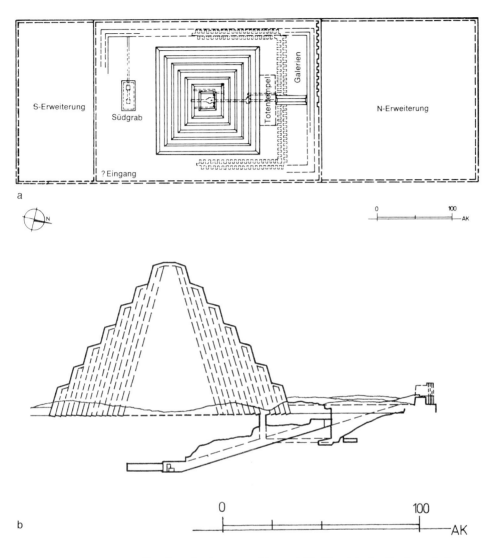

18 Sakkara. Unvollendete Stufenpyramide und Grabbezirk des Sechemchet.
a Grundriß   b Schnitt und Rekonstruktion der geplanten Stufenpyramide.

nen Galerien ersetzen die komplizierten Galeriesysteme der Blauen Kammern
der Djoserpyramide, sind aber ebensowenig fertig geworden wie die Grabkammer selbst. Von dem Grabkorridor zweigt etwa 47 m vor der Grabkammer ein
weiterer Gang über 10 E zuerst nach Westen, dann nach Norden umknickend
ab, der, schräg nach unten, den Zugang zu einem sehr regelmäßig gestalteten

Magazinbezirk von 132 Kammern bildet, der im Norden, Osten und Westen U-förmig tief unter die Pyramide gelegt ist. Über dem Eingang in den absteigenden Grabgang öffnet sich ein 3 × 3 m breiter Schacht nach oben, der über der 2. Stufe der Pyramide herausgekommen wäre, wenn diese je soweit fertiggestellt worden wäre[222]. Man nimmt an, daß dieser Schacht der Luftzufuhr während der Ausschachtung der Magazine gedient hat, die wahrscheinlich ohnehin weitere Luftschächte in der Nordost- und Nordwestecke gehabt haben müssen, gleichzeitig dürfte er auch für die Bestattung notwendig gewesen sein, denn der offene Korridor wurde nach der ersten Ausschachtung der Grabkammer durch das Massiv der Fundamente des vorgesehenen Totentempels bedeckt. Dagegen hätte der vertikale Schacht die ideelle Verbindung zwischen Grab und der Kultstätte − Scheintür (?) − des Totentempels angezeigt. Nahe dem Schachtboden fand sich ein Grundsteindepot von zahlreichen Steingefäßen[223] und einem Schatz, bestehend aus 21 Goldarmreifen, einer muschelförmigen Schminkdose aus Gold und Perlen, und einem Kleidertäfelchen mit dem Namen einer Königin Djesernebtj-anchtj[224]. War in dem Grab eine Königin begraben oder mitbegraben? Der Befund des leeren Grabes wird noch mehr verwirrt durch die Entdeckung einer Kinderleiche in einem Holzsarg mit eindeutigen Spuren der Beraubung am Eingang der Grabkammer des Südgrabes[225]. Dieses lag nicht mehr an der Umfassungsmauer, sondern bildete eine ost-westlich orientierte Mastaba von 60 × 30 E (= 32 × 16 m) unweit südlich der Pyramide[226], die gleichfalls wieder einen von Westen her absteigenden, blockierten Gang besaß, von wo aus die Grabräuber in das Südgrab gelangt sind[227]. Außerdem führte ein vertikaler Schacht von der Mastaba aus direkt an den Beginn des Grabkorridors, der sich in der Grabkammer nur geringfügig erweiterte und offenbar allein zur Aufnahme des Kindersarges bestimmt war, da keine Reste eines Steinsarkophages gefunden wurden. Der Oberbau der Mastaba war offensichtlich nicht fertiggestellt und noch nicht verkleidet.

Ähnlich wie bei Djoser hat man nach der Vollendung der Ausschachtung und der Fundamente beschlossen, den Grabbezirk erheblich zu vergrößern, wobei die Maße des Djoser mit 1040 E Länge = 546 m angestrebt wurden[228]. Dabei wurde auch die schon teilweise mit Turastein verkleidete ältere Nordmauer wieder zugeschüttet und der gesamte Bereich mittels Terrassen eingeebnet. Offenbar bot das Gelände erhebliche Schwierigkeiten und erforderte hohe Aufschüttungen durch das aus den Schächten und Galerien gewonnene Stein- und Mergelmaterial. Man muß sich daher fragen, warum dieses ungeeignete, stark abfallende Gelände gewählt worden ist. Der Grund kann nur gewesen sein, daß das gesamte Gebiet mit den besseren Plätzen im Osten durch die großen Königsmastabas der 2. Dynastie, den Djoserbezirk im Norden und die beiden großen Grabzingel im Westen schon besetzt war, ein deutliches Zeignis dafür, daß diese letzteren älter gewesen sein müssen. Die neue Umfassung ist entweder nicht über die Fundamente hinausgediehen, oder später des kostbaren Turakalksteins der Verkleidung beraubt worden. Dabei zeigt sich an der wieder zugeschütteten und dadurch bewahrten alten Nordmauer eine sichtbarliche Vereinfachung der Mauertechnik durch Verwendung von größeren Steinquadern mit Füllmauerwerk dazwischen, aus der die Erfahrung am Djoserbau sich ablesen läßt. Auf dieser Außenmauer wurde neben Steinbruchmarken auch eine flüchtige Tintenaufschrift mit dem Namen des Imhotep gelesen[229], vielleicht ein Exvoto, vielleicht aber auch ein Hinweis darauf, daß dieser auch den ersten Entwurf und Bauabschnitt des Sechemchet geleitet hat.

Der unfertige Zustand der Erweiterung erlaubt kein Urteil darüber, ob und welche Kultbauten außer dem als gesichert anzusehenden Totentempel geplant waren. Bisher wurde nicht einmal der Eingang in den Mauerzingel festgestellt, viel weniger Kultbauten im Inneren. Man hat aufgrund der Beobachtungen der Bauperioden im Djoserbezirk vermutet, daß die Massivbauten des 1. Bauabschnittes, der Kapellenhof und die beiden Maisons, vielleicht schon in der zweiten Phase überholt waren und daher aus dem späteren Baubestand ausscheiden[230]. Ohne sorgfältige Grabungen, besonders in der unberührten, aber sehr gestörten Norderweiterung, läßt sich dazu wenig beitragen, doch muß man sich die Frage nach der Funktion dieses gewaltigen Raumes stellen. War dort ein Kulthof geplant, ähnlich dem des Djoser, oder sollten dort die Bauten errichtet werden, die östlich der Pyramide kaum Platz hatten? Vielleicht lag der Eingang in den Gesamtbezirk erstmals schon nahe der Nordostecke? – Fragen, die nur durch Nachgrabungen beantwortet werden können.

Dies gilt noch viel mehr für die beiden Pyramiden von Zawiet el-Aryan[231]. Die Verbauung des Geländes in Sakkara, die bei der Anlage des Sechemchet erkennbar wird, hat die folgenden Könige vermutlich bewogen, die Residenz und Nekropole ca. 10 km weiter nach Norden zu verlegen. Die südliche der beiden Pyramiden, die sog. Layer Pyramid, ist durch die Bauweise in 14 Schalen, die Anlage der Magazine und der unterirdischen Grabräume ganz eindeutig in die unmittelbare bauliche Nachfolge der Stufenpyramide des Sechemchet zu setzen[232]. Die Pyramide mißt heute auf einer Grundfläche von 160 × 160 E (= 84 × 84 m) noch 18 m Höhe; sie sollte in 5 Stufen bei einem Neigungswinkel von ca. 68°–70° nicht höher als 42 m werden[233]; es ist aber nicht sicher, ob sie je vollendet war, da sich am Massiv der Pyramide noch Ziegelmauerwerk fand[234], das letztlich nur von Ziegelrampen herrühren kann. Die Verkleidung aus Turakalkstein ist völlig verschwunden, war aber sicher begonnen, da die Pyramide schon über 20 m hochragte[235]. Der Eingang[236] zu den unterirdischen Räumen findet sich in Form eines 20 m tiefen, senkrechten Schachtes an der Mitte der Nordseite, zu dem von der Nordostecke her eine Treppe und ein sanft absteigender Korridor hinabführt, der wohl nur den Ausschachtungsarbeiten diente und später zugeschüttet wurde. Von dem Schachtboden zweigt ein kurzer Korridor nach Norden ab, der wiederum U-förmig die Pyramide umklammert. Gegenüber der Magazinanlage des Sechemchet ist der Zugang vereinfacht,

Taf. 22 b

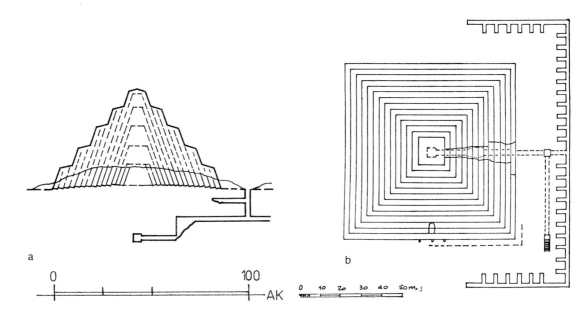

19 Zawiet el-Aryan. Stufenpyramide (sog. Layer Pyramid) des Chaba (?).   a Schnitt
und Rekonstruktion   b Grundriß.

ebenso die Zahl der Kammern verringert, die nur mehr auf der Innenseite des
Galeriekorridors angebracht sind. Man kann darin eine langsame Abkehr von
der aus der 2. Dynastie übernommenen Anlage zahlreicher unterirdischer
Magazingalerien und -kammern erkennen, die am Ende der 3. Dynastie schließlich ganz aufgegeben werden. Vom senkrechten Eingangsschacht führt ein weiterer, anfänglich waagrechter Gang ca. 25 m nach Süden, steigt über eine 10 m
lange Treppe tiefer und verläuft dann weitere 13 m bis unter die Pyramidenmitte, wo sich in ca. 24 m Tiefe eine roh ausgehauene, noch nicht verkleidete Grabkammer von 7 × 5 E (= 3,60 × 2,65 m) befindet, in der sich keinerlei Reste
eines Sarkophages oder eines Begräbnisses haben feststellen lassen[237]. Auf halber Höhe des Schachtes zweigt ein kürzerer blinder Gang in Richtung Pyramidenmitte ab, der vielleicht als anfänglicher Grabkorridor geplant war. Daß kein
Steinsarkophag vorhanden war, ist nicht so verwunderlich. Die Art der Konstruktion der Grabkammer als eingeschachteter Korridor machte die Einführung
eines Steinsarkophages ohne Zweifel sehr schwer, in diesem Fall vielleicht
sogar unmöglich, was wohl ein Grund gewesen sein kann, daß man diese Konstruktionsweise in der Folge wieder aufgegeben hat. Dennoch kann die Pyramide für ein Begräbnis benutzt gewesen sein; gerade wenn der Sarg aus kostbarem

Material oder vergoldetem Holz gewesen ist, hat man ihn vermutlich zur Beraubung ganz aus den Grabräumen gezogen.

Der Pyramidenbezirk dieser Stufenpyramide ist bisher noch nicht erkannt worden; ebensowenig ist nach dem anzunehmenden Südgrab geforscht worden. Der Totentempel kann nach einer sehr ansprechenden Vermutung von Nabil Swelim[238] in dem Massiv der sog. Mastaba Z 500 geortet werden[239], die auf der Nordseite der Pyramide an der zu erwartenden Stelle liegt und jedenfalls keine Grabräume enthielt. Dafür fanden sich aber dort Steingefäße und Keramik der 3. Dynastie mit dem Horusnamen des Königs Chaba[240], der daher als Bauherr dieser Pyramidenanlage angesehen werden kann.

Ganz unsicher ist dagegen der zeitliche Ansatz der nördlichen Pyramide von Zawiet el-Aryan, von der nur der eindrucksvolle Grabschacht von 11,70 × 25 m und 21 m Tiefe gediehen war[241]. Im Schacht und dem offenen Korridor fanden sich zahlreiche Graffiti[242], teils sog. Steinbruchmarken, teils ein Königsname, der nicht sicher Nebka oder Baka gelesen wird und je nach Lesung der 3. oder 4. Dynastie zugeordnet wird[243]. Ebensowenig wie der Königsname erlauben die Bauweise und die erhaltenen Spuren des Pyramidenbezirkes eine eindeutige Bestimmung des angefangenen Baues. Die Ähnlichkeit mit dem Pyramidenbezirk und der Ausschachtung des Grabes des Djedefre in Abu Rowasch ist zwar unübersehbar[244], doch ist inzwischen verschiedentlich darauf hingewiesen worden, daß dessen Pyramide einen bewußten Rückgriff auf Vorbilder der 3. Dynastie darstellt, so daß sie auf jeden Fall nicht typisch für ein Grab der 4. Dynastie ist[245]. Das könnte natürlich auch für den angefangenen Bezirk Zawiet el-Aryan zutreffen, besonders wenn der Bauherr ein Sohn des Djedefre gewesen wäre. Für die 3. Dynastie spricht die Form − allerdings nicht die Größe − der Ausschachtung, die in der 4. Dynastie nicht mehr üblich ist, allerdings auch nicht mehr nach Djoser in der 3. Dynastie. Die Auskleidung des Schachtbodens mit tonnenschweren Granitblöcken, der letztlich eine Aufmauerung der Schachtwände im gleichen Material gefolgt sein müßte, die Form und Versenkung des Sarkophages passen mehr in die Entwicklung der späteren 4. Dynastie nach Djedefre und vor Schepseskaf. Auch die Größe der vorgesehenen Pyramide von ca. 200 × 180 m innerhalb des nur leicht rechteckigen Pyramidenbezirkes von 465 m nord-südlicher auf 420 m ost-westlicher Länge bezeugt ein Ausmaß, das erst nach den Riesenbauten des Snofru, Cheops oder Chephren vorstellbar zu sein scheint[246]. Vielleicht hat doch ein Sohn des Djedefre nach der Regierung seines Onkels Chephren für wenige Jahre regiert und diesen Bau, in Anlehnung an die Planung seines Vaters in Abu Rowasch, begonnen. Es ist verlockend, dabei an den Prinzen Baka zu denken, der auf einer der Statuen des Djedefre in Abu Rowasch als ältester Königssohn genannt wird[247].

Dagegen könnte ein heute kaum mehr sichtbarer Pyramidenstumpf in Sakkara, nordöstlich der späteren Pyramide des Teti, ganz an das Ende der 3. Dynastie gehören[248]. Lepsius hat den kleinen Hügel am Rande des Felsplateaus ent-

Abb. 41

Abb. 35

deckt und ihm die No. 29 seiner Pyramidenkarte gegeben; in der lokalen arabischen Tradition heißt sie bezeichnenderweise die „Kopflose Pyramide". Von der Verkleidung ist nichts erhalten, vom Kern nur mehr die unterste Stufe aus lokalem Kalkstein, die eine Seitenlänge von 100 E = 52,50 m gehabt zu haben scheint[249]. Seltsamerweise weicht die Pyramide erheblich von der Nordrichtung ab und hatte wohl auch keine Kultanlagen im Osten. Von der Südseite schneidet eine massive Mastaba der 3. bis 4. Dynastie tief in das Pyramidenmassiv ein. Daraus ergibt sich ein starker Hinweis auf die Frühdatierung der Pyramide. Die Innenräume sind flüchtig von Firth untersucht, jedoch nicht veröffentlicht worden. Der Eingang liegt etwa in der Mitte der Nordseite; der Gang mit zwei Granitfallsteinen verläuft nicht axial, sondern mit einer leichten Abweichung zu einer ost-west-orientierten Kammer, in der noch die Bruchstücke und der unbeschriebene Deckel eines dunklen Hartsteinsarkophages gesehen wurden. Ohne systematische Grabungen kann die Orientierung und Zuschreibung der Pyramide nicht mehr als vorläufig sein; Lauer[250], ihm folgend Maragioglio und Rinaldi[251] und, neuerdings, Berlandini[252] schlagen allerdings eine Datierung in die späte 5. Dynastie vor, wofür die Maße der Pyramide und der Grabkammer und deren berichtete bauliche Struktur angeführt werden können. Auffällig, aber vielleicht nur nicht beobachtet, ist, daß keine Magazine festgestellt wurden, was gegen die 3. Dynastie spricht.

Ein letzter, ebenfalls nur angegrabener Pyramidenbezirk der 3. Dynastie scheint weit im Norden bei El-Deir/Abu Rowasch gelegen zu haben[253]. Festgestellt wurde dort ein Mauerzingel aus luftgetrockneten Ziegeln, von beachtlichem Ausmaß, in dessen Mitte ein Ziegelmassiv stand, vielleicht tatsächlich eine quadratische Ziegelmastaba oder zweistufige Ziegelstufenmastaba. In diesem Fall müßte die Anlage ganz an den Anfang der 3. Dynastie und noch vor den Grabbau des Djoser als logische Fortsetzung der großen Ziegel- bzw. Steinumfassungen der 1. bis 2. Dynastie westlich und südwestlich des Djoserbezirkes gesetzt werden.

Der kanonischen Zahl von 5 Königen der 3. Dynastie[254], die allerdings in sich weder in der Abfolge noch in der Lesung der Namen gesichert und eventuell sogar zu erweitern ist[255], stehen somit eigentlich nur drei gesicherte Stufenpyramiden als Grabanlagen gegenüber, wovon nur zwei, die des Netjerichet/Djoser und seines Nachfolgers Sechemchet, eindeutig zuweisbar sind; für die dritte, die sog. Layer Pyramid von Zawiet el-Aryan, fehlt der inschriftliche Beweis in der Pyramide selbst, daß sie dem Horus Chaba gehörte. Ob der erste König der Dynastie in Sakkara in einer großen Mastaba (siehe oben S. 35) oder in El Deir/ Abu Rowasch bestattet war, läßt sich ebensowenig feststellen, wie bisher ein Grabbau für den letzten König der Dynastie, Huni, bestimmt werden konnte. Nach den zeitgenössischen Quellen und der späteren Überlieferung, nach der er

24 Jahre regiert hat, war dieser Huni ein bedeutender König[256]. Sein Horusname Qahedjet findet sich auf einer Stele mit der Darstellung des Königs, der den falkenköpfigen Gott Horus umarmt[257]; das Thema und der archaische Stil erinnern an die Stelen des Djoser unter der Pyramide und dem Südgrab. Diese Stele kann wohl nur aus einem ähnlich gearteten, kultischen Rahmen, d. h. Grab oder Totentempel, stammen. In dem Turiner Königspapyrus folgt seinem Namen ein seltener Vermerk, daß er sšm … erbaut habe; in Elephantine steht sein Name auf einem Steinkegel, der ihn als Erbauer der kleinen Stufenpyramide dort ausweist[258]. Diese Stufenpyramide von ca. 36 Ellen Seitenlänge, am Rand der Inselstadt erbaut, ist die südlichste einer ganzen Reihe von heute noch sieben bekannten kleinen Pyramiden, denen gemeinsam ist, daß sie keine unterirdischen Grabräume besaßen, d. h. keine Grabpyramiden waren[259]. Sie stehen jeweils in bedeutender Lage, nahe alten Residenzorten oder wichtigen Handelswegen, im Süden mit Elephantine beginnend über Edfu, Kula/Hierakonpolis, Ombos, Abydos/Sinki, Zawiet el-Meitin/Hebenu, Seila am Steilabfall zum Fayum bis zu der allerdings heute verschwundenen Pyramide von Athribis im Delta, wobei ohne Zweifel dies nur einen zufälligen Erhaltungszustand dokumentiert. Sie könnten dort sehr wohl Wahrzeichen und Symbol einer ständigen Präsenz der königlichen Majestät dargestellt haben[260]; ihr unvollendeter Zustand spräche für die kurze Zeitspanne einer Regierung, in der sie konzipiert und errichtet worden sind. Als unter Snofru Pyramidenstädte als dauerhafte Residenz gegründet wurden, in der die königliche Pyramide Ausdruck der ewigen Präsenz des Gottkönigs war, wurde diese kurzfristige Neuerung wohl wieder aufgegeben[261].

Taf. 20–22 a

König Huni hat jedenfalls nachweislich nicht, wie mehrfach angenommen wird, die erste Stufenpyramide in Meidum begonnen[262]. Sein Grabbau muß im Großraum von Sakkara bis Zawiet el-Aryan gelegen haben, wo auch die Würdenträger seiner Zeit bestattet waren. Ich hatte mit anderen die unvollendete Pyramide von Zawiet el-Aryan als Grabbau des Huni angesehen, vor allem, weil die sog. Layer Pyramid etwa 1000 m südlich davon seinem Vorgänger zugeschrieben wird und ohne Zweifel auch an das Ende der Entwicklung der Grabbauten der 3. Dynastie gehört. Die größere Wahrscheinlichkeit spricht jedoch nun dafür, daß die nördliche, unvollendete Pyramide von Zawiet el-Aryan in die 2. Hälfte der 4. Dynastie zu datieren ist. So bliebe für Huni nur die zerstörte Pyramide von Sakkara-Nord (Lepsius No. 29) übrig, wenn diese selbst in die 3. Dynastie gehört.

Von der Stufenpyramide zur Pyramide

Unter Djoser hat das ägyptische Königtum endgültig den Schritt von dem lose zusammengefügten Staat der Frühzeit zu einem zentral verwalteten Einheitsstaat getan, an dessen Spitze nicht mehr ein patriarchischer König stand, sondern ein beinahe gottgleicher Herrscher. Der monumentale Grabbau des Djoser war nicht nur Ausdruck dieser neu erworbenen Mächtigkeit, sondern vielmehr auch Mittel und Impuls dazu. Mit der Monumentalisierung des Grabbaues, mit dem was Ricke mit Monumental-Intensität umschreibt, wuchs der Anspruch und die universale Geltung des Königtums, es konnte damit auch die Schwächezeiten nach Djoser überdauern und durch Wandel und Anpassung kultischer Bedürfnisse eine Vereinfachung und Abstrahierung der Kultbauten durchführen, die für uns erst in deren Neuordnung durch Snofru augenscheinlich und bewußt wird.

Mit Snofru läßt die traditionelle ägyptische Geschichtsschreibung eine neue Dynastie beginnen, ein Einschnitt, der vielleicht nur durch die ordnende und mächtige Herrscherpersönlichkeit dieses Königs veranlaßt und berechtigt ist. Seine Mutter Meresanch führt als einzigen Titel den einer „Gottestochter", woraus man geschlossen hat, daß sie eine „Bürgerliche" und Snofru damit nicht mit der vorausgehenden Dynastie zu verbinden sei. Der Gott ist jedoch der König, ob Huni oder dessen Vorgänger, so daß eine Abstammung von der regierenden Familie der 3. Dynastie nicht auszuschließen ist. In der ägyptischen Überlieferung gilt Snofru als der gute König, die ideale Herrschergestalt, der schon im Mittleren Reich als Horus vergöttlicht wurde. Sein Horusname lautet bezeichnenderweise Neb-maat, „Herr der richtigen Weltordnung", eine Ankündigung des universalen Anspruches des Königtums, der 100 Jahre später neu von dem Sonnengott Re proklamiert wurde; als Neuordner des Staates und des Kultes, als Schöpfer der echten Pyramide ist Snofru in die Geschichte eingegangen. Spätere Listen geben Snofru eine Regierungszeit von 24 bis 30 Jahren; unsere Grabungen an der Roten Pyramide in Dahschur haben jedoch neuerdings den Nachweis erbracht, daß diese Pyramide erst im 15. Mal der Zählung, d. h. im 30. Jahr, begonnen worden ist, so daß man mindestens mit 40–44 Jahren Regierung rechnen muß[263]. Diese lange Regierungszeit erklärt zwar nicht, warum Snofru drei Pyramiden erbaut hat, die von Meidum und die beiden Pyramiden von Dahschur, sie läßt diese ungeheure Leistung jedoch verständlicher und möglicher erscheinen. Auch andere Könige hatten mehrere Gräber: im Mittleren Reich hat Amenemhet III. aus ähnlichen Gründen, wie wir sie bei Snofru feststellen werden, zwei Pyramiden errichtet und dabei die Residenz verlegt.

Snofru hat seine erste Residenz und seine Königsnekropole namens Djed-Snofru „Snofru dauert" aus uns unbekannten Gründen weit nach Süden, nach Meidum verlegt[264]. Man kann aber annehmen, daß das Gebiet um das Fayum *Taf. 16* seit dem Ende der 3. Dynastie eine wachsende wirtschaftliche Bedeutung gewonnen hat, was sich mit der Gründung von Städten und Königsresidenzen dort und im benachbarten Niltal von Zawiet el-Meitin/altäg. Hebenu bis Seila belegen läßt. Seine noch heute 65 m hohe Pyramide erhebt sich in beherrschender Lage auf dem westlichen Wüstenhochplateau über dem Niltal. Ihre eigenartige, turmähnliche Gestalt hat ihr im Arabischen den Namen „Falsche Pyramide" eingetragen; sie ist ein Ergebnis der komplizierten Baugeschichte einerseits und des Steinraubes, der bei dieser Pyramide schon in ägyptischer Zeit, vielleicht unter den Ramessiden, jedenfalls aber spätestens in römischer Zeit einsetzte und bis in die Moderne ging[265]. Dabei wurde diese Pyramide von oben her nach unten abgetragen, vielleicht eine altägyptische oder römische Technik, im Gegensatz zu der moderneren, mittelalterlichen „Steinbruch"-Technik der Araber in Giza, Sakkara und Dahschur, wo man unten, von den Ecken her nach oben heraussprengte, wie sich an der Chephren-Pyramide noch deutlich erkennen läßt.

Die Meidum-Pyramide ist als Stufenpyramide begonnen, zumindest einmal erweitert und wesentlich später dann in eine echte Pyramide umgestaltet worden. Daß diese erste Phase einer Stufenpyramide auf den letzten König der 3. Dynastie zurückginge, ist eine durch nichts bewiesene Annahme, die sich allein auf bauliche Ähnlichkeiten und historisch bedingte Entwicklungsstufen berufen kann[266]. Allein die Verkleidungsblöcke des äußeren Pyramidenmantels der letzten Bauphase haben Jahresdaten ergeben — jedoch bisher ohne Königsnamen —, die diesen Umbau in die 15., 16. und 17. Male der Jahreszählung, d. h. in die Jahre 30—34 eines Königs datieren, der nur Snofru sein kann. Graffiti und Inschriften des Mittleren Reiches weisen die Pyramide mit Sicherheit dem Kult des Snofru zu. Da wir — und darauf muß immer wieder mit Nachdruck hingewiesen werden — im Alten Reich und selbst bis in die 2. Zwischenzeit hinein kein einziges Königsgrab kennen, das von einem Nachfolger oder einem späteren König übernommen, usurpiert oder fertiggestellt worden wäre — die Vollendung von Kultbauten zum Nutzen des Vorgängers sei hier verständlicherweise ausgenommen —, müßten schon unumstößliche schriftliche Beweise dafür vorgebracht werden, daß Snofru die bestehende, ältere Stufenpyramide in seinem letzten Jahrzehnt für sich — oder, noch unwahrscheinlicher, 30 Jahre nach dem Tod seines Vorgängers für diesen — umgebaut hätte[267]; der zugehörige Prinzen-Friedhof mit den berühmten Gräbern des Nefermaat und Rahotep läßt sich desgleichen sicher in die frühen Jahre des Snofru datieren[268], während die Gräber der Oberschicht der ausgehenden 3. Dynastie und des Königs Huni in Sakkara festgestellt worden sind.

Ich gehe daher mit voller Überzeugung davon aus, daß Snofru als einziger Bauherr auch für die frühen Phasen der Stufenpyramide in Meidum verantwortlich war, zumal sich zeigen läßt, daß anfänglich zwar noch die Form der Stufenpyramide beibehalten worden ist, am Grabbau selbst und am Pyramidenbezirk aber von Anfang an wesentliche Änderungen den Durchbruch neuer kultischer Vorstellungen und, daraus folgend, baulicher Verwirklichungen ankündigen. Anstelle des nord-südlich orientierten, rechteckigen Pyramidenbezirkes der 3. Dynastie bildet dieser nun fast ein Quadrat, das durch den Aufweg und den erstmals im Osten befindlichen Pyramidentempel eindeutig ost-westlich ausgerichtet ist. Es liegt nahe, dabei an die Vorstellung des Sonnenlaufes zu denken, der in Ägypten später so beherrschend auf die Architektur einwirkt. Zwar verbindet man den Sieg des Re-Glaubens normalerweise erst mit der 2. Hälfte der 4. Dynastie, mit Djedefre und den Königen, die Re im Namen führen. Snofru

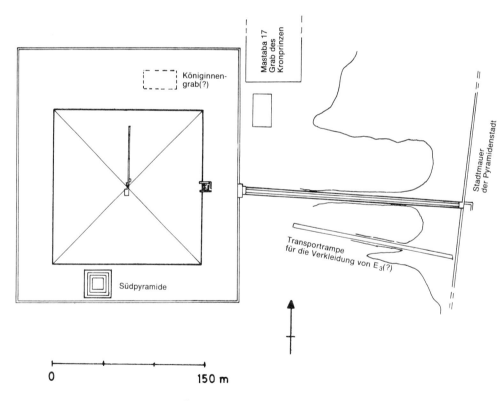

20   Meidum. Pyramidenbezirk des Snofru.

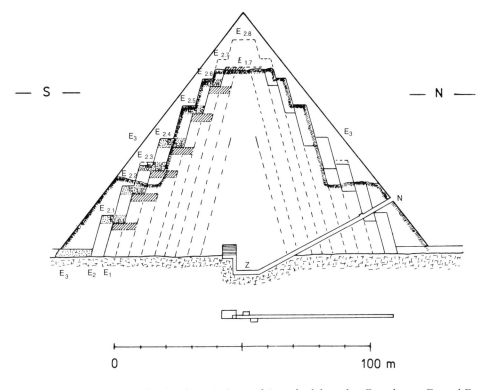

21 Meidum. Pyramide des Snofru mit den aufeinanderfolgenden Bauphasen E_1 und E_2
der Stufenpyramide sowie der späteren Pyramide E_3.

erkor sich als Horusnamen „Herr der Weltordnung", als Nebti-Namen „Goldfal-
ke", was durchaus als Hinweis darauf gesehen werden muß, daß er sich in seiner göttlichen Erscheinungsform als eine solche des Sonnengottes verehrt und
verstanden wissen wollte.

Die Verlegung des Totentempels von der Nordseite, d. h. vom Grabeingang
weg auf die Ostseite hat aber auch praktische, bautechnische Gründe und hängt
mit der Konstruktion der Grabkammer und des Grabkorridors zusammen. Bei
den Stufenpyramiden der 3. Dynastie lag die Grabkammer − wie wir gesehen
haben − stets etwa 25−30 m tief unter der Pyramide im Fels; der Korridor führte
schräg nach oben und endete nördlich, außerhalb der Pyramide im offenen
Gelände. Zumeist hatte der Korridor auch einen direkten Verbindungsgang zu
den Magazingalerien, die zuletzt ebenfalls von Norden her den toten König in
der Pyramide sozusagen unterirdisch versorgten. Der Totentempel dagegen
hatte nur eine ideelle Verbindung zu den Versorgungsgütern in den Magazingalerien, daneben aber eine schützende Funktion über dem Grabkorridor. Diese

aufwendige, unterirdische Ausschachtung wird in Meidum und dann auch in Dahschur-Nord aufgegeben. Erstmals verließ man sich für den Schutz der Grabkammer auf die Masse der Pyramide. Die Grabkammer ist nur mit ihrer Sohle und dem raumartigen Zugang in den Fels vertieft, während die Seitenwände und das erstmals gewagte Kraggewölbe hochgemauert sind, umgeben von einem massiven Mauerwerk großer Kalksteinblöcke von ca. 60 Ellen Seitenlänge, die durch zwei Schalen verstärkt und zusammengehalten wurden. Borchardt hat diesen Kern von etwa 100 E Seitenlänge als eine anfängliche, zwei- bis dreistufige Mastaba angesehen[269]. Nach dem heutigen Wissensstand der Entwicklungsreihe der Stufenpyramide ist dies nicht nötig und sogar unwahrscheinlich. Über diesem Kernbau wurde nun anfangs mit 6 weiteren Schalen eine siebenstufige Pyramide E_1 hochgetürmt, die wahrscheinlich nicht fertig, sondern nur bis zur 4. oder höchstens 5. Stufe gediehen war, als man sich zu einer Erweiterung um eine Schale und einer Erhöhung um eine Stufe entschloß[270]. Es ist dabei immerhin interessant, daß diese Erweiterungen offenbar stets beschlossen wurden, wenn das Königsgrab ausreichend gesichert schien. Die neue Stufenpyramide hatte 8 Stufen bei wahrscheinlich etwa 85 m Höhe und einer Basis von 280 × 280 E = 120,75 m im Quadrat. Das gesamte Mauerwerk einschließlich der Verkleidung ist aus gutem, lokalem Kalkstein ausgeführt, die äußeren Schichten der Schalen sind jeweils besser behauen und auf Fuge verlegt. Die äußeren Schalen von E_1 und E_2 sind wie die der älteren Stufenpyramiden nach innen geneigt verlegt, so daß sich ein Böschungswinkel von 75° ergibt; von den inneren ist dies nicht bekannt. Die Oberfläche jeder Stufe wurde durch eine sorgfältig verlegte Steinlage gebildet, die jeweils zwei Schalen gleichsam verklammert und damit sehr zur Stabilität der Stufen beitrug[271]. Diese waren zwar

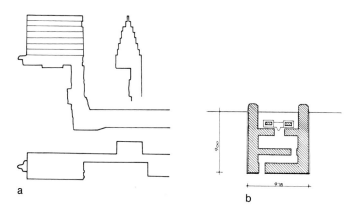

22 Meidum.   a Innenräume der Pyramide   b Grundriß des Stelenheiligtums im
Osten der Pyramide.

strikt vertikal angelegt, dürften aber eine geringe Abflachung besessen haben, um das Regenwasser ablaufen zu lassen.

Der Korridor, der unter der Grabkammer als horizontaler Gang mit zwei Nischen im Osten und Westen zur Lagerung der Verschlußsteine beginnt, steigt mit 27° nach oben; der Eingang lag bei E_1 wie auch bei E_2 jeweils auf der ersten Stufe, die bei E_2 deshalb erhöht werden mußte. An der komplizierten Verschlußkonstruktion von E_2 zeigt sich, daß diese Stufenpyramide fertiggestellt und zur Aufnahme einer Bestattung vorgesehen war[272]. Da an der Außenschale von E_1 eine solche Verschlußvorrichtung fehlt, kann man mit großer Sicherheit folgern, daß E_1 noch im Bau war, als die Erweiterung E_2 eingeleitet wurde. Der Eingang zum Grabkorridor nach oben auf der ersten Stufe bedeutet gegenüber den älteren Lösungen eine erhöhte Sicherheit, komplizierte aber den Vorgang der Bestattung insofern, als die Stufe durch eine Holzrampe zum Transport des Holzsarges und vor allem der Blockierungssteine zugänglich erhalten werden mußte. Dabei wäre der Totentempel im Norden akut im Wege gewesen. Bei der Planung des Grabeinganges muß die Verlegung des Totentempels auf die Ostseite also schon in Betracht gezogen gewesen sein. Ob dafür, wie später in Dahschur-Süd, eine bescheidene Opferkapelle vorgesehen war, ist nicht festgestellt worden. Ohne Zweifel kam aber der Eingang in fast 15 m Höhe der Pyramidenseite Vorstellungen, die das Aufsteigen des Königs zum Nordhimmel beinhalten, mehr entgegen, als der Schachtausgang im Hof des Totentempels zuvor. Dafür mußten aber andere Nachteile berücksichtigt werden, zum Beispiel daß vor Verschluß des Eingangs − und eventuell auch noch nachher − bei starkem Regen Sturzbäche von der glatten Pyramidenfläche in den Gang hinabliefen und das Grab zu überschwemmen drohten, Fährnisse, die übrigens sicher schon bei den älteren Gangkonstruktionen aufgetreten sind. Daher wurde am unteren Ende des Ganges ein senkrechter Schacht angelegt, Vorläufer der sog. Grabräuberschächte der Königsgräber des Neuen Reiches in Theben! Außerdem wurde die eigentliche Grabkammer 6,50 m erhöht, was eine zusätzliche Sicherheit bedeutete. Zur Einbringung des Holzsarges und der Bestattung waren in den aufsteigenden Schacht Zedernholzbalken eingespannt, von denen noch heute einige sichtbar und Beweis dafür sind, daß die Grabkammer niemals zur Königsbestattung gedient hat, da man sie sonst sicher entfernt hätte. Ein Steinsarkophag war nicht vorgesehen; er hätte nur während der Konstruktion der Kammer eingebracht werden können und man hätte zumindest Fragmente davon finden müssen. Ob die Bruchstücke eines archaisch anmutenden Holzsarges, die Petrie am Schachtboden gesehen hat, von einem Königssarg stammen, ist nicht mehr auszumachen[273].

Die Stufenpyramide E_2 war schon von einer etwa 2 m hohen Pyramidenumfassungsmauer umgeben, die einen fast quadratischen Bezirk von rund 236 m nord-südlicher und 218 m ost-westlicher Ausdehnung umschloß. Innerhalb dieses Bezirkes lag südlich des Königsgrabes ein Südgrab[274], erstmals ebenfalls als kleine Stufenpyramide ausgebildet, und im Norden, östlich der Mitte, ein Schachtgrab mit einer Bestattung, die allerdings soweit vergangen war, daß sich das Geschlecht nicht mehr feststellen ließ. Die Ausgräber beteuern[275], daß es nach Art und Ausstattung ein königliches Grab gewesen sein müsse, und man wird daher von der Lage her an ein Königinnengrab denken, vielleicht das der Hauptkönigin Snofrus aus dem 1. Jahrzehnt oder das seiner Mutter Meresanch[276]? Der Totentempel, der auf der Ostseite der Stufenpyramide E_2 lag, ist der Erweiterung zum Opfer gefallen, die nach den Jahresdaten auf den Verkleidungsblöcken zwischen den Zählungen 15–17, d. h. nach dem 29. bis 33. Jahr Snofrus und vermutlich noch später stattgefunden hat. Dabei wurde die Stufenpyramide in eine echte Pyramide E_3 mit dem Böschungswinkel von 51° 51' und einer quadratischen Grundfläche von 275 E = 144,32 m verwandelt, die etwa 92 m hoch war[277]. Im Unterschied zu den Vorgängerbauten E_1 und E_2 kam das verwendete Steinmaterial nun aus Turah, d. h. aus dem gleichen Steinbruch, aus dem Verkleidungssteine mit denselben Daten für die dritte Pyramide des Snofru nach Dahschur geliefert wurden. Dabei wurde eine technische Erfahrung, die man beim Bau der Knickpyramide gemacht hatte, angewandt: Dort hatte sich gezeigt, daß die Neigung der Steinlagen der Verkleidungsschalen bei dem flacheren Böschungswinkel einer echten Pyramide nicht den gleichen baulichen Vorteil mit sich bringt, wie bei dem Böschungswinkel von 72°–75° der Stufenpyramiden. Daher hat man diese Konstruktionsmethode sowohl in Dahschur-Nord an der Roten Pyramide wie auch in Meidum unterlassen und fortan mit horizontalen Lagen gebaut.

Warum hat Snofru den Umbau einer funktionsfähigen Pyramide gleichlaufend mit dem Baubeginn einer dritten Grabpyramide in Dahschur angeordnet und betrieben? Ganz sicher nicht aus Gründen der Pietät für seinen Vorgänger Huni! Aber auch das Argument, daß Snofru nach der Baukatastrophe der Knickpyramide (siehe unten S. 94) eiligst seine ältere Grabpyramide überholen und modernisieren wollte, um für den vorgesehenen Fall des Todes während der Bauzeit der dritten Pyramide abgesichert zu sein[278], befriedigt nicht, da eine Konzentration auf die Arbeiten in Dahschur verständlicher gewesen wäre als eine zusätzliche Belastung und Arbeitsteilung. Ich nehme vielmehr an, daß die Entscheidung des Königs für den Umbau der Stufenpyramide E_2 damit zusammenhängt, daß die Pyramide als Wahrzeichen der Königsnekropole Djed-Snofru in Meidum mit den Gräbern der Königsmutter und der Prinzen der ersten Generation unbedingt die neu gefundene Gestalt der echten Pyramide erhalten mußte, die ja nicht nur modern war, sondern vielmehr symbolhaft das Abbild, die Idee des göttlichen Königtums darstellte, wie es sich gerade jetzt in einer höchsten und letzten Steigerung der Form herauskristallisiert hatte und so gesehen und erkannt werden wollte. Gerade da die Meidumpyramide kein Königsgrab mehr war – Snofru wurde in der sog. Roten Pyramide in Dahschur begraben –, mußte sie die gültige Darstellungsform des Königsbildes erhalten.

Daher wurde auch der Pyramidentempel im Osten umgestaltet. Die bescheidene Form dieses Tempels, darin dem von Dahschur und den Nebenpyramiden ähnlich, hat immer erstaunt, wenn man ihn mit den Ausmaßen des Totentempels des Djoser oder der der Pyramiden von Giza vergleicht. Sie erklärt sich aber durch die Erkenntnis, daß es kein Totentempel, sondern eine Königskultstätte war[279]. Daher hat das Tempelchen auch keine Scheintür[280], sondern zwei unbe- *Taf. 23 a* schriebene Stelen, den „Schlangensteinen" vor dem Reichsheiligtum vergleichbar, sowie eine Opferplatte. Der gleiche Befund wiederholt sich vor der Knickpyramide, die gleichfalls als Nebenpyramide oder Südgrab umgebaut wurde und daher ein Stelenpaar auf der Ostseite besitzt. Wichtig ist ebenso die Feststellung, daß keine Tempelmagazine festgestellt wurden!

Ob der Aufweg[281], der vor der Pyramidenumfassung in einen abgestuften Querraum, ähnlich dem Torbau des Djoser, endete, zur älteren Bauphase oder zu der letzten gehört, ist nicht bestimmt. Er führte offen und mit einem leichten Knick nach Südosten ins Tal, wo er in einen Torbau endet[282]. Ein Taltempel ist nicht nachgewiesen, dagegen Mauern südlich und nördlich des Torbaues, die die Pyramidenstadt umgeben. Zwei Rampen führen von Ostsüdost und von Südwest an die Pyramide heran; es sind wohl alte Transportrampen, die jedoch kaum als hochsteigende Baurampen vorzustellen sind[283]. An der Nordostecke, aber außerhalb der Pyramidenumfassung liegt eine riesige Mastaba (M_{17})[284], in der ein namenloser Prinz bestattet war, der noch während der Bauzeit E_2 verstorben sein muß. Von der Lage her könnte es sehr wohl der früh und unerwartet verstorbene Thronfolger gewesen sein[285]. Die Gräber anderer Söhne der älteren Snofrufamilie, darunter die Doppelmastabas der Prinzen Nefermaat und Rahotep mit ihren Frauen Atet und Nofret und ihren Nachkommen, liegen weiter nach Norden zu in mehreren Doppelreihen.

Für das Jahr nach dem 6. Mal der Zählung, d. h. das 12.−13. Regierungsjahr des Snofru, vermelden die Annalen den Bau der Festung von Ober- und Unterägypten namens Ḥwt-Snofru, einer neuen Königsburg, und im Jahr des 8. Mals, das unmittelbar auf das des 7. Mals folgt, d. h. im 15. Jahr „das Aufrichten der ‚Hohen Weißen (Krone) des Snofru' über dem Südtor und der ‚Roten (Krone) des Snofru' über dem Nordtor, Anfertigen der Tore des Königspalastes aus echtem Zedernholz"[286]. Es liegt nahe, diese Angaben mit der Verlegung der Königsresidenz und dem Baubeginn einer neuen Pyramide in Dahschur zu verbinden. Der Grund dafür mag letztlich die Erfahrung gewesen sein, daß von Meidum aus das Land nicht zu verwalten war, daß vielleicht auch der Handel mit den Deltastädten und den syrisch-palästinischen Küstenstädten und die Expeditionen nach dem Sinai eine günstiger gelegene nördlichere Residenz erforderten.

Die südliche Pyramide von Dahschur, namens H̱ʿj-Snfrw „Erscheinung des Snofru", die sog. Knickpyramide[287], ist die erste geplante geometrische Pyramide, da sie sicher unmittelbar nach der Stufenpyramide E_2 von Meidum und noch vor deren Umformung in eine Pyramide begonnen worden ist. Nach den einge- *Taf. 24−25*

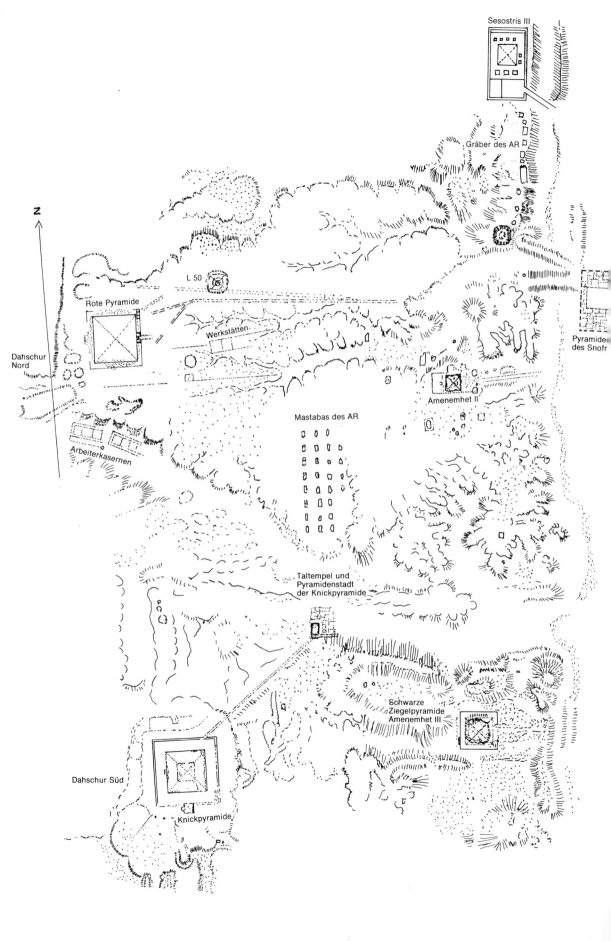

Taf. 19

Abb. 24 b u. c
Taf. 23 b

henden Untersuchungen von Maragioglio und Rinaldi[288] scheint es nicht ausgeschlossen, daß die Knickpyramide in kleinerem Umfang, aber mit noch steilerem Winkel begonnen worden ist, wodurch sie dem Prototypus der Stufenpyramiden näher gestanden hätte. Der Übergang von den steilen Stufenbauten zur geometrischen Form der Pyramide wäre damit tatsächlich in mehreren Schritten getan worden. Da die Verkleidung der Pyramide mit deren „backing-stones" so gut erhalten ist, kann diese Annahme sich nur auf Beobachtungen in den beiden Gangsystemen stützen; dort lassen sich jeweils im ersten Teilstück in Abständen von 12,70 m am unteren Gangsystem und 11,60 m am oberen beträchtliche Risse und Verschiebungen feststellten, die, übertragen auf den Pyramidenaufriß, eine innere, ursprünglich kleinere Pyramide mit einer Basis von 300 × 300 E und einem steileren Winkel von 58°−60° erschließen lassen, deren Höhe von 137,50 m sogar noch die der späteren, 132 m hohen übertroffen hätte, wäre sie fertiggestellt worden[289]. Immerhin muß diese erste, kleinere Pyramide mit der steilen Böschung schon bis zu 49 m Höhe gediehen gewesen sein, als man sich zu einer Verbreiterung der Basis bei einer gleichzeitigen Reduktion des Neigungswinkels von 58° auf 54° 31′ 13″ entschloß. Dafür können verschiedene Gründe angeführt werden: Einmal ist es offenbar fast ein altägyptisches Baugesetz, daß nach Vollendung der Grabkammer und des Korridors eine Erweiterung begonnen wurde, ohne daß der anfängliche Bau schon fertiggestellt gewesen sein muß, wie sich bei der Stufenpyramide M$_{1-3}$ des Djoser und E$_1$ in Meidum aufzeigen läßt. Diese Erweiterungen der Grundfläche und der Masse sind wie Schalen, die um den bestehenden Kern gelegt werden. Sie dienten nicht nur der Vergrößerung, sondern − zumindest intentionell − auch der baulichen Sicherung. Letzteres könnte ganz besonders für die südliche Pyramide von Dahschur zutreffen, wo der anfängliche Neigungswinkel von 58°−60° ohne Zweifel experimentell durch Reduktion des steilen Winkels von ca. 72° der Stufenpyramiden gewagt worden ist, sich aber beim Hochwachsen des Baues schließlich doch als zu steil erwiesen hatte. Zum anderen könnten schon damals sichtbar werdende Senkungen, verbunden mit Rissen und Sprüngen am Mauerwerk, dazu geführt haben, daß man eine weitere Schale von 30 E Stärke an der Basis mit dem flachen Böschungswinkel von 54° um den schon stehenden Pyramidenstumpf gelegt hat, in der Hoffnung, daß sich die auftretenden Schäden damit beheben ließen. Daß dies nicht der Fall war, hat sich wohl noch während dieser 2. Bauphase an den unterschiedlichen Senkungen der äußeren Schale gezeigt. Die Senkungen sind durch den Untergrund bedingt, der unter einer dünnen Decke von gefestigtem Kiesel und Sand aus einer starken Ablagerung von Tonschiefer besteht. Die gleichen Senkungen, bedingt durch den Unter-

◁ 23 Dahschur. Nekropole der 4. und 12. Dynastie.

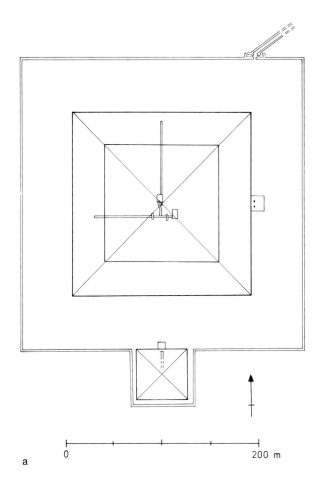

a

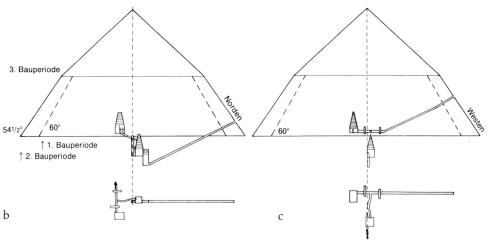

3. Bauperiode

54 1/2°   60°

↑ 1. Bauperiode
↑ 2. Bauperiode

Norden

60°

Westen

b

c

0 ————————————————— 200 m

90

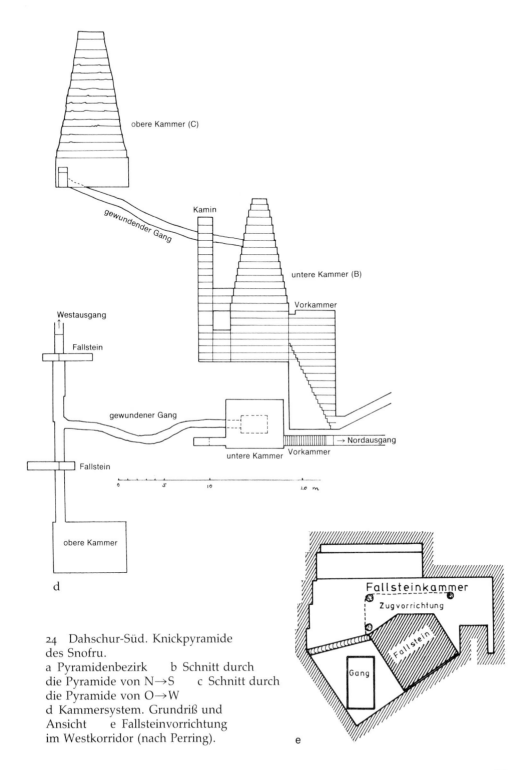

obere Kammer (C)

gewundener Gang

Kamin

untere Kammer (B)

Vorkammer

Westausgang

Fallstein

gewundener Gang

Fallstein

obere Kammer

d

untere Kammer Vorkammer

→ Nordausgang

0   5   10   20 m

Fallsteinkammer

Zugvorrichtung

Gang

Fallstein

24 Dahschur-Süd. Knickpyramide
des Snofru.
a Pyramidenbezirk   b Schnitt durch
die Pyramide von N→S   c Schnitt durch
die Pyramide von O→W
d Kammersystem. Grundriß und
Ansicht   e Fallsteinvorrichtung
im Westkorridor (nach Perring).

e

grund, haben knapp tausend Jahre später zu einer vergleichbaren Baukatastrophe bei der östlich von der Knickpyramide liegenden Ziegelpyramide des Amenemhet III. und auch da zur Aufgabe des Grabbaues geführt. Andererseits läßt sich in diesem Tonschieferuntergrund sehr viel leichter als im Felsgrund und sicherer als in den weiter nördlich anzutreffenden Sand-Kiesel-Schichten eine größere Ausschachtung anlegen, wie sie für das Grabkammersystem der 1. Bauphase erneut angewandt war. Dieses Kammersystem, das von Anfang an als ein doppeltes geplant war, ist ein weiteres Rätsel dieser Pyramide und schwerer zu verstehen, als der Knick im äußeren Erscheinungsbild der Pyramide.

Abb. 24 d Der Gang zum unteren Kammersystem[290] führt etwa von der Mitte der Nordseite aus ursprünglich 6 m Höhe, später 11,80 m Höhe, fast 80 m durch das Mauerwerk der Pyramide und den Tonschieferuntergrund bis 22,50 m unter die Oberfläche. Die Neigung des 2 × 2 E (1,05 × 1,10 m) breiten und hohen Ganges beträgt 25°24′. Diese Neigung bleibt eine fast konstante Größe bei den Pyramiden der 4. Dynastie mit der geringen Schwankung von ± 2°. Man nahm eher in Kauf, daß der Eingang hoch in der Nordwand zu liegen kam − für die Bestattung ohne Zweifel eine echte Erschwerung −, wenn die Ausmaße der Pyramide oder der Untergrund es verboten, die Kammer tiefer hinab zu verlegen, als daß man den Neigungswinkel flacher als 22° gemacht hätte, woraus auf die religiöse Bedeutung dieser Einrichtung zu schließen ist. Am unteren Ende des Korridores erreicht man unmittelbar eine Vorkammer (A) von 5,40 m Länge und 12,60 m Höhe bei gleicher Gangbreite, gleichsam einen erweiterten Schacht, über den man in 6,50 m Höhe in die untere Kammer (B) hochsteigen konnte. Dafür war eine Steintreppe mit sehr hohen Stufen vorgesehen, die nach den Spuren an der Westwand mit einem kleinen Versatz bis hoch in das 17,20 m hohe Gewölbe der Kammer (B) anstieg, von wo aus sich ein Durchbruch zu einem schmalen Gang öffnete, der in das obere Kammersystem führt. Die Vorkammer (A) wie auch die Kammer (B) haben ein Kragsteingewölbe, sehr ähnlich dem in Meidum, das den Raum (B) von allen vier Seiten überwölbte. Dieser maß an der Sohle 6,30 × 4,96 m, oben am Ende des Kragsteingewölbes nur mehr 1,60 × 0,30 m; die Kragsteine springen jeweils 15 cm vor. Auf der Südseite der Kammer (B) führt ein Durchgang − und darüber ein „Fenster" − in einen engen Kamin von 3 E = 1,60 m Länge, aber nur 90 cm Breite, der mit 30 E = 15,30 m nicht ganz so hoch wie die Kammer (B) war, aber mit seiner Decke genau die natürliche Geländeoberfläche erreichte[291].

Nach Perrings Messungen läge der „Kamin" genau in der Achse der Pyramide. Das läßt sich später jeweils für die 2. Vorkammer beobachten, ohne daß wir dadurch etwas über die Bedeutung dieses Raumes aussagen könnten. Die Verbindung zu dem oberen Gang- und Kammersystem ist jedenfalls nicht über diesen Kamin geführt worden, sondern unter dessen Umgehung in das Gewölbe der Kammer (B). Diese weist an verschiedenen Wand- und Deckenblöcken erhebliche Risse und Setzungen auf, die man vergeblich mit Kalksteingips aus-

zubessern versucht hat. Diese Schäden können jedoch noch nicht beim Bau dieser Kammer aufgetreten sein, da sie in einem Schacht aufgemauert war und der
Druck der Steinmassen darüber erst in einem wesentlich späteren Baustadium
zur Auswirkung gekommen sein kann. Daher können diese Schäden auch nicht
Anlaß für den Einbau des oberen Kammer- und Gangsystems mit dem Westein-
gang gewesen sein: Diese Kammer (C) ist nämlich nur 3,20 m über dem Oberflä-
chenniveau und ca. 1 m über dem Gewölbe der unteren Kammer (B) errichtet,
d. h. sie gehört ebenso wie das nördliche, untere Kammersystem zur 1. Bauphase der Pyramide. Dennoch waren die beiden Kammer- und Gangsysteme
ursprünglich unverbunden nebeneinander geplant, der sog. Kamin war also
sicher nicht als ein schachtartiger Zugang zu der oberen Kammer (C) vorgesehen, da man es bei Baubeginn ohne Schwierigkeiten hätte arrangieren können,
daß die obere Kammer (C) direkt über den Schacht gekommen wäre. Dies
bedeutet aber auch, daß der Westkorridor der oberen Kammer (C) mit seinem
33,32 m hoch in der Westwand gelegenen Eingang nicht sekundär, sondern von
Anfang an so angelegt war. Dieser Korridor weist wieder eine Steigung von
durchschnittlich 24° 17' auf, im letzten, äußeren Stück sogar eine steilere von 30°
und hat eine Länge von 67,66 m, bis er auf ein etwa 20 m langes, horizontales
Gangstück trifft. Am Knick war eine erste Fallsteinvorrichtung eingebaut, eine
zweite befand sich kurz vor dem Eingang in die Kammer (C). Ein breiter, tiefer
Schacht in diesem Korridor, der später mit Kalksteinblöcken aufgefüllt wurde,
diente sicher zum Auffangen von Regenwasser während der Bauzeit. Die Fall- *Abb. 24 e*
steinvorrichtungen[292] sind bemerkenswert, da sie nicht von oben, sondern von
Seitennischen aus bedient wurden, die westliche von Norden her, die östliche
von Süden. Allerdings war nur der westliche Fallstein herabgelassen und von
beiden Seiten versiegelt. Der ansteigende Korridor war mit Verschlußsteinen
gefüllt; der abschließende Verkleidungsstein in der Westwand wurde sogar erst
in den fünfziger Jahren unseres Jahrhunderts entfernt. Dagegen war der Fallstein der zweiten, östlichen Gangblockierung nicht herabgelassen; die obere
Kammer konnte über einen nachträglich durch das schon verlegte Mauerwerk
grob gehauenen Galerie von nur 1½ E = 74 cm Breite und weniger als
2 E = 92 cm Höhe erreicht werden, der 18,80 m lang war und in dem Kraggewölbe der unteren Kammer (C) seinen Ausgang hatte. Sowohl die Führung des
Ganges wie auch seine Konstruktionsweise zeigen, daß er einer späteren Bauphase angehört und daß die beiden Kammersysteme ursprünglich nicht verbunden werden sollten. Die obere Kammer (C) hat einen längsrechteckigen Grundriß von 15 E (7,97 m) × 10 E (5,26 m) und ein 16,50 m hohes Kraggewölbe, das
wie das der unteren Kammer auf allen vier Seiten einkragt. Allerdings sind die
Gewölbesteine nicht mehr geglättet, die Kanten nicht scharf abgeschlagen worden, weil wohl schon während des Baues, als der Pyramidenstumpf die Kammer umschloß und bedeckte, Sprünge, Absplitterungen und so tiefe Risse auf-
traten, daß an eine Benutzung der Kammer nicht zu denken war. Nachweislich

hat man versucht, in den Gängen und in der Kammer die Risse mit Kalksteingips zu verschließen, offensichtlich jedoch ohne Erfolg. Möglicherweise zeugt die teilweise noch in situ angetroffene Verschalung der Wände mit Zedernholzbalken von den Versuchen, die Schäden und die Verdrückung der Wände aufzuhalten, wenn dieses Balkengerüst nicht noch von der Konstruktion stammt und zu dem geplanten Glätten des Gewölbes stehen geblieben ist. Später hat man die Kammer dann mit Kalksteinblöcken aufgemauert und damit als untauglich zur Benutzung erklärt. Aus einer der Wände stammt übrigens der erste Block mit dem daraufgepinselten Namen des Snofru, der zur Zuschreibung der Pyramide geführt hat.

Sehr auffällig ist die Lage der Kammer und die Führung des Ganges ca. 13 m südlich der Pyramidenachse. Dies kann nicht Zufall und noch weniger ein Meßfehler sein, da die Nordung der Pyramide inzwischen nur mehr die geringe Abweichung von 9′ 12″ aufweist und die Erfahrung und Kenntnis der altägyptischen Baumeister damit über alle Zweifel stellt. Man hat daher schon angenommen, daß Snofru mit der Knickpyramide ein Doppelgrab hat bauen wollen − zwei Pyramiden in einer −, wobei die eine den steilen, die andere einen flachen Winkel erhalten sollte[293] und die beiden Kammersysteme jeweils einer der beiden Pyramiden zugehören würden. Diese Idee, so ansprechend sie auf den ersten Blick wirkt, hat am Baubefund jedoch keinen Rückhalt gefunden und wird daher inzwischen einheitlich abgelehnt. Die Änderung des Winkels der Pyramidenneigung in einer Höhe von 49,07 m geht sicher nicht auf eine ursprüngliche Planung zurück, sondern erfolgte ohne Zweifel als Reaktion auf die inzwischen aufgetretenen Bauschäden. Eine erste Gegenmaßnahme, womit man die Senkungen hat auffangen wollen, der schon erwähnte Mantel von 30 E Basisbreite mit dem flacheren Winkel von 54° 31′ 13″, hat, wie sich an dem Befund in den Gängen nachweisen ließ, die zerstörenden Kräfte eher verstärkt als aufgehalten. Zu den durch Druck erzeugten Schäden im Innern kam nun die unterschiedliche Senkung der Schalen hinzu. Dies war der Zeitpunkt, an dem der Bau der Pyramide zeitweise eingestellt worden ist, die obere Kammer mit den Kalksteinblöcken vermauert und der Westkorridor blockiert wurde. Um den angefangenen Grabbau, immerhin den größten Monumentalbau seit Beginn des ägyptischen Einheitsstaates und gleichzeitig die erste echte Pyramide, zu retten, bedurfte es einer einschneidenden Planänderung. Ich habe früher angenommen[294], daß der Pyramidenstumpf aufgegeben worden und so für Jahre stehen geblieben ist und daß man schon zu diesem Zeitpunkt mit dem Bau der dritten Pyramide vier Kilometer nördlich begonnen habe. Dafür sprechen nicht nur die Änderung des Neigungswinkels, sondern auch das kleinere Blockmaterial der oberen Hälfte sowie die andersartige Steinverlegung. Inzwischen haben wir jedoch in Dahschur-Nord an der Roten Pyramide den Eckstein mit dem Datum des Baubeginns, nämlich das 15. Mal der Zählung = 28.−30. Regierungsjahr des Snofru gefunden[295]. Weitere beschriftete Blöcke der Verkleidung an der

Roten Pyramide belegen, daß zwischen dem 15. Mal und dem 16. Mal, d. h. nach 2–3 Jahren schon etwa 10–12 m der neuen Pyramide, immerhin eine Steinmasse von mehr als 400 000 m³, verlegt waren. Angesichts dieser Zahlen erscheint es kaum glaubhaft, daß in den Jahren zwischen einem – zwar hypothetischen, aber doch annäherungsweise richtigen – 8. Mal der Zählung = 15. Regierungsjahr und dem 15. Mal = 29. Jahr, also in etwa 15 Jahren, nur der Pyramidenstumpf von 188 m Basis und 49 m Höhe, entsprechend einer Masse von ca. 1,15 Millionen m³, fertiggestellt worden wäre.

Dazu kommt eine weitere Überlegung, die ich damals außer acht gelassen hatte und die bisher ebensowenig Beachtung gefunden hat: Die kleine Nebenpyramide südlich der Hauptpyramide weist fast denselben flacheren Böschungswinkel von 44° 30′ auf, wie die obere Hälfte der Knickpyramide. Zum Bau wurde das kleinere Steinmaterial verwendet, und die Steinlagen sind horizontal verlegt, wie für die Kappe der Knickpyramide; auch der Gang und die kleine Grabkammer setzen eine Weiterentwicklung aufgrund von Erfahrungen besonders in Kraggewölben voraus. Daraus darf mit Sicherheit geschlossen werden, daß die Nebenpyramide später als der steile Pyramidenstumpf gebaut worden ist. Das bringt uns wieder zurück zu dem nach Süden verlegten zweiten Kammersystem und dessen Planung: Da dieses keineswegs in der Folge und aufgrund von Bauschäden im unteren, nördlichen Kammersystem begonnen worden ist und ursprünglich damit nicht verbunden war, kann es nur als zweites, unabhängiges Grab geplant gewesen sein. Die ähnliche, fast gleiche Form der Grabkammer und der west-östliche Korridor, der sonst nur bei dem Südgrab des Djoser bekannt ist, deuten sehr stark darauf hin, daß die obere Kammer als Südgrab gedacht war. Es wäre nicht erstaunlich, wenn Snofru, unter dessen Regierung so große Änderungen und Experimente im Grabbau vorgenommen worden sind – ich erinnere an die zukunftsweisende Umgestaltung des längsrechteckigen Grabbezirkes in einen quadratisch, ost-west orientierten –, den baulichen Versuch unternommen hätte, das Königsgrab und das Südgrab/Kultbegräbnis in einer neuen Form, der echten Pyramide, zu vereinen. Die Ausmaße der Pyramide, dreifach so groß wie die Stufenpyramide von Meidum, lassen eine solche Deutung nicht unwahrscheinlich oder phantastisch erscheinen, noch ist es ein vereinzeltes Experiment, denn in der Folge haben weder die Rote Pyramide noch die Cheopspyramide ein getrenntes Südgrab besessen, dagegen jeweils ein sehr differenziertes Kammersystem.

Erst als sich die obere Kammer durch die Schäden als Ka-/Südgrab nicht verwendbar erwies, entschloß man sich daher zum Bau eines räumlich getrennten Südgrabes. Diese Feststellung beinhaltet aber, daß Snofru zu diesem Zeitpunkt noch die Fertigstellung der Pyramide angestrebt hat. Dazu hat man den Böschungswinkel drastisch erniedrigt, um die Last der Masse zu verringern; gleichzeitig hat man die für die älteren Stufenpyramiden typische Neigung der Steinlagen nach innen, die sich bei dem Pyramidenstumpf noch deutlich erken-

Abb. 25

nen läßt, aufgegeben und die Steinlagen langsam von einer anfänglichen Neigung von 7° − 12° auf 3¹/₂ reduziert und schließlich horizontal gelegt[296]. Damit hat man sehr prompt der Erfahrung Rechnung getragen, daß diese Neigung, die keinen statischen Vorteil mit sich bringt (vgl. oben S. 52), zwar bei dem steilen Neigungswinkel von 72° − 75° der Stufenpyramiden arbeitssparend angewandt werden kann, jedoch schon bei einem Winkel von 60° nicht mehr wirtschaftlich ist, da diese Böschung immer nur durch Abschlagen der Steinkanten erzielt werden kann. Die Pyramidenkappe mit dem flacheren Winkel erreichte immerhin nochmal 55 m Höhe; die Gesamthöhe der Pyramide betrug nun 104 oder 105 m. Zu diesem Zeitpunkt wurden die Schäden auch im unteren Kammersystem so evident und ließen sich durch Polieren und Vergipsen nicht mehr kaschieren. Man muß sogar die Möglichkeit in Betracht ziehen, daß der erwähnte Mantel von 30 E Stärke erst jetzt als letzte Stützmaßnahme angefügt worden ist. Dennoch hat Snofru schließlich die Absicht aufgegeben, in dieser Pyramide bestattet zu werden, und Befehl zur Planung und Errichtung einer dritten Pyramide vier Kilometer nördlich der Knickpyramide erteilt, wobei jene ohne Zweifel vorerst als eventuelles Grab beibehalten wurde. Die Kultanlagen des Pyramidenbezirkes wurden jedenfalls fertiggestellt, allerdings offenbar schon im Hinblick auf den Charakter einer Kultpyramide.

In der Achse der Knickpyramide und auf deren Südseite liegt die schon erwähnte kleine Nebenpyramide[297], die mit immerhin 100 E = 52,50 m Seitenlänge bei einem Böschungswinkel von 44° 30′ wohl etwa 26 m hoch war. Sie ist

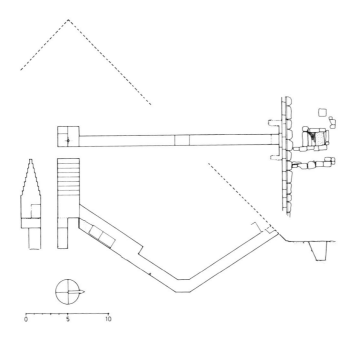

25 Dahschur-Süd. Gang und Kammer der südlichen Kultpyramide.

◁ ◁ Taf. 23 a Meidum. Tempel mit den beiden unbeschrifteten Stelen an der Ostseite der Pyramide.
Taf. 23 b Dahschur. Blick von der Spitze der nördlichen Steinpyramide des Snofru nach Südosten. Rechts erkennt man die Knickpyramide, links im Dunst die sog. Schwarze Ziegelpyramide des Amenemhet III.

◁ Taf. 24/25 Blick von Sakkara/Süd über die Mastaba el Faraun und die Pyramide des Phiops II. auf die beiden Pyramiden des Snofru in Dahschur.

Taf. 26 Dahschur/Süd. Knickpyramide des Snofru. Nordostecke. Sowohl die Verklei- ▷
dungsblöcke aus Turakalkstein wie auch die Kalksteinblöcke des Kernmauerwerks sind noch in der Bautechnik der Stufenpyramiden nach der Mitte hin geneigt verlegt.

Taf. 27 Dahschur/Nord. Grabpyramide des Snofru. Südwand der zweiten Vorkammer. ▷ ▷
Nur mittels eines Gerüstes konnte der Eingangskorridor zur eigentlichen Grabkammer in 8 Meter Höhe erreicht werden.

Taf. 28 Große Galerie in der Cheopspyramide. Von der Funktion und von der Bautech- ▷ ▷
nik her entspricht die Galerie der zweiten Vorkammer der Roten Pyramide des Snofru in Dahschur. Zusätzlich diente der vertiefte Galeriekorridor allerdings noch zur Aufbewahrung der Verschlußsteine für den ansteigenden Grabgang der Cheopspyramide.

Taf. 29 Dahschur/Nord. Grabpyramide des Snofru. Die Spitze der Pyramide, das Pyramidion, wurde zerschlagen im Schutt der Ostseite gefunden. Die Steinräuber des Mittelalters hatten verborgene Schätze darin vermutet. Es ist das einzige Pyramidion des Alten Reiches, das bisher gefunden worden ist. Es besteht aus einem Block feinsten Turakalksteins und hat keine Inschriften. Die rötliche Verfärbung ist die natürliche Patina des Steins. Möglicherweise war die Spitze mit einem feinen Metallblech bedeckt. Die vier Seiten des Pyramidions weisen verschiedene Böschungswinkel auf. Dies zeigt uns, daß zwangsläufig auftretende Meßfehler gegen die Spitze zu ausgeglichen werden mußten.

Taf. 30 a Dahschur/Süd. Stelentempel an der Ostseite der Knickpyramide.   ▷
Taf. 30 b Dahschur/Süd. Kultpyramide auf der Südseite der Knickpyramide.

Taf. 31   Dahschur/Nord. Blick von Osten auf die Rote Pyramide und die Ausgrabungen des Deutschen Archäologischen Instituts Kairo an der Ostseite. Die Schuttmassen, die vom Abbau der Kalksteinverkleidung im Mittelalter herrühren, reichen an den Pyramidenflanken bis zu 17 Meter hoch und bedeckten die Fundamentreste des Totentempels.

Taf. 32   Dahschur/Nord. Fundamente des Totentempels des Snofru. Ausgrabung des ▷ Deutschen Archäologischen Instituts Kairo.

Taf. 33   Dahschur/Nord. Grabung an der Mitte der Ostseite der Pyramide des Snofru. ▷ ▷ Unter der gewaltigen Schuttschicht waren 5 Lagen der feinen Kalksteinverkleidung der Pyramide erhalten. Aus den gestürzten Blöcken ließen sich zwei weitere Lagen aufsetzen.

Taf. 33

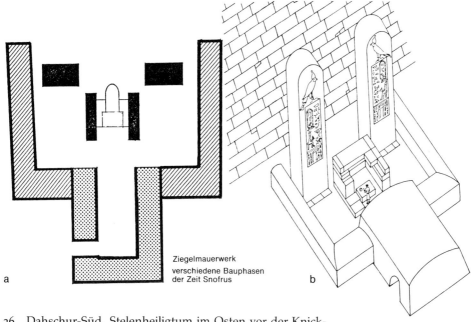

26 Dahschur-Süd. Stelenheiligtum im Osten vor der Knickpyramide   a Grundriß   b Wiederherstellung. Zeit des Snofru (nach Ricke).

lange als Königinnengrab – konkret sogar als Grab der Hetepheres, Mutter des
Cheops – angesehen worden[298], bis die Grabungen von Ahmed Fakhry den Taf. 30 b
Nachweis erbracht haben, daß der Innenraum für ein Begräbnis definitiv zu
klein gewesen wäre und über den Gang eine Bestattung nicht hätte eingebracht
werden können. Der Gang führt von der Basis der Nordseitenmitte im Winkel
von 34° 20 E hinab, knickt und steigt in fast gleichem Winkel wieder 20 E hoch
in eine Kammer, die ein Kraggewölbe, gleich dem später in der Roten Pyramide
angewandten, hat. Der aufsteigende Korridor weitet sich vor der Kammer zu
einer erhöhten Galerie, die im kleinen Maßstab die der Cheopspyramide vor-
auszunehmen scheint.

Zwei Stelen mit dem Namen des Snofru auf der Nordseite bekunden über alle
Zweifel, daß diese kleine Pyramide das Südgrab oder die Kultpyramide war.
Vor dem Eingang auf der Nordseite war ein rätselhaftes Bassin in den Grund
vertieft und ausgemauert, das uns unbekannten kultischen Zwecken diente,
vielleicht ein Reinigungsbecken für das Kultbegräbnis oder ein „Seebecken",
wie es später an Taltempeln und in den Totentempeln des Neuen Reiches belegt
ist[299].

Der Pyramidentempel[300] liegt wie in Meidum auf der Ostseite, während im
Norden unter dem Eingang erstmals eine bescheidene Opferstelle mit einer
Opferplatte und einer Fundamentierung für eine Statuenkapelle (?) festgestellt

97

worden ist[301]. Die Kultstätte in der Mitte der Ostseite der Pyramide ist noch bescheidener als die vor der Meidumpyramide. Sie besteht aus einem offenem Hof, in dem zwei riesige monolithe Stelen von wahrscheinlich 9 m Höhe standen, die den Horusnamen des Königs trugen, aber bei der Zerstörung der Pyramidenverkleidung der Ostseite von den herabstürzenden Blöcken zertrümmert worden sind. Vor ihnen lag in der Mitte eine großartige Opferplatte aus Alabaster, die durch eine einfache, steinerne Überdachung Schutz vor den Sonnenstrahlen und Unbilden der Witterung erhielt. Etwas später hat man einen kleinen Vorraum angefügt, um Kultgeräte und Opfergeschirr darin aufzubewahren. Auffällig ist wiederum das Fehlen von Magazinbauten am Tempel selbst.

Taf. 30 a

Es ist offensichtlich, wie wenig diese schlichte Kultstätte zu der Vorstellung von der Entwicklung der Totentempel von dem differenzierten Tempel Djosers zu denen der späteren 4. Dynastie in Giza beiträgt, besonders, wenn man diese an der Bedeutung und Größe der Pyramide innerhalb der gleichen Entwicklungslinie mißt. Dabei ist aber übersehen worden, daß die Kultstätte gar kein Totentempel sein kann, ebensowenig wie die Kultstätte in Meidum, da der König Snofru nicht in der Knickpyramide bestattet war. Es handelt sich wiederum um eine Königskultstätte, ein Stelenheiligtum, vergleichbar den Reichsheiligtümern, in der die Pyramide die göttliche Präsenz des Königs verkörpert. Gleichzeitig ist die Knickpyramide aber wohl auch als Südgrab für die 4 km weiter nördlich liegende, endgültige Grabpyramide des Snofru, die Rote Pyramide, fertiggestellt worden.

Den gesamten quadratischen Pyramidenbezirk umgab eine aufwendige Kalksteinmauer von 298,55 m = etwa 570 E Seitenlänge[302], die auf der Südseite quadratisch ausbuchtete, um die Nebenpyramide mit einzuschließen. In der Südostecke des Bezirkes, wo Ricke den Tempel des Ersten der Westlichen erwartet hatte, lag ein Magazinbau, der wohl im wesentlichen zur Versorgung der Priester gedient haben wird[303]. Eine tiefe Senke südlich der Mitte der Ostseite könnte wohl ein Bootsgrab signalisieren? Der Eingang in den heiligen Bezirk liegt im Norden, nahe der Nordostecke, von wo aus ein eindrucksvoller steinerner Aufweg schräg nach Nordosten durch ein Wüstental in Richtung Fruchtland führt.

Abb. 24 a

Der eigentliche Taltempel, vielleicht nur ein Torbau, an der Grenze des Fruchtlandes ist bisher nicht geortet; auf halbem Weg, jedoch mitten im Wüstental, fand sich ein aus Stein errichtetes Heiligtum, das in seinem Bestand Elemente der späteren Taltempel, desgleichen aber auch solche des Pyramidenverehrungstempels, einbegriff[304]. Der Aufweg schneidet diesen Tempel nur an seiner südlichen Schmalseite, ohne jedoch wie bei späteren Taltempeln durch ihn zu führen. Gleich auffällig und ungewöhnlich ist die Kultrichtung, die sich eindeutig nach Norden und nicht nach Westen wendet, woraus ich schließen möchte, daß der Tempel nicht unbedingt und ausschließlich auf den Kult an der Knickpyramide bezogen ist, sondern ebensosehr auf den der nördlichen Roten Pyramide. Das würde bedeuten, daß er erst spät in der Regierung des Snofru geplant und fertiggestellt worden ist, als sich der Königskult schon mehr auf die nördliche Pyramide hin ausrichtete. Die Maße des Tempels sind mit 47,60 m = 90 E Länge und 26,20 m = 50 E Breite sehr beachtlich, besonders im Vergleich zu der bescheidenen Kultstätte an der Pyramide selbst; er ist ganz aus lokalem Kalkstein erbaut und mit feinem Turakalkstein verkleidet gewesen. Der Plan läßt eine sehr klare, überlegte Dreiteilung erkennen, die sich auch in den Ellenmaßen von 28 E zu 34 E zu 28 E ausdrückt. Im Süden nahm ein breiter Torbau, der gleichzeitig wohl Magazingebäude beherbergte, die ganze Schmalseite ein. Der Eingang führte durch die Mitte dieses Baues direkt in einen offenen Hof, der den Mittelteil des Tempels ausfüllte; an seiner Nordseite lag erhöht ein doppelter Pfeilerportikus, zwei Reihen von je 5 Pfeilern, hinter denen sich 6 Kapellen befanden. Südlich des Torbaus bildete die Passage des Aufweges einen 10 E breiten Vorhof, vor dem zwei mächtige Stelen mit dem Horusnamen des Snofru sich erhoben. Die Passage des Torbaues war mit Darstellungen von Opferträgerinnen dekoriert, die die Opfergüter Snofrus in Ober- und Unterägypten personifizierten; diese Figurenreihe setzte sich auf den West- und Ostwänden unter dem Portikus fort, während die Hofwände wahrscheinlich undekoriert waren. Dagegen standen im Hof Altäre und − zumeist spätere − Stelen. Die Pfeiler waren an den Hof- und Breitseiten mit Reliefs dekoriert, die den König im Kultverkehr mit den Göttern und in Hebsedszenen darstellten. Ein Bild von dem

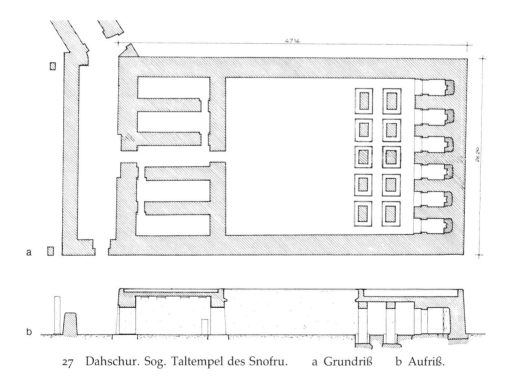

27 Dahschur. Sog. Taltempel des Snofru.   a Grundriß   b Aufriß.

Reichtum dieser Wanddarstellungen gibt die ungeheure Zahl von etwa 1500 Fragmenten, die heute kaum mehr als zur Hälfte erfaßt und eingeordnet sind. In den sechs Kapellen standen überlebensgroße Königsfiguren, jedoch nicht als freistehende Plastiken, sondern als stark hervortretende Halbplastik, während die Außen- und Innenwände der Kapellen Relieffiguren des Königs trugen. Das Relief ist überall sehr kräftig und archaisch. Um den Tempel verlief eine starke Ziegelmauer, die auch Ziegelgebäude, Wohnstätten der Priester und des Tempelpersonals aus vorwiegend späterer Zeit einschloß. Zahlreiche Funde bezeugen den Kult des Snofru hier für das Alte Reich bis in die 12. Dynastie.

Abb. 23
Die nördliche „Rote Pyramide" des Snofru in Dahschur[305], namens „Erscheinung des Snofru", liegt nördlich des Wüstentales, das den Zugang zur Knickpyramide bietet, auf einer Hochebene, deren Untergrund aus silifiziertem Sand gebildet wird, der durch seine feste Konsistenz einen idealen Baugrund abgab.

Taf. 17–18
Nach den schlimmen Erfahrungen mit dem Schiefertonuntergrund scheint die Wahl dieses Baugrundes sorgfältig getroffen zu sein. Mit dem Bau dieser Pyramide ist der Pyramidenbau aus dem Stadium des Experimentierens herausgetreten und hat zum erstenmal eine konstruktiv und anschaulich vollkommene Form gefunden. Die Kernsteine für diese Pyramide stammen aus einem Tagesteinbruch unmittelbar westlich der Pyramide, von woher zwei Rampen an die Südwestecke der Pyramide führen[306]. Es ist ein rötlicher, sehr schwerer und im frischen Zustand harter Kalksandstein, der der Pyramide den Namen „Rote

Taf. 33
Pyramide" gegeben hat. Die Verkleidungssteine, in wenigen Lagen an der Ostseite erhalten, zeigen beste Qualität des feinen Kalksteins aus dem östlichen Steinbruch von Tura und Maasara. Um die gleiche Höhe von 200 E wie die der Knickpyramide bei einem flacheren Winkel von 45° zu erreichen, wurde die Grundfläche bedeutend, auf 420 E = 220 m Basislänge vergrößert. Offenbar war die gesamte Grundfläche mit einem Fundament aus Turakalkstein ausgelegt, das im Osten zwei, im Westen drei Steinlagen stark war und auf dem festen Sandgrund aufliegt, ohne daß sich sichtbare Senkungen gezeigt hätten. Nach einer Steininschrift in der Südwestecke ist der Fundamentstein im 15. Mal der Zählung = 29. Regierungsjahr eingebracht worden[307]. Die Steinlagen sind horizontal und allem Anschein nach mehr oder weniger gleich hoch verlegt worden. Ihre Höhe nimmt generell nach oben ab, allerdings scheint es nach den erhalte-

Fundamentstein
aus der Südwestecke
mit Angabe des Jahres 29/30
des Snofru.

nen Verkleidungsschichten nicht ausgeschlossen, daß etwa alle 12 Lagen eine besonders hohe Steinlage eingeschoben wurde.

Ein glücklicher Umstand bescherte uns während der Grabungen des Deutschen Archäologischen Instituts den Fund des Pyramidions, das zerschlagen aber zusammensetzbar im Abbruchschutt auf der Ostseite der Pyramide zutage *Taf. 31* kam. Es ist bisher das einzige aufgefundene Pyramidion des Alten Reiches, aus einem monolithen Kalkstein feinster Qualität gearbeitet, mit einer Basislänge von 3 E = 1,57 m und − sehr überraschend − einem Winkel von etwas mehr als dem an der Pyramide gemessenen von 45°. Auch die vier Seitenflächen haben jeweils einen leicht divergierenden Böschungswinkel! Letzteres ist nicht so verwunderlich, denn bei der altägyptischen Winkelmessung durch Messung *Taf. 29* eines Rücksprunges pro Elle Steigung mußte es zu Ungenauigkeiten kommen, die erst gegen die Spitze zu ausgeglichen werden konnten. Dies könnte auch zu dem steileren Böschungswinkel an der Spitze geführt haben, wenn nicht eine viel subtilere, aber durchaus vorstellbare Beobachtung bei der Konstruktion dafür Anlaß war: Bei dem flachen Böschungswinkel von 45° wäre die Spitze der Pyramide vom Hof des Pyramidentempels aus gegen die enorme Seitenfläche hin verflacht und kaum mehr wahrzunehmen gewesen. Eine geringfügige Steigerung dieses Winkels in den letzten 10 Metern wäre gegen die Silhouette der Pyramide nicht aufgefallen, hätte aber der Spitze eine stärkere Betonung von nahe unten gegeben. Die Spitze selbst war unbeschrieben und zeigt auch keine erkennbaren Spuren zur Befestigung eines Metallbelages.

Auch das Kammersystem hat durch eine einfachere Abfolge von drei Räumen größere Klarheit gewonnen. Die beiden Vorkammern sind wahrscheinlich in einer etwa 10 m tiefen Ausschachtung aufgemauert, die eigentliche Grabkammer liegt mit ihrer Sohle auf dem natürlichen Niveau des Wüstenbodens. Dadurch mündet der Korridor 28 m hoch in der Nordseite, 4 m aus deren Mitte *Taf. 34* nach Osten versetzt, mit einer Steigung von 27° 56′, einer Länge von 62,63 m = 120 E, und ist dabei etwa 2 E breit und ebenso hoch mit einst verlegten Bodenplatten, die heute entfernt sind. Fallsteine gibt es ebensowenig wie in Meidum. Über eine kurze, 7,43 m = 14 E lange Horizontale führt er exakt in die Mittelachse der Pyramide, die genau durch die Mitte der zweiten Vorkammer verläuft. Die beiden Vorkammern, durch einen nur 3,15 m = 6 E langen Gang verbunden, sind von gleichen Ausmaßen: 3,65 m (= 7 E) × 8,36 m (= 16 E) und 12,31 m (= 23^1/2 E) hoch. Die Wände werden durch enorme, glatt polierte Kalksteine gebildet, die Decke durch ein perfekt versetztes Kraggewölbe, das nirgendwo Sprünge aufweist. Der Einstieg in die eigentliche Grabkammer, die ost-westlich orientiert ist, liegt in 8 m Höhe an der Südwand der zweiten Vorkammer. Dieser Raum, 4,18 m = 8 E breit, 8,35 m = 15^1/2 E lang und *Taf. 27* 14,67 m = 27^1/2 E hoch, hatte ebenfalls ein makellos erhaltenes Kraggewölbe. Der Raumeindruck dieser hintereinander gelagerten Grabkammern nimmt in seiner Großartigkeit und technischen Perfektion der Deckengestaltung, der

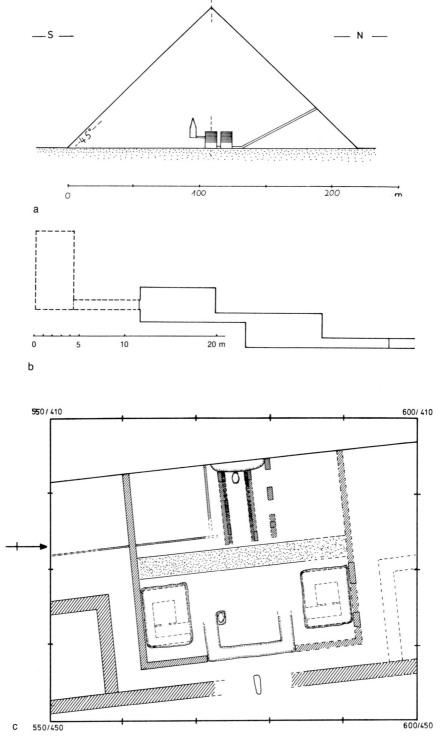

28 Dahschur-Nord. Sog. Rote Pyramide des Snofru   a Aufriß   b Kammersystem
c Grundriß des Totentempels, vorläufige Bauaufnahme

Taf. 34 Dahschur/Nord. Grabpyramide des Snofru. Erster Vorraum mit einem Kragge- ▷
wölbe von 12,31 Meter Höhe aus gewaltigen Kalksteinblöcken. Aus der Südwestecke
führt ein Korridor in eine zweite Vorkammer und von dort aus 8 Meter in die Höhe in die
eigentliche Grabkammer.

*Taf. 28*Glättung der Wände, an denen die Versatzfugen der gewaltigen, teilweise mehr als 4 m hohen und breiten Blöcke kaum sichtbar sind, den der großen Galerie der Cheopspyramide vorweg. Bei der Wiedereröffnung im letzten Jahrhundert fand Perring die Kammer teilweise mit Kalksteinen vermauert, die vielleicht von einer ramessidischen Restaurierung herstammen. Als sie 1950 gereinigt wurde, wurde der originale Steinboden der Kammer größtenteils herausgerissen; von einem Steinsarkophag ließ sich keine Spur feststellen; vielleicht war der Sarkophag im Fußboden aufgemauert und wurde von Schatzsuchern zerstört, so wie die vermutlichen Reste des Holzsarges und der hölzernen Grabausstattung, die, nach den intensiven Brandspuren am unteren Kammerhorizont zu urteilen, verbrannt worden sind. Unter den herausgerissenen Steinen lagen die kümmerlichen Reste einer teilmumifizierten Bestattung, in der man die des Snofru zu erkennen glaubt.

Die Pyramide selbst mit ihrem Grabkammersystem war beim Tod des Snofru nachweislich vollendet. Dagegen war der Pyramidenbezirk mit seinen verschiedenen Kultbauten noch mitten im Bau und wurde eiligst in Ziegelbauweise zum Kultbetrieb fertiggestellt. Eine weiß geschlämmte, im Osten wahrscheinlich kalksteinverkleidete Ziegelmauer umgab in Form eines ost-westlich ausgerichteten Rechteckes von 506 E × 480 E den Bezirk. In der Nordostecke stand ein Ziegelgebäude, das vermutlich kultische Funktion hatte, vielleicht zum Empfang des Bestattungszuges. Von dem Totentempel sind ebenfalls nur die Fundamente und Kalksteinrelieffragmente übriggeblieben, die immerhin ahnen lassen, daß *Abb. 28 c*\
Taf. 32 dieser Tempel eine Ausdehnung hatte, die schon nahe an die des Tempels des Cheops in Giza heranreicht. Sicher scheint bisher zu sein, daß er keine Stelen, sondern als Hauptkultstätte eine Scheintür in seiner westlichen Partie hatte und daß er von Ziegelmagazinen umgeben war. Diese Magazine ersetzen letztlich die unterirdischen Galeriemagazine, die zuletzt noch an der Stufenmastaba von Zawiet el-Aryan belegt waren, aber seit Snofru nach oben verlegt wurden, um als Nebengebäude des Totentempels diesen zu beliefern.

Der Aufweg und der zur nördlichen Pyramide gehörige Taltempel sind bisher nicht wieder aufgefunden worden. Allerdings kam 1904 am Fruchtlandrand bei Gartenarbeiten ein mächtiges Kalksteinmauergeviert von fast 100 × 60 m zutage, an dessen Südostecke, nahe einem Tor, ein Dekret Phiops' I. angebracht war[308], das die Rechte und Freiheiten der Pyramidenstadt des Snofru wieder bestätigte. Die Kalksteinmauer war sicher nicht die Umfassung der Pyramidenstadt, wie Borchardt, der die Stele gerettet und veröffentlicht hat, damals meinte, sondern die Umfassung des Taltempels. Pyramidenstädte hatten, wie das Beispiel Meidum lehrt, eine Ziegelumfassungsmauer; erstmals und einzig in Giza hat man selbst die Stadtmauer in Kalkstein errichtet[309]. Dagegen fügen sich die Maße dieser Mauer zwischen die des sog. Taltempels der Knickpyramide und des Taltempels des Chephren ein. Leider ist das Fruchtland inzwischen weiter gegen die Wüste hin ausgedehnt worden und der am Wüstenrand verlaufende Kanal hat den Wasserspiegel erheblich gehoben, so daß die Aussichten auf eine Wiedergewinnung des Taltempels und eine Ausgrabung der Stadt sehr gering sind.

Die Zeit des Snofru erlebte die äußerste Steigerung der Form der Stufenpyramide zu einer hochragenden, turmartigen Treppe zum Himmel für den toten König in Meidum und den entscheidenden Schritt zur Konstruktion einer kühnen Pyramide in Dahschur-Süd, deren steile, spitze Form der der Stufenpyramiden abgesehen ist. Ihr unglückliches Mißlingen hatte nicht technische Unzulänglichkeiten oder fehlendes Können zur Ursache, sondern unvorhergesehene und unkontrollierbare Schwächen und Veränderungen im Untergrund. Am Ende gelang die Form der Pyramide schließlich in ihrer ruhigsten und abgewogensten Gestalt, die sich aus dem Böschungswinkel von 45° ergab, in der Nördlichen Pyramide von Dahschur. Damit ging ein Wandel im Verständnis des *Taf. 31* Grabraumes einher, der sich in Maß und Proportion von der Form der Grabgrube, der unterirdischen Höhle, löste und weiterhin vor allem hohe Räume bevorzugte. Es ist kein Zufall, daß diese Grabkammern keine Särge enthielten, sondern es entspricht dem Wunsch nach Befreiung aus dem engen, unterirdischen Grab. Daher werden auch die unterirdischen Magazine unnötig, denn der tote König durchschreitet durch eine Scheintür die Räume und empfängt seine ewige Versorgung in dem Totentempel auf der Ostseite der Pyramide.

Drei Pyramiden, deren Steinmassen mit über 3,6 Millionen Kubikmetern die 2,6 Millionen der Cheopspyramide um fast ein Drittel übertreffen, überschreiten das Maß des Verstehens und Erklärens! Daher die Versuche, eine davon einem Vorgänger zuzuweisen und damit die Zahl und die Masse erfaßbarer zu machen! Dennoch sind die drei Pyramiden nicht das Werk eines selbstbesessenen Despoten, noch weniger die Leistung und das Werk gequälter, versklavter Volksmassen. Mit Recht hat man den Bau der Pyramiden mit dem der mittelalterlichen Kathedralen verglichen und sie als ein Werk des Glaubens und Könnens, die Selbstdarstellung einer überzeugten und geschlossenen Gesellschaft bezeichnet. Dies wird besonders an der Verehrung und Hochschätzung der Person des Snofru deutlich, der während aller Perioden ägyptischer Geschichte als der ideale, gute König angesehen wird.

Auf die lange, über vierzigjährige Regierung des Snofru folgte einer seiner jüngeren Söhne namens Chuefui-Chnum, (der Schöpfergott) „Chnum schützt mich", besser bekannt unter der griechischen Namensform „Cheops"[310]. Seine Mutter, die Königin Hetepheres lebte bis weit in seine Regierung und erhielt ihr Grab in Giza, nahe der Pyramide ihres Sohnes. Cheops verlegte unmittelbar nach Regierungsantritt seine Residenz und die Königsnekropole weitere 40 km *Taf. 42−43* nach Norden, wo er in der vorspringenden Felsnase von Giza, dem nordöstlichsten Ausläufer der libyschen Muschelkalkberge, einen idealen Baugrund vor- *Taf. 35* fand, der ausreichend Platz und in der Umgebung genug Steinmaterial für seine

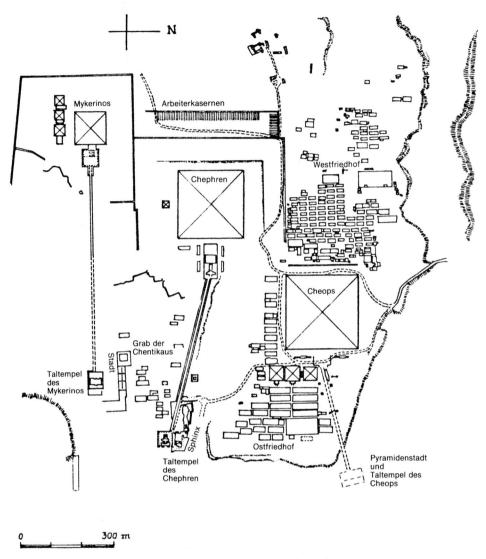

29   Giza. Lageplan der Nekropole.

Pyramide sowie die seines Sohnes und seines Enkels bot[311]. Die Verlegung der
Nekropole von Dahschur nach Giza muß im wesentlichen unter praktischen
Gesichtspunkten gesehen werden: Dahschur hatte für die geplante großartige
Pyramidenanlage nicht mehr den entsprechenden Raum und die nahen Stein-
brüche, wie sie in Giza im südöstlichen Vorfeld bis hinunter zur späteren Sphinx
zur Verfügung standen[312].

Die Pyramidenanlage mit der dazugehörigen Stadt und Königsresidenz
erhielt den Namen Achet-Chufu „Horizont des Cheops", wobei wohl an den

westlichen Horizont, den Ort des Unterganges des Sonnengottes, gedacht ist, mit dem der König sich noch direkt identifizierte. Nach den experimentellen Bauten Snofrus sind die Pyramiden seines Sohnes und dessen Nachkommen in Giza Reife und Höhepunkte der Pyramidenzeit, Weltwunder nicht nur in der Vollendung der Form und Beherrschung der Bautechnik, sondern auch als Ausdruck eines geschlossenen Weltbildes. Die Pyramide mit ihrem soliden und unzerstörbaren Unterbau und ihrer steil nach oben zum Himmel weisenden Spitze ist immer als Gleichnis des ägyptischen Staates mit dem Gottkönig an der Spitze gesehen und wohl auch so von den Ägyptern des Alten Reiches verstanden worden. Erst wesentlich später mischte sich in die Bewunderung für die *Taf. 35* Riesenbauten die zweifelnde Frage nach ihrer Hinfälligkeit. Die Beraubung der Pyramiden und die Zerstörung der Begräbnisse in der Ersten Zwischenzeit läßt diese Bauten als vergebliche, hinfällige Versuche mächtiger Einzelwesen erscheinen, dem Schicksal des Todes und dem Verfall des Körpers durch ein gewaltiges, schützendes Mauerwerk zu entgehen. Beinahe abfällig und desillusionierend deuten die diesseitsbezogenen Harfnerlieder des Neuen Reiches auf die Vergänglichkeit und das Vergessen der Namen und Opferstiftungen der Pyramidenerbauer, aber erst sehr viel später und unter griechischem Einfluß wurden die großen Giza-Könige sogar als egoistische, gottlose Tyrannen angesehen, deren Leben und Wirken anhand der vermessenen Größe ihrer Denkmäler gewertet wird. Wesentlich anders blickte die Moderne seit der Napoleonischen Expedition auf die Weltwunder. Den messenden Menschen der Aufklärungszeit erstaunte die Masse, die technische Leistung, und er machte sich daran, sie durch Vergleich und Vermessung zu erforschen und zu erfassen. Napoleon soll in der Zeit, die einige seiner Offiziere zur Besteigung der Pyramide benötigten, schnell im Kopf berechnet haben, daß die Steinmassen der drei Giza-Pyramiden ausreichen würden, eine 3 m hohe und 0,50 m breite Mauer um ganz Frankreich zu errichten. Eine andere Kalkulation ergibt, daß die Blöcke aneinandergereiht zwei Drittel des Erdumfanges ausmachten. In der großen Pyramide könnten nach anderen Berechnungen die fünf größten christlichen Kirchen des Abendlandes, den Petersdom einbegriffen, bequem untergebracht werden[313]. Diese und ähnliche Rechenbeispiele sollen nur dazu dienen, daß man sich die ungeheure Masse und Leistung vergegenwärtigen kann. Dagegen mutet es beinahe als eine Ironie der Geschichte an, daß von dem Erbauer der größten Pyramide, dem Herrn und Schöpfer des gewaltigsten Bauwerkes der Menschheit, nur eine winzige 7 cm hohe Elfenbeinstatuette, die kleinste Königsplastik *Taf. 38* Ägyptens überdauert hat[314], wenngleich Fragmente aus Alabaster und anderem Hartgestein Zeugnis dafür ablegen, daß die Tempel des Cheops reich mit Statuen geschmückt waren[315].

Das Hochplateau von Giza war kein jungfräulicher Grund; Mastabagräber der 1. bis 3. Dynastie säumten die Abhänge, unter ihnen Prinzen- oder Fürstengräber der 1. Dynastie auf den beherrschenden Hügeln. Sie wurden bei den Steinbrucharbeiten im nordöstlichen Bereich rücksichtslos beseitigt, darunter vielleicht auch ein Grab, dessen Schacht unter der Pyramide selbst gelegen war und dabei aufgefüllt wurde, wenn es nicht eine natürliche Felsgrotte gewesen ist[316]. Allem Anschein nach wurde unter der Mitte der Pyramide ein Steinkern belassen, der vermutlich abgestuft wurde und unter der Nordostecke und an der Südseite festgestellt werden kann, desgleichen im Verbindungskorridor zwischen dem oberen und unteren Gangsystem. Um diesen Felskern wurde der Grund sorgfältig nivelliert und ein ebenes Plateau hergestellt, auf dem die Basis der Pyramide eingemessen wurde. Dieses Fundamentpflaster war selbst für moderne Vermessungstechnik unwahrscheinlich genau gelegt: die größte Höhendifferenz beträgt 0,021 m zwischen der Mitte der Nordseite und der Südostecke der Pyramide! Natürliche Felsrisse und Vertiefungen wurden gründlich ausgemauert, selbst für die Ecksteine wurde jeweils ein Bett im Felsplateau ausgehoben, um ein Verschieben oder Verdrücken der Ecken zu verhindern. Aus dem gleichen Grund sind die Fundamentpflasterungssteine mit einer ganz leichten Neigung von 2°–3° nach innen verlegt. Der Azimut, die Abweichung von der Nordrichtung, betrug im Durchschnitt nur 3' 6" nach Westen; moderne, exakte Nachmessungen durch W. F. Petrie 1880–82 und 1925 auf Anregung von und in Zusammenarbeit mit L. Borchardt durch H. J. Cole im Auftrag des Survey of Egypt haben ergeben[317], daß die vier Seiten nur ganz wenig voneinander und von dem erstrebten Mittel von 440 E ≈ 230,383 m abweichen, auf der Südseite um 7 cm, auf der Nordseite um 13 cm, Fehler, die sich bei diesen Entfernungen aus der unterschiedlichen Spannung des Meßstrickes erklären lassen. Noch bewundernswerter ist die Genauigkeit der Messung des rechten Winkels an den Ecken, von dem an der Nordwestecke nur 2", an der Nordostecke 3' 2", an der Südostecke 3' 33" und an der Südwestecke 33" abgewichen ist, dies besonders, wenn man in Betracht zieht, daß der erhöhte Felskern in der Mitte es unmöglich machte, die Diagonalen zu messen. Der Böschungswinkel betrug 51° 50' 40", nach ägyptischer Meßtechnik auf 1 E Höhe ein Rücksprung von 5$^{1/2}$ Handbreit, woraus sich eine Höhe von 280 E = 146,59 m ergibt; heute ist die Pyramide

Taf. 46 a noch 138,75 m hoch[318]. Die beobachtete, sorgfältige Einmessung der Cheopspyramide hat die Zahlenmystik und kosmische Spekulation mit diesen Maßen blühen lassen[319], gleichzeitig aber auch die Vermessung der Pyramide gefördert, so daß sie neben dem Parthenon als bestvermessenes Bauwerk der Antike gelten kann. Dennoch gibt sowohl die Baugeschichte als auch die dabei verwendete Technik noch viele Rätsel auf. Bemerkenswert ist, daß diese Genauigkeit schon bei den folgenden Bauten nicht mehr erreicht oder erstrebt (?) worden ist, weshalb man z. B. bei der genauen Nordung auch schon an eine zufällige Annäherung gedacht hat; dagegen spricht jedoch ganz eindeutig die exakte Messung an der Pyramide selbst!

Die Verkleidung aus feinem weißen Turakalkstein ist nur mehr in der untersten Lage erhalten. Das Kernmauerwerk bestand aus Blöcken nummulitischen

Kalksteins, der überwiegend lokaler Herkunft und aus Steinbrüchen im Süd- *Taf. 45 b*
osten der Pyramide und nördlich des späteren Chephrenaufweges gebrochen
worden ist[320]. Verschiedene Steinformationen lassen sich sowohl an der Pyramide als auch an der Sphinx wiederfinden und bezeugen den Abbau des Kernbau-
materials in horizontalen Schichten. Zusätzlich könnte während der Überschwemmungsmonate Steinmaterial aus mittelägyptischen Brüchen antransportiert worden sein[321], jedoch sicher in geringerem Maße. Heute sind noch 201
Steinlagen wechselnder Höhe erhalten, einst müssen es etwa 210 gewesen
sein[322]. Die Seiten der Pyramide sind sichtbarlich konkav[323] − was sich schon bei
der Roten Pyramide in Dahschur-Nord beobachten läßt. Es könnte dies als eine
Vorsichtsmaßnahme beim Bau gedacht gewesen sein, indem man die Verkleidungsschale in der Mitte der Seitenfläche verstärkt hatte, um dem vermeintlichen Druck der Massen zu begegnen. In den sichtbaren äußeren Lagen sind die
Steine einer Lage sorgsam horizontal verlegt, weiter innen hat man die horizontale Schichtung zwar gleichfalls gewahrt, aber auch verschieden hohe Steine in *Taf. 45 a*
einer Lage verwendet, wie sich an einer 9 m tiefen Bresche an der Südseite feststellen ließ. Zur Verbindung der Kernmauerblöcke ist reichlich Mörtel verwendet worden, der aus einer festen Mischung von Gips, Kalkmehl, Sand und sogar
Granitsplittern besteht. Die Steingröße nimmt von unten nach oben ab, jedoch
nicht kontinuierlich. Die größten Blöcke mit 1,50 m = 3 E Höhe finden sich in
der untersten Lage, die häufigste Steinhöhe beträgt etwas mehr als 1 E[324]. In
unregelmäßigen Abständen finden sich durchgehende Lagen mit 1¹/₂ bis 2 E
Höhe. Dies hat zuerst Petrie explizit beobachtet, er konnte dafür aber keine
Erklärung geben[325]. Neuere Deutungen, die die Lagen größeren Steinformates
als „Jahresringe" ansprechen und entweder mit dem Antransport neuer Steine
während der Überschwemmungsmonate oder mit der Eröffnung neuer Steinbrüche in Bezug bringen[326], sind unbewiesen und befriedigen ebenso wenig wie
die Annahme, daß die Lagen größerer Steine die Plattform einer Pyramiden-
schale anzeigten[327]. Es ist in keiner Weise erwiesen, sondern im Gegenteil sehr
unwahrscheinlich, daß die Cheopspyramide in Schalenbauweise errichtet worden ist, wie Borchardt aufgrund der Bauweise der Sahurepyramide angenommen hat[328]. Die Unregelmäßigkeit der Stufenabstände spricht jedoch an sich
schon gegen diese Annahme. Die Schalenbauweise ist ein typisches Konstruktionsprinzip der Stufenpyramiden gewesen, das man wahrscheinlich schon bei
der Knickpyramide in Dahschur aufgegeben hat und das im übrigen bei der
horizontalen Bauweise mit gut bearbeiteten Auflage- und Stoßfugen keinen baulichen Vorteil bietet. Zudem wäre es bautechnisch wohl kaum oder nur unter
großen Schwierigkeiten möglich, das Kammer- und Gangsystem in den Scha-
lenkern einzubauen. Borchardt ist allerdings davon ausgegangen, daß die beiden oberen Kammern und die große Galerie nachträglich beschlossen und in das
zum Teil schon bestehende Mauerwerk eingetieft worden sind, ansonsten hätte
der erfahrene und versierte Bauforscher dieses technische Problem wohl erör-

tert. Man hat erst zu Beginn der 5. Dynastie erneut auf die Schalenbauweise zurückgegriffen, als man das Kernmauerwerk aus weniger gut bearbeiteten, teilweise roh belassenen Blöcken aufgeschichtet hat, wobei die Grabkammer im Kernmauerwerk aufgebaut wurde. Die verschiedene Höhe der Steinlagen bei der Cheopspyramide wird daher am ehesten auf die zufällige und natürliche Stärke der Gesteinsschichten des im Tagebau abgebauten Kalksteinplateaus von Giza zurückzuführen sein, wie es Goyon schon vor Jahren bemerkt hat[329] und was neuerdings durch Untersuchungen der dortigen Steinbrüche bestätigt wird[330]. Im übrigen ist es einleuchtend, daß die Steingröße nach oben hin generell abnimmt, wenn man das Problem des Steintransportes berücksichtigt; es sei jedoch angemerkt, daß einige der mittleren Steine der letzterhaltenen 201. Lage immerhin noch ca. 1,12 m, d. h. über 2 E hoch und ca. 3 t schwer sind! Falls die Pyramide tatsächlich in Schalen errichtet worden wäre, müßte sich an der heutigen Spitze der Ansatz der letzten Schale abzeichnen.

Taf. 46 a

Die Verkleidungsblöcke der untersten Lage, die einzig noch erhaltenen, hatten die gleiche Höhe wie das Kernmauerwerk; ob dies für alle Schichten galt, ist nicht sicher, doch bot ihre gleichmäßig bearbeitete Oberfläche ein ausgezeichnetes Höhennivellement während des Bauens. Im Gegensatz zum Kernmauerwerk sind sie nur durch einen millimeterdünnen Gipsmörtel verbunden, der vielleicht zum besseren Gleiten der Blöcke beim Verlegen auf die Lagerfläche gegossen wurde[331]. Selbst die halbmondförmigen Versatzlöcher an den Seiten der Steine wurden wieder zugegipst, wie übrigens auch schon an der nördlichen Daschurpyramide. Sogenannte backing stones, d. h. eine zweite Lage der Verkleidungsschicht, reichten tief verbunden in das Kernmauerwerk hinein und sind ein weiterer Hinweis darauf, daß die Pyramide durchweg in horizontalen Schichten gebaut wurde, was wieder eine Schalenbauweise ausschließt. Soweit erhalten, sind die Verkleidungsblöcke als Binder verlegt, d. h. mit der Schmalseite nach außen. Das Pyramidion, d. h. der Abschlußstein, ist nicht gefunden worden. Petrie hat allerdings an der Mitte der Nordseite der Pyramide eine große Anhäufung von Dioritfragmenten beobachtet; er hielt sie für Bruchstücke einer zerschlagenen Statue aus der sog. Königinnenkammer. Es wäre jedoch nicht unwahrscheinlich, daß die Cheopspyramide erstmals eine Spitze aus Hartstein besessen hätte.

Abb. 30

Das Grabkammersystem der Cheopspyramide ist eines der großartigsten und gleichzeitig eines der rätselhaftesten. Die geläufige Erklärung des komplizierten Systems durch verschiedene Baustufen hat dem Verständnis nur geschadet und wird der Großartigkeit dieses vollendeten Baues nicht gerecht[332]. Man kann berechtigte Gründe dafür anführen, warum die im Fels liegende untere Grotte nicht vollendet worden ist: Die Schwierigkeiten des Arbeitens in 35 m Tiefe im harten Fels – ganz verschieden von dem weichen Tonschiefer, in den die früheren unterirdischen Grabkammern der 3. Dynastie eingeschnitten wurden –, der beklemmende Mangel an Atemluft, die durch den Gebrauch offener Flammen noch verringert wurde, dies wäre Anlaß genug zu einer Planänderung gewesen. All das trifft sicherlich nicht für die 2. Kammer zu, die sog. Königinnenkammer, die, perfekt in der Mitte gelegen, einen makellosen, großartigen Raumeindruck vermittelt. Dennoch hätte man erneut den Plan geändert, um eine 3. Kammer zu bauen, die noch dazu außerhalb der Pyramidenmitte eingeplant wurde? Die Gerechtigkeit vor dem Können und der überwältigenden Beherrschung der Maße und Massen sollte uns davor warnen, zu einfache, technische und eigentlich „planlose" Erklärungen zu akzeptieren. Die Cheopspyramide ist bautechnisch ein vollendetes Meisterwerk! Wir müssen daher davon ausgehen, daß auch die Planung und der religiöse Gehalt des Raumprogrammes, um dessentwillen sie geplant wurde, durchdacht war, auch wenn unser Verständnis heute vielleicht erst teilweise zu einer Erklärung ausreicht, weil uns aufgrund der spärlichen textlichen und geistesgeschichtlichen Überlieferung aus dieser Zeit die Grundlagen fehlen.

Im Gegensatz zu anderen Pyramiden, wo sich häufig Erweiterungen des Oberbaues nach Fertigstellung der Grabkammer beobachten lassen, ist dies bei der Cheopspyramide höchst unwahrscheinlich und durch den auf drei Seiten festgestellten Felskern sogar auszuschließen. Die Pyramide ist offenbar von Anfang an in den ersichtlichen Ausmaßen geplant und begonnen worden. Dies ist ein zusätzliches Argument gegen die Theorie der verschiedenen Bauphasen, erschlossen aus einer vermeintlichen Änderung der Begräbniskammern. Der Eingang des Grabkorridors liegt wieder etwas aus der Mitte der Pyramidennordseite nach Osten versetzt, und zwar 14 E, genauer 7,29 m, gemessen von der Mittelachse des Korridors. Er lag ursprünglich in der 19. Verkleidungsschicht, die jedoch heute nicht mehr existiert. Der Azimut des absteigenden Ganges ist der gleiche wie der der Pyramide, ebenso wie der der aufsteigenden Korridore in der östlichen Hälfte der Pyramide. Spuren einer Nordkapelle unterhalb des Einganges sind nicht beobachtet worden; dagegen ist die Nord-Süd-Achse durch eine Ritzung im Unterpflaster angezeigt[333], ein eindeutiger Hinweis darauf, daß die bei allen Pyramiden bezeugte Versetzung des Einganges aus der Nord-Süd-Achse nach Osten hin eine − wenn auch uns unbekannte − gewollte Bedeutung hat. Der Konstruktion des Einganges, dem Übergang der horizontalen Verkleidungsblöcke zu der Schräge des Ganges, ist offenbar besondere Sorgfalt gewidmet worden, damit äußerlich nichts zu erkennen blieb, andererseits der Druck der Steinmassen auf den Gang aufgefangen wurde. Der 1,09 m = 2 E breite und 1,20 m = 2¹/₃ E hohe Gang nahm am Ausgang die gesamte 19. Verkleidungsblocklage ein. Er war durch mächtige, hockant stehende Steinbalken von 3,65 m Breite, 2,60 m Höhe und 0,80 m Dicke überdeckt; darüber war eine Entlastungskonstruktion von mächtigen Steinbalken gelegt. Strabo, der um 25 v. Chr. Ägypten bereiste und in seinem Werk „Geographika" beschrieb, berichtet von einer herausklappbaren Steinplatte, die den Eingang verschlossen haben soll[334]. Dies kann kaum der originale Verschluß gewesen sein, denn die-

Taf. 45 b

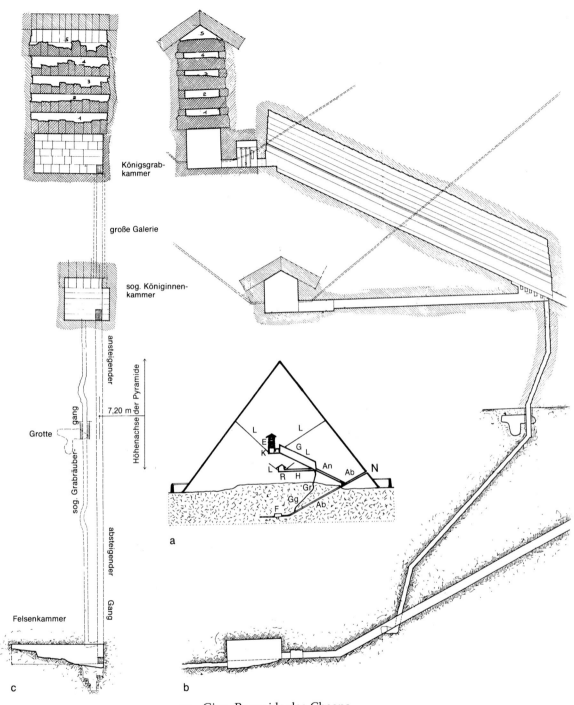

Königsgrab-
kammer

große Galerie

sog. Königinnen-
kammer

ansteigender

Höhenachse der Pyramide

7,20 m der Pyramide

Grotte

sog. Grabräuber-gang

absteigender Gang

Felsenkammer

c

b

a

L   L

E   G   L

K

L   An   Ab   N

R   H

Gr

Gg   Ab

F

30   Giza. Pyramide des Cheops.

a Schnitt N→S durch die Pyramide.   Ab absteigender Gang   An ansteigender
Gang   G große Galerie   H horizontaler Gang   L Luftschächte   K Königsgrab   R sog. Königinnenkammer, „Südgrab"   Gg sog. Grabräubergang, Entlüf-
tungs- und Arbeitsschacht   F Felsenkammer   Gr Grotte
b Kammersystem der Cheopspyramide
c Höhenschnitt durch die Pyramide von N gesehen (nach Maragioglio und Rinaldi).

◁ ◁ Taf. 35 Giza. Blick über das Fruchtland auf die Cheopspyramide.

◁ Taf. 36/37 Giza. Große Sphinx mit der Pyramide des Cheops.

Taf. 38 Elfenbeinstatuette des Cheops. Die nur 5,5 cm hohe Statuette des Cheops wurde ▷ nicht in Giza, sondern in Abydos gefunden. Sie ist bisher das einzige, erhaltene Bild des großen Pyramidenerbauers, gleichzeitig die kleinste Königsplastik des Alten Reiches. Fragmente von Statuen des Cheops aus kostbaren Steinen wurden im Hof seines Totentempels gefunden.

Taf. 39/40 Giza. Blick von Süden über das Grab des Seschemnefer auf die Cheopspyra- ▷ ▷ mide. Seschemnefer gehörte einer einflußreichen Familie an, die sich über mehrere Generationen hinweg vom Ende der 4. Dynastie bis in die späte 5. Dynastie in der vornehmen Nekropole von Giza bestatten ließ.

Taf. 41   Giza. Grabkammer des Cheops mit dem Granitsarkophag. Nach einem Stich ▷
von Luigi Meier von 1804.

Taf. 42/43   Giza. Luftaufnahme des Pyramidenplateaus mit den Pyramiden des Cheops, ▷ ▷
Chefren und Mykerinos und den sie umgebenden Friedhöfen. In der Mitte erkennt man
deutlich den Verlauf des Aufwegs des Chefren mit dessen Toten- und Taltempel. Die
Orientierung der Sphinx demonstriert, daß die große Sphinx nicht zu dem Komplex des
Chefren, sondern zu dem älteren Nekropolenbezirk des Cheops gehört.

Taf. 44   Giza. Statue des thronenden Königs Chefren, beschützt von dem Himmelsgott ▷ ▷
Horus in Gestalt eines Falken. Aus dem Taltempel des Chefren. Diorit. 1,68 Meter. Ägyptisches Museum Kairo.

ser dürfte aus Blockierungssteinen und einem Verkleidungsstein bestanden haben, der den Eingang unkenntlich gemacht hat. Man hat daher angenommen, daß die Pyramide nach der Beraubung in der 1. Zwischenzeit – und vielleicht mehreren folgenden – in saitischer Zeit eine steinerne Klapptür erhalten habe, durch die die Innenräume besichtigt werden konnten. Später, aber noch in antiker Zeit, wäre die Pyramide erneut so blockiert und verschlossen worden, daß in arabischer Zeit unter Ma'mun der Eingang nicht aufgefunden wurde. Man habe daher einen horizontalen Stollen aus der Höhe von ca. 8 m von der Basis her durch das Mauerwerk geschlagen, der den absteigenden Gang nahe der Abzweigung des aufsteigenden Ganges von Norden her erreichte, wobei die Granitblockierung des aufsteigenden Ganges umgangen wurde. Diese Annahme stützt sich zwar auf die vage Beschreibung der Steintür durch Strabo und die Tradition, daß es der Kalif Ma'mun gewesen sei, der den Räubertunnel hat schlagen lassen, muß aber erklären, wie und mit welchem Wissen gerade die Gangkreuzung da erreicht worden sei, wo man die Granitblocklage umgehen konnte – die tradierte Geschichte von einem herabfallenden Schlußstein ist sehr unwahrscheinlich –, und müßte zum anderen glaubhaft machen, wer im 1. nachchristlichen Jahrhundert sowohl das Interesse als auch die erheblichen Mittel für den Aufwand eines korrekten Verschlusses einer ausgeraubten Pyramide gehabt haben soll. Um selbst nur einen Verschlußstein von über 2 E Seitenlänge, d. h. mindestens 3 t Gewicht, so in den Eingang zu setzen, daß dieser unkenntlich geworden wäre, hätte es einer erheblichen Gerüstkonstruktion oder einer Rampe bedurft. Ich möchte daher unterstellen, daß sowohl der Bericht des Strabo über die Steintür, deren Konstruktion ohnehin kaum sinnvoll wäre, wie auch die Tradition von Ma'mun nur insoweit der Wirklichkeit ent- *Taf. 45 b* sprachen, als sie einen schon bestehenden, in der 1. Zwischenzeit erzwungenen Eingang mit Steintür und Tunnel betrafen, den Ma'mun erneut hat öffnen und erweitern lassen. Der originale Eingang wäre dann bis zur Beraubung der Verkleidungssteine verschlossen geblieben[335].

Der absteigende Korridor (Ab) mit den oben beschriebenen Maßen von 1,09 m Breite und 1,20 m Höhe führt mit einer Neigung von 26° 34' 23" ca. 34 m durch das gemauerte Massiv, wobei er bei 28,21 m auf den aufsteigenden Gang trifft, dann weitere 70 m durch den gewachsenen Fels, d. h. insgesamt 105,34 m = 200 E, bis er auf einen 8,91 m = 17 E langen waagrechten Gang stößt, der in die 30 m unter dem Niveau liegende Felsenkammer führt. Daß der gesamte absteigende Korridor einst mit Steinen blockiert gewesen wäre, scheint kaum vorstellbar, wenngleich im Gang mehrere, sogar bearbeitete Granitfragmente aufgefunden wurden. Diese könnten jedoch aus dem oberen Drittel stammen, denn es ist wohl als sicher anzunehmen, daß der Gangteil bis zu der blockierten Wegekreuzung ebenfalls blockiert war. Eine Blockierung dieses Teiles durch Granitsteine würde hinreichend erklären, warum man bei der Beraubung der Pyramide einen Tunnel durch und um dieses obere Gangteil angelegt und nicht die Blockierung entfernt hätte. Weder in dem absteigenden Gangteil noch in dem Grabräubertunnel sind Gürtelsteine festgesetzt worden, ein Befund, der wiederum gegen die Schalenbauweise spricht. Dagegen ist das kein Argument für oder gegen die Bauweise des Kerns in Form eines Stufenbaues in der Art, wie sie an der Mykerinospyramide und den Königinnenpyramiden des Cheops zu beobachten ist, denn die Stufen wären höher anzusetzen. Bei 97,81 m mündet der Verbindungsschacht (Gg) von dem oberen Gang seitlich von Süden in den Korridor. Die Felsenkammer (F) ist eindeutig in unfertigem Zustand verblieben, was aber nicht mit absoluter Sicherheit dafür spricht, daß sie aufgegeben worden wäre. Sie mißt 8,36 m = 16 E in der nord-südlichen Breite, 14,08 m = 26³/₄ E in Ost-West-Ausdehnung und ist maximal 5,03 m hoch, wobei die Decke glatt bearbeitet, der Untergrund aber noch sehr uneben und nach Westen hin ansteigend belassen worden ist. Aus der Südostecke führt in Verlängerung des horizontalen Ganges ein Korridor weitere 16,41 m, d. h. mehr als 31 E, nach Süden, wo die Arbeiten abgebrochen worden sind. Im östlichen Teil der Kammer senkt sich ein Schacht ab, dessen Seiten jedoch nicht parallel zu den Seitenwänden der Kammer sind, sondern in etwa diagonal. Der erste Teil des Schachtes mit ca. 2 m Tiefe wird stets als alt angesehen; Perring hat den Schacht auf der Suche nach einer weiteren unterirdischen Kammer bis 11 m Tiefe fortgeführt, jedoch ohne Ergebnisse. Aufgrund der Orientierung halte ich auch den ersten Schachtansatz für eine vergebliche Bohrung spätzeitlicher Schatzsucher, vielleicht angeregt durch Geschichten, die man zu Zeiten Herodots von den unterirdischen Räumen erfunden hat. Diesem berichtete man nämlich, daß tief unter der Pyramide ein Gewölbe über einer Insel errichtet sei, die von einem unterirdischen Nilkanal umflossen werde. Darauf läge der Leichnam des Cheops. Es ist offensichtlich, daß dabei Vorstellungen des Osirisgrabes die Phantasie der damaligen Menschen beeinflußt haben und man an Gräber wie das Osireion in Abydos oder, zeitlich näherliegend, das des Pedamenophis und des Montemhat in Theben dachte, die jedoch nichts mit einem Pyramidengrab gemein haben.

Die Felsenkammer kann nicht als Grabkammer eines ersten Projektes gedacht gewesen sein, da a) keine Sicherheitsvorrichtungen davor angebracht sind, b) der geplante Gang nach Süden sie als eine Art Vorkammer erweist und c) kein Sarg durch den Korridor hätte eingebracht werden können. Allerdings hatten auch die Pyramiden des Snofru keinen Steinsarg, doch waren die Kammern dort anders gestaltet. Die Idee eines ersten, aufgegebenen Grabkammerprojektes stützt sich u. a. stark auf die vermeintliche Beobachtung Borchardts, daß nämlich der ansteigende Korridor, der bei 28,21 m = 53³/₄ E aus der Decke des absteigenden Korridors mit annähernd dem gleichen Winkel von 26° 2′30″ anfängt, die ersten 15 m durch schon horizontal verlegtes, unbewegtes Mauerwerk geschlagen worden sei und dabei drei senkrecht stehende Mäntel, sog. girdle stones, durchbrochen habe[336]. Diese weithin akzeptierte These ist letztlich von Maragioglio und Rinaldi eingehend überprüft und überzeugend widerlegt

worden[337]. Ausgehend von der Feststellung, daß es bautechnisch nicht vorstellbar wäre, daß die Mäntel senkrecht ständen, während das Prinzip der Schalenbauweise das einer Neigung ist, konnten sie minuziös und einleuchtend nachweisen, daß die horizontal verlegte untere Gangpartie nicht durch eine schon
verlegte Kernbaumasse getrieben, sondern als eine besonders durchdachte
Sicherung des ansteigenden Korridors konstruiert worden ist, die Schubkraft
der Korridorkonstruktion aufzufangen, die voll auf die Kreuzung mit dem
absteigenden Korridor gewirkt und dort ohne Zweifel zu Rissen und Einstürzen
geführt hätte. Die gleiche Vorsicht hat die Baumeister zu der − nach heutigen
statischen Kenntnissen unnötigen − Entlastung der eigentlichen Grabkammer
durch die fünffachen Entlastungskammern bewogen. Es sei dabei nicht übersehen, daß die Masse der den Gang ausfüllenden Blockierungssteine mit in die
Berechnungen einbezogen werden mußten. Von diesen sind die untersten drei
Granitblöcke noch im Gang festgekeilt. Darüber hinaus ist sehr wahrscheinlich,
daß die obere Gangpartie durch Kalksteine blockiert war, die von den Grabräubern zerschlagen und entfernt worden sind. Der ansteigende Korridor (An) ist
also gleichzeitig mit dem absteigenden geplant und gebaut worden. Seine Maße:
1,20 m Höhe und 1,05 m Breite sind die des absteigenden Korridors, nur das
letzte Stück verengt sich auf 0,97 m, um die Granitblockierung zu halten. Es ist
nach dem sichtbaren Befund übrigens sehr unwahrscheinlich, daß die Öffnung
des aufsteigenden Korridors in der Decke des absteigenden durch eine Kalk-
steinplatte verschlossen und verborgen gewesen wäre, da dafür keine Spuren
einer Befestigung erkennbar sind. Nach 37,76 m = 72 E Länge mündet der
Gang in die große Galerie ein.

Die große Galerie und die sog. Königskammer waren seit ihrer gewaltsamen
Wiedereröffnung durch den Kalifen Ma'mun eine vielbesuchte Attraktion,
anfänglich für die arabischen Reisenden allein, seit dem 16. Jh. aber auch für
europäische Besucher Ägyptens; langsam begannen diese sich wissenschaftlich
mit den Pyramiden von Giza zu befassen, Beschreibungen und Pläne davon
anzufertigen und die Kunde von diesen Bauwundern damit in Europa zu ver-
breiten[338]. Baulich gesehen ist die Galerie die Verlängerung des ansteigenden
Ganges bei verdoppelter Breite. Es herrscht heute Übereinstimmung darüber,
daß die großartige Deckenkonstruktion in Form eines Kraggewölbes durch die
Breite des Ganges bedingt war. Dieser besteht aus einem mittleren Gang von
1,05 m Breite mit erhöhten seitlichen Banketten von 0,52 m = 1 E Höhe und
Breite. Die Steigung ist dieselbe wie die des ansteigenden Korridores, der Azimut weicht nur unwesentlich (1' 20") von dem der Pyramidenachse ab. Die
Gesamtlänge beträgt 46,71 m = 89 E, die Höhe 8,46 m bzw. 8,74 m = 16 E
bzw. 16½ E. Die unterschiedliche Höhe wird durch die Deckenkonstruktion
bewirkt. Die Wände der Galerie steigen über den Banketten 1,80 m glatt an,
dann kragen 7 Steinlagen je 0,08 m = 1 H ein, so daß am Ende die Decke wie
der innere Gang 1,05 m breit ist. Die Dachbalken sind jeweils versetzt verlegt,

Abb. 31 a
Taf. 28

115

so daß sie nicht eine glatte Fläche bilden, sondern gleichsam in die Seitenwände einhaken, um den Schub aufzufangen, eine gekonnte, geniale Sicherung! In und über den Banketten finden sich auf beiden Seiten regelmäßige, rechteckige Vertiefungen und Nischen, und zwar so, daß den je 25 Nischen in den Wänden je eine rechteckige Vertiefung darunter in den Banketten entspricht, wozu am Nordende der Bankette und auf der hohen Stufe, die oben im Süden die Galerie abschließt, je eine rechteckige Vertiefung hinzukommt. Die Nischen sind ca. 67 cm hoch und 20 cm tief; sie scheinen alle durch eine Kalksteinfüllung später wieder verschlossen worden zu sein. Die Vertiefungen sind im Durchschnitt 52 cm lang und 18 cm tief. Über beide Seitenwände verläuft im dritten Kragenband eine durchgehende Abarbeitung in ca. 4,22 m vertikaler Höhe. Übereinstimmend werden die Nischen, Vertiefungen und die nutartige Abarbeitung mit der Lagerung der Blockierungssteine zusammengebracht. Nach den Vorstellungen Borchardts hielten die Nischen und in einer zweiten Phase die Vertiefungen ein Balkengerüst, auf dem die Granitblöcke der Blockierung gelagert gewesen seien[339]. Dies wird heute allgemein abgelehnt, da es bautechnisch kaum zu machen wäre und Borchardt auch nicht erklären kann, wie die Steine von dem Gerüst schließlich in den Gang hätten transportiert werden sollen[340]. Mit Petrie und Wheeler nimmt man daher wieder an[341], daß die Blockierungssteine in dem vertieften Gang der Galerie gelagert waren und die Nischen und Vertiefungen der Halterung der Blöcke gedient haben. Der von Borchardt aufgeführte Nachteil dieser Art Lagerung, daß nämlich der Bestattungszug über die hochragenden Blöcke hätte klettern müssen, hätte ja durch eine Rampe unmerklich ausgeglichen werden können, zu deren Halterung vielleicht die Nischen dienten, während die Vertiefungen zur Arretierung der Blockierungssteine halfen! Nach der erfolgten Blockierung des Ganges wurden die Nischen vielleicht durch die erwähnten, schon vorbereiteten Kalksteine verschlossen, die Arbeiter konnten zuletzt den sog. Brunnenschacht als Notausgang benutzen.

Die Annahme, daß die Nischen einer Rampenkonstruktion dienten, wird bestätigt durch eine Reihe ähnlicher Nischen an den Seitenwänden zu Beginn

Abb. 30 b der Galerie (G), wo der horizontale Gang (H) zu der sog. Königinnenkammer beginnt und der freie Raum durch eine Art Brücke oder Rampe überdeckt werden mußte, da man offenbar beide Wege wechselweise offenhalten wollte. An dieser Stelle zweigt nach Westen ein kurzer 2,08 m = 4 E langer Gang ab, an dessen Ende der Einstieg in den sog. Brunnenschacht oder besser Verbindungsschacht (Gg) liegt. Dieser quadratische Schacht von 0,68 = 1 E 1 H Seitenlänge führt von oben anfänglich 7,96 m senkrecht und gemauert, dann schräg weitere 7,90 m durch das schon bestehende und gelegte Kernmauerwerk bis zum Fels, durchquert diesen anfänglich wieder senkrecht über 5,20 m, wobei er an der sog. Felsgrotte, einem wohl natürlichen, aufgefüllten Hohlraum im Felsen vorbeigeführt wird, knickt dann wieder für 26,50 m in südliche Richtung ab und endet schließlich nach einem neuerlichen Knick und weiteren 9,50 m nahe dem

Ende des absteigenden Korridors (Ab) nach insgesamt 58,40 m Länge. Es ist sicher, daß der Schacht (Gg) während des Baues der Pyramide angelegt worden ist; der obere Teil ist mit dem Anwachsen des Pyramidenkerns konstruiert worden[342]. Ein Nord-Süd-Schnitt durch die Pyramide zeigt, daß er mit Ausnahme von kleinen Unregelmäßigkeiten ca. 2,30 m parallel zu den Korridoren verläuft. Da er noch vor der großen Galerie begonnen worden ist, hat er während des Baues eine Funktion gehabt, neben der die als „Flucht"- oder Ausweg für die

b

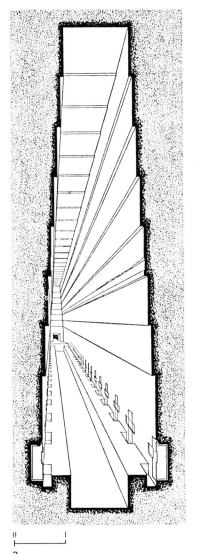

0   1

a

31a Giza. Cheopspyramide. Große Galerie.
31b Steinbruchinschrift mit Namen
des Cheops in den Entlastungskammern.

Arbeiter, die nach der Bestattung die Blockierung lösten, sekundär war. Aller Wahrscheinlichkeit nach war er zur Belüftung und Luftzufuhr für die unterirdischen Räume gedacht, deren Aushub noch nicht abgeschlossen war und die weiter nach Süden vorgetrieben werden sollten. Während des Baues des oberen Gang- und Raumsystems mußte der absteigende Gang (Ab), an der Verbindungsstelle zu dem ansteigenden (An), geschlossen und überbrückt werden, wodurch die ohnehin spärliche Luftzufuhr nach unten gänzlich abgeschnitten war, so daß man sich nach bewährter Art zu einem Luftschacht entschloß. Offensichtlich hat dieser jedoch nicht ausgereicht, und die Arbeiten unter Fels sind unvollendet geblieben. Wäre der Schacht allein zum Zweck des Notausstieges konstruiert worden, hätte er nach dem Erreichen des Felsens eher nach Norden abknicken und einen kürzeren Weg zum absteigenden Korridor finden können.

Abb. 30

Am Ende des aufsteigenden Ganges (An) und zu Beginn der großen Galerie (G) zweigt ein horizontaler Gang (H) ab, der ohne Blockierung nach 38,15 m = 73 E zu der sog. Königinnenkammer führt. Die ersten 5,07 m = 10 E des Ganges sind offen zu der großen Galerie und müssen zeitweise durch eine Brücke überdeckt gewesen sein, die den Zugang versperrt hat. Jedenfalls ist an der Nahtstelle von ansteigendem Gang (An), großer Galerie (G) und horizontalem Gang (H) keine Baufuge feststellbar und auch nicht vorstellbar: Galerie (G) und Gang (H) gehören ohne Zweifel ein und derselben Planung an. Der Gang ist 1,05 m = 2 E breit und 1,17 m hoch, 3 cm niederer als die Blockierungssteine des aufsteigenden Ganges (An), die also nicht in diesem Korridor gelagert gewesen sein können, sondern nur in der großen Galerie (G). 5,50 m = 11 E vor dem Eingang in die sog. Königinnenkammer (R) vertieft sich der Korridor um ca. 1 E. Dieses Niveau wird auch in der Kammer (R) beibehalten; wahrscheinlich war hier ein Fußboden aus Granit verlegt, der später von Schatzsuchern herausgerissen worden ist. Darauf deuten auch die Löcher in diesem Gangstück. Die sog. Königinnenkammer (R) liegt genau in der Ost-West-Achse der Pyramide, ist jedoch aus der Nord-Süd-Achse nach Osten versetzt. Die 5,23 m = 10 E weite und 5,76 m = 11 E lange (Ost-West-Ausdehnung) Kammer (R) ist mit feinem Kalkstein verschalt und hat ein flaches Giebeldach von 6,26 m = 12 E Höhe. Bei erhaltenem Pflaster wäre sie 11 E hoch gewesen. Der Eingang liegt in der Nordostecke des Raumes. An der Ostseite öffnet sich eine Nische von 1,04 m = 2 E Tiefe und 1,57 m = 3 E Breite und 9 E Höhe, mit Kraggewölbeabschluß. Petrie nahm an, daß in dieser Nische eine Statue aus Diorit gestanden habe, da er zahlreiche Dioritfragmente außen an der Nordseite der Pyramide aufgelesen hatte[343]. Von dieser Nische aus führt ein von Schatzsuchern geschlagener Gang ca. 15 m tief in das Kernmauerwerk der Pyramide. Von der Nord- und Südwand gehen anfänglich horizontale Kanäle aus, die nach etwa 4 E im Winkel von 38° 28′ ansteigen, um an den Süd- bzw. Nordflanken der Pyramide zu enden. Auffälligerweise führen die „Luftkanäle" nur bis an die Außenverschalung der Kammer

(R) heran, sind jedoch nicht durch diese geführt worden. Sie bringen also keine Luftzufuhr in die Kammer (R). Man hat dies mit dem angeblich unfertigen Zustand der Kammer (R) erklären wollen, für den man aber nur den fehlenden Fußboden anführen kann. Der vermeintlich unfertige Befund ist ein Hauptargument für die Theorie der drei Bauphasen, nach der die Kammer (R) die Grabkammer einer 2. Phase gewesen wäre. Dies ist aber nach dem Baubefund des aufsteigenden Ganges (An) und der Galerie (G) ausgeschlossen. Die Kammer (R) kann auch schon daher nicht als Grabkammer vorgesehen gewesen sein, da sie weder eine Gangblockierung hatte, noch einen Sarkophag. Es wäre sehr unwahrscheinlich, daß man diesen erst in der letzten Bauphase als notwendig erachtet hätte. Dazu kommt noch eine Beobachtung, die bisher zu wenig beachtet worden ist: Schon bei der Roten Pyramide in Dahschur läßt sich nachweisen, daß die 2. Vorkammer genau in der Achse der Pyramide liegt; dies trifft auch später jeweils für die Vorkammer zu, so daß man diese Anordnung nicht als einen Zufall nehmen darf, auch wenn wir heute noch keine hinreichende Erklärung für diesen auffälligen Befund haben. Dabei sei jedoch auch auf die Nische in der Ostwand von Kammer (R) hingewiesen, die ihre einzige direkte Parallele in dem „Kamin" in der 2. Kammer der Knickpyramide und eine entferntere vielleicht in den Scheintüren unter dem Djosergrabmal hat, die gleichfalls nach Osten weisen.

Die wahre, von Anfang an so geplante Grabkammer (K) der Cheopspyramide liegt in der Verlängerung der großen Galerie. Von dieser aus führt ein niederer, nur 1,11 m hoher Gang von 1,23 m und stets gleicher Breite von 2 E = 1,04 m durch eine 2,96 m lange Granitkammer mit drei Granitfallsteinen und über ein weiteres kurzes Gangstück von 2,56 m = 5 E von der Nordostecke aus in die Taf. 41 Sargkammer (K). Dieser ost-westlich orientierte Raum von 10,49 m (= 20 E) × 5,24 m (= 10 E) Größe und 5,84 m = 11 E Höhe ist ganz mit hochglanzpoliertem Rosengranit verkleidet; Fußboden und Decke sind gleichfalls aus Granit; letztere wird aus 9 gewaltigen Granitbalken gebildet, über denen 5 Entlastungskammern aus Granit konstruiert waren, die letzte in Form eines Giebeldaches. Abb. 30 b Die Entlastungskammern mögen von unserer modernen, statischen Kenntnis her als unnötig und übertrieben angesehen werden, sie haben aber den erhofften Effekt gehabt. Schon während des Bauens müssen kleine Risse aufgetreten sein, die antik ausgebessert worden sind, ausgelöst durch geringe Senkungen der Kammer, die sich an den Ecken und dem Fußboden nachmessen lassen; die Gesamtkonstruktion hat aber gehalten. Die unterste der Entlastungskammern wurde schon im 18. Jh. von dem englischen Diplomaten Davison entdeckt und besichtigt. Sie ist von einer Öffnung über der großen Galerie aus zu besteigen, die offenbar schon alt, vielleicht von Grabräubern geschlagen worden war. Die weiteren Entlastungskammern entdeckten Vyse und Perring recht gewaltsam während ihrer sorgfältigen Vermessung der Pyramide und benannten sie nach Heerführern und Größen ihrer Zeit. Die Entlastungskammern sind

Abb. 31 b wie die Sargkammer (K) jeweils von gewaltigen Granitblöcken überdeckt, die nord-südlich gelagert sind. Nur die Unterseiten sind geglättet, die oberen uneben gelassen; sie enthielten sogar noch die Namen der königlichen Arbeiterphylen auf den Steinen[344]! Es ist nicht auszuschließen, daß die Kammer (K) mit den Entlastungskammern sozusagen frei in das Pyramidenmassiv gestellt ist und somit allein die vermutlich zwei bis drei gewaltigen, übereinanderliegenden Giebelbalken dem Druck der darüber ruhenden Massen ausgesetzt sind[345]. In der östlichen Hälfte der Königskammer (K) münden genau gegenüber an der Süd- und Nordwand die sog. Luftkanäle, die allerdings nicht der Luftzufuhr gedient haben, da es nicht einmal sicher ist, daß sie nicht durch Verkleidungssteine verschlossen waren[346]. Sie sind wohl eher aus der Tradition des ansteigenden Korridores zu erklären, der im oberen Kammersystem aufgegeben werden mußte: in allen älteren Pyramiden führte der ansteigende Korridor den toten König bei seiner nächtlichen Auferstehung direkt zum Nordhimmel; dies scheint die Aufgabe der sog. Luftkanäle gewesen zu sein, die mehr oder weniger im gleichen Winkel zum Nord- und Südhimmel wiesen[347].

Taf. 41 Nahe der Westwand der Kammer (K) stand einst der einfache Granitsarg, der heute schräg im Raum steht. Von dem Sargdeckel wie dem Begräbnis ist nichts erhalten geblieben. Arabische Historiker des Mittelalters berichten mit viel Phantasie von einem mumienförmigen Sarg (?) und dem darin liegenden Leichnam des Königs, der zu dieser Zeit geplündert und die Mumie gefleddert worden wäre. Dies ist nicht ganz auszuschließen, da man wohl in ramessidischer Zeit das Begräbnis wiederhergestellt hatte − wie auch der Sarg des Mykerinos zeigt; die Grabkammer blieb anschließend vielleicht verschlossen. Nur so ließen sich die vagen Beschreibungen Herodots und der antiken Besucher verstehen, die das Innere der Pyramide wohl nicht mehr gesehen haben. Erst der Kalif Ma'mun hätte den alten Grabräubergang dann wieder öffnen lassen. Der Sarkophag mit den Maßen 2,276 m Länge × 0,987 m Breite × 1,051 m Höhe muß während des Baues der Kammer eingebracht worden sein, da er durch keinen der Korridore gepaßt hätte.

In dem Ensemble von Räumen, die überzeugend als eine einheitliche Planung angesehen werden müssen, nicht als verschiedene, unfertige Bauphasen, ist allein die sog. Königskammer (K) durch den Gang eindeutig abgesichert. Von der Lage her muß der mittlere Raum (R), die sog. Königinnenkammer, dem 2. Vorraum des Musterplanes entsprechen, denn sie liegt im Zentrum der Pyramide. Vielleicht erfüllt sie damit die Raumfunktion des sog. Südgrabes oder Statuengrabes, obwohl sie nicht südlich liegt; doch war das bei einer ähnlichen Lage und Funktion auch in der Roten Dahschurpyramide nicht mehr der Fall. Auffällig ist jedenfalls, daß Cheops wie auch Snofru in Dahschur-Nord keine Südpyramide mehr geplant und gebaut zu haben scheinen, jedenfalls nicht auf der Südseite. Deren Raumfunktion muß daher durch einen Raum in der Pyramide selbst ausgefüllt gewesen sein. Die große Galerie hätte demnach die Funktion

eines 1. Vorraumes innegehabt. Dagegen entzieht sich die tiefgelegene Felsenkammer (F) bisher einer räumlichen und funktionellen Erklärung, die sich auf
Beobachtungen und Parallelen an anderen Pyramiden des Alten Reiches stützt.
Allein die Mykerinospyramide weist ein ähnlich kompliziertes Raumprogramm
auf. Wenn das Raumprogramm und die Anordnung der Räume ein Spiegel reli-
giöser Vorstellungen − weniger vielleicht von Auseinandersetzungen − ist, die
bei dem Begräbnis des Königs eine Rolle spielen, dann würde man die seit Snofru hoch in der Nordwand mündenden Korridore und die unter Cheops hoch im
Pyramidenmassiv gelegene Grabkammer der Vorstellung vom Himmlischen
Jenseits des Königs, vielleicht sogar der wachsenden Bedeutung des Sonnengottes zuschreiben. Vorsichtig muß dabei jedoch stimmen, daß gerade unter den
angeblichen Re-Verehrern Djedefre und Mykerinos die Grabkammern wieder
unter die Pyramide und in das Felsenmassiv verlegt werden; denn insbesondere
die tief unterirdischen Felskammern würde man doch dem chthonischen Wesen
des toten Königs und seinem Wirken als Totenherrscher, als begrabener Gott
zuerkennen wollen. Dabei ist wahrscheinlich weniger schon an osirianische
Vorstellungen zu denken, als vielmehr an solche, die mit Ptah und Sokar verbunden sind, deren Bedeutung sich aus den Personennamen dieser Zeit heraus-
lesen läßt. Nach einer alten Tradition ist in Giza die ursprüngliche Kultstätte des
Gottes Sokar namens Rosetau zu suchen, die man sich nach der Etymologie als
eine Höhle vorstellen muß. Vielleicht hat Cheops mit der Felsenkammer (F)
unter der Pyramide ein persönliches Rosetau einschließen wollen, eine Höhle
mit einem unendlichen oder blind endenden Korridor, ägypt. st₂w, in der der
tote König als Abbild des Sokar ruhte. Dies würde vielleicht auch die allerdings
späteren Erzählungen über ein Osirisgrab unter der Pyramide teilweise bestätigen und rechtfertigen.

Ein etwa 20 E breiter, gepflasterter Hof umgab die Pyramide in ungleichem
Abstand: Im Norden und Osten sind es 10,20 m, im Süden und Westen nur
9,75 m. Dies ist sozusagen der Endzustand des ursprünglich rechteckigen Pyramidenbezirkes, dessen kultische Stationen und Funktionen voll auf den Totentempel im Osten vor der Pyramide übergegangen sind. Eine Nordkapelle unter
dem Pyramideneingang ist ebensowenig nachgewiesen wie eine südliche
Nebenpyramide[348]. Von dem aufwendigen und weitläufigen Totentempel sind
nur Reste des Basaltpflasters in der Mitte der Ostseite der Pyramide erhalten[349].
Nach den Versatzspuren im Pflaster läßt sich ein Gebäude rekonstruieren, das
etwa 100 E = 52,50 m breit war und 77 E west-östliche Ausdehnung hatte. Die
größere, östliche Partie des Tempels nimmt ein offener Kolonnadenhof ein, an
dessen Westseite, zur Pyramide hin, eine dreifache, sich verjüngende Pfeiler-
front den Zugang zu einer sich verengenden Pforte bildet; dahinter sind leider
selbst die Versatzspuren im Pflaster verloren, da dort in saitischer Zeit ein tiefer
Grabschacht von 5 × 5 m Ausdehnung gegraben worden ist. Lauer glaubte, in
dem seitlichen Mauerwerk die Ritzspuren eines querrechteckigen Raumes von

Abb. 32
Taf. 47

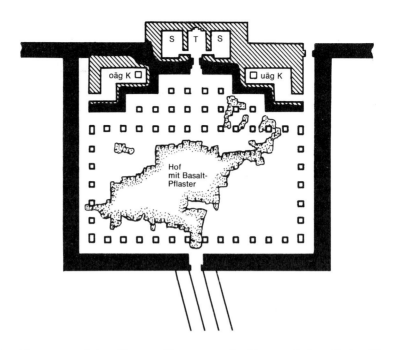

32   Giza. Totentempel des Cheops. Ergänzung der Totenopferkapelle im Westen mit
einer Scheintür und zwei Sakristeien
T Totenopferraum   K Statuenkapellen mit je einer Statue des ober- und des unterägyptischen Königs   S Sakristeien oder Magazine.

24 E Breite und 6 E Tiefe feststellen zu können[350], dessen Innengestaltung
jedoch völlig offen ist[351]; nach dem Befund des westlichen Teils des Chephren-
tempels könnte dort eine Scheintür in der Mitte angebracht gewesen sein, oder,
weniger wahrscheinlich, zwei Scheintüren, wie in den Opferkapellen östlich der
Königinnenpyramiden, wobei allerdings dort vermutlich eine Scheintür für den
König bestimmt war. Ricke hat dagegen in diesem Raum die Statuenkapellen
unterbringen wollen und rekonstruiert daher dahinter in dem Pyramidenumgang ein freistehendes Stelenheiligtum unter offenem Himmel. Davon ist in
dem erhaltenen Fundament keine Spur festzustellen. Im übrigen habe ich nach
dem Befund an der nördlichen, Roten Pyramide des Snofru ermitteln können,
daß Stelenkultstätten nur vor Pyramiden vorkommen, die wie die Meidumpyramide und die Knickpyramide nicht als Begräbnisstätte des Königs vollendet
wurden, sondern Kultpyramiden waren, während die Totenopferstätte vor echten Grabpyramiden aus einem Opferraum mit einer Scheintür bestand[352]. Es ist
demnach sehr wahrscheinlich, daß in dem westlichen Teil des Cheopstempels
in der Mitte ein Raum mit einer Scheintür zu rekonstruieren ist. In der Mitte der

Ostfront zeichnet sich der Eingang durch eine breite Basaltschwelle ab. Das Tor vom Aufweg in den Pfeilerhof hatte zwei Flügel. Von der Mitte des Hofes aus verläuft eine tief unter das Basaltpflaster verlegte Entwässerungsrinne nach Norden aus dem Tempel hinaus; vermutlich stand in der Mitte des Hofes ein Opferaltar, wie in den späteren Totentempeln der 5. Dynastie. Die Versatzspuren der Pfeiler geben keinen Anhalt für die Annahme, daß vor ihnen Königsstatuen nach Art von Osirispfeilern angebracht gewesen wären, ebensowenig sind Sockelspuren für Statuen zwischen den Pfeilern nachgewiesen. An der Nordwestecke des Tempels markiert eine Schwelle aus Rosengranit den einzigen Aus- und Zugang in den Pyramidenumgang. Durch dieses Tor und damit durch den Tempel muß auch der Weg des Bestattungszuges gegangen sein. An der entsprechenden Stelle auf der Südseite könnte eine Treppe zum Tempeldach hinaufgeführt haben. Der Totentempel ist somit noch im wesentlichen auf einen freien Opferhof beschränkt, an dessen Westseite die eigentliche Totenopferkultstätte mit einer Scheintür gelegen hat. Wenn es dazu eine Statuenkultstätte gegeben hat, dann müssen diese Statuen zwischen den Pfeilern des Portikus im Westen gestanden haben.

Nördlich und südlich des Tempels, jeweils im Abstand von 18 E, findet sich eine Bootsgrube für ein 100 E langes Schiff, vielleicht die Morgen- und Abendbarke des Sonnengottes. Zwei Bootsgruben, die noch intakt und verschlossen aufgefunden worden sind, liegen an der Südseite der Pyramide. Davon ist die *Taf. 47* östliche Anfang der fünfziger Jahre geöffnet worden. Sie enthielt ein komplettes, in über 1200 Teile zerlegtes Königsboot, 43,30 m lang und 5,90 m breit, bei einem Tiefgang von etwa 1½ m. Auf den Deckblöcken der Bootsgrube fand sich der Königsname des Djedefre, der die Bestattung des Cheops ausgerichtet und anschließend die Königsboote in die vorgesehenen Gruben gesenkt hatte[353]. Eine weitere Bootsgrube liegt auf der Nordseite des Aufweges; sie könnte aber sehr wohl zu der nördlichen Königinnenpyramide gehören. Der Aufweg führt nicht gerade, sondern in einem flachen Winkel von 15° von Osten nach Nordosten auf den Tempel zu. Herodot hat ihn noch größtenteils intakt gesehen und beschreibt ihn als ein bauliches Wunder, vergleichbar der Pyramide selbst[354]. Er führte anfänglich ca. 330 m sanft abfallend über das Felsplateau, dann über den Felsabbruch hinweg weitere 336 m auf einer steileren Bahn und einem bis zu 20 m hohen Sockel bis zu dem heute unter dem Dorf Nazlet el-Samman verschwundenen Taltempel. Der Aufweg selbst war erstmals gedeckt und hatte reliefierte Wände. Zumindest ein Tunnel führte unter dem oberen Teilstück des Aufweges hindurch, um den freien Durchgang in der Nekropole zu gewährleisten. Nördlich der Bootsgrube am Aufweg fand sich ein mysteriöser Schacht, die sog. trial passage, ein Modell des Gang- und Korridorsystems der Pyramide. Nach dem, was wir von altägyptischer Planungs- und Baumethode wissen, ist es nicht auszuschließen, daß die altägyptischen Baumeister an diesem Modell das Funktionieren der Verschlußsteine ausprobieren wollten.

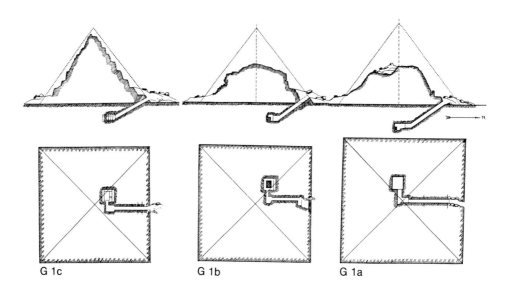

33   Giza. Königinnenpyramiden im Osten der Cheopspyramide
G1a Königinmutter Hetepheres (nach Lehner)   G1b Meritetis   G1c Henutsen.

Taf. 47

Taf. 39–40

Das östliche Plateau vor dem Totentempel und südlich des Aufweges war für die Gräber der königlichen Familie vorgesehen. Am nächsten der Pyramide liegen drei kleine Königinnenpyramiden, G$_{1a-c}$, ohne sichtbare Einfassung, aber mit eigenen Bootsgruben. Die Seitenlängen der Pyramiden betrugen im Mittel jeweils 90 E = 47,25 m, der Böschungswinkel 51°–52° und die Höhe 29 m. Das Gang- und Kammersystem ist nahezu gleich: Ein von Norden absteigender Korridor führte ca. 40 E tief in eine Vorkammer etwa unter dem Zentrum der Pyramide. Von dort aus knickt ein kurzer Gang rechtwinklig nach Westen ab und erreicht, weiterhin absteigend, nach wenigen Ellen die Grabkammer, die 3,57 m (= 8 E) × 2,86 m (= 5½ E) groß war, bei ca. 2,35 m (= 4½ E) Höhe. Vor der Ostseite der nördlichen Pyramide stand eine kleine Opferkapelle mit zwei Scheintüren, wovon eine dem König zustand. Die Zuordnung der Pyramiden an Königinnen scheint hinreichend gesichert, weniger dagegen die namentliche. Recht glaubhaft ist der Befund für die südlichste, G$_{1c}$, die durch eine spätzeitliche Tradition der Königin Henutsen, Mutter des Chephren – dort fälschlich „Tochter des Cheops" genannt – zugeschrieben werden kann[355]. An ihrer Pyramide hat sich in saitischer Zeit ein Kult der Isis, „Herrin der Pyramiden", angesiedelt. Die nördliche Pyramide, G$_{1a}$, wurde bisher der ältesten Hauptgemahlin und mutmaßlichen Mutter des Kawab und des Djedefre namens Meritetes zugeordnet. Eine neuere und sehr glaubwürdige Hypothese geht nun aber davon

124

aus, daß dies das endgültige Grab der Königsmutter Hetepheres gewesen sei[356], die anfänglich ein Schachtgrab unmittelbar östlich davon in G_{1x} erhalten sollte, das schon teilweise ausgestattet und eingerichtet, später zugunsten des Pyramidengrabes aber aufgegeben und daher verschlossen wurde. Damit würde die etwas phantasievolle Kriminalgeschichte des beraubten Grabes der Hetepheres, so wie sie der Ausgräber Reisner zu rekonstruieren versuchte[358], beigelegt und berichtigt und ein Rätsel der Giza-Nekropole glaubhaft gelöst. Die mittlere Pyramide, G_{1b}, wäre dann die der Meritetes, deren Stele unweit dieser Pyramide aufgefunden worden ist. Östlich vor den Königinnenpyramiden lagen in fünf Zweierreihen die Doppelmastabas der Cheopssöhne und Enkel, in der ersten Reihe, hinter den königlichen Müttern, die Prinzen Kawab und Chaef-Chufu, der nach dem Tod seines Bruders Djedefre als zweiter Sohn des Cheops mit dem Namen Chaef-re = Chephren den Thron bestieg[359]. Für den Kronprinz Djedefre war verständlicherweise kein Mastabagrab vorgesehen. Die weitere Verwandtschaft und die hohen Beamten erhielten ihre Gräber im Westfriedhof angewiesen, der zwar nicht durchweg schon zu Cheops' Zeiten so geplant war, sondern eher natürlich um Familiengräber zusammengewachsen ist, sich dabei aber sicher anfänglich an ein regelmäßiges Bebauungsschema gehalten hat[360].

Niemals mehr in der ägyptischen Geschichte ist ein derartiger Anspruch und eine gleiche Perfektion des Bauens erreicht oder gar überboten worden. Dies gilt sogar für die Gestaltung der Grabkapellen der Prinzen und Beamtengräber, die nur sicher sparsam und beinahe einheitlich mit Kultszenen ausgestattet waren, wo selbst die Grabplastik auf die Ersatzköpfe reduziert war zugunsten einer ausschließlichen Konzentrierung auf das Pyramidengrab und den alle versorgenden Kult am Totentempel des Cheops, der in seinem „Achet=Horizont" ruht und dabei die Rolle des Sonnengottes voll beansprucht. Es ist nicht auszuschließen, daß die Planung der großen Sphinx noch auf Cheops zurückgeht, die gleichsam die südliche Wächterfigur des Nekropolenbereiches bildete, der vielleicht im Norden eine gleiche, kleinere entsprach oder entsprechen sollte, beide den Achet-Horizont des Cheops begrenzend. Die Erklärung, die man bisher für die Entstehung der Sphinxfigur gegeben hat, daß sie aus einem zufällig stehengebliebenen Felsklotz gemeißelt worden wäre, befriedigt insofern nicht recht, als die Sphinx von der Typologie her eine Wächterfigur darstellt: den König in Gestalt eines mächtigen Tieres. Die Felspartie, aus der die Sphinx modelliert worden ist, ist sicher Teil der Steinbrüche des Cheops und liegt genau an deren südöstlicher Grenze. Warum hätte man einerseits zu Cheops' Zeiten diesen Felsklotz stehen lassen und was hätte die planenden Architekten des Chephren dazu bewegen sollen, diesen Fels in die Figur der Sphinx zu gestalten, wenn dies alles ohne Bezug auf die königliche Totenanlage war.

Dazu kommt als ein weiteres Argument noch der Sphinxtempel, der nach den Untersuchungen von Ricke zweifelsfrei als eine Art Sonnenheiligtum, ein Re-Tempel mit Kultrichtung nach Osten und Westen anzusehen ist[361]. Von dem

Taf. 36–37

Tempel ist nur das Kernmauerwerk, riesige Blöcke lokalen Kalksteins, übriggeblieben; seine Nordseite ist teilweise direkt in den stehenden Fels eingeschnitten. Die Innenwände waren mit Granit verkleidet, die Außenwände sollten es noch werden. Der Tempel besteht, wie der Totentempel des Cheops, im wesentlichen aus einem großen, breitrechteckigen, pfeilerumstandenen Hof. Vor den Pfeilern waren Königsstatuen aufgestellt, die am Kult teilhatten; in der Mitte des Hofes ist ein Altar anzunehmen. Die Ausrichtung des Tempels durch Nischen an der Ost- und Westseite belegt deutlich einen Kult, der am Sonnenlauf orientiert ist. Die Sphinx ist nicht Kultobjekt des Tempels, sie liegt nicht einmal in der axialen Verlängerung; ihre Benennung als Harmachis ist erst seit dem Neuen Reich bezeugt, erst seit dieser Zeit kann sie als eine Form des Sonnengottes angesehen worden sein. Die Annahme, daß der Sphinxtempel erst durch Chephren erbaut worden sei, beruht allein darauf, daß dessen Totentempel und der Sphinxtempel eine einheitliche Fassade bilden und die Bauweise, Kernmauerwerk aus lokalem Kalkstein und Granit als Verkleidung der Fassade und Wände, erst und neu unter Chephren aufgekommen sei, doch fehlt uns dafür zum Vergleich der Taltempel des Cheops, der eine ähnliche Struktur und Bauweise gehabt haben kann. Umgekehrt könnte es durchaus sein, daß der Taltempel des Chephren in seiner Ausrichtung Rücksicht auf einen schon vorhandenen Bau des Cheops zu nehmen hatte, so wie auch sein Aufweg in der östlichen Hälfte der Steinbruchgrenze des Cheops folgte. Ein Sonnentempel an der östlichen Grenze des Pyramidenbezirkes fügte sich dagegen sehr harmonisch in das Architekturganze der Planung des Cheops ein, das, wie der Name des Pyramidenbezirkes besagt, den „Horizont des Cheops" darstellt, den Ort, an dem der Sonnengott auf- und untergeht und in dem er letztlich ruht. Die Sphinx ist Wächterfigur und Horizontbegrenzung in einem und muß als solche auf Cheops zurückgehen. Der Sonnengott Re, der in dem Achet-Horizont ruht, ist der König Cheops selbst. Es ist somit vielleicht kein Zufall und noch weniger eine Abkehr von dem bisherigen Königsdogma des Gottkönigtums, daß erstmals unter den Söhnen des Cheops mit Re gebildete Namen häufiger vorkommen und daß die Nachfolger des großen Königs sich erstmals und programmatisch „Sohn des Re" nannten.

Nach den Graffiti auf den Abdeckblöcken der östlichen Bootsgrube auf der Südseite der Cheopspyramide hat der Sohn und Nachfolger des Cheops, Djedefre, das Begräbnis seines Vaters ausgerichtet[362]. Als Platz für seinen eigenen Pyramidenbezirk namens Sḥdw-Djedefre „Sternenzelt des Djedefre" wählte er jedoch einen Hügel ca. 8 km nördlich der Pyramide seines Vaters in Abu Rowasch[363], dessen beherrschende Lage mit der von Giza wetteifern kann. Dort stand vielleicht schon eine Ziegelpyramide der 3. Dynastie[364]. Die immer wiederholten Mutmaßungen über Gegensätze und Rivalitäten unter den Cheopsnachkommen entbehren jeder Grundlage[365]; weder die Verlegung der Residenz und des Pyramidengrabes, die, wie wir gesehen haben, ausschließlich wirt-

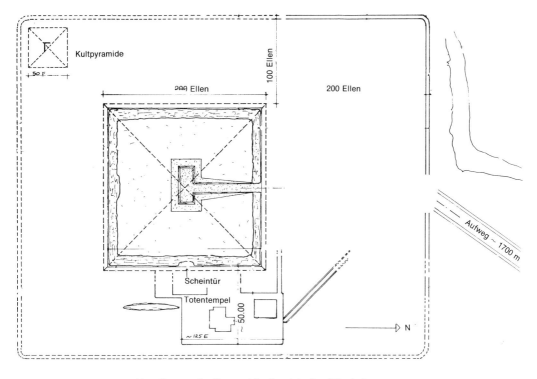

34 Abu Rowasch. Pyramidenbezirk des Djedefre.

schaftliche und umweltbedingte Gründe haben kann, noch die erstmalige Bezeugung eines „Sohn des Re"-Namens können als ausreichende Argumente dafür angesehen werden[366].

Die Pyramide und ihre Kultanlage sind in der nur 8-jährigen Regierungszeit des Djedefre nicht vollendet worden[367]. Der unfertige Zustand und die exponierte Lage am Westrand des gesteinsarmen Deltas haben die Plünderung und den Steinraub in späteren Zeiten, vermutlich schon seit der Ramessidenzeit, herausgefordert[368]; die Zerstörung der Anlage und ihrer Denkmäler setzt sich bis in unsere Zeit fort. Die Pyramide des Djedefre ist ein Zeugnis dafür, daß selbst die uns vollendet erscheinende Form der Cheopspyramide und ihr Grabkammersystem nicht als eine endgültige und befriedigende Lösung angesehen wurden, daß vielmehr die Suche und das Experimentieren weiterging. Die Grabkammer hoch in der Mitte der Pyramide, wie sie bei Cheops verwirklicht worden ist, schloß zwei ernste und folgenschwere Nachteile ein: Einmal erforderte das Verschlußsystem des Ganges eine aufwendige Konstruktion, die erschwerend zu den Problemen hinzukam, die der erhöhte Eingang, zwischen 10 m und 28 m

127

Taf. 48

(bei Snofru) Höhe, ohnehin schon mit sich brachte. Zum anderen beruhte die elementare und unwandelbare Vorstellung und Hoffnung des toten Königs doch eben auf der Idee des Aufstieges zum Nordhimmel aus der Tiefe des Schachtgrabes heraus, wozu der ansteigende Korridor gehörte. Bei Cheops hat man deswegen die sog. Luftkanäle eingeführt, gleichsam als Ersatz des ansteigenden Korridors. Djedefre griff bei der Planung seines Grabbaues auf Vorbilder der frühen 3. Dynastie und 4. Dynastie, vor allem des Djoser und des Snofru, zurück, indem er die Grabräume in einen tiefen, offenen Schacht mit einem rechteckigen Grundriß von ca. 21 m (Ost-West) × 9 m (= 40 E × 18 E) und ca. 20 m heutiger Tiefe vertiefte, zu dem ein ebenfalls offen konstruierter Grabkorridor von 49 m Länge mit einer Neigung von 22° 35′ hinabführt. Die Verkleidung des Korridors und der Aufbau der Grabkammern in den Schacht bestanden aus großen Assuan-Granitblöcken. Aufgrund der Länge des Schachtes wird man annehmen dürfen, daß hier schon erstmals die später in der 5. Dynastie kanonische Raumaufteilung, mit der Vorkammer in der Mitte der Pyramide und der Sargkammer nach Westen hin aus der Achse verschoben, gegeben war[369]. Petrie hat bei einem Besuch in Abu Rowasch ein gerundetes Granitfragment gesehen[370], das er für einen Teil des Sarges hielt; es ist jedoch nicht auszuschließen, daß der Königssarg noch metertief unter den Schuttmassen verborgen liegt[371].

Von dem Oberbau der Pyramide ist heute nur mehr ein Stumpf des Kernmauerwerkes sichtbar. Große Mengen von Granitblöcken und -abschlägen auf allen vier Seiten deuten darauf hin, daß die unteren Lagen der Verkleidung aus Assuangranit bestanden. Einer dieser Blöcke weist den steilen Winkel von 60° auf. Daraus hat man neuerdings geschlossen, daß Djedefre die geometrische Form der Pyramide wieder aufgegeben habe und eine Stufenpyramide habe bauen wollen[372], wenn nicht gar eine butische Mastaba[373], wie gegen Ende der Dynastie Schepseskaf und die Königin Chentkaus. Dafür könnte man anführen, daß der Pyramidenbezirk offenbar wieder in Form eines leichten Rechteckes nord-südlich orientiert war. Dies hat jedoch rein topographische Gründe: Die Felsklippe, auf der die Pyramide steht, fällt nach Osten steil ab, so daß der Aufweg über den flacheren Abhang im Norden über 1500 m Länge heraufgeführt werden mußte und damit an der Nordseite des Pyramidenbezirkes endete. Ein Neigungswinkel von 60° ist für eine Stufenpyramide zu flach; bei diesen schwankt er zwischen 72° und 78°; das gleiche gilt für die steile Böschung der butischen Mastaba: Die des Schepseskaf in Sakkara-Süd beträgt über 65°, die der

Taf. 45 a   Giza. Blick von Süden auf die Cheopspyramide und die Königinnenpyramiden im Osten. Vor der Südostflanke erhebt sich das moderne Bootsmuseum mit dem 1954 entdeckten Totenschiff des Cheops, das vermutlich zum Transport der Grabausstattung gedient hatte und anschließend kultisch begraben wurde. ▷

Taf. 45 b   Giza. Eingang in die Cheopspyramide. Das gewaltige Giebeldach, das den Eingang in den absteigenden Korridor absicherte, war durch die Verkleidung aus Turakalksteinblöcken verdeckt. Der moderne Eingang umgeht die Blockierung des oberen Gangstückes aus Assuangranit.

f. 45

Taf. 46

Taf. 47   Giza. Blick von der Cheopspyramide auf den Ostfriedhof. Im Vordergrund erkennt man das Basaltpflaster des Hofes des Totentempels und den Beginn des Aufweges. Links davon eine der 5 Bootsgruben des Cheops, rechts die Pyramide der Königinmutter Hetepheres, dahinter die riesigen Doppelmastabas der Cheopssöhne und -nachkommen.

◁ Taf. 46 a   Giza. Spitze der Cheopspyramide.
Taf. 46 b   Giza. Blick von der Cheopspyramide auf den Westfriedhof mit den großen Mastabagräbern der hohen Beamtenschaft. Die große Mastaba im Hintergrund ist die des Prinzen Hemiun, Neffen des Cheops und Bauleiter an der Pyramide.

Taf. 48 Abu Rowasch. Ausschachtung und unterste Lagen des Kernmauerwerks der Pyramide des Djedefre. Im letzten Jahrhundert stand die niemals vollendete Pyramide noch mehrere Meter hoch an. Moderner Steinraub und heute der Abbau des Kalksteins von Abu Rowasch zur Zementgewinnung haben den nur ungenügend ausgegrabenen Pyramidenbezirk schlimm verwüstet.

Taf. 49 a Giza. Spitze der Chefrenpyramide mit der weitgehend erhaltenen Verkleidung ▷ aus Turakalkstein. Die mittelalterlichen Steinräuber haben die Verkleidung der Pyramiden von unten und den Ecken her herausgebrochen und sich so langsam bis zur Spitze hochgearbeitet.

Taf. 49 b Giza. Pyramide des Chefren von Osten mit dem Kernmauerwerk des Pyramidentempels davor.

. 51

Taf. 52   Giza. Pyramide des Chefren. Felsenkammer mit dem aus Felsen gemeißelten Giebeldach. Der Raum diente als Vorkamer der Grabanlage.

◁ ◁   Taf. 50   Giza. Totentempel des Chefren. Das Kernmauerwerk bestand aus gewaltigen Blöcken lokalen Kalksteins, der mit Turakalkstein und Granit verkleidet war. Im Vordergrund die 5 Kapellen mit ihren Magazinen, darauf folgt nach Osten der offene Hof und das Vestibül mit dem Vortempel.

◁   Taf. 51   Giza. Taltempel des Chefren. Aus der Vogelschau scheint der Tempel gleichsam in den Fels geschnitten zu sein. Der Eindruck der kyklopischen Architektur wird durch die monolithen Pfeiler aus Rosengranit verstärkt, deren Oberflächen glatt poliert waren. Einziger Schmuck und Ausstattung der Räume bildeten 23 Sitzstatuen des Chefren, die zwischen den Pfeilern aufgestellt waren.

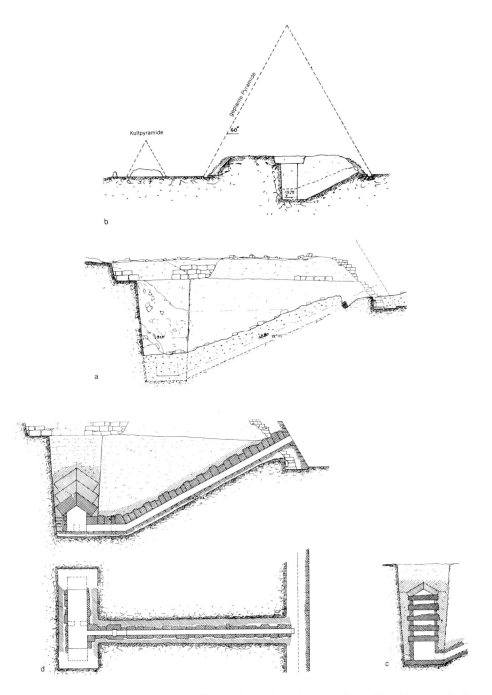

35 Abu Rowasch.   a Heutiger Befund des Schachtes und des Korridors   b Rekonstruktion der Pyramide mit einem Winkel von 60°   c Rekonstruktion der Grabkammer nach Perring   d das gleiche nach Maragioglio und Rinaldi.

Chentkaus in Giza 74°. Dagegen wäre der Winkel von 60° für eine echte Pyramide von ca. 98 bis 105 m Seitenlänge (= 185–200 E) durchaus vorstellbar und erbrächte eine steile Höhe von 92 m (= 176 E) für die Pyramide. Die Tatsache, daß um und an der Pyramide keine Reste von Turakalkstein gefunden worden sind, läßt schließen, daß der Bau nicht über die ersten 20 Lagen hoch gediehen war, die mit Rosengranit verkleidet waren. Das kostbare Material ist sicher ein weiterer Anreiz für die Zerstörung der Pyramidenanlage gewesen. Ein Fragment mit dem Königsnamen Men … Rè, am ehesten zu Menkaure-Mykerinos zu ergänzen, könnte sehr wohl von einem Restaurierungsdekret dieses Königs stammen[374]; es ist ein – wenn auch nicht ganz eindeutiges – Zeugnis für die Fortdauer des Kultes und spricht gegen die Annahme einer Verfemung des Andenkens und Totenkultes des Djedefre durch die Familie des Bruders und Nachfolgers Chephren.

Von den Kultanlagen auf der Ostseite ist ein Teil des Granitpflasters des offenen Hofes aufgefunden worden, der vielleicht, ähnlich wie der des Cheops, gegen die Pyramide hin einen Portikus jedoch aus Säulen hatte. Eine tiefe Bresche in der Ostseite des Pyramidenfundamentes könnte den Ort der Scheintür und der Totenopferkapelle angeben. Die Magazine und Kapellen um den Hof waren eilig in Ziegelbauweise fertiggestellt worden, um den Totenkult funktionsfähig zu machen und zu erhalten; auch dies kann nur als eine pietätvolle Fürsorge des Bruders und Nachfolgers Chephren angesehen werden. Zahlreiche Statuenfragmente aus Hartgesteinen, Spitzenwerke der Königsplastik des Alten Reiches, u. a. erstmals aus Quarzit, fanden sich in dem Bootsschacht nördlich des Tempels[375].

In der Südwestecke des Bezirkes hat Lepsius eine Kultpyramide von wahrscheinlich 50 E Seitenlänge entdeckt (Lepsius 3), von der heute nur mehr der Schacht zu erkennen ist. Eine Nordkapelle am Eingang des Grabkorridors ist nicht festgestellt worden; ebensowenig ist der Taltempel, der sich in Spuren am Ende des grandiosen Aufweges, des längsten des Alten Reiches, abzuzeichnen scheint, ausgegraben worden.

Abb. 29
Taf. 42–43

Auf Djedefre folgte nicht einer seiner Söhne, sondern sein jüngerer Bruder Chaefre/Chephren, der als Prinz Chaef-Chufu schon ein Mastabagrab in der ersten Reihe des Ostfriedhofes vor der Cheopspyramide hatte[376]. Er kehrte mit seinem Pyramidenbezirk wieder nach Giza zurück, wo er eine Höhe südwestlich der Pyramide seines Vaters Cheops zum Bauplatz seines Grabes erkor[377]. Die geringere Höhe der Chephrenpyramide – 3 m weniger als die des Cheops – wird durch die Höhenlage mehr als wettgemacht; dennoch stand sie nicht nur lagemäßig stets im Schatten der Cheopspyramide, deren Maße ausgewogener erscheinen. Vielleicht ist es eine sich unwillkürlich aufdrängende Erkenntnis, daß mit der Pyramide des Cheops der Höhepunkt der Riesenbauten erreicht

Taf. 49 a

war, die weder an Größe und Perfektion noch in ihrem geistigen Vorhaben überschritten werden konnten. Dieser Bruch zeigt sich im Wandel in der

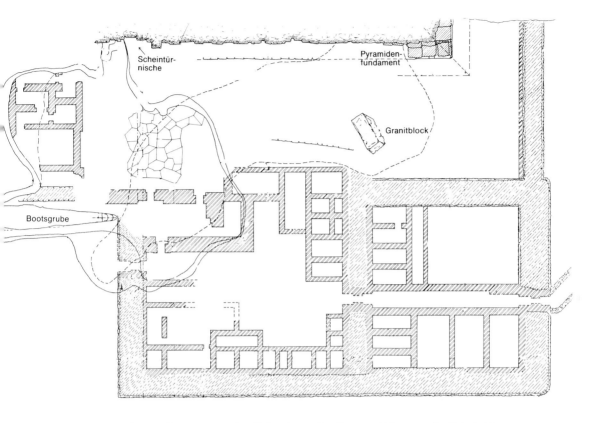

36 Abu Rowasch. Fundamentreste der Kultanlagen im Osten mit Spuren der Scheintür-
nische an der Ostseite der Pyramide.

Namensform der Pyramide gegenüber den älteren Anlagen: Sie heißt, beinahe
profan, Wr-Ḫˁj-f-Rˁw: „Groß (oder: die Größte) ist die Pyramide des Chephren".
 Der Plan der unterirdischen Räume zeigt eine so auffällige Vereinfachung
gegenüber den älteren der 4. Dynastie, daß lange Zweifel bestanden, daß dies
das einzige Raum- und Gangsystem gewesen sei. Das ist nach neueren natur-
wissenschaftlichen Untersuchungen kaum mehr in Frage gestellt[378], dagegen
bleibt vorerst offen, ob die in dem doppelten Eingangs- und Korridorsystem
erkennbaren zwei Bauphasen auf eine erste, wesentlich kleinere Planung oder
auf eine bald aufgegebene, um 30 m Seitenlänge größere Pyramidenplanung
schließen lassen. Für beides lassen sich Befunde anführen. Generell ist zu beobachten, daß Grabbauten häufig kleiner begonnen wurden und anschließend,
wenn die Grabkammer vollendet war und der Kern eine gewisse Höhe hatte,

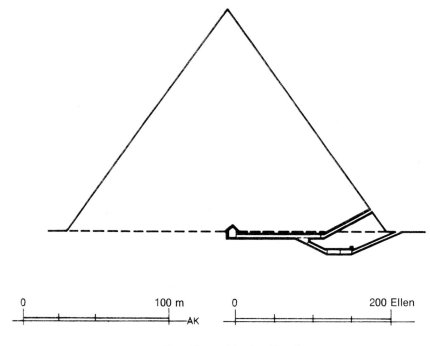

37   Giza. Pyramide des Chephren.

erweitert wurden. Für eine anfänglich kleinere Pyramide spricht der Befund des unteren Korridores, der mit einem Neigungswinkel von 21° 40′ in den anstehenden Felskern eintritt; die Maße des Korridors, 1,05 m Breite (= 2 E) und 1,19 m Höhe, sind die in der 4. Dynastie gebräuchlichen. Nach 34,15 m wird der Gang horizontal zu einer Galerie und auf 1,84 m erhöht, wobei am Übergang eine Fallsteinvorrichtung eingebaut war. Nach weiteren 15,75 m endet das erhöhte Gangteil, wird wieder nur 2 E hoch und steigt 22,40 m im Winkel von 24° 30′ an, bis er auf den oberen Korridor trifft. Bei dieser nachträglichen Verbindung der beiden Korridore ist offenbar ein Meßfehler passiert: Man hat von oben nach unten gleichzeitig gearbeitet und sich dabei verpaßt. Das fehlerhafte Verbindungsstück ist anschließend wieder ausgemauert worden[379]. Von der Mitte der unteren Galerie führt ein 6,70 m kurzer, sanft abfallender Gang in eine ganz aus dem Fels gehauene Kammer von 3,12 m (= 6 E) Breite und 10,41 m (= 19½ E) *Taf. 52* ost-westlicher Länge mit einem 2,61 m (= 5 E) hohen Giebeldach. In dem ersten Plan kann diese Kammer aufgrund ihrer Lage nur eine Vorkammer gewesen sein, die eigentliche Grabkammer wäre in der Fortsetzung des erhöhten Korridors zu konstruieren gewesen. Gegen die Annahme einer anfänglich kleineren Pyramide spricht allerdings, daß der ansteigende Korridor entweder ebenerdig oder außerhalb der Pyramide geendet hatte, was für die Pyramiden der 4. Dynastie ungewöhnlich wäre. Edwards hat daher vermutet, daß die Chephrenpyramide ursprünglich ca. 30 m weiter nördlich geplant gewesen und dann aufgrund der Bodenverhältnisse nach Süden verschoben worden sei[380]. Wahrscheinlicher ist in diesem Fall jedoch die Annahme einer größer geplanten Pyramide, deren Seitenlänge nach Norden und Osten hin je 60 E mehr betragen hat, also insgesamt 470 E und damit 30 E mehr als die Pyramide des Cheops[381]. Diese Annahme würde sowohl die starke Verschiebung des Eingangs aus der Mittelachse um 14,17 m wie die beachtlichen Fundamentierungen durch Kalksteinblöcke im Osten der Pyramide motivieren. Auf jeden Fall wurde diese Planung *Taf. 49 b* schon im Anfangsstadium aufgegeben und ein neuer Eingangsstollen über dem ersten angelegt, der die ersten 31,70 m mit Granitblöcken verkleidet war und im Winkel von 26° 30′ durch das aufgehende Mauerwerk der Pyramide konstruiert wurde.

Die Maße des oberen Korridors sind gleich dem des unteren. Bei Erreichen des natürlichen Felskernes wird der Gang horizontal. Eine Fallsteinvorrichtung aus Granit versperrte den Zugang zu einer, der unteren ähnlichen Galerie von 1,78 m (= 3½ E) Höhe, die nach 8,61 m den vermauerten Abstieg zur unteren Galerie überquert und nach insgesamt ca. 56 m die eigentliche Sargkammer erreichte. Später haben Grabräuber die Granitverkleidung des Ganges durch einen Schacht darüber umgangen, der in diese Galerie mündet. Die Sargkammer hat gleichfalls wieder einen ost-westlich orientierten, längsrechteckigen Grundriß von 4,99 m × 14,15 m und 6,83 m Höhe; dies sind keine Ellenmaße, woraus zu schließen ist, daß die Kammer mit Granit verkleidet werden sollte. Sie war von oben offen in den gewachsenen Felskern eingetieft worden; auch der Sarg, der 1818 von Barsanti nahe der westlichen Schmalseite versenkt in das Granitpflaster gefunden worden ist, ist wohl von oben her in die Kammer eingebracht worden. Anschließend wurde die Kammer mit einem Giebeldach aus mächtigen Kalksteinblöcken verschlossen, die die Last der darüberliegenden Pyramidenmasse auf den Felskern ableiteten. Der westliche Teil der Grabkammer hat ein Kalkstein- und Granitpflaster, der östliche ist roh belassen. Daraus kann auf eine Teilung der Kammer durch eine Holzgerüstwand geschlossen werden, deren Pfostenspuren noch erkennbar sind. Eine rechteckige Vertiefung von 0,72 × 0,76 m an der Südwand, nahe dem Sarg, hat wohl den Kanopenkasten einbeschlossen. Der schlichte Granitsarg gleicht dem des Cheops; der Sargdeckel war einst mit Metallstiften fest in der Sargwanne verankert und ist beim gewaltsamen Öffnen in zwei Teile zerbrochen[382]. Wie in den oberen Kammern der Cheopspyramide waren Luftkanäle vorgesehen, die jedoch nicht ausgeführt wurden[383].

Der zweite obere Korridor endete in 11,54 m Höhe an der Nordseite der Pyramide. Eine Nordkapelle ist nicht festgestellt worden. Die Pyramide hatte eine Seitenlänge von 410 E = 215,25 m und erreichte bei einem Winkel von 53° 10′

die Höhe von 143,50 m[384]. Der Azimut, d. h. die Abweichung von der Nordrichtung, betrug nur 5′ 26″. Die beiden untersten Lagen der Verkleidung bestanden aus rotem bis schwarzem Assuangranit, der Rest aus Turakalkstein, der in dem oberen Drittel noch bis zu der obersten Lage erhalten ist. Nur der oberste Abschlußstein selbst, das Pyramidion, fehlt, da dieses vielleicht auch aus Granit war. Petrie[385] hat bei seinen Messungen festgestellt, daß die Pyramide an den Außenflächen im oberen Drittel Unregelmäßigkeiten aufwies, die selbst bei der perfektesten Arbeitsweise, aufgrund der Art der Winkelmessung, nämlich dem Verhältnis von Steigung und Rücksprung, auftreten mußten und gegen die Spitze hin wieder ausgeglichen werden mußten, wie wir es auch bei dem in Dahschur-Nord gefundenen Pyramidion festgestellt hatten.

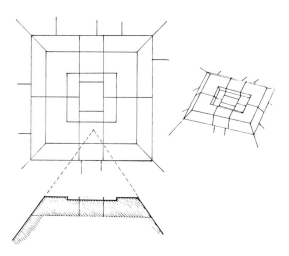

38   Giza. Pyramide des Chephren. Oberste Steinlagen nach Lepsius und Rekonstruktion des Pyramidions.

Um die Pyramide verlief ein geschlossener Umgang von 20 E = 10,10 m Breite, der nur durch eine Pforte vom Totentempel aus betretbar war.

Auf der Südseite der Pyramide stand in deren Nordsüdachse, 55 E = 28,65 m entfernt, noch zu Beginn des letzten Jahrhunderts eine Kultpyramide von 40 E = 21 m Seitenlänge und einem Böschungswinkel von 53°[386]. Heute gibt es dort nur mehr einige große Blöcke und den schrägen Schacht, der von Norden nach 11,50 m in einen T-förmigen Raum von 7,86 m × 2,63 m × 2,10 m Höhe (15 E × 5 E × 4 E) führt[387]. In dem Raum fand sich kein Fragment eines Steinsarges, dagegen Karneolperlen, Krugverschlüsse und Holzfragmente. Dennoch kann diese nach den Parallelen in Dahschur-Süd und Abusir keine Grabpyramide gewesen sein, zumal wir die Gräber der Königinnen und Prinzen des Chephren kennen. Sie waren in Mastabas und Felsgräbern im östlichen Vorfeld bestattet. Westlich der Kultpyramide lag ein weiterer Schacht verborgen, in dem unter einer massiven Blockierung ein Holzkasten gefunden wurde, in dem ein zerlegtes Holzgerüst unklarer Bedeutung, aber doch wohl kultischer und funerärer Nutzung aufbewahrt war[388].

Eine zweite, mächtige, megalithische Mauer umschloß in größerem Abstand den Pyramidenbezirk im Norden, Westen und Süden[389]. Westlich davon, aber außerhalb, lagen Magazine und Arbeiterkasernen mit über 100 langen, schmalen Räumen für mehr als 5500 Arbeiter[390]. Nahe der Nordwestecke der Pyramide sind die Spuren eines Tagesteinbruches noch deutlich auszumachen[391].

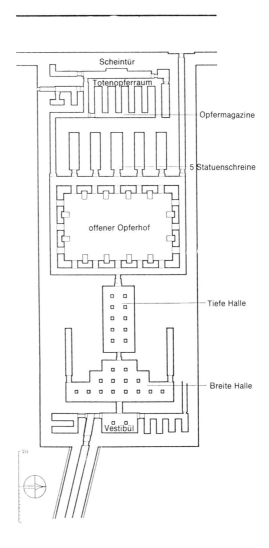

39 Giza. Totentempel des Chephren.

Vor der Ostseite der Pyramide, aber außerhalb der inneren Pyramidenumfassung und des Umganges, lag der Totentempel, der bei Chephren ein Rechteck von 100 E = 56 m Breite und 200 E = 111 m Länge einnimmt[392]. Sein Kernmauerwerk bestand aus riesigen Blöcken von bis zu 200—400 t Gewicht[393]. Außen war dieses Mauerwerk mit Turakalkstein abgedeckt, innen mit Granit, auch der Sockel der Außenmauern bestand aus Granitblöcken. Gegenüber dem Totentempel des Cheops, der im wesentlichen aus einem weiten, pfeilerumstandenen Hof und dem Totenopfersaal bestanden hat, ist hier ein viel differenzierterer Plan verwirklicht worden, der sich modifiziert in den Totentempeln der 5. und 6. Dynastie durchsetzte[394]. Dieses Schema läßt eine klare Dreiteilung in Form einer funktionalen Staffelung von Ost nach West erkennen: Den östlichen Teil bildet der Vortempel mit dem Tor, in das der Aufweg mündet, und dem Vestibül als Empfangssaal; den mittleren Teil nimmt der offene Verehrungshof ein mit dem Altar und einem Pfeiler oder Säulenumgang, unter dem Königsstatuen standen; getrennt durch einen Querkorridor folgt dann der eigentliche Totentempel mit den fünf Statuenkapellen und dem Totenopfersaal mit Scheintür. Borchardt hat den Vortempel und den offenen Verehrungshof unter dem Begriff „öffentlicher" Tempel zusammengefaßt[395]. Ricke nennt ihn treffender Verehrungstempel, auf den der „intime" Tempel — so Borchardts Definition — oder Totenopfertempel Rickes folgt[396].

Chephrens Aufweg mündet aufgrund der Bodengegebenheiten nicht in der Mitte der östlichen Tempelfront, sondern seitlich versetzt in der südlichen Hälfte der Fassade in einen Querraum, der nach Süden in Magazine, nach Norden in den eigentlichen Torraum mit zwei Pfeilern führte[397]. Von diesem gelangte man über eine zentrale Pforte in eine quergelagerte T-förmige Pfeilerhalle mit 14 Granitpfeilern, die sich in drei Reihen von je acht, vier und zwei Pfeilerstellungen nach Westen hin verjüngt. Von der südlichen und nördlichen Schmalseite aus zweigen je ein schlauchartiger Korridor nach Westen in das dicke Mauermassiv ab, die Hölscher als Statuenserdab bezeichnete. Er vermutete darin kostbare Statuen aus Hartgestein, für deren Abtransport man später von außen her Breschen durch das massive Mauerwerk geschlagen habe[398]. Statuenserdabs sind aber in königlichen Totentempeln unbezeugt und widersprechen sogar dem Prinzip des Kultes an Königsstatuen, die frei zugänglich und erreichbar stehen mußten. Ricke hat in diesen Nischen daher, sehr ansprechend, die Tages- und die Nachtbarke des Sonnengottes angenommen, denen die Schiffsgruben auf der Süd- und Nordseite des Tempels entsprächen[399]. Vielleicht sind diese Korridore aber auch nur Nebeneingänge zum vorderen, öffentlichen Tempel, der ansonsten nur über den langen Aufweg vom Taltempel aus hätte erreicht werden können. Nach Westen führt ein Tor aus der Querhalle in eine gleichsam in das dicke Mauerwerk eingeschnittene Längshalle, das Vestibül, ägypt. Per-weru, „Haus der Großen", den Empfangsraum des Totenpalastes, dessen Decke durch zwei Reihen von je 5 Granitpfeilern getragen wird[400]. Offenbar war das Vestibül, ähnlich wie die Längshalle des Totentempels, ganz mit Granit verkleidet und unde-koriert. Der Boden war, wie in der Vorhalle und im Hof, mit Alabasterplatten ausgelegt. Westlich davon liegt der offene Verehrungshof, bei Chephren ein Pfeilerumgang, unter dem vermutlich Sitzstatuen thronten[401]. Die Wände des überdeckten Umganges hatten einen Granitsockel, darüber Kalkstein mit Relief-darstellungen. In der Mitte des Hofes stand ein Altar, auf dem die Opfer für den Statuenkult dargebracht wurden. Nach Westen hin öffnen sich 5 Durchgänge zu einem querliegenden Korridor und den 5 Statuenkapellen. Die mittlere Statuen-kapelle ist breiter als die seitlichen, was sich wenig mit der Annahme verträgt, daß in diesen Kapellen Königsstatuen standen, die jeweils einem der 5 dogmati-schen Königsnamen zuzuordnen seien[402]. Die Länge der Kapellen läßt an Bar-kenräume denken. Diesen 5 Kapellen dürften die 5 Magazine westlich davon zugehören. Hinter diesen liegt als westlichster Teil des Tempels ein Querraum, in dessen Mitte eine breite Nische den Ort der Scheintür markiert; dies ist der eigentliche Totenopferraum, die Kultstätte, die den dauernden Totenopferkult beschließt[403]. Durch die Scheintür kann der tote König aus seinem Grab in den Tempel gelangen und an den Opfern teilnehmen. Ein Nebeneingang auf der Südseite führt über einen Vorraum direkt in diesen wichtigsten Raum des Tem-pels, dem auch die beiden kleinen Magazinräume gleich östlich des Eingangs zuzuordnen sind. Ein leicht ansteigender Korridor auf der Nordseite des Tem-pels umgeht den Verehrungshof und den westlichen Tempelteil, um direkt in den Pyramidenumgang zu münden.

Außerhalb des Tempels liegen auf dessen Nord- und Südseite je zwei Schiffs-gruben; eine fünfte findet sich weiter südlich und parallel zur Pyramidenumfas-sungsmauer. Die Gruben waren ausgeraubt und leer, die beiden westlichen sind noch größtenteils abgedeckt[404].

Die östliche Fassade des Totentempels bot sich dem Beschauer als eine glatte, ungegliederte Fläche dar, die nur durch den schräg daraus abgehenden Aufweg unterbrochen wurde. Es ist bisher viel zu wenig beachtet worden, daß alle Auf-wege des Alten Reichs, mit Ausnahme derer des Mykerinos und des Sahure, mit einem mehr oder weniger ausgeprägten Knick und selten in der Achse der Pyra-mide und der Ostfassade des Totentempels anlangen. Bodenverhältnisse kön-nen dafür nicht oder nur beschränkt verantwortlich gemacht werden, zumal die antiken Baumeister sich nicht gescheut haben, umfangreiche Terrassen und Fun-damente da anzulegen, wo es für unumgänglich notwendig erachtet wurde. Der Knick des Aufweges läßt sich sogar besonders auffällig bei den Sonnenheiligtü-mern der 5. Dynastie feststellen. Sollte dabei die Vorstellung des gewundenen Kanals, der das Opfergefilde durchquert, eine Rolle gespielt haben? Oder doch nur die Scheu, bei einer axialen Führung einen theoretisch möglichen Durch-blick vom Eingang bis ins Allerheiligste freizugeben? Der Aufweg hat eine Län-ge von 494,60 m und verläuft anfänglich im Osten auf dem Felsabbruch, der die Grenze des Cheops-Steinbruches bildet. Wie der des Cheops war auch der Auf-

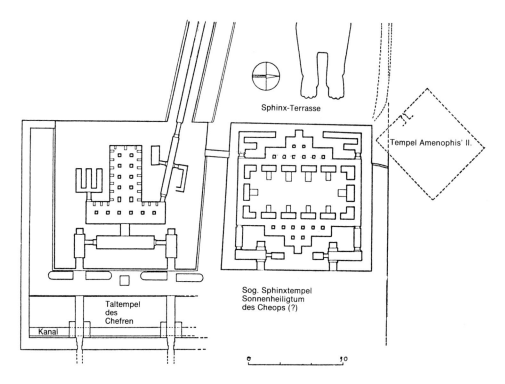

Sphinx-Terrasse

Tempel Amenophis' II.

Sog. Sphinxtempel
Sonnenheiligtum
des Cheops (?)

Taltempel
des
Chefren

Kanal

40   Giza. Taltempel des Chephren und sog. Sphinxtempel.

weg des Chephren gedeckt. Die Wände aus weißem Turakalkstein waren außen geböscht, innen aber lotrecht, ein deutlicher Hinweis darauf, daß sie reliefiert waren bzw. werden sollten, wofür auch die Abdeckung des Aufweges spricht. Allerdings ist an den noch teilweise erhaltenen Seitenwänden am östlichen Ende keine Dekoration festgestellt worden, da jedoch nach Herodots Bericht schon der Aufweg des Cheops Darstellungen enthielt, wird dies auch auf den des Chephren zutreffen müssen. Etwa in der Mitte des Aufweges ist dieser untertunnelt, um den Handwerkern und Priestern der Nekropole den Verkehr zwischen der nördlichen und südlichen Hälfte zu ermöglichen.

Der Taltempel des Chephren, der besterhaltene Tempel des Alten Reiches, bietet äußerlich, auch ohne die Granitverkleidung, das Bild eines massiven Felsquaders von 85 E = 44,60 m Seitenlänge und 25 E = 13 m Höhe[405]. In der Tat *Taf. 51* hat man beim Bau teilweise den anstehenden Fels mitverarbeitet, besonders im Nordosten, wo der Aufweg im Tempel auf einer stehen gebliebenen Felsrampe ansteigt. Der Eindruck einer Megalitharchitektur bestätigt sich im Inneren, wo die glatt polierte Granitverkleidung und die mächtigen, monolithen Granitpfeiler erhalten sind und einen einzigartigen Raumeindruck vermitteln, eine würdi-

138

ge Komplementierung zu der Masse der Pyramiden. Die Fassade des Taltempels, der erstmals eine einfache Hohlkehle als oberen Abschluß hatte, wird einzig durch die beiden seitlichen Tore von etwa 6 m Höhe gegliedert, die durch eine gleichlautende Inschrift umrahmt waren, auf der der König am südlichen Tor von Hathor, am nördlichen von Bastet geliebt genannt wird[406]. Vor jedem Tor lag ein Sphingenpaar, die Köpfe dem Tordurchgang zugewendet. Vor der Mitte der Fassade stand wohl eine Art Pavillon, ein Kiosk, der entweder eine Statue des Königs barg oder das Reinigungszelt, das nach den Darstellungen in Privatgräbern des Alten Reiches ein leichter Rahmenbau, verkleidet mit Matten, war. Die beiden Torräume sind fast 9 m hoch. Gegenüber dem Eingang war jeweils hoch in der Wand eine Nische eingelassen, in der man sich vielleicht eine apotropäische Löwenplastik vorstellen könnte. In dem breiten Korridor, der die beiden Eingänge verbindet, fand Mariette 1860 bei der Freilegung des Tempelinneren in einem späteren Grabschacht die gut erhaltene Sitzfigur des Taf. 44 Chephren mit dem Horusfalken. Durch ein zentrales Portal betritt man die grandiose Pfeilerhalle in Form eines umgekehrten T. Sechs monolithische Granitpfeiler tragen die Decke des Quersaales, 10 die des dreischiffigen Längsraumes. An den Wänden standen nach den Versatzspuren 23 Statuen des thronenden Königs. Der Fußboden war mit Alabasterplatten ausgelegt. Von der Süd- und Nordseite der Querhalle zweigt je ein Korridor ab; der der Südseite führt zu einem Magazintrakt, der doppelstöckig je drei Magazinräume oder Sakristeien enthielt[407]; der Korridor der Nordseite steigt nach dem Tordurchgang stetig an; auf seiner Südseite liegt ein völlig dunkler, kleiner Raum, wohl kaum eine Wächterstube − der Raum hat einen Alabasterbodenbelag! −, sondern eher zur Aufbewahrung von Kultgerät gedacht; auf der Nordseite führt eine Rampe zum Dach. Die Fortsetzung des Ganges geht in den Aufweg über, der aus der Nordwestecke des Taltempels ansteigt, den Taltempel somit eigentlich seitlich umgeht, wie wir es auch schon bei dem sog. Taltempel der Knickpyramide kennengelernt haben.

Im Norden liegt der ältere Sonnentempel von Achet-Chufu mit der über 57 m langen und 20 m hohen Wächterfigur der Sphinx. Östlich vor dem Taltempel dehnte sich eine etwa 8 m breite aus dem Felsen gehauene Terrasse aus, zu der zwei Rampen mit sanftem Anstieg hinaufführen. Am Ende dieser Rampen muß wenigstens zeitweise eine Kaianlage bestanden haben. Wahrscheinlich ist der Taltempel jedoch schon sehr bald auf allen Seiten von der Pyramidenstadt des Chephren umbaut worden; die Reste von Ziegelmauern und Häusern östlich und südlich des Torbaues gehören zwar späteren Epochen an, haben jedoch sicher ältere überlagert. Die Pyramidenstadt des Chephren und die des Cheops bildeten offenbar eine einzige Stadt, die als „nördliche Siedlung" und „südliche Ufermark" unterschieden wurden und durch Gouverneure mit dem altertümlichen Titel ꜥd-mr verwaltet wurden[408]. Ein Teilstück der mächtigen megalithischen Stadtmauer mit Tor ist im Süden noch heute erhalten[409].

Zwischen die Regierung des Chephren und die seines Sohnes Mykerinos ist wahrscheinlich die kurze, vielleicht weniger als 1 Jahr dauernde Regierung eines der Söhne des Djedefre einzuschieben, der in den zeitgenössischen Denkmälern aufgrund der Kürze seiner Herrschaftsdauer übergangen wird. Dies muß jedoch nicht Illegitimität bedeuten, da er in den späteren Königslisten geführt wurde[410]. Sein Name, Baka, vielleicht auch Neb-ka, später zu Nebkare = Bicheris entstellt[411], findet sich in der großen Ausschachtung eines Pyramidengrabes in Zawiet el-Aryan[412]. Dieses begonnene Grab wurde lange Zeit aufgrund architektonischer Kriterien der 3. Dynastie zugewiesen[413]. Lauer hat jedoch m. E. entschieden klarmachen können[414], daß dieser begonnene Pyramidenbezirk von 665 × 420 m aufgrund der Ausmaße der geplanten Pyramide von 200 × 200 m und der nur seit Djedefre in diesem Reichtum bezeugten Verwendung von Rosengranit zur Aufmauerung der Grabräume in die spätere 4. Dynastie gehören muß. Nur der eindrucksvolle, tiefe Schacht von 24 m ost-westlicher Länge × 11,70 m Breite und 21 m Tiefe, zu dem ein offener Korridorschacht von 106 m Länge von Norden her hinabführt, ist fertig geworden. Der Schachtboden ist mit gewaltigen Kalkstein- und Granitblöcken von 4,50 m Dicke und bis zu 9 t Gewicht ausgekleidet. In der westlichen Hälfte des Schachtes war ein ovaler, 3,15 m langer, 2,22 m breiter und 1,50 m hoher Granitsarkophag über einen Meter tief in den Bodenbelag aus Granit eingelassen, der mit einem ebenfalls ovalen Deckel von 2,95 × 1,20 × 0,43 m verschlossen war. Der Sarg war leer, den Spuren im Innern nach jedoch einst zu einem Begräbnis benutzt worden. Die Graffiti im Schacht und auf den Steinen lassen eine Lesung Ba-ka zu und bestätigen damit die Datierung der Anlage durch Lauer in die späte 4. Dynastie.

Mykerinos, der Sohn und Erbe des Chephren, kehrte mit seinem Grabbezirk nach dem kurzen Zwischenspiel des Baka/Bicheris wieder nach Giza zurück.

Taf. 53 Seine Pyramide[415] namens Ntrj-Mn-kꜣw-Rꜥw „Göttlich ist (die Pyramide des) Menkaure" liegt etwa 450 m südwestlich der des Chephren, ungefähr auf einer Linie, die jeweils die Südwestecken der drei Pyramiden von Giza schneidet[416]. Dies mag eine leichtere Methode der Einnordung gewesen sein, die einen schon stehenden, genordeten Bau zum Ausgang nimmt. Mykerinos mußte sich beim Bau seiner Pyramide schon mit einem entfernteren, ungünstigeren Platz bescheiden, Terrassierungen unternehmen und einen längeren Aufweg vom Tal her einplanen; jedoch konnte er auf neue Steinbrüche in unmittelbarer Umgebung zurückgreifen[417]. Seine Pyramide nimmt nur mehr etwa ein Viertel der Grundfläche der Pyramiden seiner Vorgänger in Giza ein, die verbaute Masse beträgt sogar nur etwa ein Zehntel der der Cheopspyramide. Diese drastische Verringerung der Ausdehnung und Masse, vor allem auch der Höhe, ist nicht mit Bauphasen und geplanten, späteren Erweiterungen, der Wachstumsthese von Lepsius und Borchardt[418], zu erklären, auch kaum aus der Erfahrung und Ernüchterung über das Scheitern der zu groß konzipierten Pyramide von Zawiet el-Aryan; die Beschränkung der Größe der Pyramide muß im Hinblick auf die

lange, 28(oder 18?)jährige Regierungszeit des Mykerinos, aus der die Beamten-
biographien keine Unruhen oder Störungen zu berichten wissen, und besonders
unter Beachtung der Baugeschichte der Pyramide tiefere Ursachen haben. Ein
wesentlicher Grund scheint sich m. E. schon unter Chephren deutlich abzuzeichnen, nämlich die wachsenden Ausmaße und die Bedeutung der Totentempelanlage im Vergleich zu den Pyramidenanlagen der 3. und frühen 4. Dyna-

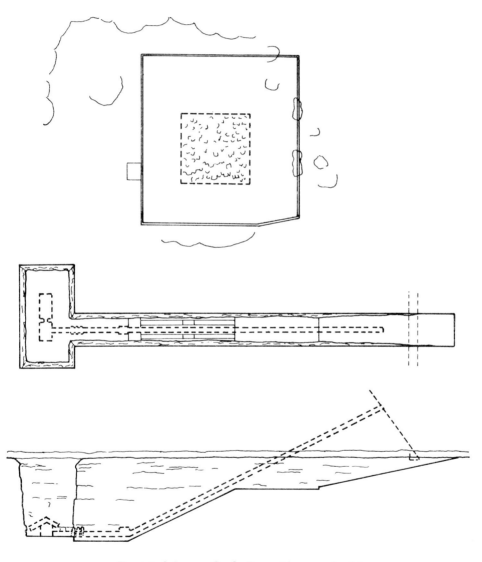

41   Zawiet el-Arayn. Große Pyramidenausschachtung.
a Pyramidenbezirk nach der Aufnahme von Lepsius   b Korridor und Schacht mit
geplanter Grabkammer.

stie. Diese und dabei insbesondere der Teil, den Ricke als Verehrungstempel bezeichnete, also der vordere, öffentliche Tempelteil, wächst in gleichem Maße, wie fortan die Pyramide abnimmt. Daß dahinter ein grundsätzlicher Wandel in der theologischen Stellung des Königs steht bzw. damit einhergeht, der Übergang vom Weltgott, der sich selbst als Sonnengott versteht, zum Sohn des Sonnengottes, ist lange schon erkannt worden. Die Verringerung der Größe des eigentlichen Grabbaues ist nicht die öffentliche Schaustellung einer resignierenden Einsicht und Ergebung in die gewandelte Weltstellung; allein die Darstellung der königlichen Mächtigkeit und die Art und Weise ihrer Verewigung wandelt sich. Neben und an die Stelle der hochragenden, ewigen Pyramide tritt nun der Verehrungstempel mit den zahlreichen Statuen und Reliefs, die als Thema die Erhaltung und Verewigung der königlichen Macht haben.

Taf. 57–58

Taf. 54

Die Pyramide des Mykerinos hat eine Seitenlänge von 102,20 m × 104,60 m (= 196 × 200 E) und erreicht bei einem Winkel von 51°–51° 20′ (= 5^2/$_3$ H auf 1 E) eine Höhe von 65–66 m[419]. Die unteren 16 Steinlagen der Verkleidung bestehen aus Assuangranit, der ungeglättet verblieben ist, was Seitenmessungen beeinträchtigt und zu unterschiedlichen Vermutungen geführt hat. Die oberen Verkleidungslagen bestanden jedoch aus geglättetem, feinen Turakalkstein, woraus deutlich wird, daß dies von Anfang an so geplant war. Die Blöcke der Granitverkleidung waren wohl ungeglättet verblieben, weil sie anfänglich noch von den kleinen Baurampen, die zur Konstruktion der unteren 15 m der Pyramide von allen Seiten um die Pyramide herangeführt waren, bedeckt waren. Zudem war die Glättung von Granit sicherlich ein anderes Arbeitsverfahren als die der Kalksteinverkleidung. Die Granitverkleidung, die natürlich gleichzeitig mit dem Kernmauerwerk verlegt worden ist, beweist jedoch, daß die Pyramide in dieser Größe geplant war und weder ursprünglich kleiner begonnen noch später erweitert werden sollte. Dies läßt sich auch an der tiefen Bresche erkennen, die nach der Tradition die Mamluken erst um die Jahrhundertwende des 18. Jahrhunderts geschlagen haben sollen. Vyse hat diese Bresche ausgenutzt und einen Gang bis zum natürlichen Fels im Zentrum der Pyramide getrieben. Dabei lassen sich deutlich zwei Stufen erkennen, die erste in Höhe der Granitverkleidung außen und eine weitere in Höhe der 25. Lage, die darauf deuten, daß der Kern in Stufenbauweise errichtet worden ist[420]. Petrie hat aufgrund des doppelten Gangsystems angenommen, daß Mykerinos ursprünglich eine kleinere Pyramide mit der Seitenlänge von 100 E geplant habe, was jedoch durch den Befund der oberen Kammer (B), in die der obere Gang mündet, ebenso auszuschließen ist wie durch den Befund an der nördlichen Mündung des oberen Ganges. Seit der Pyramide des Djedefre in Abu Rowasch ist eine Granitverkleidung der unteren Lagen die Regel, die sogar bei der nur begonnenen Pyramide des Baka in Zawiet el-Aryan zu beobachten ist. Der obere Gang zeigt am Ausgang keine Granitverkleidung, die bei der Konstruktion unbedingt schon hätte mit eingefügt sein müssen und nicht wieder entfernt werden konnte. Zum

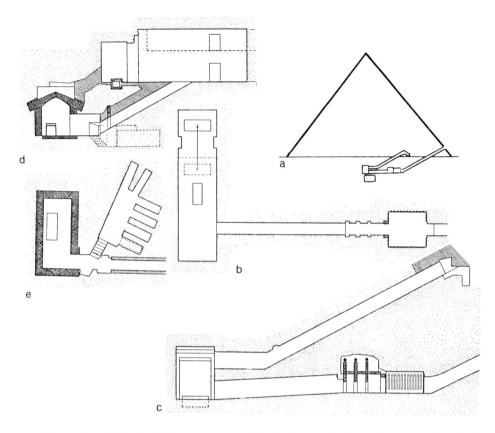

42 Giza. Pyramide des Mykerinos.   a Schnitt durch die Pyramide   b Grundriß
des oberen Kammersystems   c Ansicht des Gangsystems von Osten   d obere Vorkammer B und Sargkammer C   e Magazine M.
A Gangkammer mit 26 Nischen   B obere Vorkammer   C granitverkleidete Sargkammer mit Tonnengewölbe   X Verbindungskorridor zwischen B und C
M Magazine.

anderen ist es ein allgemeines Konstruktionsprinzip unterirdischer Felskammern, daß diese von oben nach unten ausgehöhlt wurden. Wäre die Kammer (B)
je als Grab oder Vorkammer einer zu dem oberen Gang gehörigen Pyramiden-
konstruktion vorgesehen gewesen, müßte die Kammer eine größere Höhe als
die 0,48 m über dem Korridor gehabt haben, es sei denn, diese erste Planung sei
bei Beginn der Aushöhlung der Kammer schon aufgegeben worden. Vyse hebt
jedoch ausdrücklich hervor, daß der obere Gang von Norden aus, d. h. von
oben her, durch den Fels gegraben wurde[421], also noch bevor darüber das Kernmauerwerk der Pyramide errichtet worden ist, wodurch ausgeschlossen wird,

daß er später angelegt worden sei, um etwa die traditionelle Mündungshöhe des Grabkorridors der 4. Dynastie von 12 m Höhe oder mehr zu erbringen.

Der untere Korridor mit einem Ausgang in Höhe von 3,97 m = 7½ E über der Basis der Nordseite ist demnach eine weitere, vereinfachende Neuerung, die zu dem ebenerdigen Eingang der 5. Dynastie führen wird, der nicht nur die Einbringung der Bestattung und der Blockierungssteine erheblich erleichterte, sondern auch zu einer baulich wie kultisch befriedigenden Lösung der Nordkapelle

Abb. 42 führte. Dieser Korridor mit den kanonischen Maßen von 1,05 m = 2 E Breite und 1,20 m = 2¼ E Höhe führt mit einer Neigung von 26° 2′ über 31,70 m in die 7 E × 6 E (3,63 m × 3,16 m) große Gangkammer (A), deren Wände rundhe-

Taf. 55 a rum mit 26 Nischen dekoriert sind[422]. Diese Dekoration ist am Eingang, wahrscheinlich von Vyse, arg in Mitleidenschaft gezogen worden, als er den Granitsarg des Mykerinos aus der Pyramide transportieren ließ! Vom Plan her läßt sich der Raum (A) als Vorläufer der späteren Gangkammern der Pyramiden der 5.−6. Dynastie verstehen, die allerdings dann keine Nischendekoration mehr hatten. Hinter der Gangkammer (A) lag eine heute sehr zerstörte Fallsteinkammer von 2,58 m Länge mit drei Granitfallsteinen. Der folgende Gang von gut 3 E Höhe und einem ganz leichten Gefälle von 4° erreicht nach 12,60 m die Felsenkammer (B), 2,99 m unter dem oberen Korridor. Der Raum ist ganz aus dem Felsen herausgearbeitet worden und nicht verkleidet. Seine Maße betrugen 14,20 m (= 27 E) ost-westlicher Länge × 3,84 m (= 7⅓ E) Breite und 4,87 m (= 9¼ E) Höhe bei einer flachen, sauber geglätteten Decke. Im Westen ist eine leicht vertiefte, niedere Nische von 2,60 m = 5 E Tiefe abgetrennt, in deren Mitte sich eine grobe Ausarbeitung im Fels von ca. 0,40 m Tiefe, etwa in Größe eines Sarges (2,62 × 1,02 m) abzeichnet. In einer ersten Planung könnte die Kammer (B) von der Lage und den Ausmaßen her, allerdings nicht mit der flachen Decke, als Grabkammer vorgesehen gewesen sein. Später hat dieser Raum ein Kalksteinpflaster erhalten. Die Tatsache, daß der absteigende Korridor am Anfang mit Granitblöcken ausgekleidet war, die Kammer (B) aber nicht, auch nicht die Nischen, könnte bedeuten, daß man schon zu diesem Zeitpunkt beschlossen hat, das Kammersystem zu erweitern. Im übrigen kann der nischendekorierte Sarg, den Vyse in der späteren Sargkammer gefunden hat, zwar von den Maßen, jedoch nicht aufgrund seiner Dekoration in der Aushebung der Nische gestanden haben. In dem Schutt der Kammer fand Vyse Fragmente eines Holzsarges mit dem Namen des Mykerinos, die von einer ramessidischen oder saitischen Restaurierung des Begräbnisses herrührten[423]. Die damit gefundenen Mumienteile sollen aber nach neueren Radiocarbon-Untersuchungen von einer frühchristlichen Bestattung stammen.

Aus der Mitte der Kammer (B) wurde ein neuer Gang, 3 E hoch, aber weniger als 2 E breit, mit der Neigung von 26° nach unten angelegt, der vollseitig mit Granitblöcken ausgekleidet ist und nach 9,90 m (= 18½ E) auf eine weitere Fallsteinvorrichtung trifft. Ein kurzes, horizontales Gangstück, 4 m lang, 1,05 m

f. 53

Taf. 54

f. 55

◁ ◁ ◁ Taf. 53 Zawiet el Arian. Große Aushebung und Grabschacht für eine Pyramide der 4. Dynastie. Der Schachtboden war mit Granit- und Kalksteinblöcken ausgelegt, in die ein ovaler Basaltsarkophag vertieft war.

◁ ◁ Taf. 54 a Giza. Pyramide des Mykerinos von Norden mit dem Eingang und der noch ungeglätteten Sockelzone aus Rosengranitblöcken. Die Bresche in der Pyramidenmitte soll von Mamelukenfürsten verursacht worden sein, die ihre Möglichkeiten der Zerstörung erproben wollten.
Taf. 54 b Giza. Blick auf die Mykerinospyramide von Süden. Deutlich erkennt man die Grenzen des Pyramidenbezirks im Westen und Süden, der die Königinnenpyramiden und die Kultpyramide einschloß.

◁ Taf. 55 a Giza. Nischendekorierter Vorraum im Inneren der Mykerinospyramide.
Taf. 55 b Giza. Magazinraum mit 6 Nischen unter der Grabkammer der Mykerinospyramide.

Taf. 56 Statuengruppe des Mykerinos und der Königin Chamerernebti. Auffällig und ungewöhnlich für das Alte Reich ist die gleiche Größe der beiden Figuren, die auf eine bedeutende Rolle der Königin hinweist. Die Doppelstatue stand vielleicht als Kultbild in dem Totenopferraum des Totentempels. Schiefer. Höhe 142 cm. Fine Arts Museum Boston.

Taf. 57/58 Giza. Blick von Süden auf die Pyramide des Mykerinos mit den Pyramiden des Chefren und Cheops dahinter. Im Vordergrund die Kultpyramide des Mykerinos, rechts davon die beiden Stufenpyramiden der Königinnen.

Taf. 59

Taf. 60   Giza. Grabbau der Königin Chentkaus aus dem Ende der 4. Dynastie in Form einer butischen Mastaba. Der Grabbau folgt dem Vorbild des Schepseskaf, der Mastaba el Faraun. Nach den Inschriften war die Königin Chentkaus „Mutter zweier Könige", der Könige Userkaf und Neferirkare, mit denen die 5. Dynastie beginnt.

◁   Taf. 59 a   Giza. Totentempel des Mykerinos. Nur das Kernmauerwerk war in Stein ausgeführt, der Rest wurde mit Lehmziegeln verkleidet. Deutlich die Zweiteilung des Tempels in einen offenen Hof im Osten, vor den eine lange Eingangshalle gelegt war, und den geschlossenen Totenkultbereich mit der eindrucksvoll tiefen Totenopferkapelle in der Mitte.

Taf. 59 b   Sakkara/Süd. Mastaba el Faraun, der Grabbau des letzten Königs der 4. Dynastie Schepseskaf in Form einer butischen Mastaba.

Taf. 61   Kopf einer Kolossalstatue des Userkaf aus seinem Totentempel in Sakkara. Die
Statue stand frei im Hof des Verehrungstempels und stellt den vergöttlichten König als
Kultempfänger dar. Granit. 67 cm. Ägyptisches Museum Kairo.

Taf. 62 Kopf des Userkaf aus seinem Sonnenheiligtum in Abusir. Gegenüber dem Kolossalkopf aus dem Totentempel wirkt der des Sonnenheiligtums weicher, so daß man auch schon an eine Darstellung der Göttin Neith gedacht hat. Sicher spielt dabei der jeweilige Ort der Aufstellung und die Wahl des Materials eine formende Rolle. Grauwakke. 45 cm. Ägyptisches Museum Kairo.

Taf. 63

breit, aber 2,02 m hoch, führt in die zweite Sargkammer (C), die gleichfalls ganz mit Granit ausgekleidet ist und ein Tonnengewölbe aus mächtigen Granitbalken hat, die als Giebeldach verlegt und nachträglich gerundet waren. Diese Deckenbalken sind über einen Tunnel (X) von der Nische der ersten Sargkammer (B) eingebracht worden. Vielleicht wurde zu ihrem Transport der zweite, obere Korridor von außen in die erste Sargkammer (B) angelegt, da man sich kaum vorstellen kann, daß die Granitbalken durch den langen, unteren Korridor transportiert worden sind, zumal bei diesem Transport keine Luftzufuhr in die unteren Kammern möglich gewesen wäre. Auf jeden Fall ist ihre Verlegung eine Pionierstat ersten Ranges! Die zweite Sargkammer (C) liegt 15,55 m unter der Pyramidenbasis und mißt mit der Granitverkleidung innen 2,62 m (= 5 E) × 6,59−62 m (= 12$^{1}/_{2}$ E); die Höhe beträgt 3,43 m (= 6$^{1}/_{2}$ E). Gegen die lange Westwand gestellt fand Vyse einen nischendekorierten Sarg mit Hohlkehlenabschluß[424], den er herauszerren ließ, um ihn nach England zu senden.

Von dem kurzen Gang zweigt eine Treppe nach Norden ab, die nochmals einen guten Meter tief in einen Raum mit 6 länglichen Nischen führt, 4 auf der Ostseite, 2 auf der Nordseite, jeweils etwa 2,57 m lang und 0,70−0,90 m breit bei nur 1,40 m Höhe. Gegenüber der Treppe ist in die Gegenwand eine Nische eingelassen, die wohl der besseren Manövrierung beim Einbringen sperriger Gegenstände in den Nischenraum gedient hat. Die Nischen haben weder Ellenmaße noch sind die Wände verkleidet oder geglättet, was darauf hindeutet, daß *Taf. 55 b* dies ein Magazintrakt sein könnte, ähnlich den Galerien der älteren, unterirdischen Felsengräber der 3. Dynastie. Allerdings wiederholt sich dieser Raumkomplex, ein Vorraum mit 2 und 4 Nischen, in den Grabbauten des Schepseskaf und der Königin Chentkaus in Giza, wo sie seitlich der Sargkammer vorgelagert sind, und letztlich in den drei Nischen, dem sog. Serdab der späteren Pyramiden der 5. und 6. Dynastie, so daß man auch eine kultische Nutzung erwägen könnte. Ricke[425] hat schon die Scheintürdekoration des Vorraumes (A) dem

◁ Taf. 63 a   Sakkara. Pyramide des Userkaf. Blick von Süden über das Hofpflaster und die Fundamentreste des Verehrungstempels auf die Pyramide. Ausnahmsweise lag der Verehrungstempel nicht auf der Ost- sondern auf der Südseite. Der sichtbare Verfall der Pyramide ist auf die von nun an häufig schlechte Bauweise des Pyramidenkerns zurückzuführen; allerdings hatte die Verkleidung der Pyramide aus gutem Turakalkstein den Bau gehalten; erst durch den Steinraub im arabischen Mittelalter ist der Verfall der Pyramiden des späten Alten Reiches eingeleitet worden.
Taf. 63 b   Vögel im Papyrusdickicht. Relief aus dem Tempel des Userkaf. Unter Userkaf und seinen Nachfolgern in Abusir erreicht die Reliefkunst die höchste Blüte. Die Beobachtung der Natur, des Menschen und seiner Umwelt, erweitert die Ausdrucksmöglichkeiten und dringt auch in die Grabbilder der bürgerlichen Zeitgenossen ein. Kalkstein. Ägyptisches Museum Kairo.

Nachfolger des Mykerinos Schepseskaf zugeschrieben; er möchte auch diese untere Sargkammer und besonders den Nischenraum als eine Ergänzung des Schepseskaf verstehen, eine Anpassung an neue kultische Bedürfnisse dieser Zeit. Die 6 Nischen hätten nach Ricke der Beisetzung von Kanopensärgen und der Kronen von Oberägypten und Unterägypten gedient. Mit Recht hat Helck[426] dagegen eingewandt, daß die Kanopen bei Hetepheres in einem Kanopenkasten im Sargraum beigesetzt waren und ein Kronenbegräbnis nirgendwo bezeugt ist. Im übrigen sind die Kanopen schon bei Chephren in einem Kasten in einer Nische dem Sarg beigestellt gewesen. Daß gerade die erneute Verlegung der Sargkammer tief unter den Felsboden und die Anlage von dunklen Nischen-

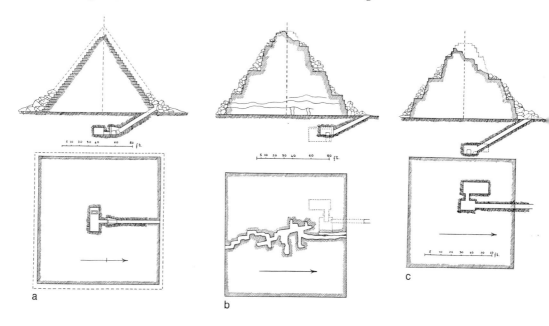

43 Giza. Nebenpyramiden südlich der Mykerinospyramide
a Kultpyramide (sog. Südgrab)   b und c Stufenpyramiden der Königinnen des Mykerinos.

räumen mit dem Sieg des Re-Glaubens verbunden sein sollten, erscheint ohnehin sehr fraglich. Diese tiefen Felsenkammern dürften eher dem chthonischen Aspekt des Totenglaubens zuzuordnen sein, vielleicht sogar dem Eindringen und der Übernahme osirianischer Vorstellungen gegen Ende der 4. Dynastie. Die Nischen könnten aber ebenso gut und gerade im Hinblick auf frühere Grabgebräuche der Unterbringung von Grabbeigaben gedient haben, z. B. von Betten, Baldachinen und Kleiderkästen, wie sie im ersten Grab der Hetepheres reichlich aufgefunden worden sind, vielleicht auch von Gerätschaften und Möbeln, die bei der Mumifizierung verwendet und mitbestattet wurden.

146

Der umgebende Pyramidenhof ist nur an der Ostseite ausgegraben. An der Nordseite ist unterhalb des Einganges in jüngster Zeit ein Bauwerk mit drei Kapellen nach Norden und einem Hof freigelegt worden, das aber wohl eher ein saitischer Grabbau als die Nordkapelle sein wird. Eine Restaurierungsinschrift aus später Zeit fand sich direkt unter dem Pyramideneingang[427].

Auf der Südseite der Pyramide, aber außerhalb des Pyramidenhofes, liegen 3 Nebenpyramiden[428], von denen die östliche und größere, G IIIa, sich durch die Bauweise und die teilweise in Granit ausgeführte Verkleidung von den beiden anderen unterscheidet. Sie hat eine Seitenlänge von ca. 44 m = 84 E und erreichte bei einem Neigungswinkel von 52° 15′ eine Höhe von ungefähr 28,50 m. Gang und Grabkammer haben die übliche T-Form der Kultpyramiden. *Taf. 57−58* Ungewöhnlich ist jedoch, daß in der Kammer an der Westwand ein relativ kleiner, schlichter Granitsarkophag stand. Ob dieser wirklich für ein zeitweises Begräbnis benutzt worden ist[429], bleibt offen; in ihm wurden Keramik und Holzreste gefunden; es sei jedoch an den Befund im Südgrab des Sechemchet erinnert, in dem eine Kinderleiche gefunden wurde[430]. An der Ostseite lag ein kleiner Totentempel in Ziegelbauweise von ca. 25 × 20 m Umfang. Die östliche Hälfte wird durch einen offenen Hof von 10 × 9 m eingenommen, der ein Kalksteinpflaster hatte, in dessen Mitte kein Altar, sondern ein Becken eingelassen war. Dieser Befund stellt eine Verbindung zu dem vor der Nebenpyramide der Knickpyramide des Snofru in Dahschur her, wo gleichfalls ein Becken, allerdings vor dem nördlichen Eingang, gefunden worden ist[431]. Ein Portikus aus Holzsäulen schloß den Hof nach Westen ab. Die Seitenwände des Hofes haben wiederum eine Nischendekoration, bei der jeweils drei einfache Nischen mit einer tieferen abwechseln. Durch ein Portal unter dem Portikus gelangt man in einen Vorraum und von dort in einen nord-süd orientierten, rechteckigen Raum mit den Maßen 10,50 m (= 20 E) × 1,90 m (= 3$^{1/2}$ E), dessen Westwand wieder eine reiche Nischendekoration im Stil der Prunkscheintüren hatte. Aus der Mitte dieses Raumes führte ein Tor nach Westen in einen letzten, kleinen Raum, dessen Westwand eine Nische für eine Statue (?) barg. Seitlich des Hofes und der mittleren Räume lagen Magazine und im Südwesten eine Treppe zum Dach.

Die beiden anderen Pyramiden sind als Stufenpyramiden erbaut und hatten jeweils auch an der Ostseite einen einfachen Ziegeltempel, dessen Raumsystem dem der Kultkapellen vor den Prinzengräbern der späteren Gizamastabas gleicht. Die Pyramiden hatten jeweils eine im Fels liegende Grabkammer und eine Vorkammer; der Grabkorridor endete ebenerdig vor der Nordseite der Pyramide. Auffällig ist, daß die Grabkammer der mittleren Pyramide, G IIIb, völlig dezentriert ist, so daß man annehmen möchte, daß die beiden Pyramiden G IIIb und c ursprünglich weiter westlich konstruiert werden sollten. In der Grabkammer von G IIIb stand ein Granitsarg, in dem sich die Bestattung einer jungen Frau fand; Steinmarken auf Deckbalken mit den Namen des Mykerinos beweisen, daß die Pyramiden zu seiner Zeit errichtet worden sind.

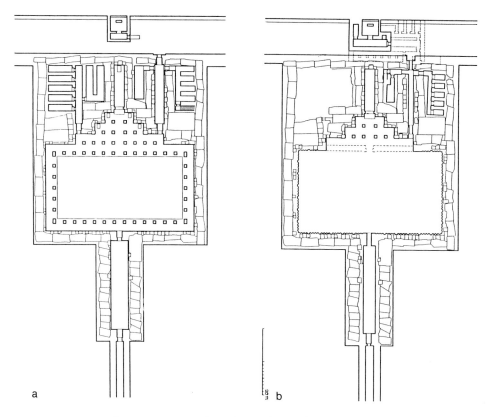

44 Giza. Totentempel im Osten der Mykerinospyramide.
    a 1. Bauplanung   b endgültige Ausführung.

Abb. 44

Taf. 59 a

Taf. 56

Vor der Ostseite der Hauptpyramide liegt der von Mykerinos nur begonnene Totentempel[432]. Der Plan des Tempels greift weitgehend auf das Vorbild des Cheopstempels zurück, mit einem weiten, offenen Hof, umstanden von einer Pfeilerkolonnade, einem gestaffelten Portikus im Westen, der in einen länglichen Totenopfersaal mit einer Scheintür an der westlichen Schmalseite führt. Hier und in dem Portikus dürften die Alabasterstatuen des Mykerinos gestanden haben. Nördlich und östlich des Totenopfersaales sollten Magazine gebaut werden, wovon aber nur die der Nordseite vollendet wurden. Das Kernmauerwerk des Tempels war aus mächtigen Quadern des lokalen Kalksteins angelegt, die später durch Granit und Turakalkstein verkleidet werden sollten; teilweise war mit der Verlegung der Granitsockel schon begonnen worden. Diese aufwendige Bauweise ist unter Mykerinos nicht mehr zur Ausführung gekommen. Sein Sohn und Nachfolger Schepseskaf hat die Bauausführung vereinfacht: Die Kolonnade des Hofes wurde durch eine Nischendekoration ersetzt, die Kalkstein- und Granitverkleidung des Kernmauerwerkes durch Ziegelmauerwerk,

148

das anschließend geweißt wurde und einen stuckartigen Verputz erhielt. Der Hof hatte vielleicht schon unter Mykerinos ein Kalksteinpflaster mit einem leicht erhöhten Prozessionsweg zu dem Totenopfersaal, von dem nur der doppelte Portikus ausgeführt war. In der Hofmitte stand wohl ein Altar. Portikus und Totenopferraum im Westen sowie der Durchgangskorridor zum Pyramidenhof sind die einzigen Teile des Tempels, die wohl schon fertig waren und daher eine Granitverkleidung hatten. Von dem differenzierten Tempelplan des Chephren ist bemerkenswerterweise nur das Vestibül Per-weru übernommen worden, das östlich vor dem Tempelhof liegt, später gleichfalls mit Ziegelmauerwerk verkleidet und vielleicht mit einem Tonnengewölbe überdeckt war. Wiederum später, vielleicht in der 6. Dynastie, aus der ein Restaurierungsdekret Phiops' I. bezeugt ist[433], wurden kleine Veränderungen und Ausbesserungen vorgenommen, die die Fortdauer des Kultes sichern sollten. Der Portikus im Westen wurde durch eine Ziegelmauer gegen den Hof geschlossen. Später wur-

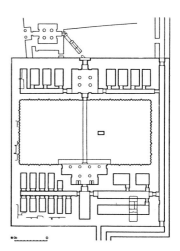

45 Giza. Taltempel des Mykerinos.

de zwischen die Westwand des Totentempels und die Pyramidenkante in dem breiten, gepflasterten Umgang eine zweite Totenopferkapelle errichtet, deren Scheintür nun direkt gegen die Ostseite der Pyramide stößt. Diese Neuerung findet sich erstmals im Totentempel des Schepseskaf, und es besteht daher Grund zu der Annahme, daß er es war, der den Totenopfertempel seines Vaters so den zeitgemäßen Kultbedürfnissen angepaßt hat[434]. Später, vielleicht in der 6. Dynastie, aus der Restaurierungsdekrete Phiops' I. erhalten sind, hat man verschiedentlich umgebaut und u. a. den Portikus zum ersten Totenopfersaal durch eine Mauer geschlossen, eine Maßnahme, die vielleicht anzeigt, daß der Kult sich auf die wenigen Räume im Westen konzentriert hatte, vielleicht war der erste Totenopfersaal schon nicht mehr funktionsfähig.

Auch der 608 m lange Aufweg und der Totentempel sind von Mykerinos nur in den Fundamentierungen angelegt und dann von seinem Sohn Schepseskaf eilig in Ziegelbauweise fertiggestellt worden, um dem mit der Bestattung einsetzenden Kult zu dienen. Der Taltempel[435] bildet ein Quadrat von 100 E ost-westlicher Länge bei etwas geringerer Breite von ca. 93 E. Sein Grundriß ist beinahe analog dem des Totentempels und weist eine ähnliche Raumstruktur, wie der der (südlichen) Knickpyramide des Snofru, auf: Anstelle des Längsraumes des Vestibüls findet sich im Taltempel allerdings ein quadratischer Torraum mit 4 Säulen. Nördlich und südlich davon liegen je 4 Magazinräume oder Kapellen, in denen nach einer sehr ansprechenden, neueren Deutung die berühmten Triaden des Mykerinos mit Hathor und einer Gaupersonifikation gestanden hatten[436]. Nach Westen folgt der offene Hof, der wiederum eine umlaufende Nischendekoration aufwies. Ein doppelreihiger Portikus von je 4 und 2 Säulen bildet gleichsam den Torraum für den westlichen Tempeltrakt. In dem Portikus standen zu beiden Seiten des Eingangs jeweils ein Paar der Alabasterstatuen des Mykerinos; in der Kultkapelle stand vielleicht die Doppelstatue des Mykerinos und der Königin Chamerernebti aus Alabaster vor einer Scheintür (?). Magazine füllten den Raum nördlich und südlich des Kapellenraumes. Der Aufweg passiert den Totentempel auf der Südseite − ähnlich wie in Dahschur − und hat mit diesem nur über zwei Korridore aus den östlichen und westlichen Magazintrakten Verbindung. Auch wenn der Taltempel komplett von Schepseskaf errichtet worden ist, so scheint mir doch aufgrund der strukturellen Ähnlichkeit mit dem oberen Tempel gesichert, daß er dabei dem Plan des Mykerinos folgte[437].

Spätere Umbauten haben keine wesentliche Änderungen erbracht. Im Osten wurde ein weiterer Torbau angefügt, der den Eingang auf die Pyramidenstadt im Norden hin ausrichtet[438]. Die Pyramidenstadt ist im übrigen bald in den Taltempel hineingewachsen, hat den Hof mit Häusern und Magazinen überwuchert, wobei die alte Kultkapelle im Westen und der Portikus zu einer Art Stadttempel wurden, in dem Mykerinos und Hathor (?) zusammen als Stadtgottheit verehrt wurden. Nördlich vor diesem zweiten Torbau wurde ein vertieftes, von Mauern umgebenes Bassin gefunden, das mit den Riten und Kulthandlungen der Reinigung und Mumifizierung zusammengebracht wurde. Diese Möglichkeit ist nicht auszuschließen; es könnte sich aber dabei auch um ein Wasserreservoir der umliegenden Pyramidenstadt gehandelt haben; die Balsamierungsstätte und das Reinigungszelt dürften vielmehr im und unmittelbar vor dem Taltempel zu suchen sein[439].

Den gesamten Pyramidenbezirk umgab eine Mauer aus Bruchstein, Kalksteinsplitter und Lehmmörtel. Im Norden ist diese Mauer gleichzeitig die des Chephrenbezirkes. Im Westen ist die Mauerführung deutlich vom Vorbild des Chephren beeinflußt, vermutlich waren auch bei Mykerinos dort Arbeiterkasernen untergebracht[440].

Aufgrund der Lage seiner Pyramide hatte Mykerinos nur beschränkt Platz für

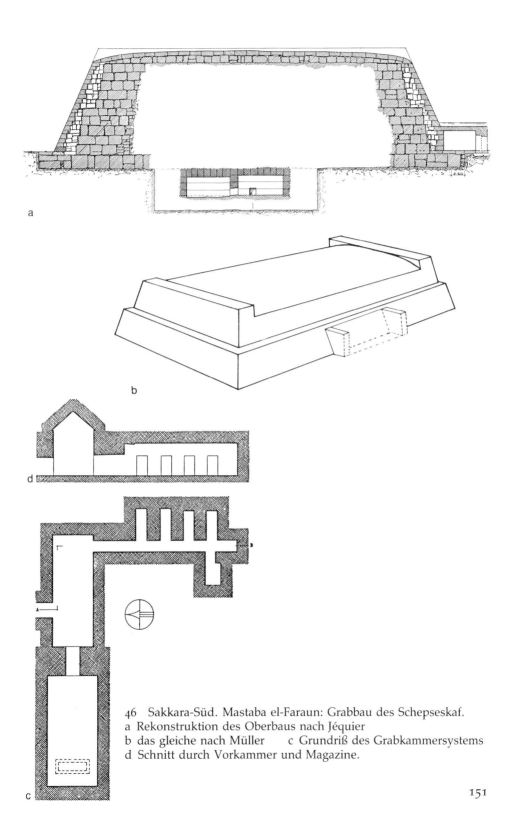

46 Sakkara-Süd. Mastaba el-Faraun: Grabbau des Schepseskaf.
a Rekonstruktion des Oberbaus nach Jéquier
b das gleiche nach Müller   c Grundriß des Grabkammersystems
d Schnitt durch Vorkammer und Magazine.

151

einen eigenen Hoffriedhof der Prinzen und hohen Beamten seiner Zeit. Diese sind daher vornehmlich in Gräbern nahe der West- und Südseite der Cheopspyramide bestattet, d. h. in einem Friedhofsbereich, der erst nach dem Tod des Cheops zur Belegung freigeworden ist. Andererseits zeigt sich die Tradition und die Familienbindung der hohen Staatsfunktionäre darin, daß diese Familienfriedhöfe auch nach der Verlegung des Residenzfriedhofes bis ans Ende des Alten Reiches weiter bestehenblieben.

Schepseskaf hat mit seinem Grabbau die alte Königsnekropole Giza endgültig verlassen, da für eine Anlage dieser Größenordnung mit Aufweg und Taltempel in Giza kein ausreichender und geeigneter Platz mehr verfügbar war. Als Ort für die neue Nekropole wählte er die damals noch unverbaute Hochebene von Sakkara-Süd, die Platz und günstige Steinbrüche genug bot. Sein Grabbau, die sog. *Taf. 59 b* Mastaba el-Faraun mit dem altägyptischen Namen Qbḥ-Špss-kꜣf „Kühle Stätte des Schepseskaf"[441] ist keine Pyramide, sondern eine gewaltige butische Mastaba von heute 99,60 × 74,40 m Umfang, alt wohl 200 × 150 E mit der verlorengegangenen Verkleidung, die in der Sockelschicht aus einer Lage Rosengranit und darüber Turakalkstein bestand. Der Neigungswinkel der nicht durchweg geglätteten Steine betrug wohl an die 70° [442]. Am Kernmauerwerk, für das wie bei der sog. Roten Pyramide des Snofru in Dahschur ein rötlicher Kalksandstein verwendet worden war, sind heute noch deutlich zwei Stufen zu unterscheiden, die der Mastaba die Stufenform der frühen butischen Mastabas der Königsgräber von Sakkara-Nord oder des Negadegrabes verliehen[443]. Man hat die Abkehr von der Pyramidenform im Zusammenhang mit der Aufgabe der Königsnekropole von Giza als eine bewußte Ablehnung der älteren Königsideologie der Pyramidenzeit ansehen wollen[444]; es ist aber bei unserer sporadischen Kenntnis der religiösen Entwicklung und politischen Vorgänge dieser entfernten Zeit stets ein Wagnis, derartige Einzelerscheinungen daraufhin zu befragen und zu deuten. Die ungestörte Abfolge der Könige und der friedliche Übergang vom Ende der 4. zur 5. Dynastie ist durch Zeugnisse der Beamtenschaft belegt[445]; die Auseinandersetzung zwischen der älteren Königsideologie des Gottkönigtums, des Königs als Weltgott und der anscheinend neuen Erfahrung des transzendenten Gottes, dem Glauben an einen überirdischen Sonnengott Re, der über dem Königtum steht und sich mit diesem über die Fiktion der Sohnesschaft verbindet, hat sich wohl eher in friedlichen Formen eines langsamen Überganges und keineswegs abrupt und revolutionär abgespielt. Es scheint uns Heutigen daher nicht mehr so einsichtig, wie ein Formenwechsel und das Auftreten archaisierender Architekturdekore, wie der Nischendekoration bei Mykerinos und Schepseskaf mit dem Eindringen des Sonnengottes in den königlichen Totenkult zu verbinden sei[446]. Im übrigen muß immer wieder darauf hingewiesen werden, daß Re schon in der 2. Dynastie in Königsnamen nachgewiesen ist und daß die Änderung in der Ausrichtung des Pyramidenbezirkes unter Snofru schon zu Beginn der 4. Dynastie dem Einfluß des Sonnenglaubens zuzuschreiben ist, indem eine direkte Parallele zwischen dem Prozessionsweg vom Taltempel zur Totenopferkultstätte und dem Sonnenlauf hergestellt wird. Cheops wiederum hat m. E. mit dem sog. Sphinxtempel das erste Re-Heiligtum errichtet und nennt seinen Grabbezirk Horizont! Nach Schepseskaf hat dessen Sohn (?) und Nachfolger Userkaf, dessen Namensbildung nicht von der des Schepseskaf zu trennen ist, die Form der Pyramide wieder aufgenommen und gleichzeitig das erste Sonnenheiligtum der 5. Dynastie errichtet. Warum und woher unter Mykerinos anscheinend unvermittelt die archaisierende Nischendekoration in dem Vorraum des Pyramidengrabes übernommen worden ist, wie sich der Königssarg mit Prunkscheintürdekoration zu den älteren gleich dekorierten von Prinzen und Beamten verhält, muß weiteren Untersuchungen überlassen werden. Im Totentempel erweist sich die Nischendekoration aufgrund der Baugeschichte zweifelsfrei als eine Ersatzlösung für und anstelle des Pfeilerumganges und findet gerade in der 5. Dynastie keine Weiterverwendung.

Die Anlage der Grabräume folgt der Konstruktionsweise eines offenen Schachtes, die sich in Abu Rowasch und Zawiet el-Aryan vielleicht erfolgreicher bewährt hat, als die zwar anfänglich weniger aufwendigen Felsenkammern, die aber bei der Einbringung der begehrten Granitverkleidung ungeheuere technische Probleme boten. Die T-förmige Aushebung eines Schachtes wird daher von nun an bevorzugt. Der aus der Mitte der nördlichen Schmalseite hinabführende Gang hat eine Neigung von 23° 30'. Nach einst 20,75 m − heute sind es aufgrund der Bresche dort nur mehr 16,30 m − wird er waagerecht und setzt sich weitere 19,46 m fort; bei dem Knick liegt eine kleine Gangkammer von nur 2,67 m = 5 E Länge und 2 m = knapp 4 E Höhe, auf die drei Fallsteine folgen. Der Gang ist 1,27 m hoch und 1,10 m breit und an den Seiten und der Decke mit Granit verkleidet. Nach den Fallsteinvorrichtungen erhöht sich der waagerechte Gang auf etwa 3 E, wobei der Fußboden zur Aufnahme eines Steinbelages leicht vertieft war, bis der Gang in die Vorkammer mündet, wo er nur mehr 1,20 m hoch ist. Die Vorkammer ist 8,31 m in Ost-West-Richtung lang und 3,05 m breit und besitzt ein Satteldach aus Granit von 5,55 m Scheitelhöhe. Durch einen leicht abfallenden (10° 30'), nur 1,20 m hohen und 1,11 m breiten Gang von 1,54 m Länge gelangt man nach Westen in die Sargkammer, die wiederum eine gewölbte Granitdecke gleicher Konstruktion wie bei Mykerinos hatte, d. h. ein Giebeldach, dessen Unterseite als Gewölbe abgearbeitet war. Die Sargkammer ist 7,79 m lang, 3,85 m breit und 4,90 m hoch. Daß dies keine Ellenmaße sind, erklärt sich daraus, daß die Granitverkleidung der Räume nicht geglättet worden ist. In der Sargkammer wurden Fragmente eines dekorierten Sarges aus Grauwacke oder Basalt (?) ähnlich dem des Mykerinos gefunden[447]. Von der Südostecke der Vorkammer führt ein Gang nach Süden, auf dessen Ostseite vier schmale Nischen liegen; eine weitere liegt gegenüber der letzten auf der Westseite und die Verlängerung des Ganges nach Süden kann als eine sechste Nische angesehen werden. Der Gang ist 10,62 m lang, aber nur 1,14 m breit und

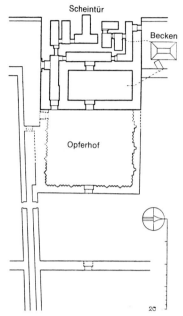

Scheintür

Becken

Opferhof

20

47 Sakkara-Süd. Totentempel im Osten der Mastaba el-Faraun. Rekonstruktion nach Ricke.

2,10–2,30 m hoch. Die Nischen sind durchschnittlich 2,10–2,27 m lang, knapp 0,80 m breit und 1,40 m hoch. Die westliche Nische ist etwas länger und breiter (2,65 × 1,16 m). Sperrige Güter, wie Zeltstangen, Betten oder Möbel, konnten in diese Magazine nicht mehr eingebracht werden. Die Raumanordnung, die Nischen und die Gestaltung der Sargkammer mit einem flachen Gewölbe erinnern an die der erweiterten 2. Bauperiode des Mykerinos, wobei sich feststellen läßt, daß die des Schepseskaf offenbar nicht fertiggestellt worden waren. Damit wird ausgeschlossen, daß Schepseskaf die wesentlich aufwendigere Erweiterung durch die zweite Grabkammer und die Nischenräume in der Mykerinospyramide veranlaßt und durchgeführt habe. Er folgt vielmehr – wie nach ihm die Königin Chentkaus – dem vorgegebenen Schema des Mykerinos.

Ein etwa 10 m = 20 E breiter Umgang durch eine 2,05 m breite Mauer umgab die Mastaba, ähnlich den Pyramidenumgängen. Eine weitere Mauer im Abstand von knapp 48 m = 90 E umschloß den Grabbezirk. An der Ostseite lag ein kleiner Totentempel, von dem allerdings nur das Fundamentpflaster und Spuren des aufgehenden Mauerwerkes erhalten waren[448]. Als bedeutsamsten Teil hatte er, an die Ostseite der Mastaba anstoßend, einen geschlossenen Totenopferraum mit einer Scheintür. Zu beiden Seiten dieses länglichen Raumes dürften sich Magazine bzw. Sakristeien befunden haben, die durch einen davorgelegenen Querkorridor erschlossen wurden. Die östliche Hälfte des Tempelchens nimmt ein offener Hof von ca. 28 × 12 E ein, der ein Kalksteinpflaster erhalten hatte. In einem späteren Schacht in diesem Hof fanden sich Fragmente einer

154

Dioritstatue des sitzenden Königs[449]. Aus dem Hof führt eine versenkte Wasserrinne nach Norden in ein vertieftes Bassin. Ein zweites, größeres Bassin, nicht weit davon, diente wohl zur Aufnahme von Wasser aus einem der Nebenräume des Totenopfersaales, vielleicht einem Raum, der als Schlachtopferraum diente. Vor die in Stein ausgeführte Kapelle war ein weiterer großer Hof gelegt, dessen Ziegelmauer auf der Innenseite wieder eine Nischengliederung aufwies. Ein Aufweg, dessen Anfang und dessen Taltempel bisher nicht ausgegraben worden sind, erreichte diesen offenen Hof über die Südostecke.

Die geringen Ausmaße dieses Totentempels, mit ca. 20 × 25 m eher eine Kapelle, sind offenbar von Schepseskaf so geplant gewesen und keine nachträgliche und schnelle Baumaßnahme des Nachfolgers oder der Königswitwe Chentkaus, um den Totenkult durchführen zu können. Darauf deuten die Pflasterung des Hofes und die wenigen, erhaltenen Granitblöcke des Sockels. Bemerkenswert ist das Fehlen der 5-Statuenkapellen, wenn auch der Fund einer zerbrochenen Statue auf einen Statuenkult schließen läßt. Es sei aber darauf hingewiesen, daß auch der Nachfolger Userkaf an der Ostseite seiner Pyramide allein die Totenopferkapelle errichtet und den offenen Hof und die Statuenkapellen auf die Südseite verlegt hat. Bei Schepseskaf hat sich um die Mastaba el-Faraun jedoch keine weitere Kultstätte gefunden. Allerdings scheint der Kult an dem Grab, auch wenn er für das Alte Reich sehr dürftig bezeugt ist, noch bis ins Mittlere Reich gedauert zu haben[450]. Eine Familien- und Beamtennekropole um die Mastaba el-Faraun hat in den knapp 4 Jahren Regierungszeit des Schepseskaf nicht entstehen können. Seine Königin, die vielleicht als Regentin einige Jahre nach ihm regierte, hat sich ihr Grab gleicher Bauart in der alten Residenz und Nekropole Giza angelegt.

Der Grabbau der Chentkaus[451], früher als „Vierte Pyramide" oder als Pyramidenstumpf von Giza bezeichnet, dürfte nach einer neueren Untersuchung[452] gleichermaßen als eine butische Mastaba geplant gewesen sein. Das Raumschema der inneren Kult- und Grabkammern zeigt deutliche Abweichungen von *Taf. 60* dem einer Königinnenpyramide, dagegen unübersehbare Übereinstimmungen mit dem des Schepseskaf. Daraus muß geschlossen werden, daß Chentkaus am Ende der 4. Dynastie eine Rolle gespielt hat, die, über die angesehene Stellung einer Königin hinausgehend, es ihr erlaubte, einen Grabbau zu errichten, der die zeitgemäße Form und das Raumprogramm eines königlichen Grabes hatte. In ihren Titeln nennt sie sich niemals regierende(r) König(in), sondern „Mutter zweier Könige, Gottestochter, der alle guten Dinge, die sie wünscht, getan werden"[453]. Eine Verwechslung mit einer zweiten in Abusir belegten Chentkaus, Königsgemahlin des Neferirkare und gleichfalls Mutter zweier Könige, nämlich des Neferefre und des Neuserre, hat bisher erhebliche chronologische Komplikationen mit sich gebracht. Aus den Erzählungen des Papyrus Westcar vom Hof des Königs Cheops erfahren wir nämlich, daß nach den Traditionen des Mittleren Reiches die ersten drei Könige der 5. Dynastie, Userkaf, Sahure und Neferir-

kare, Drillinge oder Geschwister gewesen sein sollen. Hätte Chentkaus I. aus
Giza noch unter der Regierung des Neferirkare gelebt[454] und wäre sie dort tatsächlich – wie die Ausgräber annehmen – in einer neugefundenen Pyramidenanlage bestattet worden, dann wäre die Überlieferung des Mittleren Reiches
falsch und einer der drei Könige – wahrscheinlich Userkaf – müßte der Vater
der beiden folgenden oder von einem anderen Familienzweig sein. Sehr viel
wahrscheinlicher ist jedoch aus chronologischen Gründen und solchen der Bau-
struktur und des Bauensembles von Abusir, daß die dort bestattete und gut
bezeugte Chentkaus eine zweite Königin dieses Namens war und daß die erste
Chentkaus mit dem Mastabagrab in Giza unter der Regierung ihres zweiten Sohnes Sahure gestorben und in Giza begraben worden ist.

Der Oberbau der Mastaba besteht aus zwei Stufen, einem massiven, größtenteils aus dem anstehenden Felsen abgetrennten Sockel von fast quadratischen
Maßen, 45,80 m in Nord-Süd-Richtung und 43,70 m in ost-westlicher, d. h.
wohl einstige 90 × 85 E[455]. Dieser Felssockel hatte ursprünglich auf der Südseite
eine Nischendekoration und nahe der Nordostecke eine Scheintür als Pendant

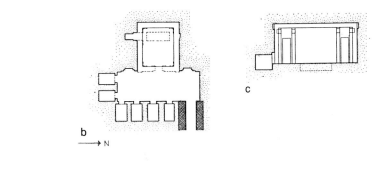

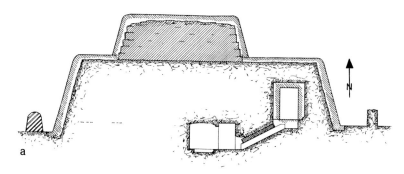

48 Giza. Stufenbau der Königin Chentkaus.
a Ansicht   b Grundriß der unterirdischen Grabräume   c Schnitt durch die Sargkammer.

zu dem Eingangstor an der Südostecke. Auf diesem Sockel wurde aus Kalksteinblöcken eine zweite geböschte Stufe mit oben gerundetem Abschluß aufgemauert. Die Sockelhöhe betrug wohl 20 E = 10,50 m, die der oberen Stufe etwa 15 E = 8 m, so daß der Bau insgesamt nicht höher als 35 E = 18,50 m war. Sokkel und Stufe waren stark geböscht (ca. 74°) und mit feinem Turakalkstein verkleidet. In einer 2. Bauphase ist die Nischendekoration an der Südseite durch eine Kalksteinverkleidung überbaut worden, vielleicht hat man aus der butischen Mastaba eine Stufenpyramide gemacht, wie es die Königinnen des Mykerinos schon hatten. Um den Sockel verlief eine dicke Umfassungsmauer, die an den Ecken abgerundet war. Nahe der Südwestecke der Mauer fand sich eine Bootsgrube, außerhalb der Nordostecke ein Bassin, das möglicherweise bei den Reinigungsriten und der Mumifizierung eine Rolle gehabt hat. Die Straße, die zu dem Grabbau führt, ist kein Aufweg, sondern Teil der Pyramidenstadterweiterung, die vielleicht zur Zeit der Chentkaus nördlich der Pyramidenstadt des Mykerinos angefügt worden ist[456]. Als Königinnengrab hat die Mastaba der Chentkaus weder einen Aufweg noch einen Taltempel. Die Anordnung der Kultstätten in Form einer Nebenkultstätte mit Scheintür nahe der Nordostecke und einer Kapelle mit Eingang von der Südostecke her folgt dem Schema der Prinzenmastabas von Giza. Das Besondere dieses Grabes liegt jedoch darin, daß es die Kultanlagen dieser Mastabas mit dem königlichen Grabraumprogramm der späten 4. Dynastie verbindet. Die Kapelle besteht aus drei Räumen, die ursprünglich ganz mit feinem Turakalkstein ausgekleidet und mit bemalten Reliefs dekoriert waren[457]. Die Türpfosten, wie auch die beiden Scheintüren an der Westwand der 3. Kammer, waren aus Granit. Unter der nördlichen Scheintür dieser 3. Kammer senkt sich ein steiler Korridor mit der Neigung von 26° etwa 6,60 m ab. Der Gang ist 1,60 m = 3 E breit und 1,05 m = 2 E hoch und ganz mit Granit verkleidet. Eine Fallsteinvorrichtung hat es anscheinend nicht gegeben. Der Gang erreicht in etwa 4 m Tiefe eine Vorkammer, die ganz aus dem Fels herausgearbeitet ist; die Wände waren glatt poliert, aber nicht verkleidet. Sie ist nicht ganz regelmäßig, sondern trapezoid; bei 2,63 m = 5 E Breite hat die Ostwand eine Länge von 7 m, die Westwand eine solche von 7,78 m = 15 E, die Höhe beträgt durchschnittlich 3,70 m = 7 E. Von der Ost- und der Südwand gehen je 4 und je 2 Nischen von durchschnittlich 1,60 × 1,05 m (3 × 2 E) bei 1,40 m Höhe ab, deren Fußboden aber jeweils 30–50 cm tiefer liegt. Vielleicht sollten die Böden mit Alabasterplatten ausgelegt werden, wie die Magazine der Totentempel? In einem der Nischenräume wurden noch Rinderknochen gefunden[458], woraus man schließen kann, daß diese Proviant für das Totenmahl enthielten. Die Mitte der Westwand des Vorraumes öffnet sich 4 m breit in die Sargkammer. Ein aus dem Felsen gearbeiteter Architrav unterstreicht die Raumtrennung. Die beiden verbliebenen schmalen Mauerpartien der Westwand der Vorkammer waren jeweils mit einer einfachen Scheintür oder Nischendekoration versehen. Die unregelmäßige Sargkammer, gleichfalls ganz aus dem Felsen ausgearbeitet, hat wieder ein leichtes Tonnenge-wölbe. Sie ist etwa 3,85 m = 7½ E breit und 4,65 m = 9 E tief. Der Boden ist kreuzförmig vertieft, um einen Granitschrein aufzunehmen, in dem der Alaba-stersarg stand. Von beiden haben sich zahlreiche Bruchstücke in der Kammer gefunden. An der Südseite barg eine kleine Nische den Kanopenschrein.

Die Anordnung der Kult- und Grabräume der Chentkaus ist die formale Wei-terentwicklung des erstmals bei Mykerinos in der 2., nachträglichen Bauphase eingeführten Raumprogrammes. Bei Mykerinos sind die einzelnen Raumein-heiten noch getrennt. Die Gangkammer mit der Nischendekoration liegt weitab von der Vorkammer, Korridore verbinden oder trennen die Sargkammer von dem Nischenraum. Bei Schepseskaf wird aus letzteren ein länglicher Gang mit Nischen, bei Chentkaus öffnen sich direkt von dem Vorraum aus nach Westen die Sargkammer, nach Osten die Nischen. Deren Ausrichtung nach Osten ist festzuhalten, denn sie begegnet wieder in den Grabanlagen der späten 5. und 6. Dynastie. Die Nischendekoration der Gangkammer des Mykerinos wieder-holt sich bei Chentkaus in der oberen Kultkammer und an der Westseite, den Stirnseiten der durch den Granitschrein ausgefüllten Sargkammer. Dieses Deko-rationsschema wird anscheinend vorerst unterbrochen, findet sich aber am Ende der 5. Dynastie seit Djedkare Asosi und Unas dann wieder. Die deutlich erkennbare Hinwendung zu unterirdischen Bereichen, sowie die Dekoration der unterirdischen Grabräume, die neuerliche Bevorzugung von Felskammern mit gewölbten Decken können nur sehr gezwungen mit dem aufkommenden Re-Glauben in Einklang gebracht werden. Dagegen zeigte m. E. die Bevorzugung von absteigenden Korridoren und der Folge von unterirdischen Toren und Scheintüren deutliche Einflüsse chthonischer Ideen, die ich mit dem in den Per-sonennamen dieser Zeit verfolgbaren Vordringen des Ptah- und Sokar-Kultes in Verbindung bringen möchte.

Das Königtum des Re

Mit Userkaf läßt Manetho eine neue Dynastie beginnen. Die Erzählung von der Geburt der ersten Könige der 5. Dynastie im Papyrus Westcar aus dem Mittleren Reich scheint diese Tradition zu bestätigen. Der Übergang von der 4. auf die 5. Dynastie ist jedoch friedlich vor sich gegangen. Da die Königin Chentkaus I. sich in Giza in der Familiennekropole der 4. Dynastie bestatten ließ, wird sie wohl eher die Mutter des Userkaf als dessen Frau gewesen sein. Während ihr Grab ganz in der Tradition der späten 4. Dynastie errichtet war, kehrt Userkaf zur Pyramidenform zurück und findet in der Anordnung der Grabräume ein vereinfachtes Schema, das für die folgenden Jahrhunderte nur noch wenig variiert wird.

Userkaf blieb mit seinem Pyramidenbezirk Wꜥb-jswt-Wsr-kꜣf „Rein sind die Stätten des Userkaf" in Sakkara[459], jedoch nicht im Süden, wo Schepseskaf seine Mastaba erbaut hatte, sondern im Norden, nahe der Nordostecke des altheiligen Djoserbezirkes, der vielleicht zu dieser Zeit schon zum Sitz einer ausgedehnten

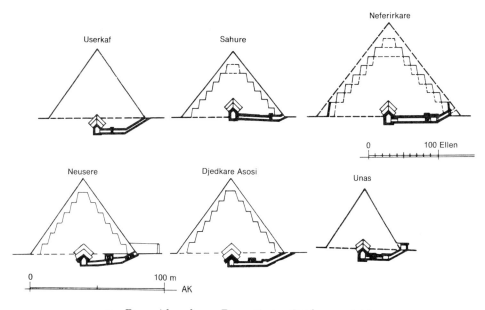

49 Pyramiden der 5. Dynastie im Größenvergleich

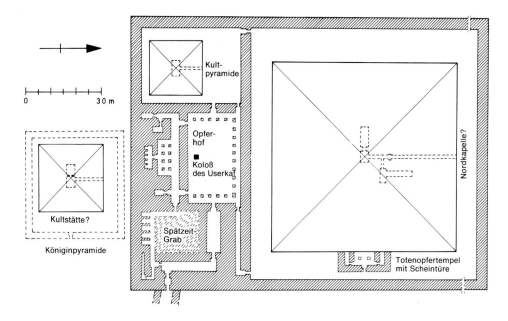

50   Sakkara. Pyramidenbezirk des Userkaf.

Bauverwaltung wurde[460]. Immerhin hat Userkaf oder seine Pyramidenbaubehörde sich nicht gescheut, erstmals Spolien in dem Kernbau wiederzuverwenden, die von irgendwelchen älteren Bauten der Nekropole von Sakkara stammen müssen, vielleicht sogar aus dem Djoserbezirk[461]. In der Lage nahe dem Djoserkomplex und in der erstmals wieder nord-südlichen Ausrichtung des längsrechteckigen Pyramidenbezirkes scheint eine archaisierende Tendenz zum Durchbruch zu kommen, die sich an den Grabbauten der 3. Dynastie orientiert. Keineswegs ist darin jedoch eine Bezugnahme auf ein vermeintliches Sonnenheiligtum zu erkennen[462], ebensowenig sind aber auch Geländeschwierigkeiten dafür verantwortlich zu machen[463], die bei der Wahl des Bauplatzes schon vorauszusehen gewesen wären[464].

Die Pyramide hatte eine Seitenlänge von 140 E = 73,30 m und erreichte bei einem Neigungswinkel von 53° eine Höhe von ungefähr 49 m = 94 E[465]. Die Verkleidung bestand ausschließlich aus Turakalkstein ohne den Granitsockel der Vorgängerpyramiden. Inschriften auf den Verkleidungsblöcken rühren von einer Restaurierungsinschrift des Chaemwaset her[466], des Sohnes Ramses' II. Der Kern ist aus häufig nur roh behauenen Blöcken errichtet, vielleicht in Stufenbauweise, wie die Pyramide des Mykerinos, aber nicht in Schalenbauweise[467]. *Taf. 63 a* Der ruinöse Eindruck, den die Pyramide heute bietet, ist auf die nachlässige Bau-

160

weise zurückzuführen; nachdem im Mittelalter die schützende und zusammen-
haltende Schale der Verkleidungsblöcke geraubt worden war, konnte der locker
geschichtete Kern der Erosion keinen Widerstand entgegensetzen.

Der Eingang liegt ebenerdig auf der Nordseite. Eine Nordkapelle ist auch bei
den neuesten Grabungen nicht festgestellt worden, da der Bereich durch späte
Gräber sehr zerstört ist. Korridor und Grabräume haben durch Steinraub und
Grabräubergänge schwer gelitten. Der Gang senkt sich mit einem Gefälle von
26° 35′ über 19,40 m = 36½ E durch den gewachsenen Felsen bis ca. 8 m unter
die Oberfläche, wo er sich nach 18,50 m = 36 E horizontal bis zur Grabkammer
fortsetzt. Der absteigende Korridorteil war mit Granit verkleidet und ist zum
Teil noch mit Granitblöcken verschlossen. In der Mitte des horizontalen Ganges
versperrt ein mächtiger Fallstein den Weg zur Grabkammer und zu einem Magazintrakt, der 2 m hinter dem Fallstein nach Osten abzweigt und aus einem T-förmigen Raum mit den Maßen 10 × 5 E und 20 × 5 E besteht. Man wird darin
wohl den vereinfachten Nischenkorridor aus der Mastaba el-Faraun erkennen
dürfen, der gleichfalls östlich der Grabkammer lag. Das Kammersystem des
Userkaf ist einfach und unkompliziert. Eine Vorkammer mit den Maßen 4,14 m
(Ost-West) × 3,12 m (Nord-Süd) liegt genau unter der Mitte der Pyramide. Von
ihr aus führt ein 3 E kurzer Gang in die westlich gelegene Grabkammer von
7,87 × 3,13 m (14 × 6 E). Beide Räume waren mit feinem Turakalkstein ausgekleidet – der des Fußbodens ist ausgeraubt – und hatten ein Giebeldach aus
Kalksteinblöcken. In der Westwand der Grabkammer stand, versenkt, ein
Basaltsarg. Gang und Grabkammern sind über einen offenen Schacht konstruiert. Das Innere der Pyramide war aufgrund der Einsturzgefahr in der Neu-
zeit nur von Perring betreten und erforscht worden, erst in neuester Zeit unter-
nimmt die Antikenverwaltung Grabungen und Restaurierungen, um die Pyramide zu erschließen.

Vielleicht angeregt durch das Vorbild des Djoserbezirkes und den Wunsch,
den Zugang zum Totenopfertempel direkt und ohne den Umweg durch den
Verehrungstempel zu gestalten, hat Userkaf die beiden Kultanlagen getrennt.
Der Totenopfertempel, von dem nur Fundamentsteine und einige Blöcke des
aufgehenden Mauerwerkes verstürzt erhalten sind, verblieb vor der Mitte der
Pyramidenostseite. Die Spuren lassen eine Kapelle von 40 × 15 E mit drei Räumen erkennen[468], deren mittlerer, breiterer an der Westseite eine Scheintür enthielt, die in die Pyramide eingelassen war. Fragmente dieser Scheintür aus
Quarzit sind gefunden worden. Der Fußboden bestand aus Basalt, der mittlere
Raum hatte eine Granitverkleidung, vielleicht auch nur eine Sockelzone, während der Rest in feinem Kalkstein, reliefiert mit Opferszenen, ausgeführt war,
wovon Fragmente im Abbruchschutt entdeckt wurden. Ein Zugang zu der
Totenopferkapelle könnte direkt durch die östliche Umfassung geführt haben;
ein zweiter, offener Gang verbindet die Totenopferkapelle vor der Ostseite mit
dem offenen Hof des Verehrungstempels auf der Südseite der Pyramide.

Das Ensemble der Kultanlagen der Südseite ist durch saitische Großgräber in diesem Bereich leider sehr verunklärt. Wie beim Djoserbezirk liegt der Eingang nahe der Südostecke. Ein breiter, offener (?) Korridor führt nach Norden zu einem ost-west-orientierten Längsraum, in dem man das Vestibül erkennen kann, das direkt in den großen, offenen Hof mündet, von dem noch heute das Basaltpflaster zu sehen ist. Er maß 66 E ost-westlich und 40 E in Nord-Süd-Richtung und war auf drei Seiten im Osten, Norden und Westen von einer Kolonnade aus Granitpfeilern umgeben, unter der Königsstatuen aus Granit und Dolerit standen. Die Wände der Kolonnade schmückten bemalte Kalksteinreliefs von

Taf. 63 b   außerordentlicher Zartheit[469]. Die Südseite des Hofes war − wie schon in der 2. Bauphase bei Mykerinos − durch eine starke Kalksteinmauer gegen den einstigen doppelreihigen Portikus geschlossen, der bei Userkaf endgültig eine Querhalle mit 2 Pfeilerreihen von je 4 Pfeilern geworden ist. Südlich dieses Pfeilersaales öffnete sich eine Mittelpforte in einen Raum, der durch ein Spätzeitgrab so zerstört war, daß seine Struktur nicht mehr zu gewinnen ist. Es ist somit völlig offen, ob dieser drei oder fünf Kapellennischen enthalten hat. Auf der Süd- und der Nordseite der Pfeilerhalle gehen je ein schmaler, gangartiger Raum ab; Ricke sieht darin die Barkenräume für die Sonnenbarken[470]. In dem offenen Verehrungshof thronte gegen die abschließende Mauer der Südseite eine Kolossalstatue des Userkaf aus Granit von über 5 m = 10 E Höhe, deren Kopf in einem

Taf. 61   Fundamentloch gefunden wurde[471]. Es ist die erste Kolossalstatue dieser Art − sieht man von der Sphinxfigur ab und sie bekundet, daß dieser offene Hof kein Re-Hof, sondern ein Opferhof zur Verherrlichung des Königs war, dessen Statuen hier die Kultempfänger sind.

Südwestlich des Hofes lag ein weiterer Hof mit einer Kultpyramide von 40 E = 21 m, in Stufenbauweise errichtet mit dem für Kultpyramiden typischen T-förmigen Gang und Innenraum ohne Sarg. Die Königinnenpyramide, von 50 E = 26,25 m Seitenlänge und wahrscheinlich ca. 17 m Höhe, lag etwa 10 m südlich der Umfassungsmauer des Pyramidenbezirkes in einer eigenen Umfassung. Sie zeigt in klein das gleiche Raumschema von Vorraum und Grabkammer wie die Hauptpyramide. Auf der Ostseite sollen Spuren eines kleinen Totentempels gesehen worden sein. Der Name der Königin, die die Hauptgemahlin des Userkaf gewesen sein muß, ist leider nicht festgestellt worden.

So wenig eindrucksvoll und so nachlässig gebaut die Pyramide des Userkaf gewesen sein mag, das Ensemble des Totentempels mit der ohne Zweifel kultpraktischen Trennung von Totenopferkapelle und Verehrungstempel, der natürlichen Pracht der verschiedenen, kostbaren Hartgesteine, den zahlreichen Statuen einschließlich des imponierenden Kolosses, den feinen, farbigen Reliefs, dies alles mußte den Vergleich mit früheren und auch den späteren Tempelanlagen nicht scheuen. So gesehen steht die Pyramidenanlage des Userkaf eindeutig am Beginn einer neuen Epoche, in der vielleicht unter dem Einfluß der universellen und gütigen Herrschaft des Sonnengottes Re ein anderes Ideal als das der Monumentalität die schöpferischen Kräfte des Staates und seiner herrschenden Gesellschaft beflügelte.

Userkaf hat in der vielleicht weniger als 10 Jahre dauernden Regierungszeit nicht nur die architektonische Gestaltung der Totentempel und ihre Ausstattung mit Statuen und Wandreliefs nachhaltig beeinflußt, er hat daneben einen neuen Tempeltypus geschaffen, der für knapp ein Jahrhundert neben dem der königlichen Totentempel und von den Zuwendungen und Opfern her gesehen sogar über diesem steht. Etwa 5 km nördlich seiner Pyramide, aber in Sichtverbindung mit dieser, hat er in dem bis dahin unbedeutenden Gebiet von Abusir auf einem natürlichen Hügel ein erstes, baulich unabhängiges Sonnenheiligtum namens Nḫn-Rᶜw „Festung des Re" errichten lassen[472]. Weder von der Lage

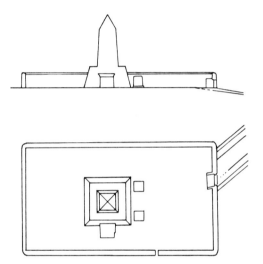

51 Abusir. Sonnenheiligtum des Userkaf. Grundriß und Aufriß.

noch von der Verwaltung der Sonnenheiligtümer läßt sich ein Bezug zu Heliopolis erkennen, um so stärker ist dagegen die Verbindungslinie zwischen den Totentempeln und Sonnenheiligtümern. Die Sichtverbindung einerseits und die kultische Erreichbarkeit beider von der Residenz aus sind eine Notwendigkeit, die schon unter dem Nachfolger des Userkaf zur Verlegung der Nekropole und der Residenz nach Abusir führte. Bemerkenswert ist die strukturelle und die materielle Übereinstimmung des neuen Tempeltypus mit dem der Totentempel. Göttertempel des Alten Reiches sind bis auf Tore und Kapellen aus Ziegeln erbaut, allein die Totentempel sind „Häuser für die Ewigkeit" und daher aus Stein. Die Sonnenheiligtümer sind ihnen darin gleich! Aber auch die bauliche Struktur gleicht auffällig den Totentempeln der 5. Dynastie mit einem Talbau − bei Userkaf noch nicht ausgegraben −, einem Aufweg und einem genordeten, oberen Tempel mit einer Umfassungsmauer, die bei Userkaf, vielleicht in

Angleichung in altertümliche Urhügelvorstellungen, abgerundete Ecken hatte. Der obere Tempel des Sonnenheiligtums des Userkaf bestand im wesentlichen aus einem weiten, offenen Hof, in dessen Mitte ein Opferaltar stand, der auf einen hohen, mastabaartigen Sockel hin ausgerichtet war, auf dem anfänglich – nach den bildlichen Darstellungen – eine Art Mast mit einer Scheibe oder auch einem Querholz aufgepflanzt war. Später wurde dieser durch einen gemauerten Obelisken ersetzt. Der Obelisk ist so nachweislich eine spätere Zutat, also nicht Abbild oder Gegenstück des Heliopolitanischen Kultobjektes, des Benbensteines. Der Sockel war besteigbar, vielleicht stand ein Altar darauf; vermutlich enthielt schon der erste Sockel des Userkaf eine Kapelle. Nördlich und südlich des Altars stand jeweils eine Kapelle aus Diorit, vielleicht für Statuen des Re und der mit ihm in den Sonnenheiligtümern verehrten Göttin Hathor.

Ein weiterer, wesentlicher Bestandteil des Sonnenheiligtums war der Schlachthof! Aus den Abrechnungen aus dem Totentempel des Neferirkare geht hervor, daß fast alle Opferlieferungen an den Totentempel, vor allem die Schlachtopfer, aus dem Sonnenheiligtum angeliefert wurden. Dies bedeutet und erklärt den Tatbestand, warum jeder König der 5. Dynastie sein eigenes Sonnenheiligtum errichten mußte, so wie er seinen eigenen Totentempel bauen mußte: Die Lage der Sonnenheiligtümer am westlichen Wüstenrand wie die der Totentempel, ihre bauliche Ähnlichkeit mit diesen und ihre Kultrichtung nach Westen läßt sie als Totentempel des Sonnengottes Re verstehen[473], gleichsam als tägliche Kultbühne für die Hoffnung des Königs auf die Wiederholung des

Taf. 62 himmlischen Schicksales des Sonnengottes, dessen Eintreten in den westlichen Horizont, den Aufstieg zum Nordhimmel, die Fahrt in der Nachtbarke bis zum Wiedererscheinen am Osthimmel der tote König zu begleiten ersehnt. Es ist kein Zufall, daß gerade Userkaf das erste Sonnenheiligtum dieser Art hat errichten lassen. Zwischen ihm und den Zeiten des Cheops, als der König selbst noch die Stellung des Weltgottes beanspruchte und in seinem Horizont zu verwirklichen schien, liegen drei Generationen, in denen sich die Vorstellung von der Sohnschaft des Königs voll durchgesetzt hat. Userkaf ist der erste König einer Dynastie, die sich der direkten Abstammung von dem Sonnengott rühmte und die während ihrer Regierung wie nach dem Tod der ewigen Ordnung des Sonnengottes zu folgen bestrebt war.

Der Bruder und Nachfolger des Userkaf, Sahure, verlegte seinen Pyramidenbezirk mit Namen Ḥꜥj-bꜣ Sꜣḥw-Rꜥw „der Ba des Sahure erscheint" und die Königsresidenz etwas nach Norden in die Nähe des heutigen Abusir[474], wo Userkaf schon sein Sonnenheiligtum errichtet hatte und wo unter den nörd-

Taf. 64 a lichen Ausläufern des Felsenriffs von Sakkara das Höhlenheiligtum des Totennenheiligtum, Sḫt-Rꜥw „Opferfeld des Re", das bisher noch nicht gefunden worden ist. In seinem Pyramidenbezirk kehrte er wieder zu der alten, dem Sonnenlauf folgenden Ost-West-Orientierung der 4. Dynastie zurück.

164

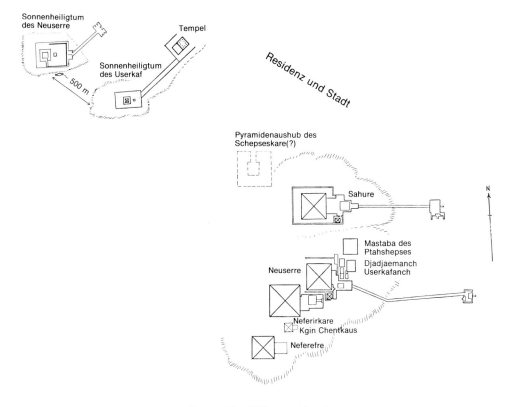

Sonnenheiligtum
des Neuserre

Tempel

Sonnenheiligtum
des Userkaf

500 m

Residenz und Stadt

Pyramidenaushub des
Schepseskare(?)

Sahure

N

Mastaba des
Ptahshepses

Neuserre

Djadjaemanch
Userkafanch

Neferirkare
Kgin Chentkaus

Neferefre

52   Pyramidenfeld von Abusir.

Die Pyramide fügt sich mit ihren bescheidenen Ausmaßen harmonisch in den Gesamtkomplex ein, ohne ihn zu dominieren. Sie hat eine Basislänge von 150 E = 78,75 m, einen Böschungswinkel von 50° 45' und erreichte damit eine Höhe von nicht ganz 50 m[475]. Die Bauweise in Stufen[476] − 5 oder 6 − mit relativ locke- *Taf. 64 b* rer Schichtung der Steine und Verwendung von viel Schottermaterial und Nilschlammörtel unterscheidet sich nicht von der des Userkaf. Bei der Konstruktionsweise der Grabräume, die über dem Felsniveau liegen, gibt es allerdings eine interessante Neuerung: Man hat während des Baues der unteren Schichten der Pyramide im Norden eine T-förmige Bresche im Mauerwerk ausgespart, in die der Grabkorridor und die Sargkammer konstruiert wurden, während man schon mit dem Bau des Pyramidenmassives begann, wodurch ohne Zweifel erheblich Zeit gewonnen wurde[477]. Der Korridor (1,27 m breit und 1,87 m hoch) beginnt ebenerdig mit einer Granitschwelle etwas östlich der Mitte der Nordseite, senkt sich durch die Verkleidungsschicht und ist danach mit Granit verkleidet. Das absteigende Gangstück (Neigung 24° 48') von wahrscheinlich ca. 4,25 m Länge − genaue Maße sind aufgrund der Zerstörung und Verstürze nicht möglich — mündete dann in eine Gangkammer, hinter der eine Fallsteinvorrichtung aus Granit eingebaut war. Anschließend stieg der Gang über 22,30 m leicht (5°) an, wurde schließlich für ein kurzes Stück von 3,10 m wieder horizontal und mit Granit verkleidet und mündete in den Sargraum, der so zerstört ist, daß heute nicht mehr auszumachen ist, ob dies ein einziger, ca. 6 E = 3,15 m breiter Raum von unbestimmbarer ost-westlicher Länge (vielleicht 24 E = 12,60 m) oder ein zweigeteilter war. Perring hat Bruchstücke eines Basaltsarges darin gesehen. Die Giebeldecke des Raumes wurde durch drei Lagen gewaltiger Kalksteinblöcke gebildet, von denen die obersten fast 10 m lang und 4 m dick sind. Dennoch sind sie unter der Last der nachlässig darüber geschichteten Steinmassen ebenso zerbrochen wie der Korridor. Die Verkleidung der Pyramide bestand ausschließlich aus feinem Kalkstein ohne Granitsockel. Nach den Messungen ·Borchardts ist den alten Baumeistern an der Ostseite der Pyramide ein Fehler unterlaufen. Die südliche Hälfte trat 1,58 m mehr vor als die nördliche. Der Fehler wurde durch das Massiv des Totentempels verborgen und in der Höhe gleitend ausgeglichen[478].

Eine Nordkapelle ist nicht festgestellt worden, wohl weil sie zu Borchardts Zeiten unbekannt und daher noch nicht gesucht worden ist.

Wenn bei dem Pyramidenbau der Granitsockel aufgegeben worden ist, so wurde — wie im Tempel des Userkaf — in den Kultanlagen um so reichlicher Gebrauch von der Wechselwirkung von bunten und kostbaren Hartgesteinen mit dem leuchtend bemalten, feinen Turakalkstein gemacht. Sahure hat die räumliche Trennung des Totentempels und des Verehrungstempels wieder aufgegeben und ist zu der alten Ordnung des Hintereinanders zurückgekehrt, das bei ihm ein strikt axiales geworden ist. Von dem Eingang des Taltempels über *Taf. 64 b* den Aufweg und dessen rechtwinkligen Eintritt in den Vortempel bis zu dem Totenopferraum an der Pyramidenkante verläuft eine ideelle Achse, nach der der Tempel beidseitig symmetrisch aufgebaut ist. Die Außenmauern des Tempels bestanden aus Turakalkstein mit Hohlkehlenabschluß und Rundstab an den Ecken. Von dem Vestibül, der tiefen Eingangshalle, ist wenig mehr als das Kernmauerwerk erhalten; der Fußboden bestand wohl aus Kalkstein, die Wände hatten einen Granitsockel, darüber Kalkstein mit bemalten Reliefs. Nach Westen öffnete sich ein Granittor in einen Umgang, der auf allen Seiten den offenen Opferhof umlief und dazu diente, den Verkehr mit den Nebenanlagen des Tempels, den Magazinen auf der Südseite und den Sakristeien auf der Nordseite, unter Umgehung des offenen Hofes zu ermöglichen. Die Themen der Reliefdarstellung, Jagd, Vogelfang und Fischstechen auf der Nordseite, Vorführen von Opfertieren und gleichfalls Jagdbilder auf der Südseite, illustrieren seine Nutzung als Straße der Verproviantierung. Axial führt ein Portal in den längs-

53   Abusir. Pyramidentempel, Aufweg und Taltempel des Sahure. ▷

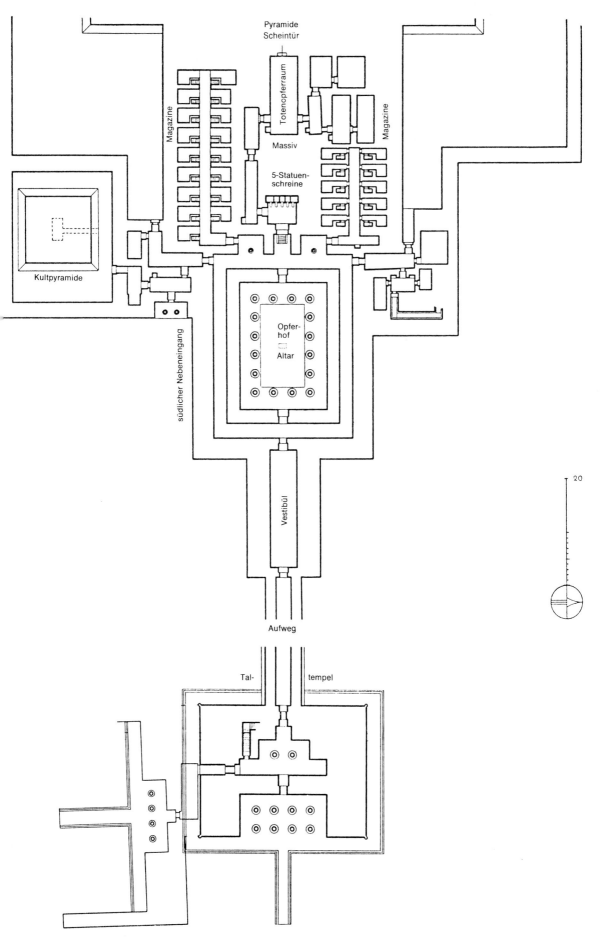

Pyramide
Scheintür

Totenopferraum

Massiv

5-Statuen-
schreine

Magazine

Magazine

Kultpyramide

Opfer-
hof
Altar

südlicher Nebeneingang

Vestibül

20

Aufweg

Tal-   tempel

rechteckigen Verehrungshof. Dieser war eine der großartigsten und eindrucks-vollsten Raumgestaltungen des Alten Reiches, sowohl durch seine harmoni-schen Ausmaße wie durch den augenfälligen Gegensatz und Symbolismus der verwendeten farbigen Steine und Architekturelemente. Der Fußboden bestand aus geglätteten Basaltquadern unregelmäßiger Struktur. Darauf stand mitten im Hof und im Blickpunkt ein hoher quaderförmiger Alabasteraltar, dessen Seiten mit Opferträgern dekoriert waren. Um den Hof verlief eine Kolonnade aus Rosengranitsäulen mit Palmkapitellen und grünlichem Hieroglyphenfeld mit der Titulatur des Königs, dem Innenhof zugewandt. Das Dach des Umgangs bil-dete den nachtblauen Himmel mit goldenen Sternen darauf, die Wände aus Kalkstein trugen bunte Reliefdarstellungen der Siege des Königs über die Fremdländer, im Norden über Asiaten, im Süden über libysche Stämme[479]. Das große Relief des Erschlagens der libyschen Fürsten wurde nahe der Südwestek-ke der Kolonnade gefunden. Frauen und Kinder, darunter die beiden nament-lich genannten Söhne des Fürsten, erheben flehend die Arme; Vertreter der besiegten Stämme kauern bittend am Boden, ihre Kinder zwischen ihnen. Ungeheure Beute an Herdenvieh wird mit detaillierten Zahlen von der Schrei-bergöttin Seschat notiert. In diesen Flachbildern der 5. Dynastie erreicht die ägyptische Kunst ihren Höhepunkt. Die feine Beobachtungsweise des Künstlers zeigt sich vollendet in den lebendigen Jagd- und Schlachtszenen, der Beherr-schung der Bewegung und des Ausdruckes, der wie bei den besiegten Libyern und besonders der Familie des Fürsten in verhaltensten Gesten den höchsten Ausdruck des Schreckens und des Schmerzes offenbart. Eine einzigartige und charakteristische Eigenheit dieser Darstellungen sind die eingelegten Augen der größeren Figuren, die nicht nur Könige und Götter umfaßt, sondern auch Prin-zen und Prinzessinnen, selbst Feindfiguren wie die Frau des libyschen Fürsten. Eine andersartige, historisch interessante Mitteilung liefern diese Reliefs zusätz-lich: Mehrmals folgt in den Prozessionen und Darstellungen des Königshofes der spätere König Neferirkare — mit nachträglich hinzugefügter Königskartu-sche — dem regierenden König Sahure an bevorzugter Stelle noch vor dessen Königssöhnen, eine Bestätigung der späteren Legende von der Abstammung der ersten drei Könige von dem Sonnengott Re. Als Sohn des Re hat der Bruder Neferirkare größeren Anspruch auf den Königsthron als die leiblichen Söhne des Sahure! Teilweise rührt die Erhaltung der Reliefs zumindest der Südseite des Hofes und des Umganges daher, daß sich hier ein Bild der Göttin Bastet oder Sachmet befand, das im Neuen Reich in hohem Ansehen stand; der Tempel wurde eine Kultstätte der Sachmet bis in die griechische Zeit. Dennoch sind von den insgesamt etwa 10 000 qm reliefierter Wandfläche nicht mehr als 150 qm, weniger als 2%, übriggeblieben; der kostbare Kalkstein ist im Mittelalter in die Kalköfen gewandert und zu Gips gebrannt worden!

Der westliche Korridor verläuft wie eine Querachse von Nord nach Süd über die gesamte Tempelbreite. An seinem südlichen Ende stößt er auf den Nebeneingang, der von Süden her den Opferzugang zu dem Totenopfertempel gewährleistet. Opferträger und Opferprozessionen von Nilgottheiten, Personifikationen der Landesteile und der königlichen Güter bringen die Gaben des Landes für die ewige Versorgung des toten Königs in den Tempel. Auf der *Taf. 69—70* Nordseite des Ganzen gelangte man zur Treppe, die auf das Tempeldach führte. Auch der Pyramidenumgang wurde von den beiden Enden des Ganges aus erreicht.

Die Ostwand dieses Korridores gehört den Bilderthemen nach noch zu dem Umgang: Zu beiden Seiten des Tores thronte der König und beobachtete die Abfahrt und Ankunft von Hochseeschiffen nach den nördlichen Küsten, von wo sie beladen mit Waren und bemannt mit syrischen oder phönikischen Händlern wiederkehrten.

Die Westwand bildete dagegen gleichsam die Fassade des Totenopfertempels[480]. Götterdarstellungen schmückten diese Wand; der König wird von Anubis empfangen und von Göttern geleitet. Zwei breite Tornischen zu beiden Seiten des mittleren Portals bargen jeweils eine elegante Papyrusbündelsäule aus Granit mit geschlossenem Kapitell, gleichsam ein Relikt, eine letzte Andeutung des westlichen Portikus, der in den älteren Tempeln des Djoser bis zu Mykerinos den Verehrungstempel von dem Totenopfertempel trennt. Aus den Nischenräumen führten Seitengänge in die doppelstöckigen Magazine auf der Südseite und die ebenso doppelgeschossigen Sakristeien im Norden. Das mittlere Portal führte über eine steile Alabastertreppe in den 5-Nischensaal. An der *Taf. 65* Seitenwand wird der König von einer Göttin gesäugt, d. h. wiedergeboren und unter die Götter aufgenommen. Die Nischenräume lagen in einem tiefen und hohen Massiv und heißen in den Texten deshalb wohl auch „Höhlen". Sie hatten einen Alabasterboden, Wände aus Rosengranit, Türrahmen aus schwärzlichem Granit und doppelte Torflügel aus Holz mit Metallbeschlägen. Ob in den Kapellen die Königsfiguren aus Alabaster und anderem Hartstein standen, von denen sich Fragmente im Tempelbereich gefunden haben? Oder standen diese — ohne Standspuren zu hinterlassen — doch im Verehrungshof?

Aus der Südwand des Nischenraumes führt eine Granitpforte in einen langen, von zwei Toren unterbrochenen Gang nach Westen und von der Südseite her in das Allerheiligste, den Totenopfersaal, einen Raum von 13,60 m Länge und 5,20 m Breite (26 × 10 E). Dieser hatte wieder schwarze Granittore, einen Sockel aus Rosengranit, über dem die Wände aus Kalkstein mit Opferszenen und Götter-Darstellungen verziert waren. Die Westwand nahm die granitene Scheintür ein, die tief in die Pyramidenflanke eingelassen war. Die Scheintür, von der nur der Sockel und Fragmente erhalten sind, hatte offenbar Metallbeschläge, vielleicht in Gold und Kupfer. Der Bodenbelag des Raumes war wohl aus Alabaster, die Decke gewölbt. Zu der Raumausstattung gehörte ein Opferbecken mit Wasserabfluß aus Kupferrohren unter dem Pflaster und eine Statue aus schwarzem Granit, wovon allerdings nur Fragmente aufgefunden worden sind. Eine Granitpforte führte zu einer Raumeinheit von 5 untereinander verbundenen kleinen Räumen im Norden, wovon zwei je ein Kalksteinbecken zum Auffangen und Ableiten von Wasser oder Flüssigkeit hatten. Offenbar waren dies die Räume, in denen das Schlachtopfer zubereitet wurde.

Auf die Ableitung des Regenwassers und der Abwässer der Kulträume hat man in dem Tempel große Sorgfalt verwendet[481]. Ein weitläufiges System von Kupferrohren, die in die steinernen Abwasserrinnen des Hofes und der Umgänge mündeten und von dort über Rinnsteine nach außen abgeführt wurden, durchzog den ganzen Tempel. Die Becken in dem Totenopfersaal und den Nebenräumen konnten mittels steinerner Ventile oder Pfropfen verschlossen werden. Das Regenwasser der Dächer sprudelte aus Wasserspeiern in Form basaltener Löwenköpfe nach unten.

In der Südwestecke des Tempels lag die Kultpyramide in einem eigenen, kleinen Hof und von dem Nebeneingang aus direkt erreichbar. Sie hatte eine Basislänge von 30 E = 15,70 m und einen Böschungswinkel von steilen 56°, wodurch sie ca. 11,55 m hoch wurde. Der zugehörige Hof war gepflastert, wies aber keine Kultanlagen auf. Der T-förmige Gang und der völlig zerstörte Innenraum sind leer aufgefunden worden, doch war der Gang einst blockiert.

Ein etwa 235 m = 450 E langer, schnurgerader Aufweg verband den Totentempel mit dem Taltempel. Der Aufweg war gedeckt und zu Beginn im Tal mit Bildern des Königs geschmückt, der als Greif die Feinde niederwirft. Der Taltempel war neben dem des Chephren der besterhaltene[482]. Gegenüber letzterem weist er ein vereinfachtes, jedoch nicht minder eindrucksvolles Raumschema auf bei allerdings reduzierten Ausmaßen. Mit ursprünglich 32 m Breite und 24 m Tiefe, geböschten Außenwänden, die von einer Hohlkehle gekrönt waren und in den Ecken einen Rundstababschluß hatten, macht der Bau im Vergleich zu dem des Chephren einen beinahe graziösen Eindruck. Dazu trägt auch die offene Vorhalle mit einer doppelten Säulenstellung von 8 schlanken Palmsäulen aus Rosengranit bei, die, auf niederen Basen gleichen Materials stehend, die sternengeschmückte Decke trugen. Der Fußboden bestand aus Basalt, die Wände über einem Sockel aus Granit aus bunt dekoriertem Turakalkstein. Nach Vollendung des Torbaues wurde im Süden ein weiterer Portikus einfacherer Art mit konischen Granitsäulen ohne Kapitell angefügt, wobei ein Verbindungskorridor durch das anstehende Mauerwerk gebrochen werden mußte. Auch der Nebeneingang ruht auf einem Sockel, zu dem, wie zu dem östlichen Portikus, eine Rampe hochführte. Die Reliefs des Portikus zeigen Szenen der Jagd im Papyrussumpf. Borchardt hat den Nebeneingang mit der nach seiner Meinung südlich davon gelegenen Residenz erklärt und beruft sich auf die bis 36 m nach Süden feststellbaren Mauern, die von dem Eingang abgehen. Diese Mauern könnten allerdings vielmehr die Eingrenzung der engeren Pyramidenstadt, der Wohnquartiere der Priester und Angestellten des Tempels gewesen sein, die vielleicht nicht den zeremoniellen Portikus mit den Reliefs des Götterempfanges benutzen konnten. Das mag in der Tat der Anlaß für die sekundäre, aus dem praktischen Kultbetrieb erwachsene Umgestaltung des ursprünglich doppeltorigen Einganges zum Taltempel gewesen sein. Dessen Funktion als Torbau läßt sich an den Opferstiftungen und Erneuerungsdekreten der Fassade bis in späteste Zeiten erkennen.

Pyramide, Totenkultanlagen und selbst das Sonnenheiligtum des Sahure waren ausnahmsweise fertiggestellt, als der König nach einer Regierung von etwa 15 Jahren starb. Sein Nachfolger, der schon in Sahures Tempel dargestellte, dritte Bruder Neferirkare mit dem Geburtsnamen Kakai, muß demnach schon bejahrt gewesen sein, als er den Thron bestieg. Dennoch zielte sein Bestreben dahin, mit seinem Pyramidenbezirk den seiner Vorgänger zu übertreffen, besonders die Ausmaße seiner Pyramide wieder denen der Gizapyramiden anzunähern. Seine Pyramide namens Bꜣ-Nfr-jrj-kꜣ-Rꜥw „Ba-Seele des Neferirkare" liegt etwas südlich der des Sahure[483]. Damit war die Kontinuität der neuen Nekropole und Residenz gewahrt. Anfänglich scheint eine kleinere, Taf. 64 a sechsstufige Pyramide geplant gewesen zu sein, die aus gutgesetzten, lokalen Kalksteinblöcken hochgemauert war, aber keine Verkleidung hatte. Später hat man davor wie in Meidum einen Mantel aus kleineren und schlecht gefügten Steinen gelegt, der durch die äußere Schale von Verkleidungsblöcken gehalten werden sollte. Dies setzt allerdings voraus, daß man bei der Konstruktion der Pyramide von dem bisher arbeitspraktischen Prinzip des gleichzeitigen Baues von Kern und Verkleidung abgewichen wäre, was unbedingt noch weiterer Nachprüfung durch eine Architekturgrabung bedarf; es führt folgerichtig zu der Annahme, die schon Perring bei der Vermessung der Pyramide vertreten hat[484], daß nämlich die Pyramide als Stufenpyramide geplant war. Das Fehlen von Turakalksteinblöcken läßt vermuten, daß die Stufen letztlich mit Granit verkleidet werden sollten, wovon zumindest genug Material für die untersten Lagen aufgefunden wurde[485]. Die Seitenlänge ist nicht sicher bestimmt, nach Borchardt betrug sie 200 E, der Böschungswinkel müßte bei einer Stufenpyramide etwa 73° gehabt haben[486]. Die Innenräume sind wie die der Sahurepyramide sehr zerstört. Der absteigende Gang begann in der Mitte der Nordseite, jedoch offenbar wieder in einigen Metern Höhe, nicht ebenerdig. Gang und Grabkammern sind so zerstört, daß keine genauen Maße gegeben werden können. Bemerkenswert ist die Konstruktion des Ganges, der wie die Grabkammern ein entlastendes Giebeldach hatte mit gegenseitig versetzten Stirnseiten der Deckungssparren[487]. Vermutlich ist das Raumschema das gleiche wie bei Sahure mit absteigendem Korridor (26° 3'), Gangkammer, Fallsteinvorrichtung aus Granit und horizontalem Gang von ca. 30 m Länge. Vor dem Eingang in die Vorkammer bestand die Gangverkleidung wieder aus Granit, da auf ihr die Last der Deckensparren ruhte. Der Gang hat eine leichte Abweichung nach Osten; damit wurde bezweckt, daß die Achse der Pyramide über der Vorkammer lag und nicht über dem Durchgang. Die Deckenkonstruktion besteht aus einem Giebeldach, drei Lagen gewaltiger Kalksteinblöcke, deren Stirnflächen gegeneinander versetzt sind, so daß ein Zwischenraum zwischen den einzelnen Lagen den Druck der Masse entlasten sollte. Allerdings hat man die oberen Sparren nicht wie bei Sahure länger als die unteren gemacht, so daß deren Gewicht zusätzlich noch auf die unteren Sparren drückte. Ein Sarg war nicht mehr aufzufinden.

Die Pyramide war wohl unfertig geblieben, denn die gefundenen Granitverkleidungssteine waren noch nicht geglättet. Der Totentempel ist offensichtlich in Eile und in Ziegelbauweise vollendet worden. In Stein war nur der westliche Teil, der eigentliche Totenopfertempel mit der 5-Nischenkapelle und dem Totenopfersaal dahinter ausgeführt[488]. Auch dabei zeigen sich Änderungen gegenüber dem uns so vollkommen erscheinenden Tempel des Sahure, woraus zu ersehen ist, daß eine Art Musterplan noch nicht vorlag, sondern daß die Anordnung und Maße der notwendigen Raumeinheiten der schöpferischen Gestaltungskraft der Baumeister und der Zustimmung des Königs überlassen waren. Die Räume sind insgesamt kleiner, der Totenopfersaal mißt 4,50 × 2,50 m und der Raum vor den 5 Nischen ist zu einem Korridor geschrumpft. Geblieben ist jedoch das Schema des Zuganges zu dem intimen Tempel über eine Rampe, der zweimal abgeknickte Zugang zu dem Totenopfersaal von der Südseite der 5-Nischenkapelle, der auf der Nordseite ein großer Raum unklarer Bedeutung angefügt ist. Auch der Querkorridor, östlich des intimen oder Totenopfertempels und westlich des Säulenhofes, hat seine Funktion als Querachse Taf. 67 und Zugang zu dem Pyramidenhof und der vielleicht in der Südwestecke dieses Hofes gelegenen Kultpyramide beibehalten[489]. Die Tempelteile östlich vor dem intimen Tempel sind in Ziegeln ausgeführt. Borchardt[490] hat daraus geschlossen, daß diese beim Tod des Neferirkare noch nicht angefangen waren — es fehlt auch die steinerne Fundamentierung — und in zwei oder sogar drei Bauphasen von den Nachfolgern Neferefre und Neuserre errichtet worden seien. Ricke[491] hat dagegen eine Reihe von Gründen angeführt, die im wesentlichen jedoch mehr kultideologisch als archäologisch fundiert sind und daher von Maragioglio und Rinaldi abgelehnt wurden[492]. Alle Autoren haben dabei jedoch übersehen oder zu wenig beachtet, welch bedeutenden Bauaufwand die späteren Ergänzungen bedeutet hätten. Neferefre hat seinen eigenen Totentempel nur in Ziegeln und in äußerst bescheidenen Ausmaßen gebaut. Neuserre, wenngleich ebenfalls ein Sohn des Neferirkare, hat kaum so großes Interesse an der Ausgestaltung des Totentempels seines Vaters haben können, zumal er ja erst 5–8 Jahre nach dessen Tod zur Regierung kam und damit keine zwingende Notwendigkeit mehr bestand, Teile des Tempels für die Bestattung oder den damit unmittelbar verbundenen Kult fertigzustellen. Der eigentliche Totentempel bestand ja schon! Ich möchte daher mit Ricke, jedoch aus anderen Gründen[493], annehmen, daß der Verehrungstempel des Neferirkare in seinen wesentlichen Bestandteilen, d. h. dem Verehrungshof, den südlichen Magazinen und dem Vestibül, noch von dem König selbst so geplant und ausgeführt worden ist. Dafür spre-

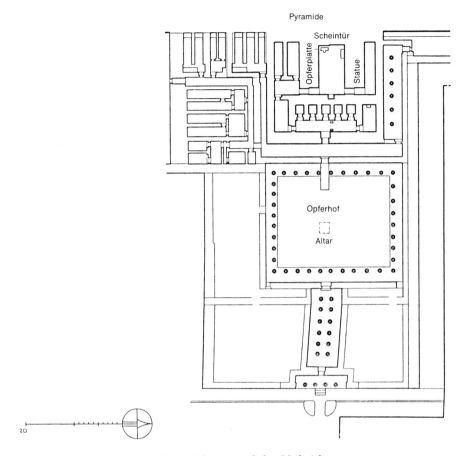

Pyramide

Scheintür

Opferplatte

Statue

Opferhof

Altar

20

54   Abusir. Pyramidentempel des Neferirkare.

chen unter anderem auch die Ausmaße des Hofes, die die des Sahure weit übertreffen, und die letzten Endes doch kostbare und aufwendige Ausstattung mit
den hölzernen Lotossäulen. Im Vergleich dazu ist der von Schepseskaf vollendete offene Verehrungshof des Mykerinos mit dem Nischendekor anstelle einer
Kolonnade bescheiden gewesen. Auch das Vestibül wird so von Neferirkare
geplant gewesen sein, denn es weist mit seinem deutlichen Knick auf die Linie
des wahrscheinlich nur als Rampe existierenden Aufweges hin. Dieser und der
Taltempel sind offensichtlich ausschließlich das Werk des Neuserre gewesen
und daher auch zu seinem eigenen Totentempel abgezweigt worden. Vielleicht
ist aber die Säulenvorhalle vor dem Vestibül eine spätere Ergänzung anstelle des
abgezweigten Aufweges.

Sicher sind die Priesterwohnungen zu beiden Seiten des Vestibüls und auf der
Südseite des Verehrungshofes erst langsam später entstanden[494]. Sie dienten

173

den Priestern und der Verwaltung des Tempels, die sich normalerweise an und um die Taltempel installiert hatten, wo sich allem Anschein nach die Tempelverwaltung befand. Da der Taltempel des Neferirkare nie zur Ausführung gekommen war und der vorgesehene Platz von Neuserre und seiner Tempelverwaltung in Besitz genommen wurde, hat sich die Tempelverwaltung und deren Personal am Totentempel direkt einrichten müssen. Diese kleine Siedlung hieß wie der Tempel Ba-Neferirkare oder häufiger nach dem Geburtsnamen Ba-Kakai. Die Archive[495] dieser Verwaltung geben aufschlußreiche Informationen über den Kult, den Dienst und die Verwaltung eines Totentempels und dessen alltägliches Funktionieren, nennen und beschreiben u. a. auch Raumeinheiten und Teile des Tempels mit ihren altägyptischen Namen[496]. Einen breiten Raum nehmen die Eintragungen über die Lieferung der Opferversorgung ein und die Anteile des Tempels und der Priesterschaft daran. Diese kommen zum größten Teil aus dem bisher noch nicht wiederentdeckten Sonnenheiligtum des Neferirkare namens St-jb-Rᶜw „Lieblingsplatz des Re", das nicht sehr weit nördlich gelegen haben kann[497]. Seine Bedeutung geht nicht nur aus dem Archiv des Totentempels hervor, es ist das in zeitgenössischen Gräbern und Titeln am häufigsten genannte Sonnenheiligtum, das auch auf dem Palermostein, der aus der Zeit des Neferirkare stammt, reiche Stiftungen zugewiesen erhält.

Neben dem Sonnenheiligtum wird in dem Archiv der Tempel und Kult einer Königin und Königsmutter Chentkaus erwähnt[498], deren Pyramide und Totentempel inzwischen bei den Ausgrabungen des tschechischen Institutes freigelegt worden sind[499]. Die Pyramide liegt in einem eigenen Bezirk an der Südseite dessen des Neferirkare, war ca. 16 m hoch und hatte eine von Norden her erschlossene kleine Sargkammer, in der Alabastergefäße gefunden worden sind. Die Totenopferkapelle aus Kalkstein an der Ostseite ist später unter Neuserre (?) durch Ziegelbauten erweitert worden; aus dieser Zeit stammt der Titel „Mutter zweier Könige", der zu der Verwechslung mit der Königin Chentkaus I. geführt hat, die in Giza denselben Titel führt. Die Königin Chentkaus II. aus Abusir ist jedoch die Gemahlin des Neferirkare gewesen und Mutter der Könige Neferefre und Neuserre.

Südwestlich davon liegt die begonnene Pyramide des Königs Neferefre, Nṯrj-bꜣw-Nfr.f-Rᶜw „Göttlich sind die Ba-Seelen des Neferefre", des ältesten Sohnes und Nachfolgers des Neferirkare, der wohl nur 5–8 Jahre regiert hat[500]. Die Konstruktionsweise der Grabräume über einem offenen Schacht, bei gleichzeitigem Beginn des Aufbaues des Pyramidenkerns, ist die in Abusir seit Sahure gefundene, zeitsparende Technik. Daß von der Verkleidung nichts erhalten ist, besagt nicht, daß diese nicht gleichzeitig gelegt worden wäre. Der kostbare Turakalkstein ist das erste, was man besonders bei unvollendeten Bauwerken wieder abgerissen hat. An der Ostseite der Pyramide lag ein ganz in Ziegeln erbauter Totentempel von bescheidenen Ausmaßen, der jedoch alle wesentlichen Elemente des Verehrungs- und Totenopfertempels enthielt. Letzterer besaß an der

Abb. 52

Taf. 66

174

Westwand der Ziegelkapelle eine Scheintür, deren Inschriften mit Goldblech überzogen waren. Der Name des Neferefre ist dadurch für die Pyramide gesichert. So bescheiden diese Anlage war, so belegen doch kostbare Steingefäße und Kultgeräte aus Edelmetallen sowie vor allem der Fund des Papyrusarchivs in dem Verwaltungsbureau des kleinen Totentempels die lange Dauer des Totenkultes. Wie der Tempel des Neferirkare hatte der des Neferefre noch keinen Taltempel; die Verwaltung hatte sich daher im Magazinbereich des Totentempels selbst angesiedelt. Dagegen hatte Neferefre wie seine Vorgänger ein Sonnenheiligtum Htp-R^{c}w „Opfertisch des Re" erbaut, das jedoch seinen Tod nicht überdauert hat[501].

Vielleicht ist zwischen der Regierung des Neferirkare und der seines Sohnes Neferefre die kurze Herrschaft eines Königs Schepseskare einzuschieben, von dem zeitgenössisch kein Denkmal, nicht einmal der Name seines Sonnenheiligtums bekannt ist. Ihm ist vielleicht der Aushub einer Pyramide zuzuschreiben, der sich nördlich der des Sahure im Gelände abzeichnet[502]. Weiter als die Ausschachtung für die Grabräume ist die Arbeit daran jedoch nicht gediehen gewesen, doch war damit der letzte freie und günstige Bauplatz zwischen den Pyramiden des Neferirkare, des Sahure und dem Sonnenheiligtum des Userkaf in Abusir belegt. Dies ist als Grund dafür anzusehen, warum Neuserre seinen Pyramidenbezirk Mn-jswt-N. „Es dauern die Stätten des Neuserre" zwischen die älteren des Sahure und Neferirkare eingezwängt hatte, wobei er auf der Nordostseite auch noch auf schon bestehende Mastabagräber einflußreicher Hofbeamter Rücksicht nehmen mußte, was bei der Planung des Totentempels zu komplizierten Verschiebungen zwang. Sicher hätte man diese Behinderungen nicht in Kauf genommen, wenn es nur darum gegangen wäre, den Aufweg und Taltempel des Neferirkare abzuzweigen und zu usurpieren! Der Befund zeigt aber deutlich, daß dieser Aufweg beim Tod des Neferirkare nur als offene Rampe existierte und von dem Taltempel bestenfalls die Fundamentplatte verlegt war.

Die Pyramide des Neuserre[503] hatte eine Seitenlänge von 150 E = 78,90 m, einen Böschungswinkel von 52° und erreichte damit etwa 50 m Höhe. Sowohl die Größenmaße wie auch die reine Pyramidenform passen sich somit wieder dem Normalmaß der Abusirpyramiden an. Wie diese ist sie in 5 Stufen – ohne erkenntliche Schalen – erbaut[504]. Die Innenräume, wie die der anderen Abusirpyramiden arg zerstört, waren über dem bewährten offenen Schacht errichtet, doch hat Neuserre die Absicherung des Ganges durch ein Giebeldach wie bei Neferirkare wieder aufgegeben. Der Eingang liegt ebenerdig, genau in der Mitte der Nordseite; das erste, 1,28 m breite, 1,05 m hohe Gangstück ist für ca. 3 E, d. h. die Dicke der Kalksteinverkleidung, horizontal, dann ist der Gang mit Granitblöcken verkleidet und fiel mit einer Neigung von 21°26′6″ auf ca. 12 m Länge ab, wo er vermutlich die Gangkammer erreichte; ab dort ist er völlig zerstört. Hinter der Gangkammer folgte eine Granitblockierung aus 3 Fallsteinen, dann

Abb. 52

Taf. 64 a

setzte sich der Gang mit einem leichten Gefälle von nur 5°30′ bis zur Vorkammer fort. Wie bei Sahure hat der Gang, nach der Gangkammer, einen deutlichen Knick nach Osten. Dennoch kam die Mittelachse der Pyramide über die Nordostecke der Grabkammer zu liegen und nicht über die Vorkammer, wie offensichtlich sonst stets angestrebt. Vor der Vorkammer ist der Gang nochmals mit Granitblöcken verstärkt, da auf diesen die Last des Giebeldaches ruhte. Grabkammer und Vorkammer waren mit Turakalkstein ausgemauert. Darüber lag ein dreifaches Giebeldach aus gewaltigen Turakalksteinblöcken von bis zu 10 m Länge und 90 t Gewicht. Die Gesamtlänge der Innenräume betrug etwa 13–14 m = 25–26 E, die Breite ca. 3 m = 6 E. Der Sarg oder Fragmente davon könnten unter den Steinmassen noch bedeckt sein. Von der Verkleidung der Pyramide sind anstehende Blöcke gefunden worden; sie bestand ganz aus Turakalkstein. Eine Nordkapelle über dem Eingang wurde nicht festgestellt. Dagegen lag nahe der Südostecke der Hauptpyramide, in einem eigenen Hof, eine kleine Kultpyramide von ca. 30 E Seitenlänge und dem üblichen T-förmigen Grundriß des Ganges und Innenraumes.

Bei der Planung der Totentempelanlage mußte, wie oben schon dargelegt, auf ältere Familiengräber im Nordosten der Pyramide Rücksicht genommen werden[505]. Dies führte zu einer erneuten Aufgabe der axialen Abfolge von Verehrungstempel und Totenopfertempel, allerdings nicht zu einer so radikalen Trennung wie bei Userkaf, sondern zu einer gegenseitigen Verschiebung in Form eines umgekehrten L. Der Totenopfertempel bildete einen breitrechteckigen Komplex, der fast die gesamte Ostseite des Pyramidenumganges einnahm. Auf seiner Ostseite verlief der uns schon bekannte Querkorridor, der seit Sahures Tempel den Totenopfertempel von dem Verehrungstempel trennt. Wie dort vermittelt er den Zugang in den Totenopfertempel einerseits und von seinem Ende aus in den südlichen und nördlichen Pyramidenumgang. Zwischen dem Gang und dem Totenopfertempel bestand ein Höhenunterschied von etwa 1 E, der wohl durch eine Treppe – wie bei Sahure – überwunden wurde. Neben dem Portal in den Totenopfertempel fand sich eine tiefe Nische in der Westwand, die die Statue eines monumentalen Granitlöwen enthielt, der gleichsam das Tor und dessen Verriegelung bewachte[506]. Durch das Tor gelangte man in den 5-Nischenraum, von dort nach Westen in eine erste Einheit von 5 Magazinräumen an der Pyramide. Nördlich folgt ein Raum, dessen Decke von einer Säule getragen wird[507]. Die Reliefreste dieses Raumes enthalten Huldigungsszenen, vielleicht mit Bezug auf die jenseitigen Jubiläumsfeste. An der Nordwand, neben dem Tor zum Totenopfersaal, stand wohl eine Statue[508]. Dieser Einsäulenraum findet sich von nun an als fester Raumbestand jeweils vor dem Totenopfersaal und enthält auch später ähnliche Darstellungen des Hebsed. Ich sehe in dieser einen Säule ein letztes Relikt des trennenden Portikus, der bei den Tempeln der 3. und 4. Dynastie zwischen dem Verehrungshof und dem Allerheiligsten stand und zuletzt bei Sahure in den zwei Säulen in den Nischen des Quer-

Taf. 66   Abusir. Unvollendete Pyramide des Neferefre. Der Totentempel auf der Ostseite der Pyramide wurde in den letzten Jahren durch eine tschechische Grabungsmission der Karls-Universität Prag freigelegt.

◁ ◁   Taf. 64 a   Abusir. Pyramiden des Sahure, Neferirkare und Neuserre (von rechts nach links).
Taf. 64 b   Abusir. Pyramide und Totentempel des Sahure. Blick von Osten über den basaltgepflasterten Hof, dessen Säulengang durch Palmsäulen aus Rosengranit gebildet wurde.

◁   Taf. 65   Relief aus dem Totentempel des Sahure. Göttin den König säugend. Diese Darstellung fand sich jeweils am Durchgang vom öffentlichen Verehrungstempel zum Totenopfertempel und am Eingang des Taltempels. Der tote König wird in den Kreis der Götter aufgenommen; wiedergeboren wird er von seiner göttlichen Mutter gesäugt und betritt seinen Jenseitspalast.

Taf. 67 Abusir. Blick über den Totentempel des Neferirkare und die unvollendete Pyramide des Neferefre nach Süden auf die Pyramiden von Sakkara/Süd und Dahschur.

Taf. 68 Steinbruch von Tura auf der Ostseite des Nils. Aus diesen Steinbrüchen stammt ▷ der feine Kalkstein der Verkleidungsblöcke der Pyramiden und der Reliefwände in den Totentempeln.

Taf. 69/70 Relief aus dem Totentempel des Sahure. Götter der Fruchtbarkeit verkörpern ▷ ▷ die Landesteile und Landschaften; sie bringen Gaben in den Totentempel.

Taf. 71 Sakkara. Grabkammer des Unas mit Basaltsarkophag. Die Grabkammern des ▷ ▷ Unas sind erstmals mit den Pyramidentexten dekoriert, einer Sammlung von Hymnen und Ritualen, die bei dem königlichen Begräbnis rezitiert wurden. Die Decke ist als Sternenhimmel gestaltet. Um den Sarg ist auf Alabasterblöcken die Nischendekoration des Jenseitspalastes dargestellt.

Taf. 73 Sakkara. Pyramide des Unas. Blick von Osten auf den Eingang des Totentempels. Gegen die Pyramide zu, erkennt man die Nische der Prunkscheintür des Totenopferraumes.

74

Taf. 75

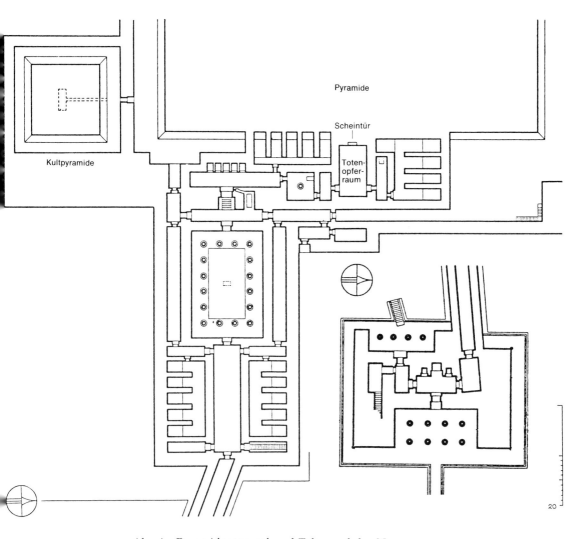

Pyramide

Scheintür

Kultpyramide

Toten-
opfer-
raum

20

55   Abusir. Pyramidentempel und Taltempel des Neuserre.

korridors erhalten war. Das Allerheiligste, der Totenopfersaal, hatte eine
gewölbte, sternendekorierte Decke[509] und auf der Westseite eine Scheintür aus
Granit, vor der ein Opferaltar oder eine Opferplatte stand. Relieffragmente zeigen den König im Verkehr mit Göttern. Eine Entwässerungsleitung bezeugt wiederum ein Wasserbecken für Flüssigkeitsspenden. Nach Norden führt ein Tor in
einen schmalen Sakristeiraum und von dort in die Magazine.

Der Querkorridor vor dem Totenopfertempel hatte ein Basaltpflaster, einen
Sockel gleichen Materials und darüber feinen Turakalkstein mit Reliefs, die die
Aufnahme des Königs in die Götterwelt zum Thema haben. Der Verehrungs-

177

tempel mit Magazinen zu beiden Seiten und dem längsrechteckigen Verehrungshof, dessen Umgang von Papyrusbündelsäulen gebildet wird, stößt an der Südseite auf den Totenopfertempel, wodurch beide ein umgekehrtes L bilden. An den nördlichen und südlichen Enden des kürzeren L-Balkens, d. h. an den äußeren Enden des Pyramidenumganges, finden sich erstmals massive, klotzartige Mauerverstärkungen, in denen man die Vorläufer der späteren Pylontürme erkannt hat[510].

Der Aufweg, den Neuserre auf der Rampe des Neferirkare erbaut und zu seinem Tempel abgezweigt hat, hatte ein Kernmauerwerk aus lokalem Kalkstein, das innen einen Basaltsockel mit reliefiertem Turakalkstein darüber besaß. Die Darstellungen zeigen den König mehrfach als Löwen, asiatische, südliche und libysche Feinde zertretend. Die Decke stellt wieder den Sternenhimmel dar[511].

Der Taltempel, auf einer künstlichen Terrasse am Rand des Fruchtlandes, variiert den Plan dessen des Sahure[512]. Wie dieser hatte der Taltempel des Neuserre nach Osten einen offenen Portikus, bestehend aus zwei Reihen von je 4 Säulen, hier jedoch Papyrusbündelsäulen wie im Umgang des Verehrungshofes. Die Fiktion des nördlichen und südlichen Eingangs ist insofern gewahrt, als der König auf den nördlichen Säulen: geliebt von der Göttin Buto des Nordens, auf den südlichen: von der Göttin Nechbet des Südens heißt. Der Portikus besaß eine Pflasterung aus Basalt, einen Sockel aus Rosengranit und darüber vermutlich reliefierte Wände. Vom Portal in den westlich gelegenen Innenraum dürfte das Relief kommen, das den jungen − wiedergeborenen − König, gesäugt von der Löwengöttin Sachmet, darstellt. Der Innenraum hatte auf der Westseite drei Nischen, deren mittlere größer war und die alle drei durch Türflügel aus Holz in Metallrahmen verschließbar waren. Der Aufweg geht nicht wie bei Sahure in der Achse aus der Mitte ab, sondern seitlich durch einen kleinen Nebenraum im Norden. Von Süden kommt ein Korridor an, der die Verbindung mit einem einfachen 4-Säulen-Portikus herstellte, der auf der Westseite lag. In dem Tempel standen offensichtlich u. a. auch Kalksteinfiguren gefesselter Feinde, vielleicht nahe dem Ausgang zum Aufweg. Im Süden führte eine Treppe von dem Westportikus auf die Dachterrassen, die Borchardt zweistöckig ergänzt.

Etwa 500 m weiter im Norden seines Totentempels hat Neuserre sein Sonnenheiligtum Šsp-jb-Rꜥw „Lustort des Re" erbaut[513]. Anfänglich war dies ein Ziegeltempel, der später in einen prachtvollen Steinbau umgewandelt wurde. Sein 36 m hoher gemauerter Obelisk auf dem 20 m hohen Sockel wetteiferte an Höhe mit den Pyramiden. Im übrigen ähnelte das Sonnenheiligtum äußerlich sehr den Pyramidenbezirken. Es besaß einen Torbau, einen Aufweg und einen genordeten, oberen Tempel mit einem weiten, offenen Hof, in dessen Mitte ein Opferaltar aus Alabaster stand. Große, runde Kalksteinbecken standen in den beiden Opferhöfen auf der Nordseite. Im Westen erhob sich der begehbare Sockel, in den von Süden her ein gedeckter Gang mündete, der die ganze Südseite des Hofes entlangführte, dekoriert mit prachtvollen Reliefs der »großen Festdarstel-

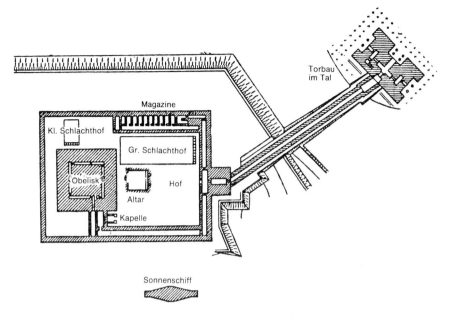

Kl. Schlachthof

Magazine

Obelisk

Gr. Schlachthof

Hof

Altar

Kapelle

Torbau
im Tal

Sonnenschiff

56   Abusir/Abu Gurab. Sonnenheiligtum des Neuserre.

lung«. Den Eingang in den Sockel bildete die „Weltenkammer" mit Darstellungen der Jahreszeiten. Eine kleine Kapelle stand vor dem Eingang, ebenfalls dekoriert mit Bildern der Tempelgründung und des königlichen Jubiläumsfestes. In dem Sonnenheiligtum wurden Re und Hathor verehrt. Auf der Südseite des Heiligtums war mitten in dem sandigen Tal ein riesiges Ziegelschiff aufgemauert, die Tages- und Nachtbarke des Sonnengottes Re. Alle Opferstiftungen für den Totentempel wurden aus dem Sonnenheiligtum geliefert, nachdem sie vorher dem Sonnengott vorgelegt waren.

Von Neuserres Nachfolger, Menkauhor, ist bisher nur der Name des Sonnenheiligtums ꜣḥt-Rꜥw „das Feld des Re" und der seines Pyramidenbezirkes Ntrj-swt-Mn-kꜣw-Ḥrw „Göttlich sind die Stätten des Menkauhor" bekannt[514]. Der Pyramidenbezirk wird in einem Schutzdekret des Königs Phiops I. der 6. Dynastie für die Pyramiden des Snofru erwähnt, woraus Borchardt[515] auf eine nachbarliche Lage geschlossen und eine Erhebung nordöstlich der Roten Pyramide in *Abb. 23* Dahschur, der Lepsius die Nr. 50 gegeben hatte, als diese Pyramide gedeutet hat. Nachgrabungen in den letzten Jahren haben zwar den Beweis erbracht, daß dies eine begonnene Pyramide des Alten Reiches sein muß[516], aber keinen inschriftlichen Beleg für Menkauhor ergeben. Maragioglio-Rinaldi[517] und Berlandini[518] halten dagegen die Pyramide Lepsius 29, die sog. „Kopflose Pyramide" in Sakkara für den Grabbau des Menkauhor, da dieser in den Beamtengräbern in Sakkara erwähnt wird.

Der Platz in der Nekropole von Abusir scheint demnach mit den drei oder vier vorhandenen Pyramidenanlagen so voll ausgenutzt gewesen zu sein, daß schon Menkauhor sich eine neue Nekropole aussuchen mußte. Sein Nachfolger Djedkare Asosi hat seine Pyramide auf einem beherrschenden Hügel in dem noch wenig bebauten Südbereich von Sakkara errichtet und Nfr-Issj „Schön ist (die Pyramide des) Asosi" benannt[519]. Aus Inschriften in dem Grab des Hofbaumeisters Senedjemib erfahren wir, daß er die Pläne für die Pyramidenanlage und für den Palast des Königs entworfen und die Bauten zur Zufriedenheit des Königs ausgeführt hatte[520]. Die heute stark verwitterte Pyramide und die Kultanlagen sind unzureichend ausgegraben und publiziert. Die Pyramide war wie die des Neuserre in 6 Stufen erbaut, hatte eine Basis von 150 E = 78,75 m, der Bös-

Taf. 72 a chungswinkel dürfte 52° gewesen sein[521]. Die Konstruktionsart über einem offenen Schacht folgt der in Abusir entwickelten Technik, doch sind die Grabräume etwa 9 m tief in den Felsboden gesenkt. Der Eingang liegt 2,50 m östlich der Mitte der Nordseite und ist ebenerdig. Erstmals wurden wieder die Spuren einer Nordkapelle direkt über dem Eingang beobachtet, eines kleinen Kalksteinbaues von 13 E Länge × 7 E Breite (= 6,71 × 4,69 m); auf der Südseite dieser Kapelle befand sich wohl eine Scheintür. Der absteigende Gang von 9,20 m Länge ist granitverkleidet und noch heute mit Granitblöcken versperrt. Ähnlich wie in Abusir folgte eine Gangkammer, eine Fallsteinvorrichtung mit drei Granitfallsteinen und ein horizontales Gangstück mit leichtem Knick nach Osten, bis nach insgesamt 24,90 m der Gang in die Vorkammer mündete, wobei das letzte Gangstück nochmals mit Granit verstärkt war. Die Grabräume sind nach Osten hin um eine dritte Einheit, einen quergelagerten Korridor mit drei Nischen nach Osten, vermehrt. Es liegt nahe, dabei an die Nischenräume im Grab des Mykerinos und des Schepseskaf zu denken sowie an den L-förmigen Gangfortsatz in der Pyramide des Userkaf. Dieser Nischenraum ist relativ roh belassen und hatte nicht die feine Kalksteinverkleidung der Vor- und Sargkammer. In späteren Pyramiden bleibt dies der einzige Raum, der nie mit den Pyramidentexten beschriftet wurde; es fällt daher schwer, in ihm das Statuengrab oder das ohnehin zweifelhafte Kronenbegräbnis zu lokalisieren![522] Die roh belassenen Wände deuten vielmehr auf einen Keller bzw. auf Magazine hin, wie sie die älteren Pyramidengräber der 3. Dynastie hatten. Es ist zumindest interessant zu beobachten, wie, ungeachtet der immer mehr perfektionierten oberirdischen Kultanlagen mit ihren doppelten Magazinen, plötzlich wieder das Bedürfnis nach Speichern direkt neben dem Begräbnis aufzukommen scheint. Der Nischenraum hatte eine Nord-Süd-Ausdehnung von 6,74 × 2,06 m Breite (12½ × 4 E); der Gang zum Vorraum war nur 0,70 m breit und 1,60 m lang. Vorraum und Grab-

57 Pyramiden von Sakkara. ▷

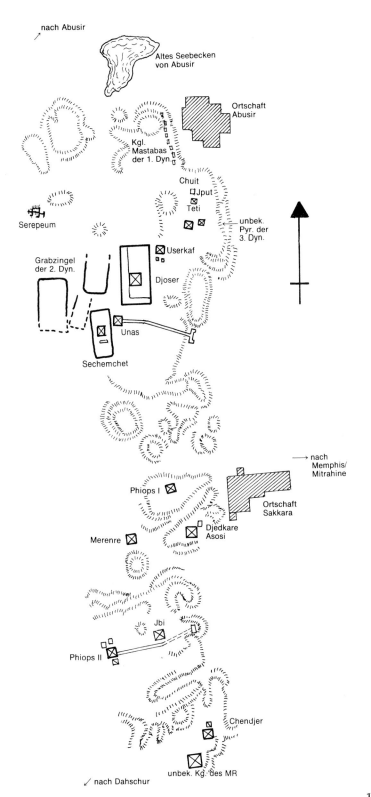

nach Abusir

Altes Seebecken
von Abusir

Ortschaft
Abusir

Kgl.
Mastabas
der 1. Dyn.

Chuit
Jput
Teti

unbek.
Pyr. der
3. Dyn.

Serepeum

Userkaf

Grabzingel
der 2. Dyn.

Djoser

Unas

Sechemchet

nach
Memphis/
Mitrahine

Phiops I

Ortschaft
Sakkara

Merenre

Djedkare
Asosi

Jbi

Phiops II

Chendjer

unbek. Kg. des MR

nach Dahschur

181

kammer sind durch Steinräuber böse zerstört. Sie maßen 4,02 m (= 7½ E) und 7,84 m (= 14½ E) in der Ost-West-Richtung bei gleicher Breite von 3,10 m = 6 E. Ein Giebeldach aus drei Lagen gewaltiger Kalksteinsparren überdeckte beide. Vor der Westwand der Grabkammer findet sich eine Vertiefung von 12 cm, in der ein grauer Basaltsarg stand, der ebenso wie der Sargdeckel zu Fragmenten zertrümmert worden ist. Dieser ruhte auf einem Postament westlich des Sarges, solange jener offengehalten werden mußte. Nach der Bestattung wurde der Deckel von Westen her über den Sargtrog zugeschoben. Eine quadratische Nische, östlich vor dem Sargplatz, war zur Aufnahme des Kanopenkastens bestimmt.

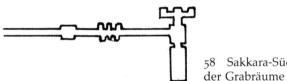

58 Sakkara-Süd. Grundriß
der Grabräume des Djedkare Asosi.

Der nur unvollständig ausgegrabene Totentempel besticht durch die Regelmäßigkeit und Symmetrie seiner Anordnung[523]. Nach den gefundenen Relieffragmenten kam seine Dekoration an Reichtum und Schönheit den Tempeln der Abusirkönige gleich[524]. Die Eingangsfassade wird durch zwei mächtige, quadratische Turmmassive beherrscht, zwischen denen der – nicht freigelegte – Aufweg mit einem leichten Knick mündet. Die einzelnen Raumeinheiten des Tempels sind im Fundament deutlich ablesbar: Ein langes Vestibül mit Alabasterpflasterung, jedoch ohne Säulenstellung, d. h. möglicherweise mit steinernem Gewölbe, führte in einen längsrechteckigen, offenen Säulenhof von 45 E ostwestlicher Länge und 30 E Breite; von der Alabasterpflasterung sind nur mehr kleine Reste erhalten. Die Säulen des Umganges waren wieder Palmsäulen aus Rosengranit. Zu beiden Seiten des Vestibüls und des Hofes lagen symmetrisch die zugehörigen Magazine. Der übliche Querkorridor trennte den Verehrungstempel, von dem sehr ausgeprägten, geschlossenen Totenopfertempel, der nun innerhalb des im Osten vorgezogenen Pyramidenhofes liegt, mit dem 5-Nischenraum, dem einsäuligen Vorraum und dem tiefen Totenopfersaal. Beidseits dieser Räume befanden sich die Opfermagazine und Sakristeien.

Nördlich und südlich des Totentempels liegen 4 große, von Steinmauern eingefaßte Höfe. In dem südlichen stand eine Kultpyramide von 30 E Seitenlänge und der bekannten T-förmigen Gang- und Kammerform. Die Böschung betrug wahrscheinlich 65°. Die Höfe waren mit unregelmäßigen Kalksteinblöcken gepflastert. Für den nordwestlichen Hof könnte man die Nutzung als Schlachthof annehmen, worauf Rillen im Pflaster schließen lassen. Djedkare war der

Taf. 72 a

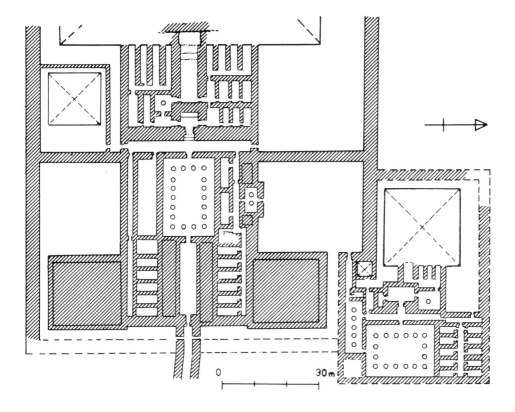

59   Sakkara-Süd. Pyramidentempel des Djedkare Asosi und seiner Königin.

erste König der 5. Dynastie, der kein eigenes Sonnenheiligtum mehr errichtet
hat, wenngleich er die Versorgung der Sonnenheiligtümer seiner Vorgänger
nicht eingestellt, sondern reichlich subventioniert hat. Es mußte daher an und
um die Pyramide entsprechender Raum für die Aufbereitung der Opfer, vor
allem der Schlachtopfer, geschaffen worden sein. Der Aufweg zeichnet sich
deutlich ab, mit Gräbern zu beiden Seiten. Im Tal sind Kalksteinmauern und
Granitarchitrave bei flüchtigen Grabungen 1945 festgestellt worden[525]. Nord-
westlich davon zeichnen sich Ziegelmauern ab, vielleicht die Reste der Pyramidenstadt oder des Palastes des Djedkare Asosi, der nach der Schilderung des
Baumeisters Senedjemib Inti eine Fläche von 1220 × 220 E, d. h. 640 × 115 m
einnahm[526].
    Nordöstlich des königlichen Pyramidenbezirkes liegt in einer eigenen Umfas-
sung der Pyramidenbezirk der uns namentlich nicht bekannten Königin mit
einer Pyramide von heute etwa 10 m Höhe. Die Pyramide hatte vielleicht eine   *Taf. 72 b*
Seitenlänge von 80 E = 42 m. Auf ihrer Ostseite lag ein kleiner Totentempel mit

einem Totenopfersaal, Magazinen daneben, einem 5-Nischenraum (?), dem Vorraum mit einer Säule in der Mitte, und vor diesem Totenopfertempel ein quergelagerter, offener Hof von ca. 40 × 30 E Größe[527]. Der Ausgang des Totentempels geht nicht nach Osten, sondern nach Süden über ein Vestibül in den nordöstlichen Hof des königlichen Totentempels. In der Südwestecke des Bezirkes fanden sich sogar Spuren, die darauf hindeuten, daß dort eine kleine Kultpyramide von 8 E Seitenlänge gestanden hat. Bemerkenswerterweise hat der Königinnenbezirk jedoch keinen Aufweg und keinen eigenen Taltempel. Beides, Aufweg und Taltempel, fehlt auch den späteren Königinnenbezirken. Dies bleibt außer der Größenordnung das einzige, wesentlich zwischen Königsbezirk und Königinnenbezirk unterscheidende Merkmal.

Mit König Unas endet, nach der späteren Geschichtsschreibung, die 5. Dynastie. Über sein Verhältnis zu dem Vorgänger Djedkare Asosi wissen wir vorest nichts, doch muß der Übergang der Regierung auf Unas friedlich verlaufen sein, da mehrere hohe Beamte ihre Karriere, die sie unter Asosi begonnen hatten, unter ihm fortsetzen, ja sogar Namen führen, die mit dem Königsnamen Asosi zusammengesetzt sind. Die Tatsache, daß er seine Pyramide[528] namens Nfr-

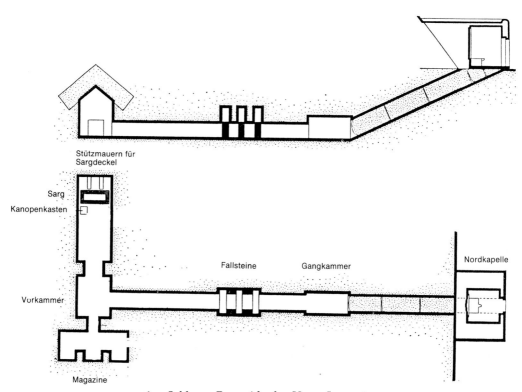

Stützmauern für Sargdeckel

Sarg

Kanopenkasten

Fallsteine   Gangkammer   Nordkapelle

Vorkammer

Magazine

60   Sakkara. Pyramide des Unas. Innenräume.

jswt-Wnjs „Vollkommen sind die Stätten des Unas" südlich der Djoserpyramide
errichtet hat, spricht sicher nicht gegen verwandtschaftliche Beziehungen; im
Gegenteil könnte die Namensbildung des Pyramidenbezirkes als eine Erweiterung oder Nachbildung des Djedkare-Asosi angesehen werden. Ungeachtet der
langen Regierung von 30 Jahren, ist die Pyramide des Unas mit einer Seitenlänge von nur 110 E = 57,75 m[529] die kleinste des Alten Reiches; sie erreichte allerdings durch einen steilen Böschungswinkel von 56° immerhin 43 m Höhe. Mit
ihren östlichen Kultanlagen überdeckte sie das damals schon in Vergessenheit
geratene Königsgrab des Hetepsechemui aus der 2. Dynastie (siehe oben S. 31).

Taf. 73

Taf. 75 a

Die Pyramide selbst war wieder in Stufen errichtet, wobei schon Spolien aus
älteren Bauten verwertet worden sind[530]. Der Eingang zur Pyramide liegt ebenerdig in der Mitte der Nordseite. Versatzspuren dort bezeugen eine Nordkapelle; Gang und Innenräume sind ähnlich wie bei Asosis Pyramide in einen offenen
Schacht des felsigen Untergrundes konstruiert und besonders gut erhalten. Ein
absteigender Gang von 14,35 m führt bei einer Neigung von 22° in eine Gangkammer mit den Maßen 2,47 × 2,08 m, setzt sich dann horizontal 14,10 m fort
bis zu den Grabkammern, wobei er unmittelbar davor eine Granitbarriere mit 3
Fallsteinen passiert. Wie bei Djedkare sind die Grabkammern um einen östlichen Nischenraum von 6,75 × 2 m erweitert. Die Vorkammer mißt 3,75 m von
Ost nach West und 3,08 m Breite. Sie liegt genau unter der Mittelachse der Pyramide. Die Sargkammer hat die gleiche Breite, mißt aber 7,30 m ost-westlicher
Länge. Vor der Westwand steht noch der geöffnete, aber gut erhaltene Basaltsarg, dessen Deckel zerbrochen nahe dem Eingang liegt. Gegen die Westwand
war wieder ein Sockel gemauert, auf dem der Sargdeckel vor der Beisetzung
bereitgehalten wurde. Eine Nische vor dem Sarg hatte den Kanopenkasten aufgenommen. Die Wände um den Sarg waren mit enorm großen Alabasterblöcken
verkleidet und mit der Prunkpalastfassade dekoriert, die schwarz und grün
bemalt war. Der Rest der Kammer, einschließlich der Vorkammer und des letz-

Taf. 71

ten Gangstückes, 1,45 m vor dem Eingang in die Vorkammer, jedoch nicht der
Nischenraum, sind mit den Pyramidentexten beschriftet. Die Hieroglyphen sind
in feinem, vertieften Relief in den Kalkstein geschnitten und mit blauer Farbe
ausgemalt. Die Texte bestehen aus einer Sammlung alter, zum Teil sehr alter
Sprüche, vermischt mit jüngerem Textgut, wobei die Frage der Redaktion der
vorliegenden Sammlung offen ist. Alte und neuere Jenseitsvorstellungen von
einem Aufstieg zum Nordhimmel, einer gewaltsamen Machtergreifung in der
Jenseitswelt der Götter, einem Begleiten bis Dienen im Sonnenboot des Re und
einem Teilhaben an dessen Himmelsreise stehen ganz diagonalen Aussagen
und Identifikationen und dem Los des Osiris gegenüber. Formal lassen sich Ver-
klärungstexte, Litaneien, Hymnen, dramatische Texte und Zaubersprüche
unterscheiden. Sethe[531], dessen Zusammenstellung und Veröffentlichung der
Texte noch immer das Standardwerk ist, sah in dem Textgut eine freie Sammlung von Sprüchen an den Wänden des Grabes, die dem Toten kraft ihres Vor-

handenseins auf magische Weise die Möglichkeit verliehen, sich in einen Geist zu verwandeln, aufzuerstehen und die Himmelfahrt anzutreten, ohne auf den Dienst der letztlich als unzuverlässig erkannten Priesterschaft angewiesen zu sein[532]. Einen ganz anderen Zugang suchten Schott und Ricke[533], die in den Sprüchen und ihrer Anordnung ein altes Bestattungsritual zu erkennen glaubten, dessen Aufzeichnung in dem Gang bis zum Sargraum den Beisetzungsriten im Taltempel = Gangkammer, Aufweg = Gang, Vorkammer = Altarhof und Sargkammer = Totenopfertempel entspräche. Spiegel[534] sah dagegen die Texte gleichfalls als Begleittexte des Bestattungsrituales an, das er sich jedoch ausschließlich in den Räumen rezitiert und zelebriert vorstellt, in denen sie aufgezeichnet waren, d. h. in den Grabräumen der Unaspyramide. Altenmüller[535] hält an dem Charakter der Texte als Rezitation des Bestattungsrituales fest, das sowohl im Tempel wie auch in den Pyramidenritualen stattfand und von vier Priestern in den mythischen Rollen der Götter Re und Horus, Seth und Thot vollzogen worden sei. Neuere Interpretationen lösen sich von dem wohl zu starren Schema des Bestattungsrituales und sehen in der Textsammlung ein Konglomerat von Sprüchen, die der Verklärung des toten Königs dienten, andererseits im Tempelkult auch als Hymnen, Litaneien etc. eine dauerhafte Verwendung hatten, losgelöst von dem einmaligen Faktum der Bestattung[536]. Die Aufzeichnung in den Pyramidenräumen hätte damit nicht unmittelbar mit dem Bestattungsritual zu tun.

Über dem Sargraum und der Vorkammer spannt sich ein Giebeldach, dekoriert mit dem nachtblauen Sternenhimmel; der Dreinischenraum ist flach gedeckt und bleibt undekoriert.

Der Totentempel[537] folgt dem unter Djedkare vollendeten, symmetrischen Schema der Hauptteile: Vestibül, offener Altarhof, Querkorridor, auf den axial der Totenopfertempel folgt, mit dem 5-Nischenraum und dem über den quadratischen, einsäuligen Vorraum zugängigen Totenopfersaal, dessen Granitschein-

Taf. 73

tür zum Teil in der Pyramidenostflanke erhalten ist. Die Säulen des offenen Hofes haben wieder wie bei Sahure Palmkapitelle, sie sind schlanker und höher als die älteren Säulen, jedoch gleichfalls aus Rosengranit, während die gleichfalls palmförmige Einzelsäule in dem Vorraum zum Allerheiligsten erstmals aus dem Quarzit des Gebel el Ahmar gearbeitet war. Relieffragmente belegen ein Dekorationsprogramm des Tempels, das dem der älteren Abusirtempel gleich ist, auch die Qualität des Reliefs hat den hohen künstlerischen Standard gewahrt[538]. Allein die Anordnung der Magazineinheiten – nicht ihre grundsätzliche Zweiteilung – ist aufgrund der örtlichen Gegebenheiten unsymmetrisch, ebenso wie die Lage der Kultpyramide im Südosten. Aus den Pylontürmen des Djedkare Asosi ist bei Unas schon eine pylonartige Fassade mit Hohlkehlenabschluß und Rundstab an den Ecken geworden. Neuerungen finden sich hinge-

Taf. 74 a

gen in der Form des Taltempels, der immer noch nicht vollständig ausgegraben ist, dessen breitrechteckige Fassade mit Rampen an den Nord- und Südenden

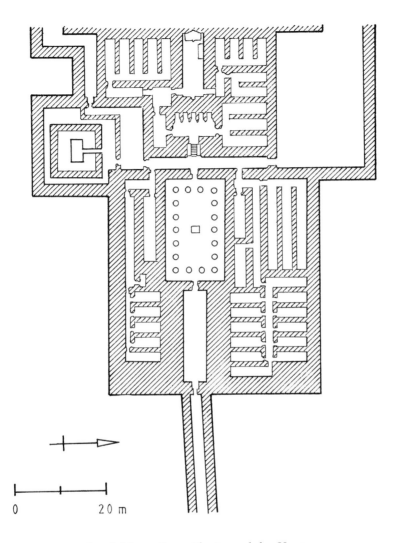

61 Sakkara. Pyramidentempel des Unas.

schon auf den Plan des Taltempels Phiops' II. aus dem Ende der 6. Dynastie
hinzielt. Die Dekoration des 666 m langen, gedeckten Aufweges, bei Sahure und
Neuserre den Darstellungen der königlichen Macht und Abwehr der feindlichen
Umwelt vorbehalten, ist durch − leider bisher unveröffentlichte − Szenen
erweitert worden, die nur teilweise in dieses Bildschema passen, wie die Darstellung einer Schlacht gegen asiatische Feinde, verhungernde Beduinen in
beängstigend naturalistischem Stil, Tribute aus fernen Ländern mit wilden Tie- *Taf. 74 b*
ren, darunter Giraffen, Löwen und Leoparden, aber dann auch Handwerkersze-
nen, Verarbeitung von Rohmaterialien und der Transport der Säulen des Tem-

187

pels aus Rosengranit auf breiten Schiffen, d. h. Zulieferung und Arbeiten für den Totentempel[539]. Zu beiden Seiten des Aufweges finden sich wieder Bootsgruben für die königlichen Schiffe der Bestattung oder des Jenseits.

Mit König Teti beginnt die ägyptische Geschichtsschreibung eine neue, die 6. Dynastie, vielleicht allein deshalb, weil auf ihn folgend sein Sohn und dessen Söhne in ununterbrochener Folge regierten. Ein Gegensatz zu seinem Vorgänger Unas läßt sich nicht feststellen. Hohe Beamte des Teti, die ihre Gräber nördlich seiner Pyramide haben, wie der Wesir Kagemni oder Neferseschemptah, haben ihre Karriere unter Asosi begonnen, unter Unas fortgesetzt und unter Teti höchste Ämter bekleidet. Vielleicht war die Hauptkönigin des Teti, Iput, eine Tochter des Unas. Seinen Pyramidenbezirk Ḏd-jswt-Ttj „Es dauern die Stätten des Teti"[540] errichtete er nördlich der Pyramide des Userkaf in Sakkara-Nord

Abb. 57 nahe einer älteren Pyramide der 3. Dynastie[541], auf die sein Aufweg jedenfalls Rücksicht nimmt. Sowohl die Pyramide wie auch der Totentempel folgen dem Vorbild der späten 5. Dynastie. Es scheint, daß damit eine Art Standardisierung erreicht worden ist, das Schema des Pyramidenbezirkes wird mehr oder weniger strikt kopiert, einschließlich der Dekoration des Tempels, was ohne Zweifel

62 Sakkara-Nord. Pyramide des Teti. Innenräume.

eine religiöse und kultische Erstarrung und das Nachlassen schöpferischer Kräfte erkennen läßt.

Die Pyramide hatte eine Seitenlänge von 150 E = 78,75 m, eine Höhe von 100 E = 52,50 m und war in 5 Stufen erbaut[542]. Der Eingang lag ebenerdig vor der Mitte der Nordseite in einer Kapelle aus Kalkstein, 7 × 6 E groß, mit einer Basaltscheintür an der Südseite, gegen die Nordflanke der Pyramide. Das Gang- und Kammersystem ist eine Kopie dessen des Unas mit etwas erweiterten Maßen aufgrund der größeren Grundfläche der Pyramide: Ein erstes Gangstück führt mit einem Gefälle von 22° etwa 17 m hinab in eine Gangkammer, wird dann horizontal, passiert die granitene Fallsteinvorrichtung mit drei Fallsteinen, um schließlich nach etwa 25 m die Grabräume in der Vorkammer unter der Pyramidenmittelachse zu erreichen. Letztere mißt 3,75 m in der Ost-Westrichtung und 3,12 m nord-südlich. Nach Osten führt ein Durchgang in den Nischenraum von 6,75 m nord-südlicher Länge bei 3,07 m Breite mit den drei traditionellen Nischen nach Osten. Die Sargkammer im Westen ist mit 3,45 × 7,90 m etwas breiter und länger als die des Unas, besitzt aber nicht die kostbare Alabasterverkleidung der westlichen Hälfte.

Der schlichte, erstmals mit einer Zeile der Pyramidentexte beschriftete Sarkophag ist gut erhalten, allein der Sargdeckel wurde von den Grabräubern zerbrochen. Eine Nische vor dem Sarg enthielt den Kanopenkasten. Wie die Grabräume des Unas waren auch die Sarg- und die Vorkammer des Teti sowie das letzte Gangstück mit Pyramidentexten beschriftet, von denen eine große Zahl neuer Fragmente bei der Freiräumung und Restaurierung der Pyramidenkammern in den letzten Jahrzehnten gefunden wurden. Die Vor- und Sargkammer war wieder mit einem Giebeldach, bestehend aus drei Lagen großer Kalksteinblöcke, gedeckt.

Wie alle Tempel in Sakkara ist der des Teti im Mittelalter seines besseren Steinmateriales beraubt worden. Dennoch ließ sich der Plan und einzelne interessante Baudetails erschließen, die bei den älteren Vorbildern entweder verloren oder anders waren. Im wesentlichen folgt das Raumschema dem des Djedkare und des Unas, allein vor das Vestibül mußte ein quergelagerter Korridor gelegt werden, da der Aufweg aufgrund der schon erwähnten Pyramidenanlage im Osten nicht in der Mitte der Front[543], sondern nahe der Südostecke auf den Tempel stieß. Erstmals sind Deckensteine des Vestibüls mit einer inneren Wölbung gefunden worden, die anzeigen, daß dieser Raum von 10 E = 5,25 m Breite und 40 E = 21 m Länge mit einer gewölbten und sternenverzierten Decke überspannt war[544]. Der 30 E = 15,75 m breite und 45 E = 23,65 m lange, offene Verehrungshof hatte erstmalig wieder wie in der 4. Dynastie einen Pfeilerumgang aus Rosengranitpfeilern. Vestibül und Hof besaßen ein Alabasterpflaster. In der Hofmitte stand ein Altar, gleichermaßen aus Alabaster und einst beschriftet. Zu beiden Seiten des Vestibüls und des Hofes lagen symmetrisch Magazine mit gut erhaltenen Opfertischen. Dieser öffentliche Teil des Tempels, der Vereh-

Abb. 63

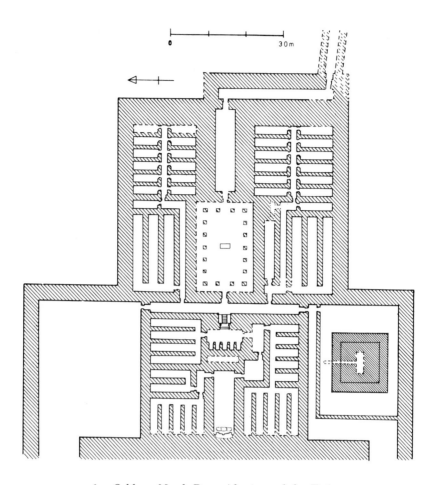

63   Sakkara-Nord. Pyramidentempel des Teti.

rungstempel, ist gegen den Totentempel durch den Querkorridor abgetrennt, der 4 Tore hatte, eines von dem Hof in den Korridor, je eines im Norden und im Süden, die in den Pyramidenhof und im Süden zugleich zu der kleinen Kultpyramide dort führten, und eines nach Westen in den Totenopfertempel. Das Pflaster aus Alabaster setzt sich im intimen Tempelteil fort, die Tore waren dagegen aus Hartgestein gebaut. In den 5-Nischensaal führte eine noch erhaltene Treppe von 8 Stufen hinauf[545], ein Deckenfragment mit Sternen bezeugt, daß auch dieser 5-Nischenraum eine Decke mit dem Sternenhimmel hatte[546]. Die mittlere Nische war deutlich größer als die jeweiligen Seitennischen. Von dem südlichen Längsraum, der in den quadratischen Einsäulensaal weiterführte, ist nichts erhalten, auch von dem letzteren nur Spuren des Alabasterpflasters und die Versatzspuren der Säule. Das Allerheiligste, der Totenopfersaal, war ein gewölbter,

190

luftiger Saal von 10 E Breite und 30 E Länge (5,25 × 15,75 m), an dessen Westseite eine mächtige Scheintür aus Rosengranit auf einem gewaltigen Quarzitsok-
kel stand, auf beiden Seiten eingerahmt durch Kalksteinreliefs mit Darstellungen der „Seelen von Nechen" im Süden und der „Seelen von Buto" im Norden,
während an den Nord- und Südwänden Opferlisten und Darstellungen des sitzenden Königs durch Fragmente nachweisbar sind. Opfermagazine und Sakristeien lagen im Norden und Süden des Saales[547].

Wenn auch nur wenig von dem Reliefschmuck auf uns gekommen ist, so zeigt
dieser doch noch eine große Beherrschung der Form und einen Reichtum des
Bildprogrammes. Noch einmal werden im Relief Augen mit farbigen Halbedel-
steinen eingelegt und die Augenlider mit Kupfer eingefaßt, wie an Bildern des
thronenden Königs oder dem des Gottes Seth zu sehen ist[548].

Der Aufweg ist durch die Tempelterrassen des Serapeum zerstört worden.
Der Taltempel und die bedeutende Pyramidenstadt des Teti, bis ins frühe Mittle-
re Reich ein Hauptverwaltungsort und zeitweise vielleicht die Residenz der
Könige der Herakleopolitendynastie, sind bisher noch nicht festgestellt worden.

Die beiden Königinnen des Teti waren wieder in Pyramiden nördlich der   Abb. 57
königlichen Pyramide bestattet[549]. Anscheinend gab es für die Bestattung der
Königinnen des Alten Reichs keine bestimmende äußere Form. Es läßt sich auch
keine Regel oder Erklärung für den Wechsel zwischen Schachtgrab und Mitbe-
stattung im Königsgrab, Mastabagrab oder eigenem Pyramidengrab erkennen.
Die Königinnen des Djoser waren in Galeriegräbern unter der Stufenpyramide
bestattet, die des Snofru vielleicht in großen Mastabas in Dahschur; Hetepheres,
die ihren Mann überlebte, in der Pyramide G Ia, die Königinnen des Cheops in
den beiden anderen, G Ib und c. Chephrens Königinnen dagegen hatten Mastabas und Felsengräber, die des Mykerinos wieder Pyramiden. In Abusir wechselt
es anscheinend gleichfalls. Die Königin des Djedkare Asosi hat erstmals einen
zwar vom Hauptgrab abhängigen, aber doch sehr ausgeprägten Pyramidenbezirk in Angleichung an den des Königs, während die beiden Königinnen des
Unas wieder in großen Mastabas nördlich des Aufweges bestattet waren. Die
Pyramiden der beiden Königinnen des Teti, namens Iput und Chuit, standen
nun gar gute 100 m nordöstlich des Teti-Bezirkes in eigenen Umfassungen. Die
Pyramiden selbst blieben relativ klein; die Seitenlänge betrug jeweils 30 E =
15,75 m, der Böschungswinkel von 65° ist so steil, daß man dabei an die Form
der Stufenpyramide denken könnte, wie bei den Pyramiden der Königinnen des
Mykerinos. Dafür spricht auch der Zugang zur Grabkammer der Iput in Gestalt
eines Schachtes, der in halber Höhe der Pyramide auf der 2. Stufe beginnt[550].
Wenn die Endform die einer echten Pyramide gewesen wäre, hätte sie somit
erst nach der Beisetzung der Königin fertiggestellt werden können. In der einzigen Kammer des Pyramidengrabes fand Firth die in der Antike nur teilweise
beraubte Bestattung der Königin Iput mit ihrem Schmuck in einem Zedernholz-
sarg, der in einen Kalksteinsarkophag eingestellt war[551]. Pyramidentexte wur-

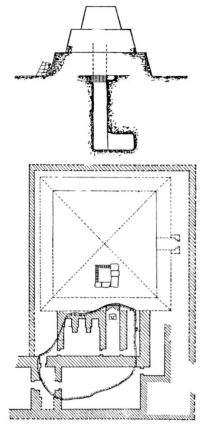

64 Sakkara-Nord.
Pyramide und Pyramidentempel
der Königin Iput.

den in der Kammer nicht festgestellt; deren Anbringung in den Grabräumen
war zu Beginn der 6. Dynastie offenbar noch ein ausschließlich königliches Pri-
vileg. An der Nordseite der Pyramide fand sich eine Nordkapelle mit einer
Scheintür aus Granit, obgleich der Eingang zum Grab gar nicht auf der Nordseite lag! Auf der Ostseite befinden sich die Reste eines kleinen Totentempels mit
einem Vestibül, einem offenen, breitrechteckigen Hof (Verehrungshof), einem
3-Nischenraum, einer kleinen Kultpyramide und einem Totenopfersaal mit einer
Opferplatte und einer Kalksteinscheintür. Nach den Inschriften war Iput eine
leibliche ‹Königstocher›, Königsgemahlin des Teti und Mutter des Königs
Phiops I.

Die Pyramide der Königin Chuit, zwischen der der Iput und des Teti gelegen,
ist heute gänzlich verschwunden[552]. Sie hatte aber die gleichen Ausmaße wie die
der Iput und einen, dieser ganz ähnlichen, nur weniger gut erhaltenen Totenopfertempel auf der Ostseite. Auffällig ist bei beiden, daß Königinnen offenbar wie

prinzliche Privatpersonen zwar einen Nischenraum haben können, doch anstelle der 5 Nischen des königlichen Tempels nur 3 Nischen[553]. Die und das Fehlen von Aufweg und Taltempel sind neben den Größenordnungen Unterscheidungskriterien, die wir heute noch nicht voll verstehen können, die aber offenbar als so grundsätzlich angesehen wurden, daß sie nicht angeglichen werden konnten.

Mit den Pyramidenanlagen des Teti und seiner Königinnen im Norden war der verfügbare Grund für große Pyramiden und ihre Tempel in Sakkara-Nord erschöpft. Der Sohn des Teti und der Königin Iput, Phiops I., verlegte seine Nekropole und Residenz daher wieder 2 km nach Süden, wo nördlich der Pyra- Abb. 57 mide des Djedkare Asosi noch günstig gelegenes Gelände zur Verfügung stand. Seine Pyramidenanlage Mn-nfr-Ppj „Es dauert die Vollendung des Phiops"[554] hat unter dem Steinraub des Mittelalters fast am meisten gelitten; die Pyramide, die einst wie die des Teti 150 E Seitenlänge und 100 E Höhe hatte, gleicht heute eher einem Krater, aus dem man die begehrten Turakalksteinblöcke wie in einem Steinbruch gebrochen hatte. Wie in den äußeren Maßen folgte der Plan der Innenräume dem Vorbild des Teti; gegen die Mitte der Nordseite stand eine Kapelle, von der aus der Gang sich absenkte bis zur Gangkammer, die nun erstmalig in das Beschriftungsprogramm der Pyramidentexte einbezogen wurde,

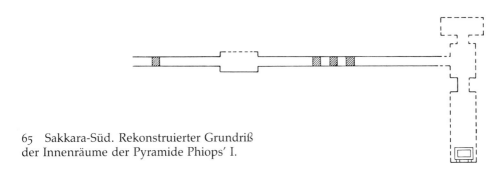

65   Sakkara-Süd. Rekonstruierter Grundriß
der Innenräume der Pyramide Phiops' I.

genauso wie der folgende, horizontale Gang, die Vorkammer und die Sargkammer. Ausgespart wurde dabei allein der dritte, östliche Raum, der ab Phiops I. die drei Nischen verlor und zu einem einfachen, nord-südlich ausgerichteten Magazinraum wurde, der unverkleidet und ohne Dekoration verblieb. Die Nischen dieses Raumes hatten also inzwischen ihre Bedeutung eingebüßt. Es scheint nunmehr und in der Folge überhaupt so zu sein, daß Wandel oder Veränderungen des Grabbezirkes sich ausschließlich in der Erweiterung und der Redaktion des Textgutes der Pyramidentexte und ihrer Anbringung in den Räumen und den Gängen abspielen, während die Architektur erstarrt ist. Selbst die Särge aus dunklem Hartgesteingranit oder Basalt, wie der des Teti, werden nun außen und innen mit einer Zeile Pyramidentexte beschriftet[555]. Die einfache

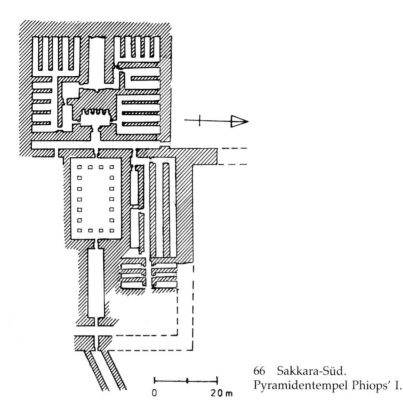

66 Sakkara-Süd.
Pyramidentempel Phiops' I.

0   20 m

Kastenform bleibt dabei erhalten, ebenso die Nischendekoration auf den Wänden um den Sarg. Vor dem Sarg stand in einer Nische im Boden der Kanopenkasten aus Granit, in dem noch drei der vier Alabasterkanopen, allerdings zerbrochen, aufgefunden wurden. Die Pyramide Phiops' I. war übrigens die erste, in der Maspero die damals noch unbekannten Pyramidentexte entdeckt und festgestellt hatte.

Der Tempel im Osten hat ebenfalls sehr gelitten. Er wurde erst im letzten Jahrzehnt im Rahmen der Mission Archéologique de Sakkarah ausgegraben und aufgenommen[556]. Sein Plan folgt anscheinend ohne wesentliche Änderungen dem Schema der älteren Pyramidentempel. Auffällig, aber vielleicht nur der Fundbeobachtung zuzuschreiben, ist die vermehrte Zahl von knapp unterlebensgroßen Kalksteinfiguren, die kniende, gefesselte Feinde mit den charakteristischen Zügen der umwohnenden Völker darstellen. Sie standen wahrscheinlich im Vestibül und dem Umgang des Verehrungshofes unter den Siegesreliefs des Königs als ewige Zeugen seiner Macht[557]. Gleiche Bedeutung haben generell

194

Figuren mit aufgeschriebenen Ächtungstexten gehabt[558]. Der Aufweg und der Taltempel mit der Pyramidenstadt des Phiops, die später im ausgehenden Mittleren Reich den Namen Mennefer (Pepi) für die Stadt um den Ptahtempel, das Memphis griechischer Prägung, abgegeben hat, ist noch nicht ausgegraben und vielleicht unter dem modernen Ort Sakkara endgültig verloren.

Im letzten Jahrzehnt seiner Regierung hat Phiops I. sich nach einem geheimen Prozeß, den der bekannte Una aus Abydos als Richter führte[559], von der bisherigen Hauptgemahlin getrennt und nacheinander zwei Fürstentöchter aus Koptos geheiratet, die beide den Namen Anchenesmerire, var. Anchenespepi, erhielten. Ihre Grabpyramiden sind entweder noch nicht gefunden, oder sie haben beide Phiops I. überlebt und sind wesentlich später bei den Pyramidengräbern ihrer Töchter Neith und Iput II., den Frauen ihrer Söhne Merenre und Phiops II., bestattet worden (siehe unten S. 203).

Auf Phiops I. folgte zuerst der ältere der beiden Prinzen, Sohn der Anchenespepi d. Ä., als König Merenre I. auf den Thron. Er hat weniger als 7 Jahre regiert. Seine Pyramide Ḫꜥj-nfr-Mrj-n-Rꜥw „Es erscheint die Vollendung des Merenre"[560] liegt etwas südwestlich der Pyramide seines Vaters. Merenres Pyramide war sicher nicht fertiggestellt und ist daher um so mehr und leichter ein Opfer der Steinräuberei geworden. Zu ihrem Bau hat derselbe Una, der schon Phiops I. gedient hat, aus den Steinbrüchen von Aswan und Hatnub Granit und Alabaster gebracht[561]. U. a. können wir seinen Inschriften entnehmen, daß die Pyramidien der 6. Dynastie aus Granit bestanden[562], was allerdings schon für die der 2. Hälfte der 4. Dynastie anzunehmen ist, wenn der Sockel aus Granit bestand. Gang und Grabkammer entsprechen dem Raumschema der Pyramide Phiops' I., ebenso die Beschriftung mit Pyramidentexten, wovon bei den Ausgrabungen und der Restaurierung der Grabkammern durch die Mission Archéologique de Sakkarah Hunderte weiterer Fragmente entdeckt und lokalisiert wurden. In der Sargkammer stand noch der schöne Basaltsarkophag des Königs mit einer Mumie, deren genauere Untersuchung allerdings noch immer aussteht[563]. An der Nordseite der Pyramide sind über dem Eingang die Spuren einer Nordkapelle ermittelt worden. Wieweit der Totentempel an der Ostseite fertiggestellt war, werden die laufenden Untersuchungen der MAFS ergeben[564].

Der zweite Sohn Phiops' I. und der jüngeren Anchenespepi, Phiops II., soll mit 6 Jahren den Thron bestiegen und 94 Jahre regiert haben. Seine Pyramidenanlage Mn-ꜥnḫ-Ppj „Es bleibt das Leben des Phiops"[565] liegt ca. 500 m südlich der seiner Familie, jenseits eines tiefen Wüstenwadis. Die Pyramide hatte wieder 150 E Seitenlänge, einen Böschungswinkel von 53°13' und damit eine Höhe von 100 E = 52,50 m. Der hinabführende Gang von ca. 16 m hatte auf 3 m Länge eine Granitverkleidung, die die Blockade aus Granitblöcken des Ganges verstärkte, und war bis zur Gangkammer unbeschriftet. Ab der Gangkammer bedecken Pyramidentexte den ca. 23 m langen Gang, unterbrochen durch die granitene Fallsteinvorrichtung; schon die Gangkammer hat nun eine mit dem

Abb. 57

Taf. 75 b

Sternenhimmel dekorierte Decke und war mit Pyramidentexten beschriftet. In ihr fanden sich Fragmente willkürlich zerschlagener Alabaster- und Dioritvasen, die einst Parfum oder Öle enthielten[566], sowie eine goldene Spatula rituellen Gebrauchs. Die nördlichen und südlichen Seitenwände der Sargkammer wurden jeweils durch einen einzigen gewaltigen Kalksteinblock von 7,90 m Länge und 2,37 m Höhe gebildet. Sargkammer und Vorkammer waren 3,15 m breit, letztere 3,69 m lang, und hatten ein Giebeldach mit Sternendekoration. Der Magazinraum im Osten ist stark zerstört, scheint auch keine Nischen mehr zu haben. Der fast schwarze Granitsarkophag füllt die westliche Kammerhälfte mit einer Länge von 2,84 m und 1,30 m Breite; eine umlaufende Inschriftzeile wiederholt die Königstitulatur[567]. Die Wände um den Sarg, bis zu dessen Höhe, haben die Palastscheintürdekoration. Der Deckel ruhte vor dem Begräbnis auf einer kleinen Mauer westlich des Sarges. Von dem granitenen Kanopenbegräbnis ist nur der Deckel des Kastens und dessen Nische im Boden erhalten.

Über dem Eingang, auf der Nordseite der Pyramide, stand eine Kapelle, deren teilweise erhaltene Außenwände Reliefdarstellungen von Nilgöttern zeigen, die reiche Opfer des Landes anbringen. Diese Reliefblöcke wurden nicht in situ gefunden, sondern wiederverbaut in der Umfassungsmauer des Pyramidenhofes. Möglicherweise wurde die Kapelle ersetzt, als man um den gesamten Fuß der Pyramide — mit Ausnahme der Mitte der Ostseite, wo der Totentempel schon stand — einen etwas rätselhaften Gürtel aus Turakalkstein von ca. 6,50 m Breite und 2 bis 3 Steinhöhen legte, dessen Zweckmäßigkeit und Effekt für die statische Sicherheit der Pyramide ebenso fraglich ist wie die Erklärung einer nachträglichen Anfügung eines optischen Sockels, um der Pyramide das Aussehen des Schriftzeichens △ zu geben.

Die Pyramide Phiops' II. liegt vergleichsweise tief in der Wüste. Dies und das vielleicht auch weniger kostbare Steinmaterial — oder besser gesagt, das im Mittelalter zur Wiederverwertung weniger begehrte — hat die Pyramidenkammern und die Tempelanlage etwas besser bewahrt und weniger dem Steinraub ausgesetzt, so daß von der Dekoration des Tempels wenigstens noch eine große Zahl von Fragmenten überkommen ist. In der Planung der Anlage läßt sich bis auf kleinere Änderungen im vorderen Magazinbereich der Musterplan des Totentempels des Teti erkennen. Selbst in der Verwendung von Pfeilern im offenen Verehrungshof richtete sich Phiops II. nach dem älteren Vorbild aus, während die Dekoration offensichtlich weitgehend die des Sahuretempels kopierte. Der Taltempel[568] ist vielleicht gleichfalls dem unbekannten des Teti und sicherer dem des Unas nachgebaut. Dem eigentlichen Tempel war eine ausgedehnte Terrasse von ca. 120 m in nord-südlicher Länge und ca. 20 m Breite vorgelagert, zu der zwei Rampen an den nördlichen und südlichen Enden hochführten, von denen man entweder direkt über Treppen oder im rechten Winkel abbiegend über eine lange Rampe zur einzigen Pforte in der Mitte der Esplanade gelangte. Diese führte in einen Raum, dessen Decke von 8 Pfeilern getragen wurde und der auch

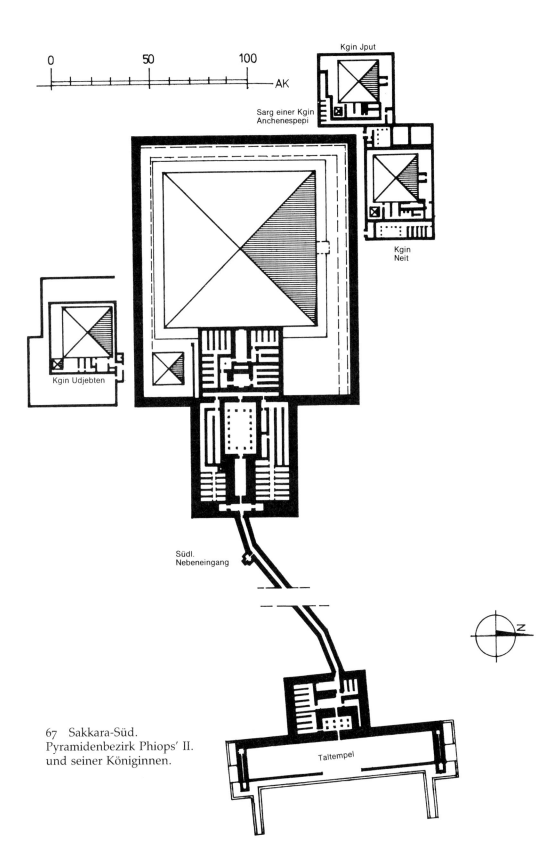

0   50   100   AK

Kgin Jput

Sarg einer Kgin
Anchenespepi

Kgin
Neit

Kgin Udjebten

Südl.
Nebeneingang

N

67   Sakkara-Süd.
Pyramidenbezirk Phiops' II.
und seiner Königinnen.

Taltempel

in der Reliefierung dem älteren Portikus der Taltempel entsprach; die Themen der Wandbilder sind dieselben geblieben: der Empfang durch die Götter, das Niederschlagen der Feinde und die Jagd im Papyrusdickicht. Die übrigen Räume des Taltempels, zwei aufeinanderfolgende Querräume und eine große Zahl von Magazinen auf beiden Seiten, waren undekoriert. In der sichtbaren Vermehrung der Magazinräume erkennt man, wie die Verwaltung und Opferstiftung der Taltempel sich vermehrt hat. Der Aufweg geht nur leicht versetzt aus der Mitte des Taltempels ab. Seine Dekoration am unteren Gang erscheint als eine Kopie derer der 5. Dynastie: der König als Sphinx und Greif, die Feinde zertretend, die ihm eine Göttin (?) zuführt. Am oberen Ende des ca. 400 m langen Aufweges, der zweimal abknickt, um Unebenheiten des Geländes auszuweichen, liegt ein von einem Pförtnerraum geschützter Nebeneingang. Die Darstellungen des oberen Teiles des Aufweges scheinen allein solche des Opfertransportes zu sein, vergleichbar dem der Nebeneingänge der Totentempel der 5. Dynastie. Über einen quergelagerten Vorraum, von dem man zu den Dachtreppen kam, gelangte der Aufweg in das Vestibül. Die Tempelfassade scheint wiederum eine pylonartige Verstärkung anzuzeigen.

Die Kalksteinwände des Vestibüls stehen eingangs auf der Nordseite noch bis zu einer Höhe von 3 m an und erlauben mit den in diesem Bereich gefundenen Fragmenten eine Rekonstruktion der Bildthemen. Es sind Darstellungen der Macht des Königs und seiner Triumphe über äußere Feinde und die stärksten Mächte der Tierwelt, was durch die vielleicht uralte Ritualdarstellung des Harpunierens des Nilpferdes versinnbildlicht wurde[569]. Eine mögliche Wirklichkeit dieser Ritualbilder ist wohl nicht abzuleugnen, denn eines der Fragmente zeigt den Antransport eines gefesselten Nilpferdes, auf einem Schlitten, das dann vom König in einem Kanal harpuniert wurde. Dagegen war der offene Verehrungs- oder Opferhof ohne Reliefdekoration geblieben, außer den Darstellungen des Königs mit jeweils einem Gott auf den Ansichtsseiten der Quarzitpfeiler zum Hof hin. Andererseits belegen die zahlreichen Feindfiguren, Statuetten gefesselter Vertreter der Süd- und Nordländer, daß der Hof nicht allein dem Verkehr mit den Göttern reserviert war[570]. Eine bauliche Verarmung bedeutet jedoch sicher der Befund der Pflasterung: War diese bis Sahure noch aus Basalt, bei Unas und Teti aus Alabaster, so besteht sie bei Phiops II. nun im ganzen Tempel aus Kalksteinplatten. Damit geht überein, daß der Rosengranit der Säulen und Tore durch den gewiß zwar nicht billigeren oder minderwertigen Quarzit vom Gebel el Ahmar ersetzt worden ist, doch entfiel bei diesem Material der weite Transport aus Steinbrüchen, die vielleicht schon nicht mehr der direkten Verfügung des Königs unterstanden.

Der Verehrungstempel endete gegen die Mauer der im Osten weit vorgezogenen Pyramidenumfassung. Die Fassade des intimen Tempels, des Totenopfertempels, in dem Pyramidenhof im Westen und die Pyramidenumfassungsmauer im Osten formen den Querkorridor, zugleich die Querachse des Totentempels

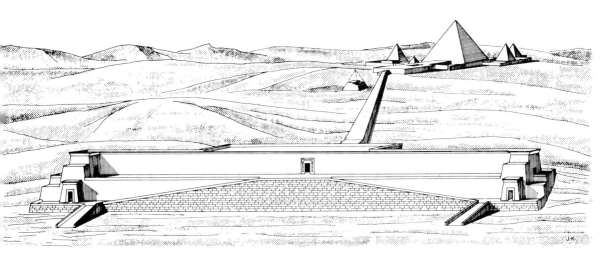

68 Sakkara-Süd. Pyramidenbezirk Phiops' II. Rekonstruierte Ansicht. Im Vordergrund
    der Taltempel. Auf halbem Weg südlich des Aufwegs die Pyramide des Ibi.

insgesamt, durch die der große Hof im Norden und im Süden die kleine Kultpyramide erreicht wurden. Der Hof im Norden hatte drei tiefe, in die Pflasterung
eingelassene Becken; vielleicht war dies der Schlachthof des Tempels[571]?

Von der Dekoration der Ostwand des Ganges sind große Partien erhalten[572].
Sie zeigen den König auf beiden Seiten des Tores in Lauf- und Umarmungssze-
nen mit Göttern, die man generell dem Hebsed, dem Regierungsjubiläum,
zuordnen möchte. Das „Klettern für Min", eine Szene des Minfestes, während
dessen ein Mast aufgerichtet wird, fügt sich in diese Festdarstellungen gut ein.
Dazu gehört auf der südlichen Seite der östlichen Wand auch die beinahe wört-
lich übertragene Darstellung der Erschlagung des Libyerfürsten im Beisein seiner Frau und Söhne, die im Original im Umgang des Sahuretempels so dargestellt war. Bei Phiops II. ist diese Szene in das Festritual des siegreichen Königs
übernommen worden. Ob man daraus schließen muß, daß auch die erstmalige
Darstellung bei Sahure schon eine Festdarstellung ohne historischen Hintergrund war, möchte ich bezweifeln[573].

Die Westwand des Korridores ist weniger gut erhalten. Fragmente mit
Nischendekor könnten darauf hindeuten, daß die Fassade des Totentempels als
Palastfassade vorgestellt war[574]. In der Eingangsnische, die in der Achse des
Tempels in den intimen Tempel führt, wird der König auf beiden Seiten von den
Göttinnen des Nordens und des Südens empfangen und gesäugt. Wiedergebo-
ren steigt er 8 Stufen zu dem 5-Nischenraum hoch. Die Nischen waren mit Gra-
nit verkleidet und hatten hölzerne Doppeltüren wie echte Schreine. Die etwas

breitere, mittlere Nische enthielt noch den Sockel einer etwa lebensgroßen, stehenden Statue, bisher der einzig sichere Beweis, daß in diesen Nischen Königsstatuen gestanden haben[575]. Das Steinmassiv, das die Nischen von dem westlich davon gelegenen Totenopfersaal trennte, war dagegen, wie in allen Tempeln, massiv und enthielt keinen Serdab für verborgene Statuen, wie gerne angenommen wird. Der Weg zu dem Totenopfersaal, dem Allerheiligsten des Tempels, führte wie regelmäßig durch ein Tor auf der Südseite des Raumes in ein Vestibül, dessen Dekoration den König neuerlich bei der Unterwerfung der ungeordneten Umwelt zeigt, dem Erschlagen der Feinde und dem Schlagen, das bedeutet hier Opferung der jagdbaren, ungezähmten Tierwelt, bevor in dem quadratischen Einsäulensaal die geordnete Welt der Opfer begann. Dieser Raum, der sich erstmals bei Neuserre in Abusir fand, hatte bei Phiops II. eine 8-kantige Säule/Pfeiler aus Quarzit in Entsprechung zu den Quarzitpfeilern des Hofes. Die unteren Register der vier Wände zeigen hohe Würdenträger in gebeugter Haltung einherschreitend, darüber, über einem Sternenfries, der die Götterwelt von der irdischen trennt, Götter und Göttinnen, die sich dem auf der Süd-, West- und Ostwand feierlich stehenden König nahen. Auf der Nordwand thront der König, geschützt und umfangen von Anubis, dem Gott des Totenopfersaales, und der Nechbet, als Herrin des Götterpalastes, über dem Durchgang zu dem Totenopfersaal. Dieser große, gewölbte Saal mit einer Sternendecke mißt wie der des Teti 30 E (15,75 m) × 10 E (5,25 m) Breite. Von der westlichen Scheintür ist nichts mehr erhalten; dagegen ließ sich aus zahlreichen Relieffragmenten das Bildprogramm der Nord- und Südwand rekonstruieren[576]. Nahe der Scheintür im westlichen Teil des Bildes thronte jeweils der König, gefolgt von seinem kleineren, stehenden Ka vor dem Opfertisch und der Opferliste, zu dem weit über hundert namentlich genannte, höchste Würdenträger und Bewohner der Pyramidenstadt des Königs Opfergaben herantrugen, Opfertiere herbeiführten, schlachteten und aufbereiteten. Auffällig und bemerkenswert ist dabei, daß in diesem wichtigsten und allerheiligsten Raum Götterdarstellungen fehlen. Der Gott des Totenopfersaales ist allein der König! Wie in den älteren Tempeln hatte jeder der beiden Tempelteile, der Verehrungs- und der Totenopfertempel, seine eigene Magazine zu beiden Seiten. Die Kultpyramide[577] im Hof südlich des Totenopfertempels hatte eine Seitenlänge von 30 E = 15,75 m und den steilen Böschungswinkel von 63° der Kultpyramiden des späten Alten Reiches. Das einfache T-förmige Grabkammersystem war unverkleidet und unpoliert und konnte nach den Angaben des Ausgräbers Jéquier nicht einmal einen kleinen Sarg fassen, d. h. auch ein Statuenbegräbnis muß als fraglich angesehen werden.

Kein anderer Totenopfertempel hatte eine solche Vielzahl von Relieffragmenten und Wandpartien erhalten wie der Phiops' II., woraus sich generell das Bildprogramm dieses Tempelteiles erschließen und zusammensetzen ließ. Ohne Zweifel muß dabei mit einer Anreicherung der Szenen durch Vervielfältigung und Verdoppelung gerechnet werden, wie sie ganz typisch für diese Spätepoche des Alten Reiches ist, wo man durch Häufung und Wiederholung die Sicherheit des Kultablaufes zu erreichen hoffte, die in älteren Zeiten der 4. Dynastie als ein selbstverständlicher Teil der Weltordnung angesehen worden ist.

Wie die Königinnen des Teti hatten auch die Phiops' II. eigene Grabanlagen mit Pyramide, Kulttempel und Nebenpyramide, dagegen keinen Aufweg und keinen Taltempel. Die Pyramiden der Königinnen[578] lassen sich einzig aufgrund ihrer Lage und möglicherweise noch aufgrund der Bauweise in eine zeitliche Abfolge bringen. Die ältere und am besten gebaute war die der Königin Neith[579] nahe der Nordwestecke des Königsbezirkes, aber ohne direkten Maueranschluß. Sie lag in einem Mauerrechteck von 48,30 × 35 m. Der Eingang findet sich an der Südostecke ihres Bezirkes, vor dem zwei kleine Obelisken mit Namen und Titeln der Neith standen. Sie war demnach eine Tochter Phiops' I. und Gemahlin Phiops' II. Durch das Tor gelangte man in ein kleines Vestibül, dessen Wände einen umlaufenden Fries von Statuensockeln trugen, auf denen Löwenfiguren mit dem Symbol der Vereinigung der Länder abwechseln; Hofdamen verbeugen sich davor. In dem Raum stand also wohl eine oder mehrere thronende Statuen der Königin, vielleicht aus Holz? Durch einen Pfeilerhof, gleichfalls mit Reliefs der opfernden Königin geschmückt, gelangte man in den Totenopfertempel, der aus einer 3-Nischenkapelle mit dem Totenopfersaal und den dazugehörigen Magazinen gebildet wird. Vom Totenopfersaal sind noch die Stufen erhalten, die zu der erhöhten Opferstelle an der Westseite hochführten, die Scheintür ist verschwunden. Die Wände schmückten Opferszenen und Opfertransport. Die Königinpyramide hatte eine Seitenlinie von ca. 24 m und einen Böschungswinkel von 61°. Sie ist in drei Stufen erbaut und hatte einen Kalksteinsockel, der dem der Königspyramide im Endzustand gleicht, nachdem ihr der Turakalksteinmantel angefügt worden war. Der Eingang liegt im Norden, überbaut durch eine kleine Kapelle, deren Innenwände wie die der königlichen Opferträger abbildeten. An der Westwand stand eine Scheintür aus Granit, die damit gleichzeitig den Grabeingang verschloß; davor lag eine hohe Opferplatte. Der einfache, 8 m lange Gang senkte sich in einem Stück bis vor die Grabräume, vor denen eine granitene Fallsteinvorrichtung angebracht war. Die Grabräume bestanden aus einer einzigen, ost-west-orientierten Sargkammer, die ebenso wie der Gang dicht mit Pyramidentexten beschriftet war, und einem unbeschrifteten Magazinraum im Osten. Die Decke der Sargkammer war flach, aber mit dem Sternenhimmel dekoriert. An der Westseite stand noch der leere Sarkophag der Königin aus Rosengranit mit einem Kanopenkasten aus gleichem Material davor. Wie bei den Königsgräbern waren die Wände um den Sarg mit einem Prunkscheintürmuster dekoriert.

Wie bei Djedkare hatte die Königin eine kleine Kultpyramide im Südosten von nur 10 E Seitenlänge, einen Miniaturgang und eine einfache, rechteckige Kammer, in der sich eine große Zahl von Gefäßscherben roter Gebrauchskeramik, darunter auch drei beschriftete Alabastergefäße, befanden. Der Gang war durch Steine regelmäßig blockiert. Die Tongefäße aller Formen könnten sowohl der Verproviantierung des Königinnengrabes gedient haben, d. h. die Kultpyramide wäre ein zusätzliches, jenseitiges Magazin gewesen; sie könnten jedoch auch Material, Reste und Überbleibsel der Mumifizierung enthalten haben, die, da sie mit dem Toten in Berührung gekommen waren, gleichfalls rituell bestattet werden mußten. Zwischen der Grabpyramide der Königin und der Kultpyramide fand Jéquier in einem flachen Schacht eine Modellflotte von 16 Holzschiffen, Ersatz der Schiffe, die bei der Beisetzungsfahrt und dem Transport der Grabausrüstung gedient haben könnten. Die Beigabe der Schiffsmodelle zwischen Grab- und Kultpyramide deutet darauf hin, daß zwischen beiden ein direkter Zusammenhang bei den Bestattungsfeierlichkeiten besteht.

Die Pyramidenanlage der Königin Iput II.[580] gleicht in der kultischen Ausstattung der der Neith, angefangen von den Obelisken am Eingang, dem Vestibül, Hof und Totenopfertempelchen, der Pyramide und Kultpyramide. Allein die Disposition der einzelnen Einheiten ist leicht verschieden, da die Anlage westlich an die der Neith angebaut war. Die Pyramide enthielt gleichfalls Pyramidentexte und hatte eine kleine Kultpyramide im Südosten.

Eine dritte Pyramidenanlage ähnlicher Art einer Königin Udjebten[581], gleichfalls Königstochter Phiops' I. und Gemahlin Phiops' II., liegt südöstlich der Pyramide Phiops' II. Auch ihre Grabräume enthielten Pyramidentexte. Der Totentempel ist schon weitgehend vereinfacht und besteht aus einem einfachen, offenen Hof bescheidensten Ausmaßes und einer Totenopferkapelle mit einer großen Opferplatte aus Alabaster und einer schönen Kalksteinscheintür. Die Wände des Tempelchens waren allerdings durchweg noch mit guten Reliefs dekoriert, auch der Löwenfries fehlte nicht, der in dem Vestibül der Neith den Sockel bildete. Um den Pyramidenhof, jedoch innerhalb der äußeren Umfassung des Bezirkes, fanden sich regelmäßige Ziegelbauten, vermischt mit einfachen Gräbern. Es wird sich hier um die Pyramidenstadt der Königin gehandelt haben, eine Dependance der größeren Pyramidenstadt des Königs, die um den Taltempel lag.

Eine vierte Königin Phiops' II., die er wohl in den späteren Jahren seiner langen Regierung geheiratet und die ihn vielleicht sogar überlebt hatte, mit gleichem Namen Anchenespepi wie seine Mutter, hat nicht einmal mehr eine Grabpyramide erhalten. Ihr Sarg aus dunklem Granit mit einem nicht dazu passenden Basaltdeckel fand sich in einem der südlichen Magazine der Königin Iput begraben[582]. Nach den Inschriften war sie Gemahlin des Phiops, aber keine Königstochter, jedoch Mutter eines Königs, Neferirkare, gleichen Thronnamens wie Phiops II., dessen Pyramidenbezirk Ḏd-ꜥnḫ-Neferirkare „Es dauert das Leben des Neferirkare" auf ihrer aus Kalksteinblöcken gemauerten Scheintür erscheint. Die Regierung dieses Königs war ohne Zweifel so kurz, daß er nicht einmal seine eigene Pyramide hatte errichten können, noch weniger für eine ziemende Bestattung seiner Mutter Sorge tragen konnte.

An die Nordwestecke des Pyramidenbezirkes der Königin Neith und damit nordöstlich von dem der Iput ist ein ungeklärtes Massiv mit zwei Gräbern angebaut[583], deren Grabkammern eine einfache L-Form aufweisen. Die Gräber sind leer aufgefunden worden; da sie gleichzeitig mit dem Bezirk der Iput gebaut worden sind, müssen sie für Angehörige der königlichen Familie bestimmt gewesen sein. In Anbetracht der Tatsache, daß in dem Bezirk der Neith ein Dekret eines Nachfolgers Phiops' II. gefunden worden ist, das den Totendienst an den Gräbern der Königinnen Anchenesmerire d. Ä. und der Neith betrifft, läßt sich vermuten, daß in diesen zwei Gräbern die beiden Königinnen Anchenesmerire d. Ä. und d. J. neben ihren Töchtern bestattet waren.

Die Pyramiden der frühverstorbenen Nachfolger Phiops' II. müssen um dessen Anlage begonnen worden sein, doch sind sie wohl nie über die ersten Baumaßnahmen hinausgediehen. Allein die Pyramide des Königs Ibi, der schon an das Ende der 8. Dynastie gehört, ist bis zur Ausstattung des Pyramidengrabes mit einem Sargloculus und Pyramidentexten gediehen[584]. Die Pyramide lag im östlichen Vorfeld der Pyramidenanlage Phiops' II., auf halbem Weg zur Fruchtlandgrenze und sollte eine Basislänge von 60 E = 31,50 m erhalten. Anscheinend war aber erst der Kern aus grob geschichtetem, lokalen Steinmaterial fertig, als der Bau auch schon aufgegeben wurde, denn in der Nähe lassen sich keine Kalksteinsplitter entdecken, die auf eine Verkleidung hinweisen. Das Gang- und Kammersystem ist gegenüber dem der Königinnenpyramiden noch-

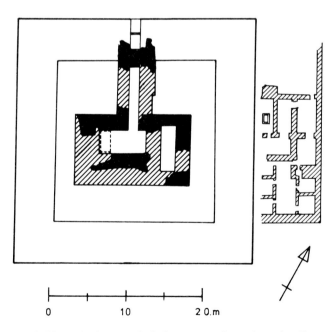

69 Sakkara-Süd. Grundriß der Pyramidenanlage des Ibi.

mals vereinfacht: ein einst mit Kalkstein verkleideter Gang mit Pyramidentexten auf den Wänden führte mit der Neigung von 25° ca. 8 m (geplante 15 m) bis zu einer granitenen Fallsteinvorrichtung, die unmittelbar vor der Grabkammer lag. Diese besteht nur mehr aus einem rechteckigen Raum mit flacher Decke, die jedoch mit dem Sternenhimmel geschmückt war. Auf der Westseite war ein gewaltiger Granitblock fest in das Raumende eingefügt und zur Aufnahme eines Holzsarges rechteckig ausgehöhlt. Darüber waren die Reste der Scheintürdekoration erkennbar. Die Pyramidentexte sind offensichtlich relativ wahllos angebracht gewesen, lauten aber alle original auf den Namen des Königs Kakare Ibi. Vielleicht sind die Texte jedoch später angebracht worden, denn die gesamte Architektur läßt eher an eine Königinnenpyramide Phiops' II. − vielleicht für die in dem Magazingrab gefundene Königin Anchenespepi − denken, denn an ein Königsgrab. Dafür spricht auch die Anlage und Ausrichtung des Kulttempels im Osten der Pyramide, der nur in Ziegelbauweise erstellt war, seinen Eingang aber nach Norden zum Aufweg des Phiops II. öffnete. Sicher feststellbar ist nur ein rechteckiger Querraum, etwa in der Mitte der Ostfront der Pyramide, mit einem steinernen Becken zum Auffangen der Flüssigkeit beim Opfer und die Fundamente für eine Scheintür. An diesem Raum wurde auch eine runde Opferplatte mit Fuß gefunden, die dafür spricht, daß der Kult zumindest zeitweise andauerte.

Totentempel und Kult –
Priester und Pyramidenstadt

So wie die Form der Pyramide über dem Königsgrab langsam und in Stufen gewachsen ist, so hat auch der Totentempel erst schrittweise die Gestalt angenommen, die uns in den entwickelten Tempeln der 5. und 6. Dynastie als typisch und vollkommen erscheint. Seine Entstehung geht von der Notwendigkeit des Totenopfers aus, das neben dem schützenden Grab eine ebenso unentbehrliche Voraussetzung für die ewige Existenz des Toten bildet. Spuren einer Totenkulteinrichtung konnten wir nördlich des Grabes 3357 des Hor Aha in Sakkara anhand der Opferbräuche und der Schiffsgrube identifizieren (siehe oben S. 27). Ein erster Totentempel aus dem Ende der 1. Dynastie findet sich gleichfalls in Sakkara-Nord an der Nordseite der großen Nischenmastaba 3505 des Königs Qa mit einem labyrinthischen Zugang zu einem Allerheiligsten, einer Totenopferstätte vor einer Scheintür (?), wenn diese nicht durch die Nischengliederung der Mastaba selbst vertreten war, einem offenen Hof (Schlachthof) und einer Statuenkapelle, in der die Reste von zwei stehenden Holzfiguren gefunden worden sind[585] (siehe oben S. 25). Damit vereinte dieser kleine Tempel schon im Ansatz die Raumeinheiten und Kulteinrichtungen, die sich in den späteren, ausgedehnten Totentempeln unterscheiden lassen: den Totenopfertempel und den Verehrungstempel mit offenem Hof und Statuenkult. So wie der Totenopfertempel durch die Opferdarreichung der ewigen körperlichen Erhaltung des toten Königs diente, so diente der Verehrungstempel, durch den Kult an den Statuen des Königs, der Erhaltung und Verherrlichung des Königsnamens, seiner Macht und Göttlichkeit.

Die Zweiteilung der Kulteinrichtungen in den Totentempeln der 5. Dynastie hat schon Borchardt bei den Ausgrabungen in Abusir festgestellt[586]. Er nannte den vorderen Tempelteil „Öffentlichen Tempel" und den innerhalb der Pyramidenumfassung liegenden „Intimen Tempel". Ricke hat dafür die Begriffe „Verehrungstempel" geprägt[587]. Der Totenopfertempel liegt innerhalb der im Osten vorgezogenen Pyramidenumfassungsmauer, d. h. im Pyramidenhof mit Ausgängen in diesen und auf der Südseite zu der kleinen Kultpyramide, die damit in einen Kultbezug zu dem Totentempel tritt. Zwischen dem Verehrungstempel im Osten und dem Totenopfertempel im Westen liegt ein Korridor, der gleichsam die Querachse des Gesamttempels ist. Seine Westwand ist die Fassade des Totenopfertempels, dessen Eingang ein Portal in der Mittelachse des Tempels bil-

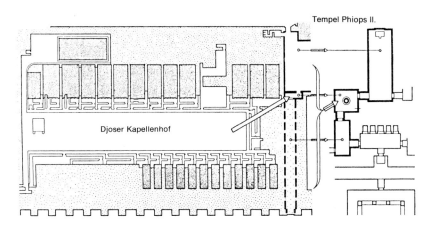

Djoser Kapellenhof

70 Pyramidentempel. Schema der Verlagerung von Kultgeschehen aus dreidimensionalen Kapellen auf Reliefdarstellungen (nach Ricke).

det. Der Totenopfertempel liegt bis zu einer Elle höher als der Korridor. Eine Treppe, nicht selten aus Alabasterstufen, überwindet die Höhe. Zu beiden Seiten des Tores oder auch in der Torlaibung empfangen Götter und Göttinnen den *Taf. 65* König, der von den Göttinnen der beiden Landesteile gesäugt wird, d. h. er betritt als wiedergeborener Gott den intimen Tempelteil. Ricke und Schott haben dieses Tor das „Tor der Nut" getauft[588], die hier nach den Pyramidentexten den König empfange; doch nicht sie, sondern die Göttinnen Sachmet oder Nechbet und Uto sind dargestellt. Der folgende Fünf-Nischenraum gibt ungeachtet seiner eindeutigen architektonischen Disposition Rätsel auf. Die Nischen *Abb. 39* oder Kapellen finden sich erstmals im Tempel des Chephren, dann erst wieder *Taf. 50* in dem des Sahure; von da an gehören sie zum Standardplan des Totentempels. Westlich der Nischen liegt ein manchmal meterdickes Steinmassiv zwischen dem Nischenraum und dem Allerheiligsten. Man hat daher schon angenommen, daß in dem Massiv eine verborgene Kammer, ein Serdab war, in dem weitere Statuen standen, doch hat sich das nicht bewahrheitet und widerspräche auch dem Charakter von Königsstatuen im Tempel, die dem Kult zugänglich sein müssen. Das Massiv ist auch keine Barriere gegen den Totenopfersaal, wie Borchardt annahm, der das Massiv als Abschluß des von ihm „öffentlicher Tempel" benannten Teiles gegen den intimen ansah. Auffällig ist, daß die Breite der Kapellen schwankt; bei Chephren und Neferirkare bis Phiops II. ist die Mittelkapelle breiter, bei Sahure sind es die beiden äußeren. Borchardt nahm an, daß in den Kapellen Königsstatuen standen, jeweils eine für einen der 5 Namen des Königs[589]. Dies würde mit dem ersten Auftreten des „Sohn-des-Re-Namens" unter Djedefre und Chephren und der ersten baulichen Bezeugung der Kapellen unter Chephren übereinstimmen. Junker schien in den Titeln eines Priesters des

206

Horusnamens des Cheops den Beweis dafür gefunden zu haben[590]. Das Papyrusarchiv des Neferirkaretempels aus Abusir hat inzwischen jedoch eine andersartige Bestimmung der 5 Kapellen erkennen lassen[591]. In dem Archiv ist zwar der Name des 5-Nischenraumes nicht erhalten, für die mittlere der Kapellen ist jedoch eine sitzende Statue des Königs als Osiris textlich erwähnt, für die beiden äußeren je eine solche des Königs von Oberägypten und des Königs von Unterägypten zu erschließen. Bei Phiops II. sind in der Mittelkapelle die Sockelspuren einer stehenden Figur festgestellt worden. Das Massiv um und hinter den Kapellen erklärt sich vielleicht aus der Bezeichnung der Kapelle in dem Archiv: Sie heißen ṯpḥt, d. h. „Höhlen"! Aus Höhlen entspringt der Nil bei Beginn der Flut, Osiris und andere chthonische Gottheiten wohnen in Höhlenheiligtümern. Ob hier die Vorstellung eines Urhügels, aus dem der tote König wirken kann, zugrunde liegt? Daß an den Statuen Rituale der Mundöffnung und der Bekleidung vollzogen wurden, bezeugt das gleiche Archiv für die Anfänge des Mondmonats.

Der Zugang zum Allerheiligsten, dem Totenopfersaal, führt stets von der Südseite des 5-Nischenraumes über einen Korridor, der nochmals mit Szenen der Unterwerfung der chaotischen Welt dekoriert ist, in den quadratischen Einsäulensaal. Die Fußbodenpflasterung aus Alabaster − soweit erhalten − gibt einen Hinweis darauf, daß dieser Weg als Opferstraße angesehen wurde. Der Vorraum, der erst seit Neuserre die rechteckige Form und die tragende Mittelsäule aufweist, hat offensichtlich eine komplizierte bau- und themengeschichtliche Herkunft. Die Darstellungen − am vollständigsten bei Phiops II. erhalten − zeigen Bilder des Hebsedzyklus, das Thronen des Königs nach der Sänftenprozession, den anschließenden Besuch der Heiligtümer des Landes und den Empfang durch die Götter. Ricke hat diese Kulthandlungen mit großer Wahrscheinlichkeit in dem sog. Hebsedhof des Djoserbezirkes lokalisiert[592]. Durch Abb. 70 Abwanderung unter gleichzeitiger Umsetzung der dreidimensionalen Kultbühne des Kapellenhofes in eine zweidimensionale Reliefabrollung seien diese Kultthemen in den quadratischen Einsäulenraum gelangt, der damit die gleiche kultische Raumfunktion übernommen habe. Arnold weist zudem darauf hin, daß diese Handlungen offenbar in dem oberägyptischen Götterpalast der Krönungsgöttin Nechbet stattfanden, und sieht in dem Einsäulenraum dieses Heiligtum dargestellt[593]. Man könnte jedoch auch den westlichen Querkorridor dafür in Anspruch nehmen, dessen Ostfassade gleichermaßen Götterbegegnungen, Götterfeste und den Besuch der beiden Reichsheiligtümer als Darstellungszyklus aufweist. Die Einzelsäule des Raumes könnte zudem anderer baulicher Herkunft sein (s. unten S. 212). Zu der Ausstattung des Raumes gehörte wohl eine Sitzstatue des Königs, von der bei Neuserre die Standspuren gefunden wurden.

Der Totenopferraum, das Allerheiligste des gesamten Tempels, zeichnete sich in den Tempeln der 5. Dynastie durch kostbare Baumaterialien aus. Die Türen in der Südost- und Nordostecke waren aus Rosengranit, der Wandsockel desgleichen, die Pflasterung des Bodens aus Alabaster; die gewölbte Decke war mit dem Sternenhimmel verziert. Gegen die Westwand stand die Scheintür aus Granit, vor der ein Alabasteraltar und möglicherweise eine Statue aufgestellt waren. Die Bilder der Seitenwände zeigen den König am Opfertisch sitzend und empfangend, was Götter und Opferträger ihm beibringen. Ein Wasserbecken mit einem Abfluß unter dem Pflaster aus dem Tempel gibt einen Hinweis darauf, wie wichtig und reichlich die Flüssigkeitsspenden waren.

Die Opfergaben des Totenopfers wurden offenbar nicht durch den Aufweg in den Tempel gebracht, sondern durch einen Nebeneingang, der direkt oder über den Querkorridor in den Totenopfertempel mündete. Darstellungen an diesem Eingang, der stets auf der Südseite lag, lassen den Opferantransport erkennen; ein Teil der Opfergaben wurde vermutlich bis zum Verbrauch und der Verteilung in den Magazinen des Totentempels gespeichert, deren Hauptbestand jedoch wohl Scheinopfer, Nachbildungen in Holz, Ton und Stein, sowie Scheingefäße aller Art bildeten, die auf magische Art und Weise den Tempel stets ausgestattet und unabhängig von der vielleicht mangelnden täglichen Anlieferung erhielten. Ein Teil der Magazine bewahrte die kultische Ausstattung des Tempels, Opferständer und Metallgefäße, Kleidung und Insignien der Statuen. Die echten Nahrungsspeicher dürften den geringsten Teil der Magazine ausgemacht haben, da wir wiederum aus den Archiven des Neferirkare-Tempels erfahren, daß die Opferanlieferung – ein Rind täglich, frisches Brot und Grünzeug – täglich von dem Sonnenheiligtum und der Residenz antransportiert, eingetragen, im Opferumlauf den Statuen im Totenopfersaal präsentiert und anschließend nach einem festen Schlüssel auf die Priesterschaft und den Stab des Totentempels verteilt wurde.

In gleicher Weise waren die Magazine zu beiden Seiten des vorderen Tempelteiles nur zum geringeren Maß für die Aufnahme von Lebensmitteln vorgesehen, sondern vielmehr mit „totem Gerät", Scheingefäßen, Stäben, Waffen und Möbeln gefüllt, die darauf deuten, daß der vordere Tempelteil als öffentlicher Teil des Totenpalastes des Königs zu verstehen ist. Dieser besteht aus zwei Raumeinheiten, einer Eingangskapelle oder Vestibül und einem offenen, säulen- oder pfeilerumstandenen Hof. Ebenfalls wieder aus dem Archiv des Neferirkare-Tempels erfahren wir die altägyptischen Bezeichnungen für diese Einheiten: pr wrw „Haus der Großen"[594] und wsḫt „Hof"[594]. Innerhalb des Tempelganzen liegt der wsḫt/Hof, sozusagen als zentrale Begegnungsstätte, in der Mitte, zwischen dem Totenopfertempel mit Pyramide, d. h. dem Wohnpalast des Jenseits einerseits und dem Vestibül, das nach den Darstellungen der Seitenwände und vor allem der beiden Tympana, wo der König zwischen den Kronen- und Landesgottheiten thronte[595], als der öffentliche Thronsaal angesehen werden kann. Die Bewandtnis des Hofes und die Symbolik seiner Säulenstellung hat mancherlei Deutungen erfahren. Ricke[596] sah in den Palmsäulen des Sahure-Hofes das Eindringen butischer Vorstellungen in den von ihm nur dem Re-Kult

208

zugeschriebenen Altarhof. Der Wechsel der Säulenformen innerhalb der Totentempel der 5. bis 6. Dynastie von Palmsäulen zu Lotus-, Papyrus- oder einfachen Pfeilerstützen deutet jedoch eher darauf hin, daß dies eine stilistische Auswahl war und der Hofumgang dem Schutz der bemalten Reliefs diente. Immerhin ist die überlegte Abstimmung der Säulenform und des Steinmateriales vom Portikus des Taltempels über den Hof bis zu dem Einsäulenraum beachtenswert und zeigt ein bemerkenswertes Stilgefühl! Um den Hofumgang standen Statuen des thronenden Königs, bei Pfeilerhöfen wohl gegen die Pfeiler gestellt, die die Opfer von dem in der Mitte des Hofes stehenden Alabasteraltar empfingen; die Statuetten der gefesselten Feindvölker muß man sich dagegen wohl konzentriert unter den Wandbildern, die das Erschlagen der Feinde abbilden, aufgestellt denken.

Als dritter Teil der Pyramidenkultanlagen verbinden Aufweg und Taltempel den oberen Tempel mit der Pyramidenstadt im Fruchtland. Die Herkunft des Taltempels aus einer Kaianlage und einem Torbau läßt sich aus seiner baulichen Gestaltung und der vermutlichen Bezeichnung mr.t „Ufer(Kapelle?)" erkennen[597]. Die Taltempel der 5. und 6. Dynastie sind eindrucksvolle Torbauten mit einem kostbar gestalteten Portikus nach Osten hin, die praktisch keine Innenräume, sondern bestenfalls Statuennischen für eine Königsstatue hatten, an der sich später der Kult des vergöttlichten Königs als Schutzgott seiner Pyramidenstadt entfalten kann[598]. Die kultische Bedeutung der Taltempel ist ebenso umstritten wie die des Aufweges. An den Wänden des Portikus wird der König wie oben am Eingang in den Totenopfertempel von Göttinnen empfangen und gesäugt, d. h. der König betritt hier als Toter, der wiedergeboren wird, den Kultbereich der Götterwelt. Gewisse Riten nach dem Tod, wie die Reinigung und Mumifizierung − wirklich oder rituell −, scheinen hier vollzogen worden zu sein, wobei man sich fragen muß, wo. Wenn der Mumifizierungsvorgang im Alten Reich anscheinend bis zu 272 Tage beansprucht haben kann[599], dann waren dauerhafte und kultisch reine Räumlichkeiten erforderlich, die jedoch bei der dem Vorgang und der Tätigkeit der Mumifizierung anhaftenden Unreinheit nicht im Totentempel gelegen gewesen sein können. Die Nähe zur Königsresidenz und am Kanal würden die Taltempel als Stätten der Mumifizierung prädestiniert erscheinen lassen, doch gibt es in den erhaltenen Taltempeln keinen Raum, der dafür geeignet schiene. Weder im Taltempel noch im Aufweg lassen die Darstellungen auf einen Bezug zu Bestattungskult und -riten schließen; andererseits deuten einzelne Beobachtungen darauf hin, daß der Taltempel und der Aufweg im Wesentlichen für den einmaligen Akt der Beisetzungsriten und -zeremonien geschaffen worden ist: Anscheinend wurde der Aufweg nach dem Tod des Königs vermauert, er hatte seine einmalige Funktion erfüllt, die Wandbilder des Opferbringens und der Abwehr der Feinde blieben ja auch nach der Vermauerung magisch wirksam. Die Notwendigkeit eines zweiten, weniger feierlich gestalteten Einganges in den Taltempel von der Rückseite her ist gleichfalls ein Zeichen dafür, daß der östliche Portikus allein dem König und seinem Begräbniszug offenstehen sollte. Der spätere Kultbetrieb des Taltempels wurde über den Nebeneingang organisiert. Zum anderen ist der Aufweg tatsächlich der einzige Zugang zu dem Pyramidenbezirk und dem Königsgrab, wenn man von dem Nebeneingang im Süden des Totentempels absieht; es erscheint doch kaum vorstellbar, daß derart aufwendige Einrichtungen wie der Taltempel und ein geschlossener Aufweg mehr oder weniger funktionslos und ohne Bezug auf den königlichen Bestattungszug errichtet worden seien. Diese Frage stellt sich letztlich generell für die Gesamtheit der Kultanlagen.

So geradlinig sich die bauliche und kultische Entwicklung der Totentempel der 5. und 6. Dynastie uns darbietet, so wenig einheitlich scheint jene der älteren Zeit verlaufen zu sein. Verglichen mit den bescheidenen Kulteinrichtungen der 1. Dynastie, bedeutet der Djoserbezirk mit seiner Vielzahl von Kapellen, Höfen und Massiven, sowie den beiden Totentempeln, dem vor dem Südgrab und dem nördlich der Pyramide, eine ungeheure Steigerung. Innerhalb des Grabbezirkes bildete der Totentempel nur einen, wenngleich vielleicht den bedeutendsten Teil der Totenkulteinrichtungen. Der gesamte östliche Streifen enthielt Bauten und Höfe, die in dieser oder jener Form als Kultanlagen zu deuten sind. Lauer und Ricke haben aufgezeigt, daß die Massivbauten des östlichen Streifens auf Vorbilder in Ziegel- und Holzmattenbauweise zurückzuführen sind[600]. Ihre Interpretation des Grabbezirkes als eine versteinerte Jenseitsresidenz des Königs ist m. E. zu Recht von Kaiser in Frage gestellt worden[601]. Die von ihm erkannten Bauphasen und die Herleitung der Bauten aus temporären Kulteinrichtungen eines „Heiligen Bezirkes" zur Abhaltung der Bestattungszeremonien schließt die Deutung einer Residenz aus. Im Gegensatz zu den Kapellen gehört der Totentempel jedoch nicht in die Kategorie der aus Leichtmaterialbauten übersetzten Kulteinrichtungen, ebensowenig wie die Kapelle vor dem Südgrab. Er läßt in seinem Plan schon die typische Zweiteilung in einen vorderen, *Taf. 14* öffentlichen Teil und einen geschlossenen, intimen erkennen, den wir bei den Totentempeln der 5. bis 6. Dynastie vorgefunden haben, ungeachtet des labyrinthischen Zuganges über mehrfach geknickte Gänge. Ob der fortgeschrittene Tempelplan auf einer Entwicklung der Kulteinrichtungen vor den riesigen Nischenmastabas der Könige der 2. Dynastie in Sakkara aufbaut, muß offen bleiben, solange diese nicht ausgegraben sind. Wahrscheinlicher erscheint mir jedoch, daß der Entfaltung der Totenkulteinrichtungen unter Djoser die gleiche schöpferische Dynamik zugrunde liegt, die sich in der Evolution des Königsgrabes offenbart. Die Erweiterung geht folgerichtig mit der „Verdichtung" der Einzelbauten im Oststreifen zu großen Massiven und mauerumschlossenen Höfen einher. Schon Kaiser hat angedeutet, daß in der letzten Bauphase des Djoserbaus ein Teil dieser Kulteinrichtungen als „überholt" angesehen wurde, funktionslos geworden und deshalb in den folgenden Grabbezirken weggelassen sei. Es ist durchaus wahrscheinlich, daß ein Teil der „überholten" Kulteinrichtungen in ihrer Funktion durch Raumeinheiten des Totentempels ersetzt worden sind. Ich denke dabei z. B. an den Kapellenhof, den sog. Hebsedhof, der nach der Errichtung der Eingangskolonnade vom Prozessionsweg abgeschlossen und nur über einen engen Korridor vom Torbau aus erreichbar war. Ricke hat auf die thematische Abwanderung der Kultfunktionen dieses Hofes in den Einsäulenraum der späteren Totentempel aufmerksam gemacht. Nichts spricht dagegen, daß diese Umsetzung im Rahmen der Verdichtung des Kultablaufes chon unter Djoser vor sich gegangen ist, allerdings nur räumlich und ohne den Ersatz und die Ergänzung durch Flachbilder.

Die Kultanlagen der frühen 4. Dynastie vor den Pyramiden des Snofru und des Cheops haben die ägyptologische Bauforschung bisher erheblich irritiert *Taf. 23 a* und sogar in die Irre geführt. Die im Vergleich zu der weitläufigen Anlage des Djosergrabmales bescheidenen Ausmaße und die scheinbare Beschränkung auf ein Stelenheiligtum erschien als Rückschritt, jedenfalls nicht als eine Entwick- *Taf. 30 a* lungsstufe hin auf die großartigen Totentempel des Chephren und der 5. Dynastie. Dabei sind in der Interpretation zwei Fakten übersehen worden: einmal hat Snofru beim Bau der Stufenpyramide E_1 und E_2 in Meidum erstmals dem Pyramidenbezirk eine ost-westliche Orientierung, dem Lauf der Sonne folgend, gegeben, wodurch der Plan eine streng axiale Ausrichtung erhielt, beginnend mit dem neu hinzugekommenen Torbau und dem Aufweg. Zum anderen ist weder in Meidum noch in Dahschur der eigentlich vorgesehene Totentempel errichtet worden, weil beide Pyramiden noch vor ihrer Vollendung als Grabbau aufgegeben und in Königsdenkmäler umgebaut worden sind. Das Stelenheiligtum an der Ostseite der Pyramide von Meidum und vor der Knickpyramide ist kein Totenopfertempel, da es dort keine Königsbestattung gab, sondern ein Denkmal der Verherrlichung und Darstellung des göttlichen Königtums. Die beiden Stelenkultstätten in Meidum und Dahschur-Süd dürfen somit keineswegs in die Entwicklungslinie der Totenkultanlagen einbezogen werden, wie dies bisher geschehen ist. Vor allem Ricke[602] hat seine Interpretation der königlichen Totentempel und ihrer Funktion auf scheinbar uralte Gegensätze des Totenkultes in dem nomadisch geprägten Oberägypten und dem bäuerlichen Delta/Unterägypten aufgebaut. Das Stelenheiligtum mit der Stele des Namensträgers vor dem nomadischen Hügelgrab schien ihm die durch die Königsgräber in Abydos gesicherte Form der Totenopferstele oberägyptischer Prägung, die sich in den Stelenkultstätten an der Ostseite des Pyramidengrabes – belegt allein in Meidum und an der Knickpyramide, ergänzt bei Cheops, Chephren, Mykerinos und apodiktisch für den Djoserkomplex gefordert – durchgesetzt hätte, während der Totenopfersaal mit der Scheintür unterägyptische Vorstellungen repräsentiere, die aber erst unter Schepseskaf, unter stark unterägyptischen Einflüssen des Re-Glaubens, eindringen konnten. Eine Nachuntersuchung und Überprüfung der vermeintlichen Stelenheiligtümer, aufgrund des negativen Befundes vor der dritten Snofrupyramide in Dahschur-Nord[603], seiner Grabpyramide, hat ergeben, daß weder vor der Pyramide des Cheops, noch der des Chephren ein Stelenpaar stand, daß aber im Gegenteil bei Chephren und Mykerinos eine Scheintür als Hauptkultplatz in einem geschlossenen Totenopfersaal gesichert ist.

Dagegen läßt sich die Zweiteilung des Totentempels in Verehrungstempel und Totenopfertempel auch bei den älteren Anlagen der 4. Dynastie erkennen. Bei Cheops öffnet ein dreifach gestufter Pfeiler-Portikus den Zugang zum Totenopfertempel aus dem Verehrungstempel, der bei ihm aufgrund des solaren Charakters seines Grabbezirkes „Horizont des Chufu" allein einen pfeilerumstandenen offenen Hof hatte. Dieser Portikus wird in den Tempeln des Chephren und Mykerinos variiert; in der späteren Ausführung des Mykerinostempels wird der Portikus sogar durch eine Mauer geschlossen, wie später bei Userkaf. Bei Sahure ist von dem Portikus nur mehr eine Doppelnische mit einer Säule in dem jetzt trennenden Querkorridor geblieben, bei Neferirkare bewacht ein monumentaler Löwe den Zugang zum Totenopfertempel in einer Nische des gleichen Korridors. Ab Neuserre findet sich dann unmittelbar vor dem Eingang in den Totenopfersaal jener schon mehrfach erwähnte, quadratische Saal (antichambre carrée) mit einer Säule, vielleicht ein letztes Relikt des trennenden Portikus der 3. und 4. Dynastie.

Die umfassendste Entwicklung und Deutung des königlichen Totentempels verdanken wir Ricke, der in zwei umfangreichen Studien der Herkunft der einzelnen Kulteinrichtungen nachgegangen ist und ihre thematische Ordnung versucht hat[604]. Seine „Schau der Entwicklung" stand besonders im zweiten Teil seiner Bemerkungen zur Baukunst des Alten Reiches stark unter dem Einfluß von S. Schott[605] und dessen Auslegung der Pyramidentexte als königliches Bestattungsritual. Damit entfernte er sich weitgehend von einer rein baugeschichtlichen Untersuchung hin zu einer themengeschichtlichen Darstellung[606], der einmal die Voraussetzung des Gegensatzes oder zumindest fundamentaler Unterschiede zwischen einem nomadischen Oberägypten und einem bäuerlich verhafteten Unterägypten zugrunde lag, zum anderen die, daß die Totentempel ausschließlich Kultbühnen für die Bestattungsfeierlichkeiten gewesen seien und daß Veränderungen im Grundriß und der baulichen Ausstattung der Tempel – selbst bis zum Wandel von Säulenformen – vordergründig und allein auf kultische Neuerungen und Forderungen des Totenglaubens zurückzuführen seien. Ricke und Schott gestalten die Totentempel damit zu einer dramatischen Kultbühne der Auseinandersetzung des Osirisglaubens, der nach ihrer Meinung unter Snofru mit seiner paradigmatischen Mythe in den königlichen Totenglauben eingeführt worden sei, und dem rivalisierenden Eindringen des Sonnengottes Re. Während man der These der kultthematischen Hintergründe der Veränderungen ohne deren Ausschließlichkeit und Bezogenheit auf Osiris und Re durchaus zustimmen wird, werden die beiden anderen Voraussetzungen mehr und mehr in Frage gestellt. Die Annahme einer überwiegend nomadischen Kultur Oberägyptens gegenüber einer bäuerlichen Unterägyptens war eine sehr

fruchtbare Arbeitshypothese, die jedoch der Überprüfung durch die neuere Forschung nicht standhält. Aber auch die Annahme, daß die Totentempel vorzugs-
weise Kultbühne des Bestattungsrituales der Könige gewesen seien, wird heute
mit fundierten, kaum zu widerlegenden Argumenten bezweifelt[607]. Erst kürzlich
hat D. Arnold[608] in einer kritischen Schau die bildlichen Darstellungen der
Totentempel auf diese Aussage hin überprüft und festgestellt, daß keines der
abgebildeten Reliefthemen einen Bezug zu Bestattungsriten oder zum Begräbniszug hat. Ihre Themen sind ausschließlich die der Absicherung der körperlichen Fortexistenz des toten Königs durch das Totenopfer im Totenopfertempel
und der Erhaltung und Verherrlichung der königlichen Macht und seiner Göttlichkeit durch Darstellung seiner Siege über die Natur und äußeren Feinde, seiner Mächtigkeit und seiner ordnenden Kräfte im Verehrungstempel. Bestattungszeremonien seien nicht dargestellt und konnten es auch nicht sein, da die
Bestattung — selbst die eines Königs — ein einmaliger Vorgang war, dessen
Riten in temporären Bauten und Kulissen vollzogen worden seien. Ob man
allerdings weiter daraus folgern darf, daß der Bestattungszug die Einrichtungen
des Totentempels gar nicht passiert und benutzt hat, erscheint mir nicht so eindeutig. Unbedingt zustimmen wird man dem Schluß, daß der einmalige Akt der
Bestattung und der damit verbundenen Rituale keiner Darstellung bedurfte, da
er ja nicht wiederholt werden sollte. Dennoch gibt es deutliche Hinweise auf
den Einzug des toten Königs in den Pyramidenbezirk, der in ein himmlisches
Geschehen transponiert worden ist. Am Eingang des Taltempels wird der tote
König von Göttinnen gesäugt, sein Tod ist damit eine Wiedergeburt in einer
Welt der Götter. Götter geleiten ihn, Feinde, die seinen Einzug verhindern
könnten, werden am Anfang des Aufweges abgewehrt. Gerade die Szene des
Säugens am Tor des Taltempels erscheint mir nur sinnvoll, wenn der tote König
— und auf ihn allein ist dies bezogen — hierdurch eingeführt wird. Darstellungen der Feindabwehr, der Herstellung und des Transportes der Ausstattung des
Totentempels sprechen nicht dagegen, daß der Aufweg, der nach den Beobachtungen von Borchardt später vermauert wurde, nicht für den Bestattungszug
benutzt worden wäre. Die seitliche Führung der Aufwege aus den Taltempeln in
Giza kann meiner Meinung nach gleichfalls nur den Zweck gehabt haben, daß
die Taltempel noch weiter zum Kult benutzt werden sollten, wenn die Aufwege
ihre Aufgabe erfüllt hatten und geschlossen worden waren.

Ähnliche Überlegungen gelten für die Kulteinrichtungen und Darstellungen
des oberen Totentempels. In dem Pr-wrw/Vestibül wird der tote König von den
„Großen" und den Göttern empfangen, beweist aufs neue und für ewig seine
Überlegenheit über die Natur und die Feinde, wird im Statuenkult im offenen
Hof verehrt und verherrlicht und wohl über den Querkorridor in den Pyrami-
denhof und zum Grabeingang an der Nordseite gebracht. Nach den erhaltenen
Fragmenten der Nordkapelle, die sicher bei der Bestattung als Opferkapelle
diente, waren auch dort nur Opferdarstellungen und kein Bestattungsritual

abgebildet. Darstellungen des Hebsedzyklus können in gleichem Maße für die Erneuerung der Königsherrschaft des toten Königs beim Eintritt in seinen Totenpalast geltend gemacht werden. Ohne Zweifel haben aber die Kulteinrichtungen der Bestattung und auch die dafür vorgesehenen Räume nach dem Begräbnis ihren aktuellen Wert schnell verloren und wurden entweder − wie der Aufweg − vermauert oder anderweitig in den täglichen Kultablauf überführt. Auf diese Weise wurde aus dem Totentempel ein Göttertempel, in dem der tote König als Gott wohnte und der anläßlich der Götterfeste Barkenbesuche anderer Gottheiten wie den der Hathor, des Sokar oder des Min empfing. Sicher bedarf es aber noch mancherlei Untersuchungen, bevor die Frage der Bestimmung der Totentempel gelöst werden kann.

Der Priesterdienst an den königlichen Totentempeln wurde in älterer Zeit bis Anfang der 5. Dynastie von königlichen Prinzen der Sekundogenitur ausgeübt, die damit Aufgaben und Entlohnung in Form von Feldbesitz und Opferanteil erhielten[609]. Seit der 5. Dynastie ist diese Laufbahn auch mittleren und niederen Beamten offen, vor allem an weniger reichen Pfründen. Wie Götter hatte allein der König ḥm-nṯr „Gottesdiener" oder Propheten als Priester, während Königinnen und Privatleute sich mit Ka-Dienern begnügen mußten. Das Priesteramt an einer Pyramide mit den damit verbundenen Privilegien und Opferanteilen kann offensichtlich vererbt oder sogar übertragen werden. Anfänglich wird der Titel direkt mit dem Königsnamen verbunden, seit Mitte der 5. Dynastie mit dem Namen des Pyramidenbezirkes, woraus sich vielleicht die gesteigerte Bedeutung des Tempels und seiner Einkünfte ablesen läßt. Den Propheten, die wohl sehr oft gar nicht selbst den Priesterdienst versehen konnten, da sie nicht selten Propheten an mehreren Pyramiden waren, stehen einfache wꜥb Priester bei, die sich wie auch die Propheten zumeist aus den Bewohnern der Pyramidenstadt, den ḫntjw-š[610] rekrutieren. Wꜥb-Priester können im Lauf ihrer Karriere aufsteigen und Propheten an der Pyramide ihres Königs werden. Den eigentlichen Kultdienst verrichteten die ḫrjw-ḥb, die Ritualpriester, die offensichtlich eine eigene Klasse von Priestern waren, die sich nicht mit den beiden oben genannten überschneidet.

Die Priester und ihre Hilfskräfte waren im Tempeldienst in 5 Phylen eingeteilt, die wechselweise den Dienst versahen. Die Mehrzahl der Priesterschaft wohnte wohl in der dazugehörigen Pyramidenstadt, allein die Propheten bilden darin eine Ausnahme; da sie häufig Ämter an mehreren Pyramiden und eventuell noch Sonnenheiligtümern innehatten, waren sie wohl nur zeitweise − wenn ihre Phyle Dienst hatte − an dem jeweiligen Tempel anwesend. Seit Ende der 5. Dynastie wird es üblich, daß die höchsten Staatsbeamten die Priesterstellen und eventuell auch noch die eines Vorstehers der Pyramidenstadt an ihre Person heften. Am begehrtesten war jeweils der Prophetendienst an der Pyramide des regierenden Königs, da diese am reichsten ausgestattet war. Auch das Wohnrecht in einer der Pyramidenstädte brachte Vergünstigungen und Steuerfreiheiten mit sich. Diese Städte[611] sind wahrscheinlich jeweils mit der Wahl der Pyramidennekropole gegründet worden; sie waren jedoch keineswegs identisch mit den Arbeitersiedlungen der Pyramidenbautrupps, die in der Wüste lagen und nach Vollendung der Pyramide eingeebnet wurden. Die älteste bekannte Pyramidenstadt war die des Snofru in Meidum. Die Doppelstadt „Erscheinung des Snofru" in Dahschur ist noch in der 6. Dynastie eine blühende Stadt, deren Privilegien ein Dekret Phiops' I. erneuerte. Darin wird die Steuerfreiheit, die Befreiung von Kanal-, Fron- und Militärdienst bestätigt, gleichzeitig auch ein Verbot ausgesprochen, daß Prinzen und Angehörige des Königshauses oder der herrschenden Familien dort Häuser erwerben, um in den Genuß dieser Privilegien zu gelangen. Dies wirft ein Licht auf die Praktiken der Oberschicht der 6. Dynastie, welche die Könige umsonst einzudämmen versuchten.

Keine der Pyramidenstädte des Alten Reiches ist bisher ausgegraben worden; das Ansteigen des Grundwasserspiegels seit dem Bau des Hochdammes hat die Chance, in den aus Ziegeln errichteten Häusern und Palästen noch informatives Material zu finden, schwinden lassen. Teile der Pyramidenstadt des Mykerinos mit 8 großräumigen Häusern wurden östlich des Grabes der Königin Chentkaus freigelegt. Der zentrale Teil seiner Stadt liegt noch unter dem Grabungsschutt. In späterer Zeit wuchs die Stadt planlos in und über den Hof des Taltempels. Dies ist ein gutes Beispiel für den schnellen Verfall der Kultstätten und die Verprovinzialisierung einer ehemaligen Residenzstadt. Die Städte führten den gleichen Namen wie der Pyramidenbezirk, allein die Pyramidenstädte Gizas bilden verwaltungsmäßig eine Ausnahme, da sie neben den Pyramidennamen auch als „nördliche Siedlung" (des Cheops) und „südliche Ufermark" (des Chephren) bezeichnet wurden, zeitweise auch als „die Stadt" schlechthin, wie später im Neuen Reich die Hauptstadt Theben. Sie unterstanden direkt der Verwaltung des Wesirs und Bauleiters der königlichen Pyramide.

Man kann kaum daran zweifeln, daß die Pyramidenstadt jeweils auch die königliche Residenz gewesen sein muß. Der Bau der Pyramide und deren Kultanlagen sowie der Gräber der Angehörigen der königlichen Familie und der hohen Beamten erforderte die Anwesenheit des Königshofes und seiner Verwaltung für die Planung und täglichen Entscheidungen, die nicht aus der Ferne getroffen werden konnten. Dagegen sind Argumente, wie die vermeintliche Belästigung durch Lärm und Staub banal und übersehen die Tatsache, daß altägyptische Residenzen − wie das spätere Theben genauso wie mittelalterliche Städte − über Jahrhunderte hinweg gigantische Baustellen waren. Man darf sich die Residenzen des Alten Reiches auch nicht sehr groß vorstellen. Neben dem Palast, in dem die königliche Familie und die höchsten Beamten lebten, gab es sicher nur eine beschränkte Zahl von Häusern. Im übrigen fand ja nicht allzu häufig ein Wechsel statt. Städte wie Giza haben eine fast hundertjährige Dauer als Residenz gehabt, sieht man von den kurzfristigen Unterbrechungen unter Djedefre und Baka ab, während deren die Verwaltung kaum die Zeit gehabt hatte, sich anderswo in der neuen Residenz zu installieren. Ein glücklicher Zufall hat uns aus dem Grab des Oberbaumeisters Senedjemib den Bericht beschert, daß er nicht nur die Planung des neuen Pyramidenbezirkes seines Königs Djedkare Asosi in Sakkara-Süd angefertigt und den Bau ausgeführt habe, er hat auch einen neuen Residenzpalast des Asosi mit Namen „Lotosblüte des Asosi" von 650 × 110 m errichtet[612]. Asosi war der König, der die über ein halbes Jahrhundert währende Königsresidenz in Abusir endgültig aufgegeben hat. Wurde eine Residenz einmal verlegt − wie die in Abusir − so verloren die Pyramidenstädte bald ihre Bedeutung und sanken zu Dörfern ab, deren Mittelpunkt der Taltempel mit dem Kult des vergöttlichten Königs bildete, dessen Kult aufrechterhalten wurde, um die staatlichen Zuschüsse und Vergünstigungen zu erhalten. Ausnahmen bilden Pyramidenstädte wie die von Giza, die so lange Residenzstädte waren, daß einflußreiche Familien ihre Wohnstätten und ihre Familiengräber beibehielten, die sie mit den ertragreichen Pfründen an den Pyramidentempeln der Gizakönige verbanden. In den Wirrezeiten nach dem Alten Reich gingen die meisten Pyramidenstädte aus Mangel an staatlichen Zuschüssen und ohne die Erneuerung ihrer Privilegien ein. Überlebt haben nur die Pyramidenstädte des Teti und des Unas im nördlichen Bereich von Sakkara sowie die Phiops' I. im südlichen, die später ihren Namen Men-nefer Phiops der Stadt Memphis[613] vererbt hat, weil diese Städte den schnell wechselnden Königen der 1. Zwischenzeit als Residenzen dienten, neben denen sie ihre unbedeutenden Pyramidengräber errichteten.

Pyramidenbau

Ungeachtet der nicht wenigen Untersuchungen und Veröffentlichungen zum Pyramidenbau[614] müssen wir uns ehrlich eingestehen, daß wir über die Technik und Methoden des Baues praktisch nichts Sicheres wissen und ausschließlich auf Annahmen und Beobachtungen angewiesen sind, die davon ausgehen, wie wir Heutigen uns die Bewältigung einer derartigen Aufgabe mit den damals vorhandenen Hilfsmitteln vorstellen. Dabei hilft uns auch der Bericht Herodots nicht weiter, denn der griechische Reisende hat in der Mitte des 5. Jahrhunderts v. Chr., d. h. fast 2000 Jahre nach den Pyramidenerbauern, bestimmt nicht mehr von den Dragomanen, seinen Gewährsleuten, erzählt bekommen können, als diese heute zu berichten wissen. Das Schweigen der altägyptischen Quellen darüber ist kein bewußtes, noch entspringt es Tabu-Vorschriften. Die Zeit, in der die Steinbaukunst sich entwickelte, bis zu dem Höhepunkt der Pyramidenzeit, war in den Äußerungen des täglichen Lebens und den Aussagen der konkreten Tätigkeiten sehr zurückhaltend, und selbst später spielen diese Dinge nur eine geringe Rolle in den Darstellungen und Inschriften der Baumeister und Expeditionsleiter. Sicher hat es auf Papyri Aufzeichnungen über den Bau gegeben, Berechnungen über Steinmassen, Höhenverhältnisse, Winkelmaße und Nivellierungsmethoden[615]. Der königliche Baumeister Senedjemib Intj berichtet zum Beispiel, daß er den Grundriß des Pyramidenbezirkes an den Hof des Königs Asosi geschickt hatte[616]. Der Expeditionsleiter Una bringt genau definierte Bauteile aus Hartgestein aus verschiedenen Steinbrüchen Oberägyptens zum Bau der Pyramide und des Tempels seines Königs Merenre. Am Aufweg des Unas in Sakkara sind Schiffe dargestellt, die die Palmstammsäulen aus Rosengranit für den Umgang des Verehrungshofes anbringen. Der Transport der enormen Säulen von weither war die herausragende Leistung einer späteren Zeit; dagegen war der Bau der relativ kleinen Pyramiden Routine, über die sich nicht zu sprechen oder sie abzubilden lohnte. Aus der 3. und 4. Dynastie, der großen Zeit des Pyramidenbaues, fehlen uns leider solche Berichte, sie setzen erst in der späten 5. Dynastie ein.

Auch die uns erhaltenen Gerätschaften des Pyramidenbaues oder ihre Darstellungen helfen wenig weiter. Eines der wichtigsten Geräte war das mrḫ.t/ Merchet, ein Winkellot, das zum Anpeilen sowohl bei der Einnordung wie später bei Richtungsmessungen benutzt wurde, ergänzt durch das bꜥj/Bai, ursprünglich eine gespaltene Palmrispe, mit der man vielleicht das Merchet

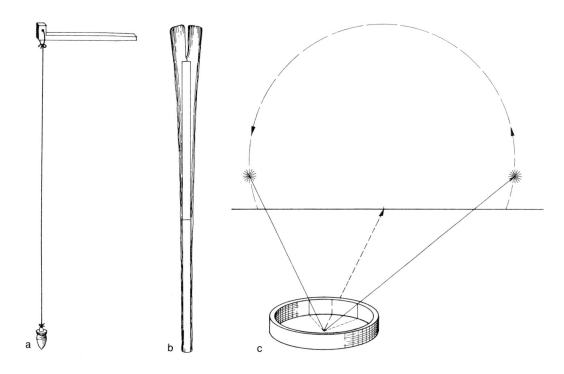

71 a Mercheb   b Bai   c Mögliche Nordbestimmung (nach Edwards).

ankimmen konnte[617]. Um die Nordrichtung zu bestimmen, könnte ein gut mannshohes Rund mit ebenem, nivellierten oberen Rand als ein künstlicher Horizont benutzt worden sein, in dessen Mitte ein Vermesser seine Beobachtungsposition einnahm[618]. Mittels des Bai-Instrumentes peilte er abends einen beliebigen Stern des Nordhimmels an, veranlaßte einen zweiten Vermesser, den Ausgangspunkt mittels des Merchet auf den nivellierten Grund des Runds zu loten, und verfolgte dann den Stern bis zu seinem Untergang, dessen genaue Position wieder beobachtet und eingelotet wurde. Die Winkelteilende des Winkels, der aus dem Beobachtungspunkt und den beiden Punkten des Auf- und Unterganges des Sternes gebildet wird, zeigt dann die Nordrichtung an. Bei mehrfacher Wiederholung dieser Messungen konnte im Lauf der Zeit durch geübte Vermesser eine Genauigkeit und Annäherung an die echte Nordrichtung von weniger als einem halben Grad erreicht werden. Weitere Geräte, Winkel mit Senklot, hölzerne und metallene Ellenmaße, Stein- und Kupfermeißel, Sägen, Lote etc. sind bekannt; dagegen ist es bisher nicht gelöst, mit welchen Mitteln die Längenmaße so genau bestimmt werden konnten, da Schnüre oder angenommene Meßrollen genauso große Ungenauigkeiten durch unterschiedliche Ausdehnung ergeben mußten, wie die Messung mit Meßlatten im unebenen Gelände. Für die Eckenberechnung und deren Absteckung ist die Kenntnis des Pythagorassatzes Voraussetzung![619] Da bei den bestvermessenen Pyramiden des Cheops und Chephren in Giza erwiesenermaßen ein Felskern in der Mitte stehen geblieben ist, entfiel die Möglichkeit einer Kontrolle über Diagonalmessungen. Ebensowenig ist das Problem der Nivellierung der Baufläche geklärt; die zumeist angenommenen Wassergräben oder gar das Unterwassersetzen des ganzen Baugrundes sind undurchführbar. Ein System von Vertiefungen um die Chephrenpyramide, auch bei der Cheopspyramide feststellbar, könnte dagegen dort dem Nivellement gedient haben. Wie das jedoch in Sakkara oder Dahschur auf Sand oder Mergel-Untergrund gelöst wurde, ist unbekannt. Bei Stufenpyramiden haben kleine Ziegeltürmchen um die Pyramide das Vermessungsnetz und den Ansatz der Stufen angegeben[620]. In Dahschur-Nord wurde an der Pyramide des Snofru anscheinend ein durchgehendes flaches Fundament aus Turakalkstein verlegt, auf dem die Ausmaße der Pyramide festgelegt wurden.

Das Kernmauerwerk bestand immer aus Blöcken lokalen Kalksteins aus den nahe liegenden Steinbrüchen. Vermutlich hat das Vorhandensein solcher Steinbrüche die Wahl einer Nekropole ebenso bestimmt, wie die natürliche Eignung des Plateaus zur Errichtung des Pyramidenbezirkes. Schon für die ältere Zeit ist uns auf dem Palermostein die Aufeinanderfolge dreier Handlungen beim Bau des Grabbezirkes überliefert, Planung, Strickespannen, d. h. Einmessen, und Eröffnung, d. h. Beginn der Erdarbeiten[621]. Das Ausheben des Schachtes für Korridor und Grabräume, wenn diese nicht als Stollen in den Fels getrieben und ausgehöhlt wurden, mußte vor Beginn des Hochmauerns abgeschlossen sein. Dies mag einer der Gründe gewesen sein, weswegen man immer wieder, trotz schlechter Erfahrungen und der ungeheuren Erschwerung der Arbeiten durch die mangelnde Luftzufuhr, den Bau des Korridors und der Grabkammer in einem unterirdischen Stollen versucht hat, bis man bei den allerdings von Anfang an kleiner geplanten Pyramiden der 5. Dynastie eine geniale Lösung mit dem gemauerten Schacht gefunden hatte, der von Anfang an das Hochmauern der Pyramide von der Süd- und Westseite her erlaubte, während von Norden her gleichzeitig der Schacht vertieft und der Korridor mit den Grabkammern eingebaut und überdeckt werden konnte. Anschließend konnte der offene Einschnitt sogar als innere Rampe zum Antransport der Steine auf die hochwachsende Pyramide verwendet werden. Dies hatte nur einen Nachteil: Starb der König vor Abschluß der Arbeiten, dann war das Grabkammersystem durch die innere Rampe bedeckt und mußte durch den Nachfolger erst zur Bestattung freigelegt werden. Dennoch hat man das wohl in Kauf genommen; es scheint auch funktioniert zu haben, wie die Bestattung des Neferefre in der unvollendeten Pyramide von Abusir nahelegt.

In Meidum, Dahschur-Nord und Sakkara-Süd sind heute noch die Rampen erkennbar, auf denen das Steinmaterial an die Pyramide herangebracht worden ist[622]. In Dahschur sind es zwei Rampen von Südwesten her, die direkt zu den nicht weit entfernten Steinbrüchen führen, sowie zwei lange Kalksteinsplitter-bahnen, die von Osten her nach dem Fruchtland weisen. Auf diesen könnte der weiße Turakalkstein der Verkleidungsschicht antransportiert worden sein, der an der Ostseite gestapelt wurde. Zum Transport hat man Knüppeldämme, Rol-len und Schlitten, vielleicht auch Ochsenschlitten wie im Neuen Reich benutzt. Die Steine, sowohl die des Kernmauerwerkes aus den lokalen Steinbrüchen wie auch die besseren aus Turakalkstein und die Hartgesteine wurden ungefähr nach Größen sortiert und verlegt. Darauf weisen die Ockerinschriften auf den Steinen, die wohl erst an Ort und Stelle aufgepinselt wurden und die Arbeitsein-heit benannten, welche die Steine zum Verbau übernahm. Nicht selten geschah dies mit Tages-, Monats- und Jahresangaben. Andere Zeichen auf den Steinen, die geritzt waren, könnten dagegen von den Arbeiterphylen in den Steinbrü-chen stammen und zur Abrechnung der gelieferten Mengen gedient haben[623].

Anfänglich wurde wohl mit Rampen oder Anschüttungen von allen Seiten her gearbeitet, wobei jedoch zumindest drei Ecken zur Vermessung frei bleiben mußten. Auf diese Weise konnten die ersten 20 m Höhe schnell bewältigt wer-den. Die Ockerinschriften auf den Verkleidungsblöcken der nördlichen Pyrami-de von Dahschur belehren uns, daß der Bau der Pyramide im Jahr des 15. Males der Zählung mit der Grundsteinlegung in der südwestlichen Ecke begonnen wurde. Blöcke der 12. Lage markieren noch dasselbe 15. Mal, d. h. etwa das Jahr 30, solche der 15. Lage tragen das Datum des 16. Males, d. h. des Jahres 32. Innerhalb von 2–3 Jahren sind demnach 15 Steinlagen, d. h. gut 12 m Höhe erbaut worden, was etwa ein Fünftel der Gesamtmasse ausmachte[624]. Dabei war ein Teil des absteigenden Korridores und die nur knapp unter dem Niveau des Wüstenbodens konstruierte Grabkammer mit eingeschlossen und auch das aus mächtigen Kalksteinblöcken bestehende Kraggewölbe verlegt. Ab 20–25 m Höhe mußte das System der Steinbeförderung geändert werden. Bisher gibt es keinen sicheren Anhalt dafür, wie und über welchen Weg die Steine hochbeför-dert worden sind. Eine direkte Rampe zu einer der Pyramidenseiten ist ausge-schlossen. Sie hätte bei Cheops eine Länge von 1460 m gehabt und das 7¹/₂fache der Pyramidenmasse verschlungen[625]. Aber auch die neuerdings wieder propa-gierte, spiralig umlaufende Rampe[626] ist technisch unmöglich; da sie alle vier Sei-ten und Ecken der Pyramiden bedeckt hätte, wären Kontrollmessungen nicht möglich gewesen, ohne die es selbst mit unseren heutigen Methoden nicht gegangen wäre. Bedenkt man dabei, daß sowohl die Pyramiden des Snofru in Dahschur als auch die des Cheops an den Seiten eine leichte konkave Ausbil-dung des Kernmauerwerkes aufweisen, die durch die gleichzeitig verlegte und mit dem Kernmauerwerk verzahnte Verkleidungsschicht ausgeglichen wurde, so kann man sich vorstellen, wieviel Kontrollmessungen dafür notwendig waren. Daher mußten stets drei Seiten der Pyramide sichtbar bleiben. Selbst dann ist es zu Unregelmäßigkeiten gekommen, die wohl erst auf den letzten

10–15 m ausgeglichen werden konnten. Dies zeigt neuerdings das von uns aufgefundene Pyramidion in Dahschur, dessen vier Seiten nicht ganz den gleichen
Winkel aufweisen[627]. Es wäre interessant, diese Beobachtung an der Spitze der
Chephrenpyramide zu kontrollieren, wo die obersten Steinlagen – mit Ausnahme des Pyramidions selbst – noch vorhanden sind.

In jüngster Zeit sind zwei alternative Vorschläge über die Führung der Pyramidenrampen gemacht worden, die dem Problem der Rampenmasse und dem
technischen, der Meßbarkeit eher gerecht zu werden scheinen. D. Arnold[628] hat
am Beispiel der Cheopspyramide eine innere Rampe berechnet, die eine Bresche
von 20–30 m im Pyramideninnern ausgefüllt hätte, mit der etwa eine Höhe von
35 m bei einem Steigungswinkel von 8–10° erreicht werden konnte. Durch Verlängerung der Rampe nach außen auf 100 bis 150 m wäre eine Höhe von ca.
60–65 m zu bewältigen, durch eine Kehrtwendung um 180° auf beiden Seiten

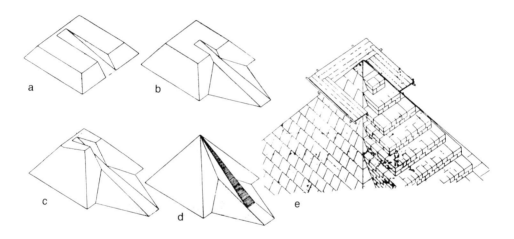

72   a–d Pyramidenbau über eine innere Rampe. Möglich ab Ende der 4. Dynastie (nach
         Arnold)   e Aufsetzen des Pyramidions.

weitere 20–30 m, wodurch schon eine Höhe von ca. 90 m geschafft und 80%
der Steinmassen verbaut wären. Für die letzten 50 m und damit etwa noch
150 000 Blöcke mußte allerdings eine andere Konstruktion gefunden werden, da
die Zugrampe nicht mehr erhöht werden konnte. Arnold denkt an eine getrepp-
te Rampe mit senkrechten Wänden, wie sie sich an den obersten Stufen der
Pyramide von Meidum (E_2) abzuzeichnen scheint. Wie die Steine über die Stufen
hochgebracht worden sind, muß allerdings offen bleiben. Die „Maschinen" des

Herodot, eine Art Hebelkräne, wären denkbar, wenn auch unendlich zeitraubend. Schließlich mußte auch noch das Pyramidion emporgehoben und von einer ohne Zweifel außen um die Spitze errichteten Plattform aus Holzbalken aufgesetzt werden. In Dahschur wog das Pyramidion aus Kalkstein ca. 3 t, die späteren aus Hartgestein bis zu 6–8 t.

So bestechend einfach diese Rampenkonstruktion, welche das Pyramideninnere ausnutzt, wirkt, gerade bei Cheops kann sie nicht angewandt worden sein, da die Rampe mit der Gangkonstruktion und vor allem mit der großen Galerie in Kollision gekommen wäre. Außerdem, meine ich, müßte man die Bresche selbst bei bester Auffüllung heute erkennen können. Dagegen fügt sich diese Art Rampenkonstruktion bestens zu der Bauweise der Pyramiden der 5. Dynastie, wo ab Userkaf die Bresche anfänglich als offener, hochgemauerter Schacht zur Konstruktion der Innenräume und des Ganges gedient hat. Möglicherweise ist diese Bauweise erstmals bei der Mykerinospyramide angewandt worden, wo an der Nordseite eine tiefe Bresche das Werk von Mamluken gewesen sein soll, die vielleicht aber nur eine sichtbare Auffüllung des Mauerwerkes attackiert haben.

Für die älteren Pyramiden scheint mir dagegen eine Rampenkonstruktion angebracht, die der Altmeister der Pyramidenforschung, Jean Philippe Lauer, zuletzt 1982 in einem Vortrag im Institut d'Egypte vorgeschlagen hat[629]. Er geht von einer einzigen Rampe aus, die parallel geführt an eine der Pyramidenseiten gelehnt gewesen sei, wodurch einmal Material gespart und gleichzeitig die freie Meßbarkeit gewahrt war. Diese Rampe konnte langsam und im letzten Stück von 7° bis auf 10–12° Steigung gebracht werden, dann wieder auf die gesamte Länge ausgeglichen und über die Pyramidenkante hinaus verlängert werden. Damit könnte eine Höhe von ca. 100 m erreicht werden, dann müßte die Rampe aber wohl in eine Treppe übergehen.

Die Verkleidung, darüber ist man sich in neuerer Zeit klargeworden, ist sicherlich von Anfang an mit dem Kernmauerwerk verlegt worden. An der Roten Pyramide Snofrus in Dahschur haben wir eindeutige Verzahnungen von Kernmauerwerk und Verkleidung feststellen können, die darüber keinen Zweifel mehr zulassen. Ob die Pyramiden erst nachträglich geglättet worden sind oder schon beim Bau, darüber gehen die Meinungen noch auseinander[630]. Wiederum in Dahschur-Nord zeigt es sich, daß die Pyramide perfekt geglättet war, während der Totentempel und die Kultanlagen gerade erst begonnen waren und unvollendet geblieben sind. Dies spricht m. M. stark dafür, daß die Glättung schon beim Aufbau erfolgte und später nur Ausbesserungen durchgeführt wurden. Die Winkelmessung ließ sich ohne Zweifel leichter an einer geglätteten Pyramide durchhalten. Andererseits sind an erhaltenen Verkleidungswänden auch in Dahschur regelmäßige Einkerbungen feststellbar, die vielleicht von einem Gerüst oder Leiterhalterungen stammen könnten. Die ungeglättete Granitverkleidung der Mykerinospyramide ist dagegen wohl anders zu werten. Es bestand sicher ein Unterschied in der Arbeitsweise bei der Glättung von Kalkstein und von Granit, bei dem es sich ohnehin um eine Sockelschicht von nicht mehr als 15 m Höhe handelte, die von unten her zu bewältigen war[631].

Das Problem der Rampen und ihrer Konstruktionsweise ist sicher noch nicht endgültig gelöst. Es ist ein merkwürdiger Zufall, daß, abgesehen von den niede-ren Baurampen an der unfertigen, kleinen Stufenpyramide von Sinki bei *Taf. 21 a* Abydos, keine Rampe erhalten geblieben ist, ja nicht einmal mit Sicherheit das Rampenmaterial in einer der Nekropolen entdeckt worden ist. Dabei gibt es nicht wenige unvollendete Pyramiden, angefangen mit der des Sechemchet, der südlichen Layer Pyramid von Zawiet el-Aryan, der Pyramide des Djedefre in Abu Rowasch bis zu denen des späten Alten Reiches in Sakkara. Möglicherwei-se ist das Rampenmaterial immer wieder verwendet worden, solange man neue Pyramiden errichtet hat. Wenn z. B. die Pyramide des Mykerinos nicht ganz vollendet war, oder die seiner Königinnen, dann hätte sich dort doch zumindest ein Teil der Rampenmasse finden müssen. Sofern es sich um Ziegelerde handel-te, ist diese aber wohl wieder verwendet worden, doch scheint es undenkbar, daß schwere Steinblöcke über eine Ziegelrampe transportiert worden sind. Sind etwa die locker und unregelmäßig geschichteten Füllungen im Kernmauerwerk der Pyramiden und Mastabas der 5. und 6. Dynastie aus dem Steinmaterial älte-rer Pyramidenrampen gebaut worden?

Schon Borchardt[632] hat Ende der 20er Jahre Berechnungen über die durch-schnittliche Arbeitsleistung beim Bau der Meidumpyramide und der des Sahure in Abusir angestellt und diese mit den durchschnittlichen Massenzahlen vom Bau des ersten Staudammes in Aswan um 1900 verglichen, der im wesentlichen durch menschliche Arbeitskraft errichtet worden war, wenn auch natürlich schon Kräne, Flaschenzüge etc. verwendet worden sind. Dort waren es 300 m^3 täglich bzw. 30 m^3/Stunde, die versetzt werden mußten. Borchardts Ansätze sind heute nicht mehr zutreffend, da er für Snofrus Regierung allein die Mei-dum-Pyramide zugrunde gelegt hat und er zudem in Meidum von einer langen, axialen Rampe ausgeht, was sicher unrichtig ist. Neuere Berechnungen unter Zugrundelegung der Massenzahlen der Pyramiden der 4. Dynastie allein, ohne Berücksichtigung von Nebenbauten, den aufwendigen Aufwegen, Totentem-peln und Mastabas der Zeitgenossen, habe ich 1980 angestellt[633] und ähnlich, aber unabhängig davon D. Arnold 1981[634]. Danach hätte beim Bau der Cheops-pyramide mit einer Masse von 2.590.000 m^3 und 23 Regierungsjahren eine jähr-liche Arbeitsleistung von 112.600 m^3 erbracht werden müssen, um allein die Pyramide zu vollenden, was wieder eine tägliche Leistung von ca. 310 m^3 oder 31 m^3/Stunde bedeutet. Bei Chephren, dessen Pyramide weniger Masse um-faßte, wären es 84.000 m^3 im Jahr oder 230 m^3 pro Tag gewesen. Die gleichen Berechnungen für die drei Pyramiden des Snofru bei Annahme einer 23jährigen Regierung hätten eine Tagesleistung von 420 m^3 ergeben, was sicher absolut zu hoch gewesen wäre. Zu ganz ähnlichen Ergebnissen kam Arnold unter Addie-rung der Massenzahlen der Pyramiden der 4. Dynastie und durch Teilung mit der Summe der traditionellen Jahre. Daß diese Zahlen im Vergleich zu den moderneren des Baues des Staudammes in Aswan zu hoch liegen, darüber kann kein Zweifel bestehen. Auch wenn man berücksichtigt, daß solche Berechnungen ungenau und insofern unrichtig sind, als sich der Arbeitsaufwand verschieden verteilt und ja keineswegs vom 1. bis zum letzten Jahr linear der gleiche war, weil u. a. ja zugegebenermaßen die Hauptmasse der Steine schon im unteren Drittel einer Pyramide verlegt wurde, wogegen aber bei größerer Höhe die Erschwernis des Transportes hinzukommt − unter Berücksichtigung all dieser Fakten zeigt sich doch eindeutig, daß die Regierungen der 4. Dynastie zu kurz angesetzt sind. Bei Snofru haben inzwischen neue zeitgenössische Daten auf Steinen der nördlichen Pyramide von Dahschur den unumstößlichen Beweis erbracht, daß seine Regierung anstelle der überlieferten 24 Jahre über 40 Jahre gedauert haben muß! Möglicherweise haben die ramessidischen Kompilatoren des Königspapyrus von Turin die Jahreszählung des Alten Reiches mit der doppelten Zählungsweise nicht mehr gekannt oder zumindest teilweise nicht beachtet, so daß ein Teil der Regierungszahlen der 4. Dynastie verdoppelt werden muß!

Ein anderes Ergebnis zeigen diese Überlegungen ebenso klar: So wenig wir über die Methoden des Bauens Bescheid wissen, um so deutlicher wird jedoch die Rolle, die die Erfahrung der Baumeister und die Organisation der Arbeit gespielt haben muß. Nicht umsonst hat die ägyptische Nachwelt Imhotep, dem Baumeister des Djoser, göttliche Ehren zuerkannt. Imhotep scheint nach einem Graffito auf der Umfassungsmauer des Sechemchetbezirkes seine Erfahrungen an die nächste Generation weitergegeben zu haben. Schon in den Steinaufschriften des Djoserbaues können wir die Organisation der Arbeiterschaft in 5 Phylen erkennen, die später in je zwei oder mehr Unterabteilungen gegliedert und in Großeinheiten, ῾prw/Aperu-Regimentern, zusammengefaßt waren. Die Zahl der Arbeiter wird meist überschätzt. Insgesamt waren wohl kaum mehr als 10−20.000 Arbeiter an einem Bauvorhaben tätig, wobei ca. 5.000 als Spezialisten des Baues, der Rest als Zulieferer in Steinbrüchen und der Bedienung gedient haben. Nach den Daten der Steininschriften ist auch jene Angabe Herodots unrichtig, daß die Pyramiden nur während der Überschwemmungsjahreszeit gebaut wurden. Die Arbeiten erstreckten sich über das ganze Jahr, wobei allerdings vielleicht die Anlieferung des Steinmateriales der Verkleidungssteine während der Überschwemmungsmonate geschah.

Entsprechend der Bedeutung, die der Pyramidenbau im Leben des Königs und im Gesamtgeschehen des Staates einnahm, lag die Bauleitung in den Händen des Wesirs und indirekt des Königs selbst. Anfänglich, in der 3. und 4. Dynastie, waren die Baumeister und Wesire selbst Angehörige der engsten königlichen Familie: Imhotep war vermutlich der Sohn des Djoser, Nefermaat und Rahotep in Meidum, Söhne des Snofru, ebenso wie der Prinz Kanofer in Dahschur. Hemiun, einer der Baumeister der Cheopspyramide, war ein Sohn des Nefermaat aus Meidum und Neffe des Cheops. Vielleicht ist es kein Zufall, daß selbst die Baumeister der Pyramiden der 5. und 6. Dynastie, angefangen von Senedjemib Intj und seinem Sohn gleichen Namens Mehj, aus der Pyramidenstadt von Giza stammten, wo Organisation und Kenntnis vermutlich vom Vater auf den Sohn innerhalb alter Familien vererbt wurden[635].

Das Pyramidengrab als Labyrinth –
Die Pyramiden des Mittleren Reiches

Schon zu Beginn der 6. Dynastie ist die Dynamik in der Entwicklung der Pyramiden und der Totentempel einer eintönigen Erstarrung gewichen, die nicht nur die Normung der Größe und Höhe der Pyramide und der Grabkammern betraf, von der allein die Zusammenstellung der Pyramidentexte ausgespart blieb, sondern auch die Totenkultanlagen, die einschließlich der Darstellungen die der ausgehenden 5. Dynastie zu kopieren suchten. Die lange Regierung Phiops' II. hat dabei doppelt verhängnisvolle Auswirkungen gehabt. Der anfänglichen Schwächeperiode der Regentschaft der Königsmutter folgte keine starke Regierung nach, sondern Jahre der Lethargie, des Zerfalls der zentralen Regierungsgewalt und der Ämterentwertung. Die größeren Bauunternehmungen, vor allem die Pyramide und der Totentempel des Königs, waren vermutlich schon im ersten Drittel seiner 94jährigen Regierung fertiggestellt, desgleichen die Pyramiden der Königinnen. Damit verblieb mehr als ein halbes Jahrhundert ohne Großbauten, in dem die Kunst und die Erfahrung der Steinbauweise, der Bewältigung enormer Massen und der Anleitung des dafür nötigen Arbeiterheeres in Vergessenheit geriet. Kein Wunder, daß die Pyramiden der nachfolgenden Könige unfertig und so bescheiden geblieben sind, daß sie bis heute nicht einmal geortet wurden, obwohl sie zum Teil inschriftlich belegt sind und in Sakkara zu finden sein sollten. Die Pyramide des Merikare namens Wꜣḏ-swt-Merikare „Grün sind die Stätten des Merikare" aus der späteren Herakleopolitenzeit ist im Titel eines Mannes bezeugt[636], der auch an der Pyramide des Teti tätig war. Zusammen mit der Bedeutung, die die Pyramidenstadt des Teti in der Zwischenzeit bis ins hohe Mittlere Reich hinein als wichtigste und volkreichste Siedlung im Memphitischen innehat, läßt dies den Schluß zu, daß die Herakleopolitendynastie in der Stadt des Teti residierte und dort ihre Gräber hatte. Eine kleine Stufenpyramide mit gerundeten Ecken bei Dara in Mittelägypten könnte dagegen das Grab eines rivalisierenden Kleinkönigs namens Chui aus dem Anfang der Zwischenzeit sein[637].

Abb. 73

Eine ganz andere Grabtradition zeigen die Königsgräber der 11. Dynastie im thebanischen Westen. Diese, aufgrund ihrer Form Saff-Gräber, Hofgräber genannten, weiträumigen Anlagen sind in dem leicht ansteigenden Wüstengrund eingetiefte Höfe mit einer Pfeilerfassade am Westende[638]. Darüber können keine Pyramiden gestanden haben[639], auch wenn die Gräber in der Ramessi-

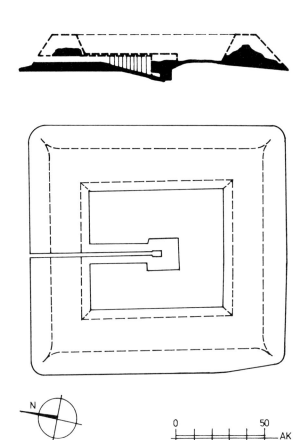

73 Dara/Mittelägypten.
Pyramide oder Stufenmastaba
eines Kleinkönigs
oder Fürsten Chui.

denzeit als Pyramidengräber bezeichnet wurden, ebensowenig wie die Ziegel-
kapellen an der Ostseite des Hofes Pyramidenform hatten. Möglicherweise ver-
mittelten die zerfallenen Kapellen in einer wesentlich späteren Zeit den Eindruck von stark zerfallenen kleinen Ziegelpyramiden, so daß die inspizierende
Gräberkommission aus dem Ende der Ramessidenzeit diese Grabkapellen als
Pyramiden ansehen mußte.

Ebensowenig hatte, nach einer neueren Untersuchung[640], das Königsgrab des
Mentuhotep II. in Deir el-Bahari eine Pyramide über dem terrassenförmigen
vorderen Teil der Tempelanlage, wenngleich die Idee oder das Vorbild einer
Stufenpyramide bei der anfänglichen Planung wohl nicht ausgeschlossen werden kann; auch die endgültige Ausführung erinnert zumindest etwas an die
Form einer Stufenpyramide, kombiniert mit dem oberägyptischen Fassaden-
grab. Nachweislich sind in drei, bzw. sogar vier Bauphasen[641] erhebliche Planänderungen an dem Grabbau vorgenommen worden, wobei die 1. Bauphase
vielleicht gar nicht das Königsgrab betraf, sondern das ältere Heiligtum der Göt-

tin Hathor, Herrin des westlichen Wüstentales, die auch in dem späteren Grabbau eine eigene Kultkapelle in Form eines Felsenspeos beibehielt[642]. Offensichtlich vereint schon die Bauphase B, mit der der Grabbau greifbar wird, Elemente des oberägyptischen Hofgrabes mit denen des „memphitischen" Königsgrabes. Von letzterem ist der lange, aber offene Aufweg entlehnt, der durch ein pylonartiges Tor in einen weiten, schildförmigen Hof führt. Aus der Mitte dieses Hofes senkt sich das Bab al-Hosan, der Eingang zu einem 150 m langen Gang in eine Grabkammer ab, die, etwas nach Norden verschoben, unter dem mittleren Massiv des Tempels liegt. In dem unfertig belassenen Raum fand sich ein leerer Holzsarg und die schwarze, mit Tüchern mumienartig umwickelte Sandsteinfigur des Königs, liegend auf dem Boden, beides ohne Königsnamen, der jedoch durch ein Holzkästchen im Gang gesichert scheint. Aus dieser Kammer führt ein Schacht 30 m tiefer in eine erst begonnene Kammer, in der Schiffsmodelle gefunden wurden. Zu der ersten Grabplanung gehörten die Kapellen und die Grabschächte von sechs königlichen Frauen und Hathorpriesterinnen, die nicht in der Achse des späteren Tempels standen, sondern in der des Bab el-Hosan-Grabes, dessen Oberbau vielleicht das Aussehen einer Stufenpyramide, vielleicht aber auch eines Pfeilergrabes wie die Saffgräber hatte[643].

Dieser Grabplan wurde vermutlich nach dem ersten Regierungsjubiläum des Königs grundlegend abgeändert. Das vorhandene, unterirdische Grab des Bab el-Hosan wurde durch die Statuenbestattung in eine Art Osirisgrab transponiert, was vielleicht auch die Gestaltung der neuen Oberbauten beeinflußt hat. Für diese wurde der ganze Hof erheblich aufgeschüttet und an seiner Westseite gegen die Felsen und diese teilweise als Sockel benutzend ein Terrassenbau in Form eines umgekehrten T errichtet, dessen vorderer Teil ein massiver Stufenbau bildete, während im hinteren, vom Felsenkessel völlig eingeschlossen und beschützt, der eigentliche Totentempel lag. Dieser bestand aus einem offenen Kolonnadenhof mit Altar, auf den ein großartiger Säulensaal folgte, der erste seiner Art in Ägypten, offenbar eine rein thebanisch-oberägyptische Schöpfung. In dem Säulensaal war auf der Westseite durch Schrankenmauern das Allerheiligste, ein Totenopfersaal mit Altar vor einem Felsenspeos, eingebaut, in dem vermutlich eine Scheintür und eine Statue des Königs, vielleicht in Gestalt des Amun, stand, denn in dem Totenkult teilte sich der König nun erstmals die Opfer mit Amun, „dem Herrn der Throne der beiden Länder" aus Karnak, der zum Talfest nach dem Westen kam. Der König war somit nach seinem Tod nicht mehr wie im Alten Reich eo ipso Gott, sondern vereinigte sich mit dem thebanischen Himmelsgott, eine Entwicklung, die schon im späten Alten Reich in den Taltempeln einsetzte, wo der tote König Unas z. B. als König Unas-Ptah-Osiris gleichsam ein Lokalgott geworden ist[644]. Der neue Grabeingang lag in dem offenen Hof und führte 150 m tief in den Felsgrund. Der untere Teil des Korridors war mit Granitbalken ausgekleidet ebenso wie die Grabkammer, in der ein Alabasterschrein mit dem Sarg des Königs stand.

Das Aussehen und die Höhe des vorderen Kernbaues von 42 E Grundfläche ist ein noch nicht endgültig gelöstes Rätsel[645]. Naville[646] hatte aufgrund der Schreibungen des Namens des Grabbaues in der 12. Dynastie, ꜣḫ-swt Jmn-Mnṯw-ḥtp „Verklärt sind die Stätten des Amun-M", und später mit einem Pyramidendeterminativ geschlossen, daß dies der Sockel einer massiven Grabpyramide war, die den Grabbau an die Traditionen des Alten Reiches anknüpfen ließ. Diese sehr logische Folgerung ist jedoch am architektonischen Befund nicht beweisbar; noch weniger ist auch nur ein Stein gefunden worden, der die typische Böschungsfläche einer Pyramide aufgewiesen hätte[647]. D. Arnold hat daher als Ergebnis seiner Untersuchungen die Rekonstruktion einer Pyramide nahezu ausgeschlossen und hält anstelle dessen einen massiven Würfel mit Hohlkehlenabschluß für wahrscheinlich, der die architektonische Gestalt eines Urhügels wiedergebe[648]. Eine dritte Gestaltungsmöglichkeit des Aufbaues über dem Sockel sehe ich durch nahezu gleichzeitige thebanische Formen eines osirianischen Urhügelheiligtums gegeben[649], nämlich die eines oben gerundeten Hügels, auf dem, wie auf den Darstellungen der Osirisstätten, sogar Bäume gepflanzt waren[650]. Dieser osirianische Urhügel steht direkt über dem älteren Königsgrab, dessen liegende, schwarz bemalte und mumienartig gewickelte Statue ohne Frage osirianische Aspekte hatte. Die Form eines aus Ziegeln gemauer-

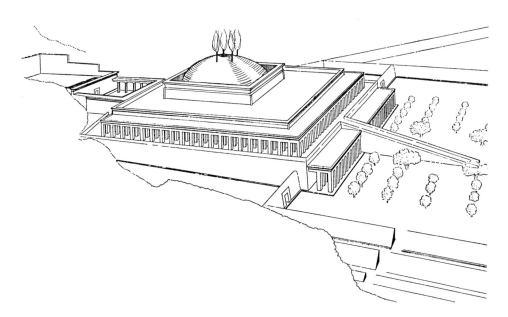

74 Theben. Grabanlage Mentuhoteps II. in Deir el-Bahari mit bekrönendem Urhügel (abgeändert nach Arnold).

ten Rundhügels könnte auch die Schreibung mit dem Pyramidendeterminativ in der 12. Dynastie und die spätere Bezeichnung des Grabes als Pyramidengrab erklären, da ab der 12. Dynastie Pyramiden regelmäßig mit einem Ziegelkern gebaut wurden.

Der Sohn und Nachfolger des Nebhepetre Mentuhotep II., namens Seanchkare Mentuhotep III., hat einen Grabbau in einem Seitental südlich von Scheich Abdel Gurna begonnen[651], der jedoch nicht über die Terrassierung hinausgediehen ist, so daß man nicht sagen kann, ob dort eine Pyramide oder ein Terrassentempel wie der des Nebhepetre geplant war. Die folgende 12. Dynastie hat die Residenz erneut nach Norden verlegt und damit auch die Traditionen des memphitischen Königsgrabes in Form einer Pyramide wiederaufleben lassen.

Die Pyramide Amenemhets I., des Gründers der 12. Dynastie, liegt bei dem heutigen Lischt[652], ca. 40 km südlich von Sakkara und in unmittelbarer Nachbarschaft zu der neuen Residenz Itj-tawi „Ergreiferin der beiden Länder" des

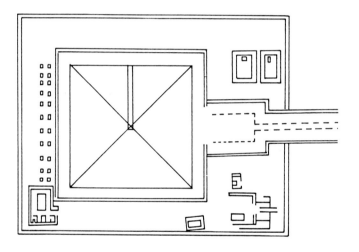

75   Lischt. Pyramidenbezirk Amenemhets I.

Amenemhet, die vermutlich gleichzeitig seine Pyramidenstadt war. Mit dem Plan der Pyramide und des Totentempels griff Amenemhet auf Vorbilder in Sakkara zurück, verwandte aber auch thebanisches Erbe, wie den offenen Aufweg und den senkrechten Schacht aus der Mitte der Pyramide in die Grabkammer, die heute dadurch unter dem Grundwasserspiegel liegt, die Anlage auf einer zweistufigen Terrasse, mit der Pyramide auf einer höheren Stufe, Familiengräber westlich dahinter wie bei Nebhepetre in Deir el-Bahari und den Totentempel der ersten Planung auf einer niederen Stufe im Osten. Die Pyramide von wahrscheinlich 160 E Seitenlänge und einem Böschungswinkel von 54° ist überwie-

Taf. 76 a

gend aus Kalksteinblöcken älterer Bauten errichtet; vor allem scheinen die Baumeister Amenemhets die Taltempel und Aufwege Gizas und Sakkaras als Steinbrüche verwendet zu haben[653]. Dieses Steinmaterial bildete den unregelmäßig und locker verbauten Kern der Pyramide; die Zwischenräume wurden mit Sand, Schutt und Ziegeln aufgefüllt, anschließend die Verkleidung davorgelegt. Zahlreiche Reliefblöcke u. a. aus dem Aufweg und dem Taltempel des Cheops belegen uns heute damit deren Wandschmuck. Der Eingangsstollen ist noch mit Granitblöcken blockiert, die von dem Pyramidenbezirk des Chephren stammen. An der Nordseite der Pyramide stand über dem Eingang eine granitene Scheintür in der Nordkapelle. In dem Totentempel, von dem heute nicht mehr als das Pflaster und wenige Reliefblöcke erhalten sind, sind nicht nur die Szenen, sondern sogar der Stil der Darstellungen des Alten Reiches so trefflich kopiert, daß die stilistische Trennung nicht leichtfällt. Hinzukommt, daß der ältere Tempel Amenemhets I. vielleicht nicht fertig geworden ist; jedenfalls hat Sesostris I. ihn später abreißen lassen und durch einen höher gelegenen ersetzt, von dem aber auch nur Teile der Wandbilder erhalten sind, u. a. solche, die Sesostris vor dem Vater Amenemhet opfernd zeigen. Eine Kalksteinscheintür und ein granitener Opferaltar gehörten zu der Ausstattung des Totenopfertempels. Eine Kultpyramide läßt sich nicht sicher nachweisen. Um die Pyramide, innerhalb und außerhalb der Einfassung des Pyramidenbezirkes lagen große Mastabas der Würdenträger vom Hof Amenemhets, darunter die des Wesirs Antefoker in der Südostecke und die Schachtgräber der Königinnen und Prinzessinnen im Westen. Der Taltempel ist nicht festgestellt worden, er liegt heute unter dem Grundwasserspiegel.

Eine auffällige Änderung, die sicher mehr als eine Neuerung ist, zeigt sich darin, daß von nun ab Pyramidenstadt, Totentempel und Pyramide verschiedene Namen haben[654]. Die Pyramide des Amenemhet hieß Swt-ḫꜥw-Jmn-m-ḥꜣt „Stätten der Erscheinung des Amenemhet" − vielleicht hieß auch nur das Pyramidion so? −, der Totentempel Qꜣ-nfr-Jmn-m-ḥꜣt „Erhaben ist die Vollendung des Amenemhet"; die Pyramidenstadt war wohl mit der Residenz Itj-tawi identisch.

Sesostris I., Sohn und Nachfolger Amenemhets I., errichtete seine Pyramide knapp 2 km südlich der seines Vaters[655]. Der Name der Pyramide lautete S-n-wsrt-ptr-tꜣwj „Sesostris überblickt die beiden Länder", der des Pyramidentempels Ḫnmt-swt „Der die Stätten (des Sesostris) vereint", und die Pyramidenstadt hieß Ḫꜥj S-n-wsrt „Sesostris erscheint"[656]. Der Grabbezirk ist eine getreue Kopie eines des späten Alten Reiches, mit einem geschlossenen, dekorierten *Taf. 76 b* Aufweg − der Taltempel ist nicht festgestellt −, Vestibül, Verehrungstempel und Totenopfertempel sowie einer Kultpyramide in der Südostecke; auch das *Abb. 76* Bildprogramm, einschließlich der gewölbten, sternendekorierten Decke des Totenopferraumes ist dem Alten Reich entnommen. Im oberen Teil des Aufweges standen beiderseits in Nischen Osirisstatuen des Königs, die das schon bei

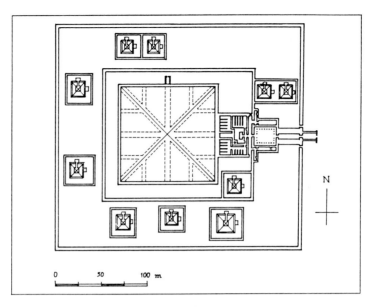

76 Lischt. Pyramidenbezirk Sesostris' I.

Mentuhotep festgestellte Eindringen und Überwiegen des Osiriskultes im Totentempel unterstrichen. Der Opferhof hatte einen Opferaltar mit Gau- und Opferbringerdarstellungen und eine Pfeilerkolonnade, vor der die 10 thronenden aber unfertigen Königsstatuen saßen, die in einer Art Cachette, einem Entwässerungsschacht im Norden der Pyramide gefunden worden sind. Die Pyramide (Seitenlänge 200 E, Winkel 49°) ist nach einem komplizierten System von diagonalen Mauerverstrebungen und Kammern errichtet, die mit Sand und Geröll aufgefüllt waren. Die Verkleidung aus feinem Turakalkstein hatte diese Bauweise verborgen und gut erhalten, wie sich an der Nordseite zeigt. Dort stand über dem Eingang eine Nordkapelle mit einer Alabasterscheintür. Zur Grabkammer führte wieder vom Grabgang aus ein senkrechter Schacht in die Pyramidenmitte; sie liegt heute unter dem Wasserspiegel und ist nie erreicht worden.

Um die Pyramide verläuft eine innere Pyramidenumfassung, die die Kultanlagen miteinschließt. Sie ist aus Kalkstein und hatte auf der Innenseite eine Nischendekoration, gekrönt von einem halbplastischen Horusfalken, der über dem Königsnamen steht. Außerhalb dieser Pyramidenumfassung, aber durch die des Pyramidenbezirkes eingeschlossen, standen in unregelmäßiger Verteilung 9 steile Pyramidengräber von Königinnen und Prinzessinnen, darunter die der Königin Neferu in der Südostecke. Die Pyramiden hatten jeweils einen kleinen Totentempel an der Ostseite und eine Opferplatte mit oder auch ohne Kapelle an der Nordseite. Ein senkrechter Schacht führte von dort aus in die enge Grabkammer, die nicht viel größer als der Steinsarkophag war.

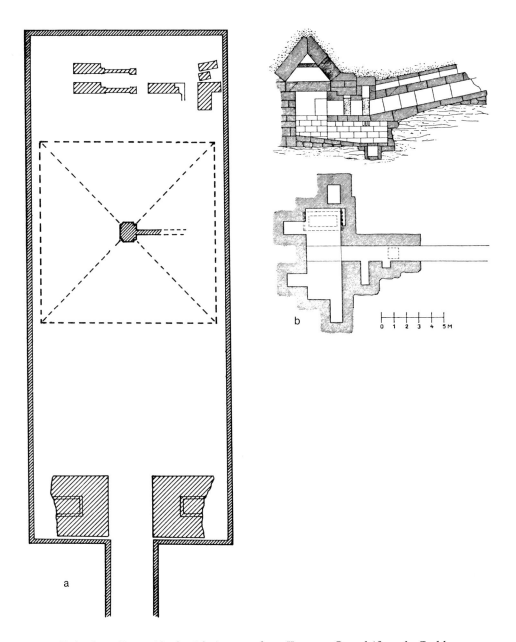

77 Dahschur. Pyramidenbezirk Amenemhets II.   a Grundriß   b Grabkammer.

Die Pyramide Amenemhets II. in Dahschur[657] hat durch ihre Lage, nahe dem Fruchtland und den Kanälen, besonders unter dem Steinraub gelitten; dazu trug auch der Umstand bei, daß nicht nur ihre Verkleidung, sondern auch das sternenförmige Kalksteingerippe des Kernbaues aus Turakalkstein gewesen ist, was ihr den Namen „die Weiße" eingetragen hat, da selbst die zerfallene Pyramide weiß erscheint. Leider ist auch in den Publikationen von de Morgan[658], der die Pyramiden des Mittleren Reiches von Dahschur geöffnet und vor allem in den Prinzessinnengräbern reichen Schmuck gefunden hat, die Architektur gegenüber den Funden sehr vernachlässigt; eine Nachuntersuchung wird sicherlich manche Frage noch klären können. Der Pyramidenbezirk hatte einen breiten, offenen Aufweg, der steil am Wüstenrand anstieg. Der Taltempel ist nicht gesucht worden. Am Eingang des Pyramidenbezirkes erkennt man zwei pylonartige Mauermassive, zwischen denen das Vestibül lag. Von dem Totentempel sind nur Spuren festgestellt worden. Die Pyramide, die den Namen Dʾ-Jmn-m-hʾt „Amenemhet ist versorgt" führte[659], ist heute ein flacher, hügeliger Splitterhaufen, dessen Maße nicht festgestellt sind. Der Eingang lag in der Mitte der Nordseite. Der Korridor, anfänglich absteigend (15° Gefälle), dann horizontal, entspricht auch mit der doppelten Fallsteinvorrichtung mehr dem der Alten Reich-Pyramiden als dem Schacht der Lischtpyramiden. Die Grabkammer hatte vier vermauerte Nischen; der Sarkophag, aus Sandsteinplatten zusammengesetzt, stand vertieft an der Westwand und war durch Turakalksteinblöcke sorgfältig zugesetzt, vielleicht das Werk ramessidischer Restauration. Aus der Mitte der Grabkammer führte ein absteigender Korridor nach Norden zurück unter den Grabkorridor, endete aber nach wenigen Metern in einem flachen Schacht.

Auf der Westseite der Pyramide lagen innerhalb des Pyramidenbezirkes wiederum eine Reihe von Prinzessinnengräbern, von denen zwei, das der Prinzessin Henemet und das der Ita reichen Schmuck enthielten.

Die wirtschaftliche Bedeutung des in der 12. Dynastie kolonisierten und erschlossenen Fayum, des Seelandes, zeigt sich darin, daß zwei der bedeutendsten Herrscher des Mittleren Reiches ihre Pyramiden und Residenzstädte dorthin verlegten. Sesostris II. hat seine Grabanlage bei Illahun[660] am Ausgang des Fayum zum Niltal angelegt. Die Bauweise der Pyramide von 200 E Seitenlänge folgte der von seinem Vorgänger entwickelten sternenförmigen Gerippekonstruktion aus Kalkstein, die auf einem stufenförmigen Felskern aufbaut und den *Taf. 77 a* Rahmen für die Ziegelfüllung bildete. Am Fuß der Kalksteinverkleidung läuft um die ganze Pyramide ein Graben, mit Kieselschotter gefüllt, um zu verhindern, daß das Regenwasser den mergeligen Kalksteinkern aufweichen könnte. Von dem Pyramidentempel auf der Ostseite sind nur Fragmente grün bemalten Granits erhalten, vielleicht von der Ausstattung des Totenopfersaales. Der Aufweg ist nicht festgestellt, dagegen die Reste eines Taltempels und die Fundamente der bedeutenden Pyramidenstadt[661]. Diese Stadt mit Namen Ḥtp-S-n-

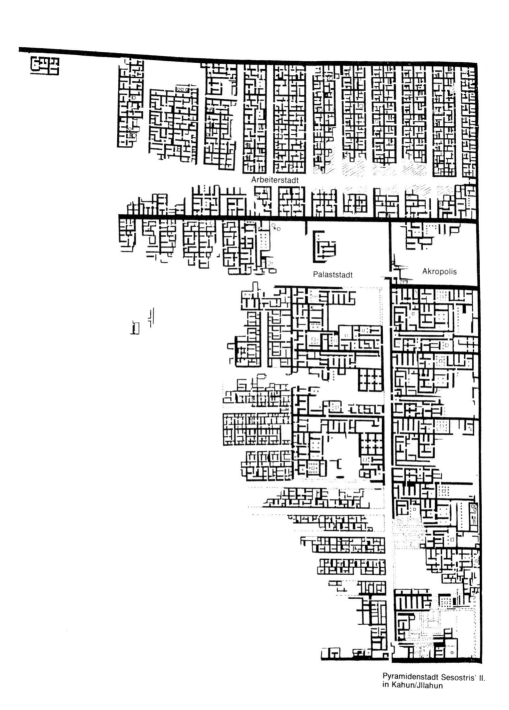

Arbeiterstadt

Palaststadt

Akropolis

Pyramidenstadt Sesostris' II.
in Kahun/Jllahun

78   Illahun (Kahun). Pyramidenstadt Sesostris' II.

235

wsrt „Ruhe(stätte) des Sesostris" lag neben dem Taltempel, der das kultische Zentrum des Ortes war. Zur Zeit der Grabung Petries war die Stadt noch relativ gut erhalten, die Mauern der Häuser standen noch bis zur Höhe eines Meters und mehr an. Heute ist davon praktisch nichts mehr erhalten. Sie umschloß in dem ca. 400 × 350 m großen Geviert eine Akropolis im Norden mit einem ausgedehnten Palast und sechs großen, 2400 m^2 umfassenden Stadtpalais, die bis zu 70 Räume hatten, im mittleren Bereich eine Weststadt mit kleinen Reihenhäusern, einem östlichen Magazin- und Speicherteil sowie im Süden wieder größeren Hausanlagen. Das Baumaterial bestand aus Ziegeln; Türen, Schwellen und Säulenbasen waren aus Kalkstein, der jedoch schon in der Antike ausgeraubt wurde. Die Straßen waren rechtwinklig geplant, wenn auch später in der südlichen Wohnstadt verbaut. Da gut zwei Drittel der Stadt von dem Palast und den Palais der Akropolis eingenommen wurden, kann das keine Arbeiterstadt gewesen sein, sondern zumindest zeitweise Königsresidenz. Bedeutende Papyrusfunde, Abrechnungen, juristische Texte, Briefe, u. a. die Mitteilung eines Sothisaufganges, stammen aus dieser Stadt.

Bei der Anlage und der Ausstattung des Grabkammersystems der Pyramide haben die Baumeister Sesostris' II. ganz neue Wege beschritten. Erstmals liegt der Eingang nicht mehr im Norden, sondern aus Gründen der Geheimhaltung im Grab einer Prinzessin auf der Südseite. Auch das Königsgrab liegt nicht mehr unter der Pyramidenmitte, sondern südöstlich davon im stehen gelassenen Felskern. Die Schächte und Korridore, die zur Grabkammer führen, sind erstmals wieder in Tunnelbauweise ausgehöhlt, bilden ein richtiges Labyrinth mit Scheingrabkammern, Schächten und abzweigenden Korridoren. Der Anfang des Grabkorridors, 16 m tief unter dem Bodenplateau des Grabes Nr. 10 versteckt, führte über einen horizontalen Gang zu einer gewölbten Halle (H), vor der ein senkrechter Schacht, der eigentliche Eingangsschacht, mündete; die Granitverkleidung der Grabkammer, besonders die Granitsparren des Giebeldaches und der Granitsarkophag, mußten über den breiteren Schacht des Grabes (10) eingebracht weden[662]. Von dieser Halle senkt sich ein zweiter Schacht tief in den Fels ab; ähnlich wie die Schächte der Lischtpyramiden liegt sein Ende unter dem Grundwasserspiegel und ist nicht mehr erreichbar. Aus der Nordostecke der Halle führt der horizontale Korridor leicht ansteigend (6°46') in eine Gangkammer (G), von dort wieder in die Vorkammer (V), von der aus man direkt nach Westen in die Sargkammer (S) gelangen oder, nach Süden abzweigend, über einen vierfach geknickten Gang die Sargkammer umgehen und schließlich von Norden her betreten konnte. Damit ist der alte Nordaus(ein)gang wenigstens theoretisch gewahrt, denn der tote, vergeistigte König konnte ja das Mauerwerk durchschreiten und von der Nordseite aus, wo sich immer noch die Nordkapelle mit einer Scheintür befand, den Nordhimmel erreichen. Kultisch wichtiger war zu dieser Zeit jedoch eine andere Vorstellung geworden, die in dem labyrinthischen Gangsystem, den Hallen und dem Korridor um die Sarg-

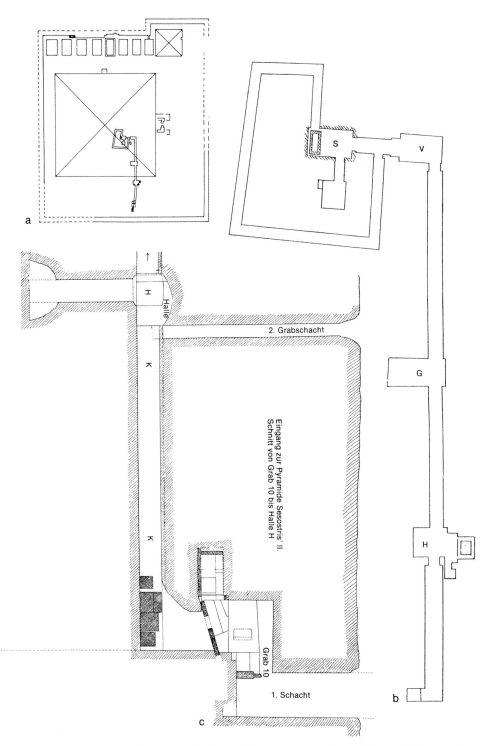

a

S

V

H

Halle

↑

2. Grabschacht

K

G

Eingang zur Pyramide Sesostris' II.
Schnitt von Grab 10 bis Halle H

K

H

Grab 10

1. Schacht

b

c

79 Illahun. Pyramide Sesostris' II.   a Grundriß   b schematische Zeichnung des
Korridors und der Grabkammer   c schematischer Schnitt durch die Eingangs-
schächte.

kammer sichtbar wird, der diese gleichsam vom umgebenden Fels wie eine Insel isoliert.

Es ist die Idee des Osirisgrabes, die wir schon im Grabmal des Mentuhotep in Deir el-Bahari anzutreffen glaubten und die wahrscheinlich auch die tiefen Schächte der Lischtpyramiden veranlaßt hat. Die 12. Dynastie erlebte die höchste Blüte der Osirisverehrung in Abydos; vermutlich hat nicht nur Sesostris III. dort ein Kenotaph erbaut, sondern schon seine Vorgänger und Nachfolger ebenso. In der Einfügung einer Halle (H) in das bisherige Korridor-Raum-System könnte man die kultische Notwendigkeit einer Gerichtshalle des Osiris erkennen, wobei die Halle (H) natürlich auch eine ganz prosaisch-technische Notwendigkeit als Manövrierraum für die Granitsparren und den Sarg hatte, die dort von oben her eingebracht wurden. Der rote Granitsarkophag ist nach Petrie einer der vollendetsten seiner Art[663]. Vor dem Sarkophag stand eine alabasterne Opferplatte[664]. Die gesamte Sargkammer war mit Granit ausgekleidet. Auf Fallsteine und Blockierung der Korridore hat man verzichtet, da der versteckte Eingang als sicher genug erachtet worden ist. Dennoch war das Begräbnis geplündert; von der kostbaren Ausstattung fand Petrie nur noch einen goldenen Uräus des königlichen Stirnbandes. Die Symbolik des Grabbezirkes als Osirisgrab wird durch eine dichte Baumpflanzung von je 42 Bäumen im Osten und Süden und einer unbekannten Zahl im Westen vervollständigt. Eine nischendekorierte Kalksteinmauer umschloß die Pyramide, eine äußere Ziegelmauer den gesamten Bezirk. Zwischen diesen Mauern liegt an der Nordseite eine regelmäßige Reihung großer Mastabas und an der Nordostecke eine Königinnenpyramide. Prinzessinnengräber reihten sich entlang der Südseite, wovon eines, das der Sihathor-Junit, herrlichste Schmuckstücke und Kronen enthielt, die neben dem Namen Sesostris' II. den seines Enkels Amenemhet III. tragen[665]; d. h., die Prinzessin hat noch in dessen Regierung vermutlich in einem der Palais der Pyramidenstadt des Sesostris II. gelebt und ist dort gestorben.

Taf. 77 b Sesostris III. kehrte mit seiner Residenz wieder nach Dahschur zurück[666] und wählte einen beherrschenden Platz nördlich der Pyramide Amenemhets II. für seine Nekropole. Der Taltempel ist nicht festgestellt; der Aufweg war sogar wieder gedeckt und mündete nahe der Südostecke schräg in den Pyramidenbezirk, der erstmals wieder nord-südlich ausgerichtet und deutlich am Bezirk des Djoser orientiert ist. Der Bezirk gliedert sich in einen Südhof mit einem eventuellen Südgrab, dem eigentlichen Pyramidenhof mit der Königspyramide, einer reinen Ziegelpyramide ohne Steingerippe aber mit Turakalksteinverkleidung, den Pyramiden der Königinnen im Süden und Prinzessinnenmastabas im Norden sowie einen durch eine Ziegelmauer abgetrennten nördlichen Magazin(?)-Hof. Die Umfassungsmauer scheint auf der Außenseite, zumindest im Osten, Nischengliederung gehabt zu haben. Die Pyramide hatte die in der 12. Dynastie beinahe genormten Maße von 200 E Seitenlänge bei einem Böschungswinkel von 56°. An der Ostseite befand sich ein völlig zerstörter Totenopfertempel

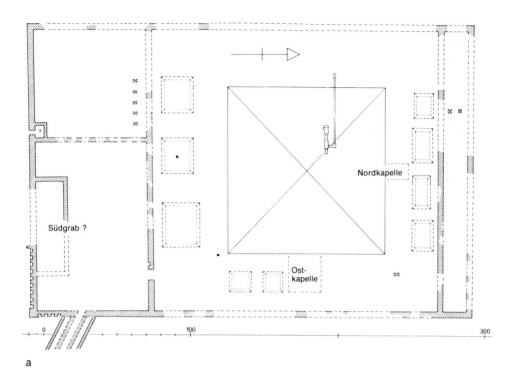

a

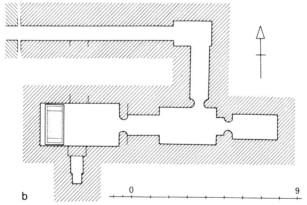

b

80 Dahschur. Pyramidenbezirk Sesostris' III.   a Grundriß   b Grabkammer.

bescheidenen Ausmaßes mit Namen Ḳbḥ-S-n-wsrt „Kühlung des Sesostris"[667]. Auch eine Nordkapelle von beinahe gleichen Ausmaßen wurde im letzten Jahrhundert von Vyse noch erwähnt[668]. Die Innenräume folgen mit einer Gangkammer, Vorraum, Serdab im Osten, der Sargkammer im Westen genau den Vorbildern des späten Alten Reiches[669]. Allerdings hat man aus Gründen der Sicherheit und Geheimhaltung des Einganges diesen auf die Westseite verlegt, wie auch die Sargkammer weit aus der Mitte der Pyramide nach Nordwesten verschoben ist. Der Grabgang knickt in der Gangkammer rechtwinklig ab, wodurch wieder die Nordrichtung des Einganges in die Grabkammer gewahrt ist. Diese ist ganz aus gewaltigen Granitblöcken konstruiert und innen gewölbt. Auf aufwendige Blockierung durch Granitblöcke und Fallsteinvorrichtungen meinte man damit verzichten zu können. Der Sarg aus rotem Granit hatte erstmals wieder eine Außendekoration von 15 Scheintüren[670].

Die Prinzessinnengräber nördlich der Pyramide waren alle durch eine gemeinsame Galerie verbunden. In diesen Gräbern fand de Morgan wieder reichen, wunderbar gearbeiteten Schmuck, Kronen, Ketten, Hals- und Armbänder, schwere goldene Pektorale, eingelegt mit Türkis und Lapislazuli.

Die reichen Funde in den Prinzessinnengräbern des Mittleren Reiches von Lischt, Illahun bei Dahschur in Gräbern, die, im Gegensatz zu den gut geschützten, aber durchwegs geplünderten Königsgräbern, keinerlei besonderen Grabschutz, nicht einmal verborgene Eingänge, hatten, fordern dringend eine Nachuntersuchung der Grabräuberei im Alten Ägypten. Die aktenmäßig bezeugte Beraubung der Königsgräber Thebens am Ende der Ramessidenzeit und die archäologisch erkennbare, textlich überlieferte Plünderung der Pyramidengräber des Alten Reiches in der 1. Zwischenzeit verleiten vielleicht allzu schnell zu dem Schluß, daß die Königsgräber generell kurz nach ihrer Verschließung beraubt worden seien. Dies kann für die des Mittleren Reiches so nicht zutreffen, da sonst ohne Zweifel auch noch das Wissen um die reichen Beigaben der Nebengräber existent gewesen wäre. So scheint die Beraubung zu einem sehr viel späteren Zeitpunkt stattgefunden zu haben, den man sogar noch einengen kann. Das Wissen um den geheimen Eingang zu den Pyramiden ist sicher sehr bald verlorengegangen. Bei einer späteren Beraubung, einige hundert Jahre später in der 2. oder 3. Zwischenzeit, hätte es ebenso umfangreicher Tunnelarbeiten bedurft, wie de Morgan zur Auffindung der Grabräume in Dahschur hat durchführen lassen. Anders dagegen zu dem Zeitpunkt, als die Verkleidung der Pyramiden systematisch abgebaut wurde, nämlich im arabischen Mittelalter. Dabei stieß man unweigerlich auf die Zugangsschächte und Korridore, die im übrigen auch ihrer Kalksteinverkleidung beraubt wurden. Bei dieser Gelegenheit sind die Königssärge entdeckt und geplündert worden.

Ein anderer bedeutender Fundkomplex muß noch erwähnt werden. Außen an der Südmauer des Bezirkes lagen eine Reihe von Schiffsgräbern in Ziegelschächten mit Ziegeltonnen darüber und gut erhaltenen Lastschiffen aus Zedernholz,

. 76

Taf. 77

Taf. 80

Taf. 82   Hawara. Pyramide des Amenemhet III. Diese zweite Pyramide erhob sich einst inmitten eines umfangreichen Bezirkes mit Höfen, Terrassen, Kapellen und unterirdischen Kanälen mit Krokodilskavernen. Die Griechen nannten diese komplizierte Anlage das ägytische Labyrinth.

◁ ◁   Taf. 80   Dahschur. Ziegelpyramide des Amenemhet III. Die Gänge (b) der Pyramide waren mit Kalkstein verkleidet; die Kammern (a, c, d) besaßen Tonnengewölbe aus mächtigen Kalksteinblöcken. In Raum (d) stand ein alabastener Kanopenkasten einer Königin.

◁   Taf. 81 a   Dahschur. Ziegelpyramide des Amenemhet III. Grabkammer mit dem leeren Granitsarkophag des Königs, dessen Sockel eine Nischenumfassungsmauer ähnlich der des Djoserbezirkes nachbildet. Risse und Senkungen in den Kammern führten zur Aufgabe der Pyramide, in der jedoch Königinnen und Prinzessinnen bestattet wurden.
Taf. 81 b   Modell des unterirdischen Gang- und Kammersystems einer unbekannten Pyramide der 13. Dynastie, gefunden in einer Art Bauhütte im Taltempelhof des Amenemhet III. in Dahschur.

die offensichtlich zum Transport der Grabausstattung gedient haben. Der Befund erinnert an die Schiffe auf der Südseite der Cheopspyramide; das dort geborgene Schiff war gleichfalls ein zu Lebzeiten des Königs benutztes Boot und kein Sonnenboot.

Auf die lange und kraftvolle Regierung Sesostris' III. folgt die ebenso lange seines Sohnes Amenemhet III. Dieser hat seinen ersten Grabbezirk gleichfalls in Dahschur errichtet[671], einige tausend Meter südlich von dem seines Vaters. In seinem Plan greift er wieder auf den ost-west-ausgerichteten Bezirk zurück, unter Einbeziehung einer inneren Nischenmauer um die Pyramide. Ausnahms- *Taf. 78–79* weise ist der Taltempel dieser Pyramide bekannt und teilweise freigelegt. Es ist nicht mehr ein Torbau, sondern eine Folge von zwei terrassenförmig ansteigen- den, weiten Höfen, die an der Ostfassade eine verstärkte Mauer, Vorläufer der Hof-Pylone des Neuen Reiches, hatte. ein 18.50 m breiter, offener, aber kalk- steingepflasterter Aufweg führt zu dem Pyramidenbezirk, auf dessen Ostseite ein zu einer Totenkapelle reduzierter, nahezu zerstörter Totentempel lag. Eine Nordkapelle ist nicht festgestellt worden. Die Pyramide ist ganz aus großforma- tigen Ziegeln errichtet, mit Turakalkstein verkleidet und hatte wie alle Pyrami- den der 12. Dynastie eine Seitenlänge von 200 E. Der Böschungswinkel war unten mit 59° sehr steil und ist nach oben hin offenbar auf 55° verringert wor- den. Das schwarze Granitpyramidion lag nahezu unversehrt am Fuß der Pyra- mide[672], so daß man sich fragen muß, ob es je aufgesetzt war. Der Eingang liegt an der Südostecke. Erstmals seit der 3. Dynastie verwendete man wieder eine Treppe für den absteigenden Gang. Die labyrinthischen Gänge waren sorgfältig mit Kalkstein verkleidet und gewölbt und führten bei vierfachem Richtungs- wechsel um je 90° und an 9 Kammern vorbei in das Königsgrab etwas östlich der Mitte der Pyramide. Nach Norden setzte sich der gleiche Gang noch fort und *Taf. 80 a–c* führte zu 6 weiteren Gangkammern. Die Sargkammer war wie die Gänge mit Kalkstein verkleidet und hatte ein Kalksteingewölbe. An der Westwand steht der großartige Granitsarg, dessen Sockel gleichsam die nischengegliederte *Taf. 81 a* Umfassung eines Grabbezirkes mit 15 Scheintüren darstellt[673].

Der anfänglich ost-west-verlaufende Korridor setzt sich nach dem ersten Knick in einen engen, niederen Gang nach Westen fort, wo er auf ein zweites Gang- und Grabkammersystem stößt, das einen eigenen Eingang von Westen hatte und mindestens drei Königinnen zur Bestattung gedient hat. Ein drittes Gangsystem wird gleichfalls von dem Eingangskorridor her erschlossen; es ver- läuft tiefer und teilweise außerhalb auf der Südseite der Pyramide, mit seinen nischenartigen Räumen war es vielleicht als Südgrab gedacht.

Der mergelige Tonuntergrund hat der Belastung der ungeheuren Ziegelmasse nicht standgehalten; früh aufgetretene Setzungen und Risse hat man, wie schon 800 Jahre früher in der Knickpyramide, vergeblich auszubessern versucht. Die Schäden bedeuteten keine Baukatastrophe; dennoch hat Amenemhet III. die Pyramide aufgegeben, vermauern lassen und bei Hawara am Eingang des Fa-

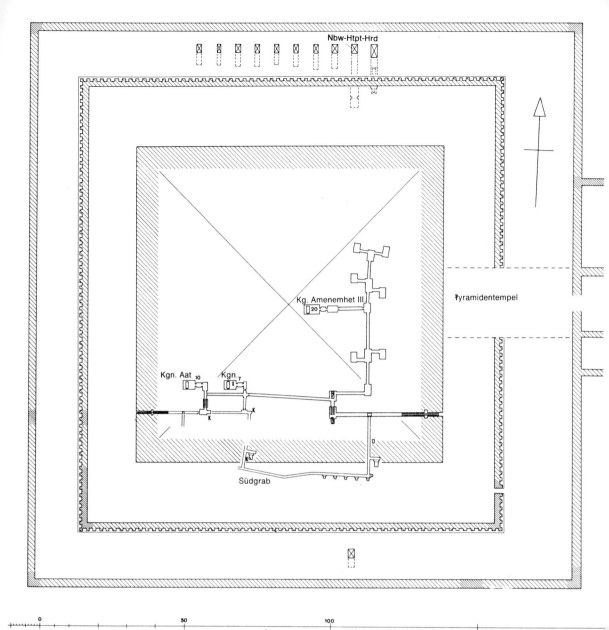

Nbw-Htpt-Hrd

Kg. Amenemhet III

Kgn. Aat

Kgn.

Pyramidentempel

Südgrab

0   50   100

81   Dahschur. Pyramide Amenemhets III.

yums eine neue begonnen, die seine eigentliche Begräbnispyramide wurde.
Dabei mögen auch wirtschaftliche und politische Gründe der Verwaltung des
unter ihm endgültig erschlossenen Seenlandes den Ausschlag gegeben haben,
die nicht nur eine zeitweilige, sondern die ewige Präsenz des Königs dort wichtig erscheinen ließen. In den unbenutzten Schachtgräbern auf der Nordseite der
Pyramide von Dahschur hat sich 100 Jahre später ein unbedeutender, nahezu
unbekannter König Horus mit seiner Königin begraben lassen. Auch sein Grab
ist wieder fast unbeschädigt aufgefunden worden[674].

242

Es ist ein auffälliges Phänomen, wie wenig sich Pyramidenbezirke der späteren 12. Dynastie untereinander gleichen; nicht einmal die beiden Grabbezirke Amenemhets III. in Dahschur und Hawara. Es liegt sicher nicht daran, daß in den Kultanlagen eine bedeutsame Entwicklung stattgefunden habe; dies gibt es nicht, im Gegenteil, die eigentlichen Totenkultanlagen sind auf die relativ unbedeutenden Totenopferkapellen beschränkt, die bei späteren Pyramidengräbern sogar fehlen, nicht fertig geworden sind und wohl durch eine einfache Opferplatte ersetzt werden konnten. Der Pyramidenbezirk, sei es der Sesostris' III. oder Amenemhets III., ja, sogar schon der der beiden Vorgänger wird ausgefüllt durch die Gräber der Familie und des Hofstaates. Die eigentliche Entwicklung und kultische Bedeutung verbirgt sich in den Gängen und Kammern der Pyramide. Diese ist nicht allein eine der Sicherheitsvorkehrungen. Die leitende Vorstellung dabei ist die des isolierten Osirisgrabes und all die toten Gänge, Schächte, blockierten Scheinräume erinnern stark an die Hindernisse, die der Tote beim Senet-Spiel passieren muß. Eine gedankliche Beeinflussung daher ist durchaus nicht auszuschließen und sollte vielleicht dann weniger die wirklichen Grabräuber abhalten – obwohl dies damit nicht geleugnet werden soll – als vielmehr aufrührerische und revolutionäre Geister. Dabei sei an die vielen Ächtungstäfelchen und Figürchen des Mittleren Reiches erinnert, die sich in gleicher Weise nicht an lebende, sondern tote bzw. unterweltliche Aufrührer wenden.

Die Pyramide des Amenemhet in Hawara[675] stellt in dieser Hinsicht ohne Zweifel einen Höhepunkt dar. In den äußeren Maßen von 200 E Seitenlänge und der Bauweise, einem Ziegelkern mit einer 4 m starken Turakalksteinverkleidung, unterscheidet sie sich nicht von den älteren. Der Eingang lag auf der Südseite, wo auch der Totentempel gewesen sein muß, von dem drei Statuenkapellen vorhanden waren. Auch eine Nordkapelle war im letzten Jahrhundert noch erkannt worden. Der absteigende Korridor (Neigung 19°37′) in Form einer Treppe führte in eine erste Kammer, die blind endet. Die Fortsetzung des Korridores liegt über dieser Kammer, deren Decke durch einen gewaltigen, 20 t schweren Kalkstein gebildet wurde, der nach der Bestattung über eine schräg geführte Bahn die Decke verschloß. Darüber lag eine zweite Kammer. Zwei Gänge gingen von dort ab, ein nördlicher, sorgfältig blockiert, endet wieder blind, während der zweite, nur durch eine Holztür verschlossene Gang nach Osten in eine dritte Kammer führt, die gleichermaßen durch einen Deckstein hätte verschlossen werden können, es jedoch ebensowenig war, wie die vierte Kammer. In jeder Kammer knickt der Gang um 90°; so daß man schließlich von Osten her in eine schmale Vorkammer gelangt, deren Nordwand wieder zur Täuschung fest zugesetzt war. Aus jeder der beiden letzten Eckkammern (Südost- und Nordost-Kammer) senkt sich ein tiefer, gut blockierter, aber blinder Schacht bis zum Grundwasserspiegel ab. Der Zugang zur Grabkammer liegt damit wieder im Norden, allerdings über der Grabkammer, die aus einem gewaltigen, monolithen Quarzblock von ca. 110 t Gewicht gebildet wurde, der innen 7 m lang und

Taf. 82

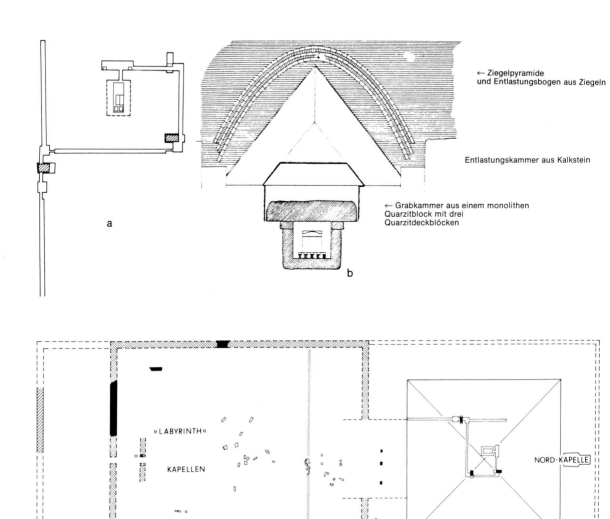

← Ziegelpyramide
und Entlastungsbogen aus Ziegeln

Entlastungskammer aus Kalkstein

← Grabkammer aus einem monolithen
Quarzitblock mit drei
Quarzitdeckblöcken

a

b

»LABYRINTH«

KAPELLEN

NORD-KAPELLE

0   100   300   380

82 Pyramide des Amenemhet III. in Hawara.
a Grundriß der Grabkammer   b Schnitt durch die Grabkammer
c Hawara. Pyramidenbezirk Amenemhets III. Sog. Labyrinth.

2,50 m breit ausgearbeitet war, und zwar mit derartiger Perfektion, daß Petrie, der als erster das Grab wieder erbrach, meinte, er sei aus Einzelblöcken zusammengesetzt. Dieser Monolith war beim Bau von oben in den vorher mit Stein ausgekleideten offenen Schacht herabgesenkt worden, ebenso wie der große Quarzitsarkophag des Königs und ein kleinerer gleichen Materials neben ihm. Der Sargsockel war wieder nischendekoriert. Zwei Kanopenkästchen standen neben den Särgen. Trotz aller Vorsichtsmaßnahmen war das Grab beraubt, der Holzsarg und die Königsmumie verbrannt. Alabasterschalen in Entenform mit dem Namen der Prinzessin Ptah-neferu ließen annehmen, daß sie in dem Sarg neben dem König bestattet gewesen sei. Inzwischen hat man aber unweit der Pyramide des Amenemhet das unversehrte Schachtbegräbnis der Prinzessin unter einer Pyramide entdeckt[676], wodurch dieser Befund völlig ungeklärt bleibt. Ein Ka-Begräbnis scheint durch den zweiten Kanopenkasten ausgeschlossen und da auch in der Dahschur-Pyramide Königinnen mitbestattet waren, kann dies auch in Hawara angenommen werden. Die Grabkammer wurde durch drei enorme Quarzitbalken abgedeckt, die nicht direkt auf dem Monolith lagen, sondern auf einer zusätzlichen Steinschicht, ebenfalls Quarzit, um die Decke über dem Sarg zu erhöhen und sicher auch um über einen davon abgehenden Gang den Zugang in die Grabkammer bis zum Begräbnis offenhalten zu können. Darüber ruhte ein Satteldach, das aus riesigen Kalksteinsparren gebildet wird, die wiederum durch ein etwa 1 m dickes Ziegelgewölbe entlastet wurden. Das Sicherungsschema Amenemhets III. mit seinen riesigen Deckenblockierungen wird das Vorbild der späteren Pyramiden, deren ganze Bauaktivität sich darauf konzentrierte. Das Modell einer bisher nicht identifizierten Anlage ist übrigens im Taltempel Amenemhets III. in Dahschur gefunden worden[677]. *Taf. 81 b*

Die Konstruktion und Anlage der Innenräume der Pyramide Amenemhets III. in Hawara ist eine konsequente Weiterentwicklung derer der Pyramide Sesostris' II. in Illahun und der eigenen in Dahschur. Sie wurde in den Pyramidengräbern der 13. Dynastie nachgeahmt und weiter kompliziert. Dagegen ist die Ausstattung des Pyramidenbezirkes, des berühmten Labyrinthes, einmalig geblieben[678]. Sie wird uns allein durch die Beschreibung antiker Schriftsteller und Besucher vermittelt, denn die traurigen Reste, die Steinräuber, Kalkbrenner und die Anlage eines Kanals durch den Bezirk gelassen haben, erlauben keine verläßliche Rekonstruktion. Der Pyramidenbezirk[679] war wiederum nord-südlich orientiert und erreichte mit 158 × 385 m nahezu die Ausmaße des Bezirks von Djoser, ohne dessen West- und Nordmassive. Die Pyramide lag ganz im Norden, der Eingang in den Bezirk im Südosten. Ein mindestens 400 m langer, offener Aufweg, von Ziegelmauern flankiert, führte vom Fruchtland hinauf; der Taltempel ist nicht festgestellt. Über einen freien Südhof gelangte man direkt in das Labyrinth, eine Folge von zahlreichen Einzelbauten mit kleinen Säulenhallen mit je einem gemeinsamen Portikus. Die Kapellen waren einstöckig, niedrig und hatten ein flaches Dach, das nach Strabos Beschreibung betretbar war. Nach den Schilderungen befanden sich unter manchen der Kapellen Krypten mit Krokodilsheiligtümern des im Fayum verehrten Sobek, vielleicht auch solche der Schlangengöttin Renenutet. Plinius hat das Labyrinth oder Teile davon für einen Sonnentempel gehalten, es muß daher auch offene Höfe und Brandaltäre gegeben haben, die Petrie auch festgestellt hat. Alle Autoren sind sich über die Vielzahl der Kapellen, aber nicht über die Zahl einig, die die Summe der Gaue oder Landesteile Ägyptens gebildet haben sollen. Der Vergleich mit dem Kapellenhof des Djoserkomplexes drängt sich bei dieser Schilderung auf[680], vielleicht aber auch eine andere Vorstellung, nämlich die, daß anstelle der zweidimensionalen, bildlichen Darstellungen der Götter- und Gauprozessionen mit Opfergaben aus den königlichen Totentempeln hier eine dreidimensionale, räumliche gewagt worden ist, nämlich die Übersetzung der bildlich dargestellten Stiftungsgüter und Landeskapellen in Kapellen mit Rundbildern der Opferträger, wie sie z. B. in den berühmten „Fischopferern" des Kairener Museums erhalten sind. Dagegen ist die Idee eines Terrassentempels, ähnlich dem des Mentuhotep in Deir el-Bahari, aufgrund der Beschreibungen und des landschaftlichen Befundes ebenso auszuschließen wie die Annahme, daß das Labyrinth der Regierungspalast mit den Verwaltungsgebäuden gewesen sei[681]. Sicher scheint mir dabei eines: Diese Anlage ist bei all den vermeintlichen Ähnlichkeiten mit älteren Pyramidenbezirken — vor allem dem des Djoser — eine so einmalige und außergewöhnliche Schöpfung, daß sie den Rahmen und die Vorstellung, die wir — und vielleicht auch die alten Ägypter — mit einem Pyramidenbezirk verbinden, eindeutig sprengt. Gerade die deutlich erkennbare Verkümmerung des Totentempels im Laufe der 12. Dynastie, seine Reduzierung auf eine Totenopferkapelle, deuten darauf hin, daß nicht nur der Plan, sondern auch die Nutzung des Labyrinthes eine andere war. Gerade deshalb hat es vielleicht auch eine längere Lebensdauer gehabt, als die Totentempel, die spätestens am Ende des Mittleren Reiches verödet sind.

Von den mehr als 50 Herrschern der ausgehenden 12. Dynastie und der 13. Dynastie sind bisher nicht mehr als sechs angefangene Pyramidengräber und ein wiederverwendetes Prinzessinnengrab (König Hor) bekannt. Dies ist sicher kein repräsentatives und auch kein endgültiges Ergebnis, da unter den Herrschern sich so bedeutende wie Amenemhet IV., die Sebekhoteps und Neferhoteps befinden, die ohne Zweifel Pyramidengräber begonnen hatten und kultisch bestattet worden sind. Die Königsfriedhöfe ziehen sich, soweit erkennbar, von Sakkara-Süd über Dahschur nach Mazghuna im Süden Dahschurs hin und setzten sich wohl bis Lischt fort. Die bekannten Gräber sind, mit Ausnahme dessen des Königs Userkare Chendjer, nicht weiter als bis zur Fertigstellung der Grabräume gediehen, bei deren ausgeklügeltem Korridor- und Gangsystem man jedoch nicht nur größte Mühe verwandt, sondern auch eine kaum vorstellbare Perfektion erreicht hat. Die Bewegung und Verlegung von Monolithen mit über 150 t Gewicht und die Bearbeitung der härtesten Quarzite bezeugt eine

Abb. 23
Abb. 57

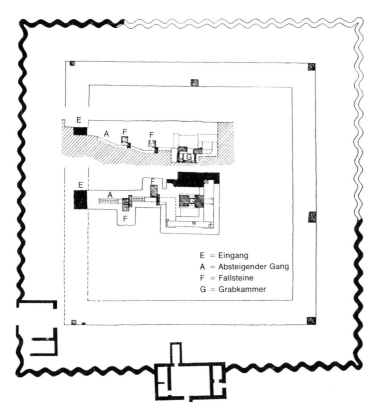

83 Mazghuna. Südliche Pyramide. Ende 12. Dynastie/Anfang 13. Dynastie. Grundriß
der Grabräume (nach Mackay).

ungebrochene, handwerkliche und technische Schulung und Meisterschaft der
Architekten, Ingenieure und Arbeiter, die im ausgesprochenen Gegensatz zu
unserer Überlieferung einer von Thronfolgestreit und Usurpationen, Steuerver-
folgung, Zwangsarbeit und Landflucht geplagten Epoche steht.

Die beiden Pyramiden von Mazghuna[682] wurden bisher den letzten Herrschern der 12. Dynastie, Amenemhet IV. und der Königin Sobeknoferu, zugeschrieben, weil ihre Grabkammeranlagen der der Hawarapyramide am meisten
ähneln. Ein inschriftlicher Hinweis ist bei den Grabungen nicht gefunden worden, die Frage der Zuordnung muß daher offenbleiben.

Die südliche der beiden Pyramiden hatte eine Seitenlänge von 100 E und war
damit nur halb so groß wie die letzten Pyramiden der 12. Dynastie. Der Eingang
lag in der Mitte der Südseite, wo eine Treppe nach unten in eine Vorkammer,
von dort in eine zweite mündete, um aus dieser, in gleicher Weise wie in der
Pyramide von Hawara, über vier rechtwinklige Wenden und ebenso viele Kam-

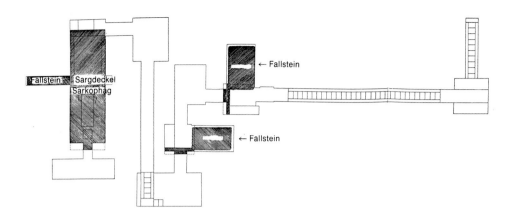

84 Mazghuna. Nördliche Pyramide. Anfang 13. Dynastie. Grabkammersystem (nach Mackay).

mern in die sehr zerstörte Sargkammer mit Giebeldach zu enden, in der ein leerer Quarzitsarkophag stand. Die Pyramide bestand aus Ziegelmauerwerk, das jedoch nicht sehr hoch gediehen war. Eine wellenförmige Ziegelmauer umgab die Pyramide, auf deren Ostseite eine Ziegelkapelle mit einem offenen Hof und einem Opferraum mit gewölbter Ziegeldecke stand. Die wellenförmige Umfassungsmauer ist eine Neuerung der Pyramidenbezirke des späten Mittleren Reiches, über die viel gerätselt worden ist. Es gibt dafür aber wohl eine einfache bauliche Erklärung, die sich an dem baulich etwas fortgeschritteneren Bezirk des Chendjer in Sakkara-Süd erkennen läßt (siehe unten S. 251).

Die nördliche der beiden Pyramiden von Mazghuna war größer angelegt; ihr Oberbau ist nicht einmal begonnen und die Grabkammer war nach dem Befund des Verschlusses nicht benutzt worden. Das Korridor-Kammersystem ist gegenüber dem der südlichen Pyramide weiter entwickelt und ähnelt dem der Pyramide eines unbekannten Königs in Sakkara-Süd. Der Eingang lag ausnahmsweise wieder einmal im Norden, von wo eine Treppe erst nach Süden, dann abknickend nach Westen führte, dort über eine blockierte Kammer zuerst in einen U-förmigen Umweg nach Süden, blockiert durch eine weitere Kammer, dann über eine Treppe und einen langen Gang nach Norden in eine große Vorkammer und von dort endlich in einen engen Raum nördlich der Sargkammer, wo sich der Quarzitsarkophag mit dem noch geöffneten und vorgeschobenen Deckel fand. Möglicherweise sollte diese Sargkammer schon über eine Vorrichtung geschlossen werden, zu der seitliche Schächte, gefüllt mit Sand dienten, was sich viel klarer in Sakkara-Süd erkennen läßt. Jedenfalls war dieses Pyramidengrab nie benutzt und der Oberbau nicht einmal begonnen, ebensowenig die Kultanlagen. Ein Stück Aufweg im Osten dürfte daher eher als Baurampe anzusehen sein, auf der die Steine der Innenkammern antransportiert worden sind.

248

Nicht weit von diesen beiden Pyramiden ist in den 50er Jahren eine weitere angefangene Pyramide eines Königs Imeni Qemau (Amu) entdeckt und ausgegraben, aber nicht publiziert worden[683]. Eine oder sogar noch mehrere kleine Pyramiden zeichnen sich in dem welligen, bisher nur wenig erforschten Gebiet ab[684].

Zu diesen kleinen Pyramidenbezirken, umgeben von einer wellenförmigen Temenosmauer, gehört auch eine wohl schon recht weit gediehene, kleine Pyramide, ca. 125 m südlich der Pyramide des Amenemhet II. gelegen[685]. Die Anlage ist 1975 beim Bau der Erdölleitung Suez-Alexandria angegraben worden und brachte zahlreiche Spolien älterer Bauten, aber auch Inschriftenreste ohne Königsnamen zutage. Der Pyramidenhof hatte ein Kalksteinpflaster, die Pyramide selbst und die Innenräume harren noch der Freilegung.

Im südlichen Teil Sakkaras liegen auf dem hügeligen Wüstenplateau über dem Fruchtland drei weitere Pyramiden des späteren Mittleren Reiches, wovon zwei, durch Inschriften gesichert, dem König Userkaf Chendjer „dem Eber" und seinen Königinnen zugeordnet werden können[686]. Chendjer, dessen Name vorderasiatisch klingt, gehört der Mitte der 13. Dynastie an und soll als General asiatischer Hilfstruppen auf den Thron gekommen sein. Seine Pyramide ist die einzig bisher bekannte dieser Zeit, die anscheinend vollendet war. Sie hatte eine Seitenlänge von 100 E, einen Böschungswinkel von 55° und steht noch heute einige Meter hoch an. Ein schwarzes Granitpyramidion, dessen Fragmente auf der Ostseite gefunden wurden, krönte die Pyramide, die einst 37,35 m hoch war. Den Bezirk umschließen zwei Umfassungsmauern, eine äußere von 125 m Seitenlänge bezieht auch die kleine Nebenpyramide der Königinnen auf der Nordostecke ein, sowie einen Totentempel im Osten, von dem aber nur Pflasterreste sowie Relieffragmente und solche von Säulen gefunden wurden. Auf der Nordseite der Pyramide, aber gegen die innere Umfassungsmauer, nicht gegen die Pyramide gebaut, stand eine Nordkapelle mit Reliefdarstellungen von Opferträgern an den Seitenwänden, über die wie ein Fries eine große, gelbe, rotgepunktete Schlange sich wand. Zu der Kapelle führte vom Süden eine Treppe hinauf, an der Nordwand stand eine Scheintür aus gelblichem Quarzit.

Die innere Umfassungsmauer des Pyramidenhofes war aus Kalkstein, hatte eine Nischendekoration und eine oben gerundete Brüstung. Diese Kalksteinmauer steht auf Resten einer wellenförmigen Ziegelmauer, die sie ersetzte. Daraus darf man schließen, daß die wellenförmigen Ziegelmauern um die Pyramiden der 13. Dynastie, die so unvermittelt auftreten, den einfacheren Ersatz der seit der 12. Dynastie wieder eingeführten Nischenmauern aus Kalkstein bilden! Anzeichen einer ersten, verschiedenen Planung finden sich auch anderswo in dem Bezirk, z. B. eine gut gebaute Ziegeltreppe im Südosten, die später zugemauert wurde. Vielleicht ist diese aber auch der Beginn eines nicht mehr vollendeten Südgrabes?

Abb. 85

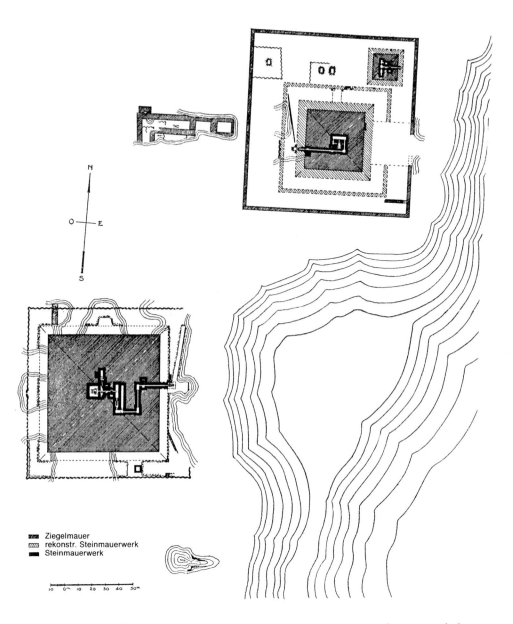

N

O — E

S

Ziegelmauer
rekonstr. Steinmauerwerk
Steinmauerwerk

10 0ᵐ 10 20 30 40 50ᵐ

85 Sakkara-Süd. Pyramide des Chendjer und seiner Königin sowie die eines unbekannten Königs (nach Lauer).

250

Das Innere der Pyramide zeigt höchste Perfektion in dem Schema der Blockierungen der ausgeklügelten Gangführung, vor allem aber in der Konstruktion der Grabkammer und ihres Verschlusses. Diese besteht aus einem enormen Quarzitblock von außerordentlicher Härte und mehr als 60 t Gewicht, der zu Beginn des Pyramidenbaues in einen offenen Schacht von 13 × 13 m und 11 m Tiefe gesenkt wurde. Der Sarkophag und der Kanopenkasten sind Teil dieses Monolithen und wurden beim Aushöhlen der Grabkammer mit ausgeschnitten. Zwei mächtige Quarzitbalken bildeten den oberen Verschluß dieses Raumes, wovon der eine von Anfang an auf dem oberen Rand auflag, der andere aber über ein geniales Verschlußsystem, das das der Hawarapyramide in den Schatten stellt, die Kammer bis nach der Bestattung offenhielt. Dieser Stein ragte auf beiden Seiten ca. 45 cm vor; er wurde durch zwei Granitpfosten, die in mit Sand gefüllten Seitenkammern standen, in der offenen Position gehalten. Nachdem die Bestattung eingebracht war, wurden diese Sandkammern seitlich unten geöffnet, der Sand floß unter dem Druck ab und der Verschlußstein senkte sich langsam auf die monolithische Kammer. Anschließend wurden die beiden Gänge, die zu den Stützkammern führten, zugemauert und die Grabkammer war verschlossen. Zur Entlastung wurde über die Kammer wieder ein Satteldach aus riesigen Kalksteinen und ein Ziegelgewölbe gelegt. Der Eingang in die Grabräume lag im Westen. Vor dem Eingang war eine kleine Kammer gemauert, die

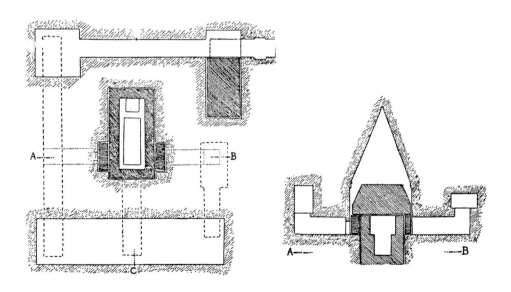

86 Sakkara-Süd. Verschlußsystem der Grabkammer des Chendjer.

vielleicht Bestattungsmaterial enthielt oder Grundsteinopfer und die später vermauert und überpflastert wurde. Das System der Treppen, Verschlüsse und rechtwinklig abknickenden Gänge scheint dem der Hawarapyramide näher zu stehen als dem der nördlichen Pyramide von Mazghuna. Zuerst führt eine lange, von einer Blockierung unterbrochene Treppe von Westen nach Osten, wird nochmals durch die bekannte Blockierung versperrt, setzt sich dann wieder über der Kammer in einem Gang fort, knickt nach Norden ab, dann in die Vorkammer nach Westen, von wo aus die Grabkammer von Norden her erreichbar war. Bei allen Verwinkelungen und Richtungsänderungen bleibt der letzte Zugang von Norden aus doch immer erhalten.

Die kleine Pyramide in der Nordostecke weist demgegenüber ein einfacheres Korridor- und Verschlußsystem auf. Die Grabräume bestanden aus einem Vorraum und zwei schmalen Sargkammern, in denen zwei Quarzitsärge mit offengehaltenen Sargdeckeln sowie zwei Kanopenkästen standen. Die Pyramide war also sicherlich nicht zur Bestattung benutzt worden.

Abb. 85

Abb. 87

Unweit südwestlich der Pyramide des Chendjer lag eine zweite, begonnene Pyramide größeren Ausmaßes[687]. Ihre Seitenlänge sollte 150 E betragen haben. Eine wellenförmige Ziegelumfassungsmauer, die weiß getüncht war, umgab die Pyramide; Kultbauten waren noch nicht geplant. Die Anlage der Korridore und ihrer Blockierungsräume ist gegenüber der des Chendjer durch eine weitere U-förmige Abzweigung nach Süden noch einmal kompliziert worden. Darin gleicht das Gangsystem der nördlichen Pyramide von Mazghuna. Die bauliche Ausführung der Gänge, die Glättung der Wände aus feinem, mit Farbtupfern bemaltem Turakalkstein – Granit vortäuschend –, vor allem aber die Konstruktion der Grabkammer und des Sarkophages aus einem riesigen, ca. 150 t wiegenden Quarzitblock ist unübertroffen. Allein der Transport und die Verlegung dieses Blockes sowie die Konstruktion der Korridore muß Jahre in Anspruch genommen haben. Das Verschlußsystem der Grabkammer gleicht dem der Chendjerpyramide, war aber nicht ausgeführt worden, da der König nicht in der Pyramide bestattet war, deren Innenräume zwar fertig, deren Oberbau aber noch nicht einmal begonnen war, wenngleich vor dem Eingang zwei Pyramidien aus schwarzem Granit, das eine poliert, das andere nur roh vorgefertigt, gefunden worden sind. Zwei Pyramidien vor einer Pyramide werfen sicherlich Fragen auf. Das eine könnte jedoch schon für eine geplante Kultpyramide oder wahrscheinlich für die Königinnenpyramide geliefert worden sein.

In und an der Pyramide hat sich nicht der geringste Hinweis auf den königlichen Bauherrn gefunden. Bei einem so ausgeklügelten Bauplan und einer derart perfekten Ausführung möchte man an einen der großen Könige der 13. Dynastie denken, die auch im thebanischen Raum bedeutende Bauten ausgeführt haben, etwa einen der Sebekhotep oder Neferhotep. Diese Könige hatten jedoch alle pietätvolle Nachfolger in ihren eigenen Familien, so daß man erwarten würde, daß diese für die richtige Bestattung gesorgt hätten. Oder

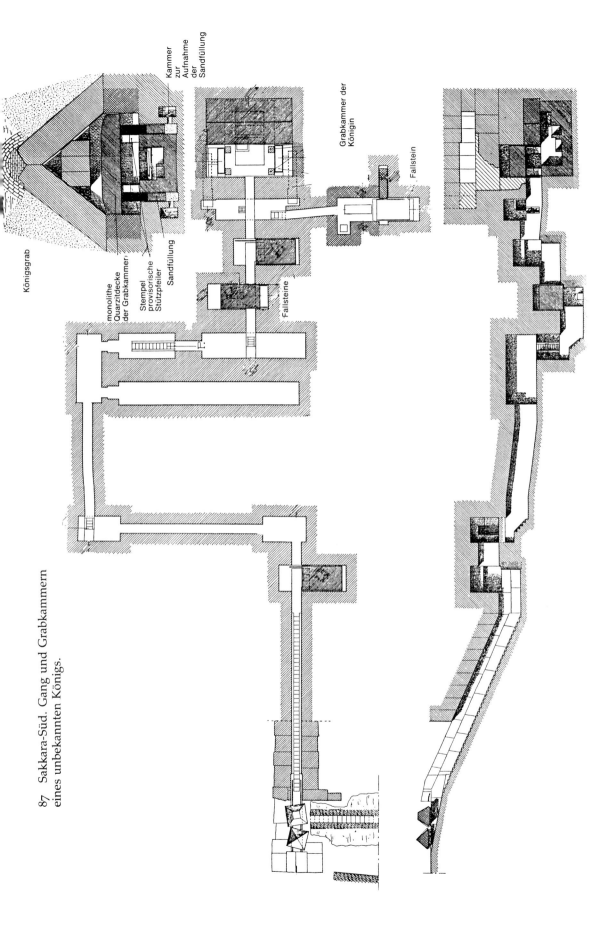

87 Sakkara-Süd. Gang und Grabkammern eines unbekannten Königs.

Königsgrab

Kammer zur Aufnahme der Sandfüllung

monolithe Quarzitdecke der Grabkammer

Stempel provisorische Stützpfeiler

Sandfüllung

Fallsteine

Grabkammer der Königin

Fallstein

haben sich diese Könige im heiligen Abydos bestatten lassen, und die begonnenen, nur im unterirdischen Teil mit so großem Aufwand fertiggestellten Grabanlagen waren niemals als echte Pyramiden geplant, sondern eine Art memphitisches Osireion, überspitzt gesagt, ein riesiges Senetspiel der Ewigkeit für die memphitische Residenz? Dagegen spricht allerdings, daß die gleich konstruierte Anlage des Chendjer fast fertiggestellt und sicher benutzt worden ist.

Die Pyramide als Symbol der Auferstehung
– Die kleinen Pyramiden in Oberägypten und Nubien

Bis zum Ende der 13. Dynastie und der Errichtung der Hyksosherrschaft über Unter- und Mittelägypten waren die Könige der Residenz Itj-tawi/Lischt bestrebt, in Pyramidengräbern bestattet zu sein. Ihre Pyramiden waren entweder nie über das Anfangsstadium gediehen, oder sie wurden immer kleiner und unbedeutender, so daß sie – ohnehin aus vergänglichem Ziegelmaterial errichtet – heute völlig verschwunden sind. Nach dem Verlust der Residenz Lischt haben die auf den Süden beschränkten Nachfolger der 13. Dynastie, die Könige der 17. Dynastie, bei Theben an den leicht abfallenden Hängen von Dra-Abu-'l-Naga, gegenüber Karnak, ihre kleinen, unbedeutenden Ziegelpyramiden errichtet[688]. Die Pyramiden waren wohl kaum größer als 15–20 Ellen im Quadrat und erreichten bei einem steilen Böschungswinkel von 65°, der ihnen ein spitzes Aussehen verlieh, wohl kaum mehr als 20 E Höhe. Sie hatten keine Verkleidung, sondern waren nur geweißt, hatten jedoch teilweise Kalksteinpyramidien, die mit dem Namen und Titel des Königs beschrieben waren. Vor den Pyramiden und teilweise an diese angebaut lag eine Kultkapelle mit gewölbter Decke, einer Stele darin und zwei kleinen Obelisken davor. Das Königsgrab lag unter der Kapelle im Fels, mit später bis zu drei Räumen, wobei die Königin mitbestattet war. Die Grabkammern könnten mit Kalkstein verkleidet gewesen sein. Von diesen Gräbern ist heute nichts mehr erhalten, aber der Bericht der Grabräuberkommission, die Ende des 11. Jahrhunderts v. Ch. diese Gräber inspizierte[689], läßt zumindest die Ausmaße und die Gestalt dieser Grabpyramiden ahnen. Erwähnt werden dort u. a. die Königsgräber der 11. Dynastie, die Pyramidengräber des Nebcheperure Antef und des Sechemre-Wepmaat Antef aus der 17. Dynastie, die Pyramide des Sechemre Schedtawi Sebekemsaf und seiner Königin Nubchaes, die beraubt war, wobei die Mumien des Königs und der Königin verbrannt wurden, des Königs Sekenenre Taa und des Sekenenre Taa des Älteren sowie die des Kamose und seines Sohnes Ahmose Sapair, welche alle noch intakt gewesen sein sollen. Ahmose und seine Großmutter Tetischeri hatten auch Scheingräber mit Pyramiden (?) in Abydos[690].

Zu Beginn der 18. Dynastie wurde die Pyramide als Königsgrab von Amenophis I., dem großen Neuerer des „mittelalterlichen" Theben, endgültig aufgegeben und statt dessen das den modernen Unterweltsbüchern angepaßte Felsgrab geschaffen. Damit verlor die Form der Pyramide nach beinahe eineinhalb Jahr-

88 Theben. Pyramidengräber
von Deir el-Medineh (nach Bruyère).

89 Theben. Zeichnerische Rekonstruktion eines ramessidischen Pyramidengrabes aus
Deir el-Medineh (TT 360) des Handwerkervorstehers Kaha (nach Bruyère).

83

Taf. 84

Taf. 85   Stele der Djedamuniuanch aus Deir el-Bahari. 22. Dynastie. Ägyptisches Museum, Kairo. Im unteren Bildregister ist ein Teil der thebanischen Nekropole mit einem typischen Pyramidengrab dargestellt.

◁ ◁   Taf. 83   Theben/Luxor. Kleine Grabpyramiden über den Gräbern der Künstler und Handwerker von Deir el Medineh.

◁   Taf. 84   Sakkara. Friedhof der 19. Dynastie mit Pyramidengräbern.

a   Relief aus dem Grab des Vezirs Neferrenpet mit einer Darstellung seiner Grabanlage mit Säulenportikus, Opferhof und Grabpyramide.

b   Hof und Pyramidenstumpf der Grabanlage des Vezirs Neferrenpet. Grabung des Archäologischen Instituts der Kairo Universität unter Professor Sayed Tawfik.

Taf. 86   Pyramidenfriedhof von Nuri.

87

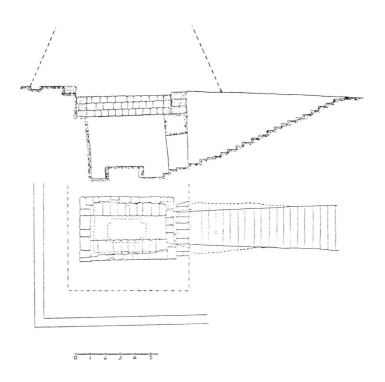

90 El Kurru. Grundriß und Aufriß des Pyramidengrabes des Pianchi.

tausenden Dauer ihren königlichen Symbolgehalt. Für fast zweihundert Jahre
verschwindet ihre typische Gestalt aus der Grabarchitektur, um dann nach dem
Ende der Amarnazeit plötzlich als eine Art Grabfassade und Sockel für die steinernen und dekorierten Pyramidien über den Gräbern der Künstler und Handwerker der Nekropole wieder aufzuerstehen[691]. Es ist die Vorstellung der Ba-   *Taf. 83*
Seele des Toten, die sich am Morgen auf der Spitze der Grabpyramide nieder-
läßt, um die aufgehende Sonne zu begrüßen, vielleicht auch die des die Wiedergeburt verkörpernden Phönix bnw, der sich in der dem bnbn-Stein ähnlichen
kleinen Pyramide symbolisiert, die die neuerliche Verwendung der Pyramidenform hervorgerufen und so verbreitet gemacht hat. Vielleicht ist die Pyramidenform anfänglich ein Vorrecht der königlichen Arbeiternekropole in Deir el Medineh gewesen, das aber bald auf hohe Beamte, nicht nur in Theben, sondern
auch in Abydos, Memphis und Sakkara, ausgedehnt wurde, wo niedere, steile
Kalksteinpyramiden über den Grabanlagen der hohen Militärschicht der Rames-   *Taf. 84, 85*
sidenzeit wie Zuckerhüte standen.
   Es sind wohl eher diese spitzen und massiven Grabpyramiden, die einige
hundert Jahre später den nubischen Eroberer Pianchi dazu angeregt haben, die

Taf. 86–88

Pyramide als Grabform in seiner Heimat am Gebel Barkal einzuführen[692]. Von Anfang an waren diese nubischen Pyramiden keine ausschließlich königliche Grabform, sondern auch der Oberschicht freigestellt. Die nubischen Pyramiden unterscheiden sich in manchem sehr von den ägyptischen, nicht nur, daß sie mit durchschnittlich 68° einen steileren Winkel als selbst die Grabpyramiden in Theben und Sakkara hatten, auch ihre Konstruktionsweise über einen äußeren Mantel von gut gesetzten Steinlagen, der mit Schotter und Steinschutt gefüllt und mit reichlich Lehmmörtel gefestigt wurde, ist wohl eine lokale Bautradition, die aus dem Tumulusbau übernommen wurde. Dagegen ist die Position der Grabkammern im Fels unter den Pyramiden, ohne bauliche Verbindung mit der Pyramide selbst, ein Charakteristikum, das diese mit den ägyptischen Pyramiden des Neuen Reiches gemeinsam haben.

Der ältere Pyramidenfriedhof der 25. Dynastie, der Könige Pianchi, Schabako und Schabatko lag bei El Kurru, etwas flußabwärts von der Hauptstadt Napata.

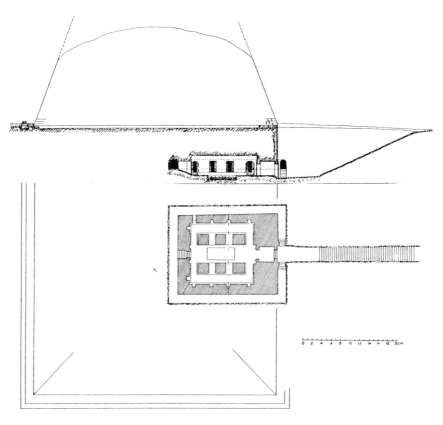

91 Nuri. Grundriß und Aufriß des Pyramidengrabes des Taharqa.

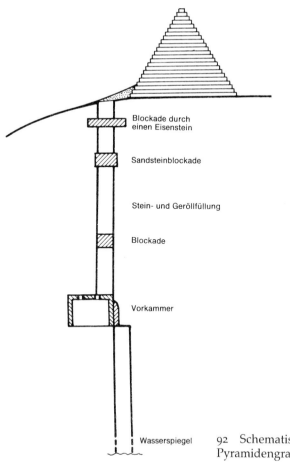

Blockade durch
einen Eisenstein

Sandsteinblockade

Stein- und Geröllfüllung

Blockade

Vorkammer

Wasserspiegel

92 Schematische Rekonstruktion eines typischen
Pyramidengrabes von Gebel Barkal (nach Fakhry).

Hier hatte Pianchi seine Grabpyramide neben den mastabaartigen Gräbern sei- *Abb. 90*
ner Vorfahren Kaschta und Alara errichten lassen, von deren Oberbau allerdings nicht mehr viel erhalten ist. Die Pyramide hatte eine Seitenlänge von ca.
12 m und einen Böschungswinkel von 68°. Von der Ostseite der Pyramide führte eine Treppe unter die Pyramide in eine Grabkammer von 10 × 6 E (5,05 ×
3,15 m) Größe, die teilweise in den Felsen gehauen, deren Decke aber als Kraggewölbe konstruiert war. Über der Treppe wurde nach dem Begräbnis die Totenopferkapelle errichtet. Die Nachfolger haben die Treppe bei ihren Bauten vor
der Kapelle beginnen lassen, so daß diese schon mit der Pyramide errichtet werden konnte. Um die Pyramide lagen die Königinnenpyramiden und 24 Pferdeg-
räber der dort bestatteten Könige.

Taharqa hat den Königsfriedhof nach dem näheren Nuri, mehr oder weniger auf der anderen Flußseite von Napata, verlegt. Seine Pyramide dort ist die größte unter den 19 Königspyramiden und 53 Königinnenpyramiden. Taharqa hat eine Vorkammer eingeführt, seine Grabkammer ist durch Pfeiler, die im Fels stehen gelassen wurden, schon eine dreischiffige Felsenkapelle geworden; spätere Gräber haben die Zahl der Grabräume auf drei erhöht und auf die Wände des mittleren das sog. „Negative Sündenbekenntnis" des Totenbuches geschrieben. In der Grabkammer wurde zumeist eine Steinbank stehen gelassen, um das hölzerne Bett mit dem Sarg darauf zu stützen. In Nuri standen über 60 Pyramiden von Königen und ihrer engsten Familien, wovon aber nur 5 historisch bekannt sind.

Um die Mitte des 3. Jahrhunderts v. Ch. verlegte Ergamenes die Hauptstadt und die königliche Nekropole nach Meroe; allerdings ließen sich rivalisierende Könige weiterhin bei Napata begraben. Über 50 Könige sind dort mit ihren Familien begraben. Die Pyramiden ähnelten sowohl in der Größe als auch in der baulichen Ausführung den älteren von Napata. Erst in späterer, nachchristlicher Zeit – etwa ab 200 n. Chr. – wurde es üblich, die Pyramiden aus Lehmziegel zu errichten und weiß zu tünchen. Offenbar lebte in Meroe die im frühgeschichtlichen Ägypten auch beobachtete Sitte wieder auf, dem toten König einen Teil seines Hofstaates, Sklaven und Frauen – jedoch keine Königinnen – mit ins Grab zu geben.

Um 350 n. Chr. haben schließlich eindringende äthiopische Stämme das Königreich von Meroe vernichtet. Mit ihm erlischt die Überlieferung und der Brauch des königlichen Pyramidengrabes.

Abb. 91

Anmerkungen

1. Die beste zusammenfassende Darstellung mit ausführlicher Literatur der Reiseberichte und Beschreibungen antiker und mittelalterlicher bis neuzeitlicher Autoren findet sich bei Jean Philippe Lauer, Le mystère des pyramides, Paris 1974.

2. Vgl. dazu Ludwig Borchardt, Die Entstehung der Pyramide an der Baugeschichte der Pyramide von Mejdum nachgewiesen, in: Beiträge zur Ägyptischen Bauforschung und Altertumskunde (abgek. Beiträge Bf.) 1, 1928.

3. Zusammenfassend wiederum bei Lauer, Le mystère des pyramides. Troisième Partie. Théories: Les Théories mystiques.

4. Howard Vyse, Operations Carried on at the Pyramids of Gizeh in 1837, vol. I & II und Appendix to Operations Carried on at the Pyramids of Gizeh in 1837, Containing a Survey by J.-S. Perring Esq., Civil Engineer, of the Pyramids at Abou Roash and to the Southward, Including those in the Faiyoum, vol. III, London.

5. J.-S. Perring, The Pyramids of Gizeh, Part I, II und III.

6. Richard Lepsius, Über den Bau der Pyramiden, Monatsberichte der Akademie der Wissenschaften, Berlin 1843, 177 ff.

7. Borchardt, Beiträge Bf. 1, 1937, 1−4 und Taf. 1.

8. William Flinders Petrie, The Pyramids and Temples of Gizeh, 1883.

9. Gaston Maspero, Les inscriptions des pyramides de Saqqarah, Paris 1894.

10. Jean Philippe Lauer, La pyramide à degrés. L'architecture, vol. I−III, Fouilles à Saqqarah, Service des Antiquités, Le Caire 1936−39.

11. Ludwig Borchardt, Die Entstehung der Pyramide, in: Beiträge Bf. 1, 1928, 40.

12. Zu Struktur und Stil der ägyptischen Architektur siehe Herbert Ricke, Bemerkungen zur ägyptischen Baukunst des Alten Reiches I, in: Beiträge Bf. 4, Zürich 1944, 5 ff.; D. Wildung, Architektur, in: Lexikon der Ägyptologie I, 395−99.

13. Zur baulichen Abgrenzung der mesopotamischen Ziggurat gegen die ägyptischen Pyramiden siehe Jean-Philippe Lauer, Histoire monumentale des pyramides d'Egypte I 8−15.

14. Zum Für und Wider vgl. Emery, Great Tombs II 1−4; idem, Archaic Egypt 49−91; Lauer, op. cit. I 41−52; idem, Le Développement des complexes funéraires royaux en Egypte, in: BIFAO 79, 1979, 355−63, und idem, Le premier temple du culte funéraire en Egypte, in: BIFAO 80, 1980, 45−67; Ricke, Bemerkungen zur Baukunst I 43, 55−59; Edwards, The Pyramids of Egypt 39−43; dagegen vor allem Kees, OLZ 52, 1957, 12−20 u. 54, 1959, 565−70; Peter Kaplony, Inschriften der ägyptischen Frühzeit I 68−70 u. II 733, 996−97; Kemp, in: Antiquity 41, 1967, 22−32, u. id., in: Propyläen Kunstgeschichte Bd. 15, Berlin 1975, 99−112; Kaiser, in: MDAIK 37, 1981, 247−54 u. 38, 1982, 245−69; Helck, in: LÄ V 394−96.

15. Herbert Ricke, Bemerkungen zur ägyptischen Baukunst des Alten Reiches I, in: Beiträge Bf. 4, 1944 und II, Beiträge Bf. 5, 1950, mit einem Beitrag von Siegfried Schott, Bemerkungen zum ägyptischen Pyramidenkult. Kritische Besprechungen dazu von H. Frankfort, in: BIOR X 19 und H. Bonnet, in: JNES XII 257−73.

[16] Lauer, in: BIFAO 55, 1955, 159 und LÄ III 512 Anm. 5.

[17] Emile Amélineau, Les Nouvelles Fouilles d'Abydos I–III, Paris 1895–1904.

[18] William Flinders Petrie, The Royal Tombs of the First Dynasty I–II, London 1900–01.

[19] Kaiser und Grossmann, in: MDAIK 35, 1979, 155 ff.; Kaiser und Dreyer, in: MDAIK 38, 1982, 211 ff.; dazu Kaiser, in: MDAIK 37, 1981, 247 ff.

[20] Kaiser, ibid. 248–54.

[21] Kaiser und Dreyer, in: MDAIK 38, 1982, 245 ff.

[22] Petrie, Royal Tombs I 10 und pl. 61–64; II 8 und pl. 60.

[23] Vgl. Vandier, Manuel I 724–30 und Kaiser, in: MDAIK 37, 1981, 252–54.

[24] Kaiser, ibid. 252.

[25] Kaiser, ibid. 248–49.

[26] Kaiser, ibid. 248; gegenüber Rekonstruktionen der Oberbauten als monumentale Grabhügel durch Reisner, Tomb Development 320 ff.; Ricke, Bemerkungen zur ägyptischen Baukunst des Alten Reiches I 41 ff.; vgl. neuerdings auch H. W. Müller, Gedanken zur Entstehung, Interpretation und Rekonstruktion ältester ägyptischer Monumentalarchitektur, in: SDAIK 18, 1985, 7–33.

[27] Vandier, Manuel I 724–30.

[28] William Flinders Petrie, Tombs of the Courtiers and Oxyrhynkhos; Helck, in: Archiv Orientální 20, 1952, 79 ff.; Kemp, in: JEA 52, 1966, 13 ff.; Kaiser, in: MDAIK 25, 1969, 1 ff.; Helck, in: MDAIK 28, 1972, 95 ff.

[29] Kemp, in: JEA 52, 1966, 13–22.

[30] Kaiser, in: MDAIK 25, 1969, 1–21 und 38, 1982, 253–55 und Abb. 13.

[31] Kaiser, in: MDAIK 25, 1969, 19.

[32] Kaiser, in: LÄ IV 511–13.

[33] Emery, Great Tombs III 5–36.

[34] Zur Frage Kaiser, in: LÄ IV 511; H. W. Müller, in: SDAIK 18, 1985, 7 ff.

[35] Balcz, in: MDAIK 1, 1930, 56 ff.; dagegen Ricke, Bemerkungen zur ägypt. Baukunst des Alten Reiches I 42 ff., der mit Recht die These von Balcz ablehnt, die Nischenarchitektur sei aus einer Holzbohlenbauweise zu erklären. Mit besseren Argumenten belegt dagegen Müller, op. cit., die Herkunft der Nischenbauweise aus dem Delta.

[36] Frankfort, in: AJSL 38, 1941, 329 ff.; Emery, Archaic Egypt 177; Kemp, in: Propyläen Kunstgeschichte Bd. 15, Berlin 1975, 103.

[37] Petrie, Royal Tombs II, pl. VII 8–9; vgl. auch die Aha-Täfelchen ebenda, pl. X 1 und pl. II 4.

[38] Vandier, Manuel I 592–93 = Les temps des Pyramides, L'Univers des Formes, Gallimard, Paris 1978, pl. 58; Städtepalette: Vandier, op. cit. 590 = Lange – Hirmer, Ägypten, München 1967, Taf. 3.

[39] Vandier, Manuel I 595–99 = Lange – Hirmer, op. cit. Taf. 4.

[40] Junker, in: MDAIK 9, 1940, 17–23; Ricke, Bemerkungen zur ägyptischen Baukunst des Alten Reiches II 19 ff.

[41] Schiaparelli, Relazione sui Lavori della Missione archeologica italiana in Egitto, 1927 vol. II 19 fig. 16; vgl. auch die Darstellung auf einem Block aus Kom Firin, Colloques internationaux du CNRS No. 595, L'Egyptologie en 1979, Vol. I The Naucratis Survey 219 fig. 58.

[42] Emery, Hor-Aḥa (s. Anm. 45) 14, fig. 6; ebenso bei Grab 2185 = Quibell, Archaic Mastabas pl. VII 1.

[43] Emery, Great Tombs I 73.

[44] Ricke, Bemerkungen zur ägyptischen Baukunst des Alten Reiches I, in: Beiträge Bf. 4, 57–59; ebenso Müller, in: SDAIK 18, 1985, 10 ff.

[45] Walter B. Emery, Hor-Aḥa, Excavations at Sakkara 1937–38, Cairo SAE 1939.

[46] Jacques J. M. de Morgan, Recherches sur les origines de l'Egypte II, Paris 1926, 147–202; Borchardt, Das Grab des Menes, in: ZÄS 36, 1898, 87–105; LÄ IV 344–46.

[47] Rekonstruktionsvorschläge bei Borchardt, loc.cit.; Lauer, Histoire monumentale des pyramides d'Egypte I 16–22; Ricke, Bemerkungen zur ägyptischen Baukunst des Alten Reiches I 38 ff.; Reisner, Tomb Development 322 ff.; Müller, in: SDAIK 18, 25–27.

[48] Müller, in: SDAIK 18, 19 ff.

[49] Petrie, Royal Tombs I 10 und II 8; Kaiser, in: MDAIK 38, 1982, 249.

[50] Emery, Tombs of the First Dynasty I 13–70.

[51] Quibell, Archaic Mastabas 23–40, und pl. 5–10; ev. auch QS 2171, ebendort 23–24 und pl. 15,30.

[52] Emery, Tombs of the First Dynasty II 128–70.

[53] So wie später Snofru drei Pyramiden hatte, siehe unten S. 80 ff.

[54] Petrie, Royal Tombs I und II; Kemp, in: Antiquity 41, 1967, 25–26; Kaplony, Inschriften der ägyptischen Frühzeit, ÄA 8, 204 ff.; Kees, in: OLZ 52, 1957, 15; LÄ III 497.

[55] Vor allem Kemp, loc.cit., Kees, loc.cit., Helck, in: LÄ V 390; auch der Fund eines Unterarmes mit einem Armband mit Namen des Djer im durchwühlten Grab des Djer in Abydos ist keinesfalls ein entscheidendes Indiz, da dies weder von der königlichen Mumie noch von der einer Königin stammen muß. Vgl. Emery, Hor-Aḥa 1–2.

[56] Petrie, Tombs of the Courtiers 8 und pl. 14; Reisner, Tomb Development 117 ff.; Emery, Great Tombs II 2 und 142; id., Archaic Egypt 135. Zur Frage: Junker, Giza XII 7 ff.; Vandier, Manuel I 645 und 989 ff.; Edwards, in CAH² I, Chapt. XI 51–52.

[57] Emery, Great Tombs II 1 ff.; Kaplony, op.cit. I 364 ff.; Heleck in: LÄ V 390 ff.

[58] LÄ II 828–29; LÄ III 497.

[59] Emery, Great Tombs I 71 ff., anfänglich noch dem Prinzen Anch-ka zugeordnet, dessen Dienstsiegel in diesem Grab gefunden wurde, vgl. II 3.

[60] Emery, Hemaka.

[61] Zum Beispiel in S 3471, Zeit der Djer, Emery, Great Tombs I 13 ff.; vgl. III 73; S 3507, vermutlich Königin Her-neit, Emery, op.cit. III 73 ff.: über dem Schacht ein Tumulus mit einer Ziegelverschalung. S 3038 Grab des Adjib, wo aus dem Tumulus eine Art Stufenmastaba geworden ist, Emery, op. cit. I 82 ff.

[62] Emery, op.cit. III 73 und anders Helck in: LÄ V 395.

[63] Petrie, Royal Tombs I 12; Kaiser in: MDAIK 37, 1981, 249 Anm. 17: „Notgrab".

[64] S 3038 = Emery, Great Tombs I 82–94.

[65] Lauer, Histoire monumentale des pyramides d'Egypte 36.

[66] Petrie, Royal Tombs I 30 und pl. 46; id., Abydos I pl. 5; Firth – Quibell, Step Pyramid II pl. 91 (8) und 105 (7, 8, 9); Lacau – Lauer, Pyramide à degrés IV pl. 3 (6 und 7) u. 6.

[67] Petrie, loc.cit. I 30; anders Kaplony, op.cit. 139 und besonders Anm. 813, der darin den memphitischen Palastnamen erkennt.

[68] Lauer, loc.cit. 36.

[69] Vgl. dazu Stadelmann, in: Bulletin du Centenaire, Supplément au BIFAO 81, 1981, 161 ff.

[70] S 3505 = Emery, Great Tombs III 5–36; von Kees, in: OLZ 52, 1957, 16 und Helck, LÄ V 396, dem jrj-pᶜt Mrj-kꜣ zugeschrieben.

[71] Emery, op.cit. III 6 und pl. 2–3.

[72] Emery, op.cit. III 10 und pl.24–27.

[73] Lauer, Le premier temple du culte funéraire en Egypte, in: BIFAO 80, 1980, 45–67, besonders 60–67, und Kemp, in: Antiquity 41, 1967, 28–30, der die Kultanlage mit solchen späterer Mastabas der 3. Dynastie in Bezug bringen möchte.

[74] Vgl. auch Lauer, Le Développement des complexes funéraires royaux en Egypte, in: BIFAO 79, 1979, 356 ff.

[75] Die These von Kaplony, op.cit. 148−49, von einer Hauptkultnische auf der Ostseite der großen Nischenmastabas, im besonderen hier bei Grab S 3505, ist von Lauer, in: BIFAO 80, 1980, 55−57, mit guten Gründen zurückgewiesen worden; desgleichen der Bezug, den Kemp, loc.cit., zwischen dem nördlichen Totentempel des 1. Dynastiegrabes und den Kulteinrichtungen von Mastabas der 3. Dynastie herstellt.

[76] Reisner, Tomb Development 70, Type II C; vielleicht aber schon Ende der 1. Dynastie in den Sakkaragräbern S 3121 und SX feststellbar.

[77] Emery, Great Tombs II 171 und pl. 57−66.

[78] Ricke, Userkaf-SH I 29−30.

[79] Stadelmann in: LÄ V 1097−1099.

[80] Vandier, Manuel I 409−12.

[81] Emery, Great Tombs I 75.

[82] Emery, ibid. II 138 und pl. 45.

[83] Rizkallah Macramallah, Un cimetière archaïque de la classe moyenne du peuple à Saqqarah, Fouilles à Saqqarah, Le Caire 1940.

[84] PM III[2] 2, 417; Spencer, in: Orientalia 43, 1974, 3−4. MRA II, 1963, 53 u. Taf. 7; Nabil Swelim, Some Problems on the History of the Third Dynasty, Chapt. II 19 ff.

[85] Die Deutung von D. Wildung, Imhotep und Amenhotep, MÄS 36, 1977, 16, der darin eine Garnison vermutet, folgt älteren Vorschlägen dieser Art, ist aber schon von der Lage her nicht aufrechtzuerhalten.

[86] Lauer, Histoire monumentale des pyramides d'Egypte, I 56−59 und BIFAO 79, 1979, 363−66.

[87] H. G. Fischer, An Egyptian Royal Stela of the Second Dynasty, in: Artibus Asiae 24,1 (1961) 45−56. Lauer, A propos de la stèle de l'Horus Raneb, in: Orientalia 35, 1966, 21−27.

[88] Helck, Geschichte Ägyptens[2] 45−51; Nabil Swelim, History of the Third Dynasty, worin bedeutendes neues Material zu dieser Zeit beigetragen und erörtert wird. Dennoch kann ich den Folgerungen Swelims weder in bezug auf den Beginn der 3. Dynastie noch in der Ablehnung der Gleichung Netjerichet = Djoser zustimmen.

[89] Swelim, loc.cit. 19 ff. bes. 22−42, vgl. auch LÄ IV, 1208.

[90] Siehe oben S. 31.

[91] Lauer, in: RAr 47, 1956, 18−19 = Observations sur les pyramides 73−83 und CRAIBL 1954, 379.

[92] Stadelmann, in: Bulletin du Centenaire, Supplément au BIFAO 81, 1981, 159−61.

[93] Statuenbasis Cairo JE 49889; D. Wildung, Imhotep und Amenhotep − Gottwerdung im Alten Ägypten, in: MÄS 36, 1977, § 1.

[94] Lauer, Etudes complémentaires sur les monuments du roi Zoser à Saqqarah, in: CASAE 9, 1958, 25−26 und id., Hist.mon. 171−72; Edwards, Pyramids of Egypt 292 ff.

[95] Wildung, op.cit.: 13 zusammenfassend.

[96] Lageplan LÄ V 386; der Name der Pyramidenanlage war qbḥw-nt̲rw, „Libation der Götter", siehe Stadelmann, in: Bulletin du Centenaire, Supplément au BIFAO 81, 1981, 163.

[97] LÄ I 1111−12, anders Helck, Geschichte, der auf die auffällige Rolle der Königstöchter Inetkaus und Hetephernebti hinweist und Djosers Rechte auf den Thron durch die Heirat mit diesen „Königskindern" der 2. Dynastie erklärt.

[98] Im Mauerverband der letzten Bauperiode sind eine große Zahl von Grenzstelen gefunden worden und zwar zwei verschiedene Typen, flache, oben gerundete Stelen (über 50) und konische, die beide dieselbe Art Beschriftung aufweisen, nämlich den Horusnamen Netjerichet, gefolgt von den beiden Prinzessinnennamen, gegenüber

dem Anubissymbol und dem liegenden Anubistier. Anubis oder Upuaut auf der Standarte ist jeweils auch auf den Stelen unter der Pyramide und unter dem Südgrab dargestellt. Man wird in den Grenzstelen daher wohl die anfängliche Begrenzung des „Heiligen Landes" des Anubis erkennen dürfen, wobei die Differenzierung der Formen vielleicht einer solchen eines äußeren und inneren Bereiches oder Kultweges entspricht, vgl. Lauer, Pyramide à degrés I 187–90; Firth–Quibell, Step Pyramid pl. 86–87. Die Nennung der Prinzessinnen/Königinnen auf den Stelen neben dem König bedeutet, daß der Grabbezirk gleichermaßen den beiden Königinnen zugeschrieben war, eine Vorstellung, die recht wenig zu der stets angenommenen Ausschließlichkeit des vergöttlichten Königs zu passen scheint.

[99] Lauer, Pyramide à degrés I 68 und L'Orientation des Pyramides, in: Observations sur les Pyramides; zu den altägyptischen Meßmethoden vgl. Zbyněk Žába, L'Orientation Astronomique dans l'Ancienne Egypte et la précision de l'axe du monde, Prag 1953, 11 ff. und Joseph Dorner, Die Absteckung und astronomische Orientierung ägyptischer Pyramiden. Im Vergleich zur Nordung der späteren Pyramiden erscheint diese Abweichung von 4° beträchtlich; es ist aber wohl zu bedenken, daß die Gräber der ersten beiden Dynastien nur ungefähr genordet waren und die Meßmethoden offenbar mit den praktischen Bedürfnissen der Bautechnik entwickelt wurden. Möglicherweise ist der gesamte Djoserbezirk unter Ausnutzung des schon bestehenden Westmassives, des präsumtiven Königsgrabes des Khasechemui/Sanacht orientiert worden. Der Bezirk seines Nachfolgers Sechemchet weicht im übrigen fast 11° von der Nordrichtung ab.

[100] Lauer, op.cit. I 10 ff., wo allerdings die Bauphasen nur für das Pyramidenmassiv genauer durchgeführt sind. In den verschiedenen Bauperioden folge ich der bahnbrechenden Untersuchung von Kaiser, in: MDAIK 25, 1969, 6 ff., nehme allerdings die Westmagazine aus dem ursprünglichen Baubestand aus, da ich sie als Königsgräber der 2. Dynastie ansehe. Die Einführung weiterer Bauphasen durch J. Brinks, Die Entwicklung der königlichen Grabanlagen des Alten Reiches, in: Hildesheimer Ägyptologische Beiträge 10, 1979, 11 ff. ist reine Erfindung seiner Strukturanalyse: die S. 45 ff. und Abb. 14 gegebenen Komplexe existieren in Wirklichkeit gar nicht oder sind mißinterpretiert. Dies trifft eigentlich auf alle seine Komplexe, Sedfestanlage, Verehrungskultanlage und im besonderen Maß für das vermeintliche Sonnenheiligtum im Nordteil des Djoserbezirkes zu (Altenmüller, in: MDAIK 28, 1972, 8–12; dagegen Stadelmann in: ASAE 69, 1983, 373 ff.), die daraufhin in allen folgenden Totentempelanlagen lokalisiert werden, ohne daß ein gemeinsames Kriterium, viel weniger ein Beweis dafür erbracht wird. Ebenso geht seine Planungsstufe I. 1 in der Orientierung und der Begrenzung des Bezirkes von einem Mißverständnis des Befundes der Eingangshalle aus. Diese ist nicht nach Osten hin, sondern umgekehrt nach Westen hin später erweitert worden, der ältere Teil ist der östliche! Die unterschiedliche Orientierung (siehe unten S. 49) ergibt sich, wie Kaiser, loc.cit. 9 überzeugend nachweisen konnte, aus der traditionellen Schräglage des kleinen Eingangsgebäudes (Statuenpalast?), das gerade zum ältesten Bestand des Bezirkes gehört, nach Brinks Annahme (12 ff. und Abb. 1) läge gerade dieses Gebäude aber außerhalb! Karl Heinz Schüssler, Die ägyptischen Pyramiden, Erforschung, Baugeschichte und Bedeutung, Dumont Taschenbücher 135, hat bedauerlicherweise die Ergebnisse von Brinks unkritisch übernommen.

[101] Lauer, op.cit. I 180–83, II pl. 6 und 20, III 39 und pl. 22; ein Beweis, daß diese Westmassive älter waren als die Stufenpyramide, ist die Beobachtung, daß die Westseite der Pyramide auf diese Massive aufgesetzt ist, Lauer, ibid. 180. Unter dem mittleren Massiv wurden u. a. neben einem menschlichen Begräbnis zahlreiche Tierknochen

(Opfertiere!) und Scherben von Steingefäßen gefunden, Lauer, op.cit. I 181 Anm. 1. Auch Lauer, op.cit. III 39 und Hist. mon. 142–43 denkt an einen eventuellen funerären Charakter dieser Massive. Brinks, loc.cit. 46 ff. und Abb. 14 grundlos „Verehrungskultanlage" benannt. Zur Deutung als Königsgräber, siehe Stadelmann, in: BIFAO 84, 1984, im Druck.

[102] Lauer, op.cit. I 30 ff. und II pl. 17–19 und 100 ff. (Südgrab) mit II pl. 31–33.

[103] Lauer, op.cit. I 10 ff. und Etudes complémentaires sur les monuments du roi Zoser à Saqqarah, in: CASAE 9, 1958, 21–24 und pl. I gegen die Einwände Rickes, Bemerkungen zur Baukunst I 100.

[104] Lauer, Le développement des complexes funéraires royaux en Egypte, in: BIFAO 79, 1979, 363–71.

[105] Lauer, Pyramide à degrés 27 ff. und 18 (älterer Tempel).

[106] Lauer, ibid. 31–33.

[107] Lauer, ibid. 39 und 102–104.

[108] Lauer, ibid. 33 und Anm. 1, vgl. LÄ IV 1210.

[109] Lauer, op.cit. 34–40.

[110] Lauer, ibid. 34–38 und id., in: Monuments Piot 49, 1957, 1–15.

[111] Ricke, Bemerkungen zur Baukunst I 102–104; Helck, in: RE XXIII, 2177–78.

[112] Lauer, Pyramide à degrés, I 46–67. Die Annahme, daß in der Galerie III der königliche Vorgänger Sanacht bestattet gewesen sei, entbehrt aller Grundlage, Lauer, Hist. mon. 68 und Anm. 2, dagegen Stadelmann, in: LÄ IV 1256.

[113] Lauer, ibid. 16, nicht zu verwechseln mit der von Ricke postulierten königlichen Totenopferkultstätte, die aber bei Djoser im Osten der Pyramide nicht existiert hat! Offenbar sind die Bestattungen in den Galerien I–V alle erst nach der 2. Bauphase vorgenommen worden (Lauer, op.cit. 52), als die Stelen schon in die Pyramidenerweiterung eingefügt worden waren, sonst hätte man sie doch wohl beschriftet.

[114] Zum Befund: Lauer, op.cit. I 62–65 und III, 1939, 1–41; Deutung: id. ibid. I 66 und III 40–41.

[115] Helck, Die Datierung der Gefäßaufschriften aus der Djoserpyramide, in: ZÄS 106, 1979, 120–132.

[116] Siehe Stadelmann, in: Bulletin du Centenaire, Supplément au BIFAO 81, 1981, 162 unter Bezug auf den Befund bei Posener-Kriéger, Papyrus d'Abousir II, 611 ff.

[117] Lauer, op.cit. I 16 und II pl. CIII.

[118] Lauer, ibid. I 18 und fig. 9.

[119] Gegen Ricke, Bemerkungen zur Baukunst I 104–105 und II = Beiträge Bf. 4 u. 5, 26–28, stellt schon Lauer, Hist. mon. 104 Anm. 1 diesen negativen Befund heraus; vgl. auch LÄ IV 1210 und Stadelmann, Scheintür oder Stelen im Totentempel des Alten Reiches; in: MDAIK 39, 1983, 214–223.

[120] Dazu Kaiser, in: MDAIK 25, 1969, 6–21.

[121] Lauer, Pyramide à degrés, I, 82–112.

[122] Firth – Quibell, Step Pyramid II pl. 40–42 und Lauer, in: Mon.Piot 49, 1957, 1 ff.

[123] Lauer, op.cit.; vgl. auch LÄ IV 1210 ff.

[124] Zur Technik: Lauer, op.cit. 35–37.

[125] Lauer, op.cit. 113 ff.

[126] Kaiser, Zu den königlichen Talbezirken der 1. und 2. Dynastie in Abydos und zur Baugeschichte des Djoser-Grabmals, in: MDAIK 25, 1969, 1–21, siehe besonders 9 ff.; Lauer, op.cit. 114–115.

[127] Helck, in: Archiv Orientální 20, 1952, 79 ff.; id. in: Pauly – Wissowa RE XXIII, 2172–75; id. in: MDAIK 28, 1972, 95–99. Allerdings handelt es sich nach den Fragmenten und der erhaltenen Platte um eine freistehende Statue des Königs mit langem

Stierschwanz und Hirtenszepter und erstaunlich dünnem Rückenpfeiler. Der König steht auf den Neunbogen und den Rechit-Kiebitzen, d. h. auf den beherrschten und unterworfenen Völkern des Auslandes und Unterägyptens, es ist also eine Statue des triumphierenden Königs, wie sie vielleicht, jeweils mit einer anderen Krone (?), in jeder der durch die verbundenen Säulen geschaffenen Nischen gestanden hat. Dafür spricht letztlich auch die unerklärte Apposition zum Horusnamen Netjerichet, die man „Zwillingsbruder des Bitj" = „des Königs von Unterägypten" lesen könnte, d. h. die Statue hätte in einer der nördlichen Nischen gestanden.

[128] Dies gilt auch für die Überlegungen von Brinks zur Einmessung und Orientierung seiner ersten Planungsstufe (op.cit. 12 ff.).

[129] Lauer, op.cit. 116; siehe unten S. 57.

[130] MRA III 52; dagegen Lauer, in: Orientalia 36, 1967, 245−46.

[131] Helck, in: RE 23, 2196 und id. in: MDAIK 28, 1972, 96−97.

[132] Firth − Quibell, Step Pyramid I 67−70; Lauer, Pyramide à degrés I 131−53; Ricke, Bemerkungen zur Baukunst I 84−96.

[133] Firth − Quibell, Step Pyramid I 72−76; Lauer, op.cit. I 154−73 und III 43−45 und pl. XX; Ricke, op.cit. I 96−99.

[134] Firth − Quibell, op.cit. 10.

[135] Siehe oben S. 43 und Lauer, op.cit. I 17−18 und 30−34 sowie II 17−18.

[136] Lauer, Hist. mon. 75 nimmt an, daß die Kalksteinkapellen einem Vorgängerbau zuzuordnen wären, was ich aber aus den oben angeführten Gründen für ausgeschlossen halte. Möglich wäre aber, daß die Kapelle bei einer ersten Einfüllung Schadenstellen aufgewiesen hatte und man daher den Schacht erneut geöffnet und die Kapellen ausgetauscht hätte.

[137] Dabei ist auch die Manövrierkammer zerschlagen und entfernt worden. Zur Sicherung haben die in saitischer Zeit offiziell arbeitenden Plünderer und „Archäologen" ein Balkengerüst über den Schacht konstruiert, um das Herabstürzen der Steine der Blockierung zu verhindern; einzelne dieser Balken sind noch heute sichtbar und erhalten, doch bilden sie keinen Schutz mehr, so daß ein Besuch der Granitkammer nur unter erheblichen Gefahren möglich ist.

[138] Lauer, Pyramide à degrés I 216−17.

[139] Lauer, ibid. II 102; es sind dies reine Abdeckungsbalken, und nicht, wie man gelegentlich liest und wie ich selbst, in: LÄ IV 1213, angenommen hatte, Zwischenlagen aus Holz, wie sie in der Ziegelbauweise üblich waren, um die Bildung von Rissen beim Austrocknen dicker Ziegelmauern zu verhindern.

[140] Lauer, ibid. I 18−19 und fig. 89 und 12, fig. 6.

[141] Lauer, ibid. I 17.

[142] Lauer, ibid. I 17.

[143] Stadelmann, in: MDAIK 39, 1983, 234.

[144] Nach eigener Untersuchung; erkennbar bei Lauer, op.cit. II pl. 102 und 103.

[145] Allerdings wurde damit ein weiterer Gefahrenpunkt der Beraubung ausgeschlossen. Der ursprünglich offene Grabkorridor hatte nicht so sicher blockiert werden können, wie der spätere Gang.

[146] Lauer, ibid. I 18−21.

[147] Lauer, ibid. I 21 und fig. 10 auf 22.

[148] Lauer, ibid. I 23−26.

[149] Lauer, ibid. I 21 und II pl. 101−103.

[150] Lauer, ibid. I 180.

[151] Lauer, ibid. I 22.

[152] Lauer, ibid. I 23−25 und 238 ff.

[153] Lauer, ibid. I 24–26 und fig. 11–12; dagegen Ricke, Bemerkungen zur Baukunst I 100.

[154] Lauer, op.cit. I 206–209 und fig. 218.

[155] Lauer, ibid. I 180 und II 6 und 20.

[156] Lauer, ibid. I 20 und II pl. 13.

[157] Lauer, ibid. I 94–96.

[158] Zum Befund: Lauer, ibid. I 179 und II pl. 50; Vandier, Manuel I 863 und 911–12; Helck, in: Pauly – Wissowa RE XXIII, 2183–84.

[159] Lauer, op.cit. I 179 und II pl. 53; Firth – Quibell, Step Pyramid I 70 und II pl. 73.

[160] Altar und nicht Sockel für einen Obelisken eines Sonnenheiligtumes, vgl. Anm. 100 und Stadelmann, in: ASAE 69, 1983, 373 ff.

[161] Zur Auffüllung des stark abgefallenen Geländes hat man offenbar den Aushub aus der Ausschachtung unter der Pyramide verwendet. Später haben die halb offiziell arbeitenden Grabräuber der Saitenzeit die Einfüllung des Grabschachtes und die der königlichen Galerien samt der für sie wertlosen Keramik in den Nordhof geworfen.

[162] Lauer, op.cit. I 115–129, bes. 116, vgl. auch oben S. 49–50.

[163] Ricke, Bemerkungen zur Baukunst I 75–77.

[164] Lauer, ibid. I 124 ff.; III 57–58; id., Etudes complémentaires sur les monuments du roi Zoser à Saqqarah, CASAE 9, 1958, 30–40.

[165] Ricke, op.cit. 71–77; anders Edwards, Pyramids 73–76.

[166] Lauer, Pyramide à degrés I 130–145; zu den Statuen ibid. I 144 und II pl. 99.

[167] Lauer, ibid. I 145–152 und CASAE 9, 1958, 56–63; Ricke, op.cit. I 89–96; Vandier, Manuel I 926–28.

[168] Ricke, op.cit. I 94–95 und Stadelmann, in: MDAIK 29, 1973, 242.

[169] Lauer, Pyramide à degrés I 130–145 und II 55–67, pl. 38; Vandier, Manuel I 921–26; vgl. auch LÄ IV 932–35.

[170] Ricke, op.cit. I 36–38 und Arnold, in: LÄ IV 932–33.

[171] Lauer, op.cit. I 132–140; II 55–58; Ricke, op.cit. I 27–36, 86–89; Arnold, in: LÄ 934–35.

[172] Ricke, op.cit. I 77–84.

[173] Ob in den Kapellen Landesgottheiten oder aber Gaugötter gestanden haben? Vgl. dazu Wildung, in: Miscellanea Wilbouriana I, 1972, 145–160, bes. 158 ff., der zwei Statuenfragmente den Kapellen zuordnen konnte.

[174] Lauer, op.cit. I 134.

[175] Lauer, op.cit. II pl. 50. In der ersten Bauperiode, der die Kapellenreihen ohne Zweifel angehören, existierten die Massive ohnehin noch nicht; dagegen die Disposition der Kapellen selbst mit einer Götterkapelle am Anfang und Ende der Reihe.

[176] Smith, in: HESPOK 132 ff. und fig. 48–53 mit den Namen der beiden Königinnen. Die dritte weibliche Figur am Bein des Königs dürfte ebenfalls die Mutter, Königin Nimaathapi, dargestellt haben.

[177] ASAE 25, 1925, 156 und id., Step Pyramid I 10–15.

[178] Lauer, op.cit. I 131.

[179] Ricke, op.cit. I 84 ff.

[180] Ricke, op.cit. I 85–86.

[181] Ricke, op.cit. II 35 und Arnold, in: MDAIK 33, 1977, 11. Die von Ricke loc.cit. angeführte direkte Verbindungslinie von Kapellenhof und hypothetischer Totenopferstelle im Osten der Pyramide existiert allerdings nicht.

[182] Lauer, op.cit. I 154–77; II pl. 71–85; III 59–64 und pl. 20; id. in: CASAE 9, 1958, 64–69; id., Hist. mon. 154–71.

[183] Step Pyramid I 15–17 und 72–76.

[184] Ricke, op.cit. I 96–99.

[185] Lauer, op.cit. I 168.

[186] Ricke, op.cit. I 79.

[187] Firth – Quibell, op.cit. I 79–85; die der „maison du nord" ibid. 78–79.

[188] Ricke, op.cit. II 36–39, dagegen Lauer, in: Hist. mon. 155.

[189] So schon Lacau, in: Annuaire du Collège de France 45, 1945, 118 ff.; Montet, in: CRAIBL 1955, 48–55; vgl. auch Ricke, op.cit. II 38 ff.

[190] Lauer, Pyramide à degrés I 72–78 und II pl. 21–22; id., Hist. mon. 98–105.

[191] Lauer, Pyramide à degrés I 78–79; id., Hist. mon. 169–71.

[192] Firth – Quibell, Step Pyramid II pl. 25. Zu den Schlachthöfen siehe LÄ V 640.

[193] Lauer, Pyramide à degrés I 74–75; II pl. 25.

[194] Ricke, op.cit. I 101–102; ohne die Gegenargumente Lauers (vgl. 195) von Brinks, Die Entwicklung der königlichen Grabanlagen des Alten Reiches, HÄB 10, 42, so übernommen.

[195] Lauer, in: CASAE 9, 1958, 27–30; Hist. mon. 98–105.

[196] Stadelmann, Scheintür oder Stelen im Totentempel des Alten Reiches, in: MDAIK 39, 1983, 219–23.

[197] Stadelmann, in: ASAE 69, 1983, 372 ff.

[198] Lauer, Pyramide à degrés I 82–94; id., in: CASAE 9, 1958, 17–21.

[199] Kees, in: ZÄS 88, 1963, 79–113.

[200] Ricke, op.cit. I 68 ff. und Abb. 16; Lauer, in: CASAE 9, 1958, 17–21; Kaiser, in: MDAIK 25, 1969, 8 Anm. 6.

[201] Step Pyramid I 57, auch Seligman–Murray, Man, 1911.

[202] In: ASAE 28, 1928, 85–87; in Step Pyramid I 18–20 noch als Notgrab für das unfertige Pyramidengrab angesprochen. Ähnlich: Bissing, Ägyptische Kunstgeschichte 51 ff.

[203] Brinks, op.cit. passim.

[204] LÄ III 496 ff., s. u. Königsgrab.

[205] Lauer, op.cit. I 111–112; id., Hist. mon. 131–42.

[206] Ricke, op.cit. I 106 und II 105–106 und 127.

[207] Ricke, op.cit. II 106.

[208] Jequier, in: CRAIBL 1927, 188–193; Altenmüller, in: MDAIK 28, 1972, 3–7.

[209] Altenmüller, ibid. 4–5.

[210] Hermann Kees, Totenglauben und Jenseitsvorstellungen der alten Ägypter, Berlin 1977, 87–90; siehe auch Assmann, in: LÄ II 1206–11, s. u. Himmelsaufstieg.

[211] Kaiser, in: MDAIK 25, 1969, 13.

[212] Lauer, op.cit. I 17.

[213] Junker, Giza I 71 ff.

[214] Ricke, op.cit. I 14 ff.

[215] Nach Helck, Geschichte² 50, vgl. LÄ V 776 s. u. Sechemchet.

[216] Zakaria Goneim, Horus Sekhem-Khet, The Unfinished Step Pyramid at Sakkara I, Excavations at Sakkara 23, Kairo 1957, MRA II 13–19 u. Addenda I + II.

[217] PM III² 415–17; Helck, in: RE XXIII, 2186–88; Lauer, Recherche et découverte du tombeau sud de l'Horus Sekhem-khet dans son complexe funéraire à Saqqarah, in: RdE 20, 1968, 97–107 u. fig. 1; id., Sakkara, The Royal Cemetery of Memphis, London 1976, 138–139, deutsche Ausgabe Bergisch-Gladbach 1977, 140–43. Stadelmann, in: LÄ IV 1215–17.

[218] Lauer, in: RdE 20, 1968, 99–100 und fig. 1.

[219] Zakaria Goneim, op.cit. 11 und pl. 15 und Lauer, in: Hist. mon. 187–88 und pl. 40.

[220] Zakaria Goneim, op.cit. 11–20 und pls. 19–28 u. 30, 35–36, 49–64; Lauer, in: Hist. mon. 193–98.

[221] Lauer, op.cit. 197–200.

[222] Zakaria Goneim, op.cit. 12 und pls. 23—28; Lauer, op.cit. 189—93.

[223] Zakaria Goneim, op.cit. 16—17 pl. 34—48 mit Versiegelung durch Horus Sechemchet, siehe pl. 37.

[224] Zakaria Goneim, ibid. 13—15 und pls. 31—34, 45—46; Lauer, op.cit. 191—92 und 201—203. Zum Namen Djeser-nebti-anchti, vgl. Helck, in: WZKM 54, 1957, 72—76.

[225] Lauer, Saqqarah 142—43.

[226] Lauer, in: RdE 20, 1968, 97—107.

[227] Lauer, ibid. 101.

[228] Lauer, ibid. 99—100 und id., Hist. mon. 185—86. Damit ist die von Stock, in: Revue du Caire 33 No. 175, 1955, 94—95 ausgesprochene Vermutung, der Gesamtkomplex sei in einer 2. Bauperiode in eine riesige Mastaba umgewandelt worden, entkräftet, vgl. LÄ IV 1217.

[229] Zakaria Goneim, op.cit. pl. 13; die Titel sind nicht sicher lesbar, es ist daher nicht erwiesen, daß dies sich auf den berühmten Imhotep bezieht.

[230] Kaiser, in: MDAIK 25, 1969, 88; gefolgt von Stadelmann, in: LÄ IV 1215. Allerdings halte ich es für durchaus möglich, daß die massiven, unbetretbaren Gebäude des Djoserbezirks in späteren Totentempeln als Reliefs an den Tempelwänden dargestellt wurden.

[231] PM III². 1, 312—314. Plan LD I 32. Stadelmann, in: LÄ IV 1217—19 und V 495—97.

[232] So auch Lauer, Hist. mon. 206—11 gegen Reisner, Tomb Development 134—36 und 356.

[233] Reisner, op.cit. 134 und in: BMFA 9, 1911, 54—59; Lauer, op.cit. 207.

[234] Reisner, op.cit. 134.

[235] Lauer, op.cit. 207.

[236] Barsanti, in: ASAE 2, 1901, 92—94; Reisner, op.cit. 134—35; Lauer, op.cit. 208—209.

[237] Barsanti, in: ASAE 2, 1901, 92—94.

[238] Nabil Swelim, History of the Third Dynasty, 78 und 96.

[239] Dows Dunham, Zawiyet el-Aryan, The Cemeteries adjacent to the Layer Pyramid, MFA, Boston 1978, 29.

[240] Anm. 239, loc.cit. 29. Die Gleichsetzung des Horus Chaba mit dem letzten König der 3. Dynastie Huni ist nicht gesichert. Vgl. Swelim, op.cit. 180 ff.

[241] PM III² 312—313. Stadelmann, in: LÄ IV 1218—19 u. V 496—97; Lauer, in: RdE 14, 1962, 21—36 u. pl. I.

[242] Barsanti, in: ASAE 7, 1906, 266—81.

[243] Maspero, in: ASAE 7, 1906, 257—59; Westendorf, in: OLZ 61, 1966, 537—41; Černý, in: MDAIK 16, 1958, 25—29; Lauer, in: RdE 14, 1962, 22—24 u. 30—36, vgl. auch LÄ I 785—86 s. u. Bickeris. Anders Kaplony, Monumenta Aegyptiaca 2, Rollsiegel 146—55, der den Namen Schen-ka liest und der 3. Dynastie zuordnet.

[244] H. W. Müller, in: SDAIK 18, Gedanken zur Entstehung, Interpretation und Rekonstruktion ältester äg. Monumentalarchitektur.

[245] Stadelmann, in: LÄ IV 1219 u. 1231; Nabil Swelim, History of the Third Dynasty 150 ff.

[246] Maße nach LD.

[247] So schon Reisner, Giza Necropolis I 28 und Helck, Geschichte 56.

[248] Lepsius XXIX = LD I Text 188; MRA VIII 58—60 mit Tav. 9, die jedoch eine Datierung in die 5. Dynastie vorschlagen. Stadelmann, in: LÄ IV 1219.

[249] Maßangaben nach Firth's Notebook, zitiert nach Berlandini, La pyramide „ruinée" de Sakkara-Nord et le roi Ikaouhor-Menkaouhor, in: RdE 31, 1979, 3—28.

[250] Lauer, Le temple haut du complexe funéraire du roi Téti, BdE 51, 1972, 10.

[251] MRA VIII 58—60.

[252] In: RdE 31, 1979, 3−28.

[253] Macramallah, in: ASAE 32, 1932, 161−73 (ins Mittlere Reich datiert) und Swelim, op.cit. 36−39.

[254] Beckerath, in: LÄ III 543.

[255] Swelim, op.cit. 4−13 u. 219−24.

[256] Helck, in: LÄ III 85−86.

[257] Vandier, in: CRAIBL 1968, 16−22 und La Revue du Louvre 1968, 108.

[258] Dreyer − Kaiser, Zu den kleinen Stufenpyramiden Ober- und Mittelägyptens, in: MDAIK 36, 1980, 43−59, bes. 57−58 u. Taf. 71.

[259] Dreyer − Kaiser, op.cit. 43−59.

[260] Dreyer − Kaiser, ibid. 51−59.

[261] Stadelmann, in: LÄ IV 1205.

[262] Stadelmann, Snofru und die Pyramiden von Meidum und Dahschur, in: MDAIK 36, 1980, 437−49, bes. 443 ff.

[263] Siehe LÄ V 992−994 s. u. Snofru.

[264] Siehe LÄ IV 9−13. Petrie, Medum 1892; Petrie, Mackay and Wainwright, Meydum and Memphis III, 1910; id. Labyrinth, Gerzeh and Mazghuneh, 1912. Alan Rowe, in: Museum of Pennsylvania Museum Journal 22, 1931.

[265] L. Borchardt, Die Entstehung der Pyramide an der Baugeschichte der Pyramide von Mejdum nachgewiesen, in: Beiträge Bf. 1, 1928, bes. S. 6. Die interessante Theorie von Kurt Mendelsohn, The Riddle of the Pyramids 87 ff. und in mehreren dort zitierten Aufsätzen dargelegt, daß die Pyramide von Meidum ihre heutige Gestalt einer Baukatastrophe verdanke, ist von Lauer, in: CdE 51, 1976, 72−89 überzeugend widerlegt worden, desgleichen durch Edwards, in: JEA 60, 1974, 251−52 und Davey, in: JEA 62, 1976, 178−79, id., ibid. 63, 1977, 174.

[266] Schon Reisner, Tomb Development 195, fragend; Ricke, Bemerkungen zur Baukunst des Alten Reiches II 28 Anm. 46; Lauer, Hist. mon. 218−20; id., Observations sur les Pyramides, BdE 90, 80 n. 3; id. in: CdE 51, 1976, 74−76; Wildung, in: LÄ IV 11 und Anm. 18. Dagegen Helck, in: SAK 4, 1976, 129−30, der besonders auf die Nennung eines Totenopfergutes des Huni noch unter Snofru (Urk. I 2, 12) und Neferirkare (Urk. I 248, 12) hinweist, was einen funktionierenden Totenkult voraussetzt; Edwards, Pyramids of Egypt 114−115; Gardiner, Egypt of the Pharaohs 75 und 78.

[267] Stadelmann, Snofru und die Pyramiden von Meidum und Dahschur, in: MDAIK 36, 1982, 443 ff.

[268] J. Yoyotte, in: RdE 15, 93−98 bes. 97; vgl. Helen Jacquet-Gordon, Les noms des domaines funéraires sous l'Ancien Empire Egyptien, Le Caire 1962, 443 zum Namen des Snofru im Grab des Nefermaat.

[269] Borchardt, op.cit. 10 und 39 nach Petrie und Wainwright, Labyrinth, Gerzeh and Mazghuneh 25 und pl. 14; vgl. auch MRA III 10−11 und 36.

[270] MRA III 16 ff. und 34−38, vgl. zu E_1 und E_2 auch die Bemerkung Lauers in seiner Besprechung des og. Werkes in: Orientalia 36, 1967, 239 ff. bes. 242.

[271] Die These Mendelsohns, in: JEA 59, 1973, 60 ff., von den angeblichen Bausünden, ist von Lauer in: CdE, loc.cit. einschlägig widerlegt worden.

[272] Borchardt, op.cit. 11−13 und MRA III 18−20.

[273] Petrie, Medum 11.

[274] MRA III 26−28 und 46.

[275] Petrie et al., Meydum and Memphis III, 12−13.

[276] Die Königsmutter Meresanch wird in einem NR-Graffito mit Snofru in Meidum verehrt.

[277] E-Maße verbessert nach den Metermaßen bei MRA III 10 ff. und tav. 2; vgl. Lauer, in: Orientalia 36, 1967, 243 Anm. 3.

[278] Lauer u. a., in: CdE 51, 1976, 74–75.

[279] Zu einer recht ähnlichen Vorstellung kommt Wildung, in: RdE 21, 1969, 137–40, entfernt sich allerdings mit seiner weiteren Deutung der Pyramide als Sonnenheiligtum wesentlich von diesen Ansätzen, vgl. ibid. 142 ff.

[280] Totentempel haben notwendigerweise eine Scheintür, während das Stelenpaar vielmehr mit einem Königskulttempel zu verbinden ist, vgl. Stadelmann, in: MDAIK 39, 1983, 219–23.

[281] Rowe, loc.cit. 34–36.

[282] Petrie et al., op.cit. 2, 8; id., The Labyrinth 24.

[283] Borchardt, op.cit. 20 ff. auf die Beobachtung von Wainwright bei Petrie et al., Meydum and Memphis III 7 ff. hin. Richtigstellung bei MRA III 28–30 und 48–50, ebenso Lauer, in: Orientalia 36, 1967, 245.

[284] Petrie, Medum 11–14 und Wainwright, in: Meydum and Memphis III, 3–4, 13–18.

[285] Stadelmann, in: MDAIK 36, 1980, 442. Weniger glücklich ist die verschiedentlich geäußerte Idee, daß in der Mastaba M 17 der König Huni bestattet gewesen sei, so Lauer, in: CdE 51, 1976, 76. Swelim op.cit. 166 denkt an Nebkare.

[286] Palermostein 6,1 – 6,4 = Urk. I 236–37.

[287] PM III² 877 ff. Vandier, Manuel II 15–25. Die Zuschreibung an Snofru ist zuerst aufgrund von Steinbruchinschriften auf Blöcken des Mauerwerkes erfolgt, u. a. fand sich der Name des Snofru auf einem Block der oberen Kammer.

[288] MRA III 98–101 u. tav. 10. Zu Ausgrabung und Veröffentlichung siehe Ahmed Fakhry, The Monuments of Sneferu at Dahschur, vol. I–III Cairo 1959–1961.

[289] MRA III tav. 10 und Lauer, in: Orientalia 36, 1967, 248–49.

[290] Fakhry, op.cit. I 46–73 und MRA III 58–72 und 96–110.

[291] Siehe Fakhry, op.cit. I fig. 26 und MRA III tav. 9 fig. 2.

[292] Fakhry, op.cit. I. fig. 36. Als erster hat Perring, Pyramids III, Appendix 69–70 diese Fallsteine beschrieben.

[293] Varille, A propos des pyramides de Snefrou 4–8.

[294] MDAIK 36, 1980, 447.

[295] Kampagne 1983, unveröffentlicht, vgl. MDAIK 39, 1983, 234–35.

[296] MRA III 56–8 nach Perring, op.cit. III Appendix 66 und eigenen Beobachtungen.

[297] Fakhry, op.cit. I 89–96 und MRA III 74–82.

[298] Illustrated London News, 22nd March, 1947, page 303.

[299] Fakhry, op.cit. I 90. Vgl. dazu unten S. 150 und MDAIK 35, 1979, 319 Anm. 117.

[300] Fakhry, op.cit. I 75–87 und Ricke, bei Fakhry op.cit. I Appendix.

[301] Fakhry, op.cit. I 41–46 und MRA III tav. 14.

[302] Fakhry, op.cit. 39–40.

[303] Ricke, Bemerkungen zur Baukunst des Alten Reiches II 42, Abb. 12. Fakhry, op.cit. I 73–74.

[304] Ricke, bei Fakhry op.cit. I 106–117; Fakhry op.cit. vol. II; MRA III 84–90 und 120–22.

[305] PM² 876 und MRA III 124 ff. u. tav. 18–19; Stadelmann, Die Pyramiden des Snofru in Dahschur. Erster Bericht über die Ausgrabungen an der nördlichen Steinpyramide, in: MDAIK 38, 1982, 109–123. Id., Zweiter Bericht, in: MDAIK 39, 1983, 207–223.

[306] Deutlich sichtbar auf dem Luftbild bei Leslie Grinsell, Egyptian Pyramids, Gloucester 1947, pl. XIII a.

[307] Grabung des DAI Kairo Herbst 1983.

[308] Borchardt, Ein Königserlaß aus Dahschur, in: ZÄS 42, 1905, 1–11.

[309] Stadelmann, La ville de pyramide à l'Ancien Empire, in: RdE 33, 1983, 67–77.

[310] LÄ I 932–33 und Stadelmann, in: MDAIK 36, 1980, 440–42.

[311] PM III² 11–19.

[312] Zur Geoarchäologie von Giza neuerdings: Thomas Aigner, Zur Geologie und Geoarchäologie des Pyramidenplateaus von Giza, Ägypten, in: Natur und Museum 112 (12), Frankfurt a. M. 1982, 377–88.

[313] Baldwin Smith, Egyptian Architecture as Cultural Expression, New York–London 1938, 96.

[314] Ägyptisches Museum Kairo JE 36143.

[315] PM III² 12.

[316] MRA IV 12, 56 und 140.

[317] Ludwig Borchardt, Längen und Richtungen der vier Grundkanten der großen Pyramide bei Giza, in: Beiträge Bf. 1, 1937, 1–16.

[318] Borchardt, op.cit. und MRA IV 12 ff.

[319] Unter diesen Werken nehmen die Veröffentlichungen von Piazzi Smith, Life and Work at the Great Pyramid, London 1867, und Our Inheritance in the Great Pyramid, London 1890, sowie die der Brüder J. und M. Edgar, Great Pyramid Passages, Glasgow–London 1910–1913, insofern einen besonderen Platz ein, als ihre genauen Messungen auch wissenschaftlichen Wert haben. Den pseudowissenschaftlichen, zahlenmystischen Messungen und Ausdeutungen hat schon Petrie mit den in: The Pyramids and Temples of Giza publizierten Ergebnissen seiner Vermessung der Pyramiden den Grund entzogen; L. Borchardt hat in einem Vortrag: Gegen die Zahlenmystik an der großen Pyramide bei Giza, Berlin 1922, die Unzulänglichkeiten und Phantasterei der Pyramidenmystik entlarvt, ebenso wie 1974 erneut J. Ph. Lauer, in: Le mystère des pyramides, Paris 1974, 191–258. Dennoch schießen Werke dieser Art wie Pilze aus dem muffigen Untergrund von Scheinwissen und dumpfem Mystizismus. Als letzte Blüten dieser Art seien die Bücher von Peter Tompkins, Secrets of the Great Pyramid, London 1973, Herbert Raprich, Cheops, Anfang und Ende der Zeit im Grundmuster der Pyramide, Freiburg 1982, genannt.

[320] Lal Gauri, in: Mark Lehner, The ARCE Sphinx Project: A Preliminary Report, ARCE Newsletter 112, 1980, 3–33 bes. 12–13 und Thomas Aigner, op.cit. (Anm. 312) 382–88.

[321] Rosemarie und Dietrich Klemm, Die Steine der Pharaonen, München 1981, 12–20 unter Berufung auf Herodot II 124.

[322] G. Goyon, Les rangs d'assises de la Grande Pyramide, in: BIFAO 78, 1978, 405–13 gegen MRA IV 16, wo 203 genannt werden.

[323] MRA IV 16 und 104 nach Petrie, Pyramids 43–49.

[324] Goyon, loc.cit. (Anm. 322).

[325] Petrie, Pyramids and Temples 184–85 und pl. VIII.

[326] Helck, in: RE XXIII, 2199.

[327] J. Brinks, in: GM 48, 1981, 17–21.

[328] Borchardt, Einiges zur dritten Bauperiode der großen Pyramide bei Gise, in: Beiträge Bf. 1, 1937, 1–4 und Taf. 1.

[329] G. Goyon, Le secret des bâtisseurs des grandes pyramides, Paris 1977, 105 ff.; vgl. auch G. Reisner, Giza I 11 ff.

[330] Siehe oben Anm. 320.

[331] Dies hat schon Petrie, Pyramids and Temples 13 mit Bewunderung festgestellt; dennoch ist die Behauptung, die Cheopspyramide sei ohne Mörtelverbindung erbaut worden, nicht auszurotten.

[332] Kritisch dazu Petrie, op.cit. 162–166 und pl. IV. Borchardt, in: ZÄS 30, 1892, 102–106 und pl. 4, id., Einiges zur dritten Bauperiode. . ., in: Beiträge Bf. 1.

[333] Borchardt, Längen und Richtungen. . ., in: Beiträge Bf. 1, 3. vgl. MRA IV 18.

[334] Vgl. dazu Petrie, op.cit. 166−169; Goyon, Le mécanisme de fermeture à la pyramide de Cheops, in: RA II 1963, 1 ff.; MRA IV 154 ff. Observations no 43.

[335] So auch Goyon, loc.cit. 18 ff.

[336] Borchardt, Einiges zur dritten Bauperiode. . ., in: Beiträge Bf. 1, 1−4; dagegen Clarke−Engelbach, Ancient Egyptian Masonry 124.

[337] MRA IV 32−34 und Observations no 16.

[338] Lauer, Le Mystère des Pyramides 17 ff.

[339] Borchardt, Einiges zur dritten Bauperiode. . ., in: Beiträge Bf. 1, 4 ff.

[340] Goyon, Le mécanisme de fermeture. . ., in: RA II, 1963, 8 ff.; MRA IV Observations no 16.

[341] Petrie, Pyramids and Temples 216; Wheeler, Pyramids and their purpose, in: Antiquity IX, 1939; Goyon, op.cit., in: RA II 16 ff.; MRA IV Observations no 17.

[342] Anders Goyon, loc.cit., in: RA II 21 ff., der den Schacht für einen alten Grabräubergang hält.

[343] Petrie, Pyramids and Temples 136−37.

[344] Vyse, Operations I 235 ff.; Reisner, Mycerinus plan XII, 1−93.

[345] Goyon, Le secret des bâtisseurs. . . 216−218; MRA IV 52 ff. und Observations no 37.

[346] Zum Befund: MRA IV 50 und Observations no 31. Goyon, Le secret des bâtisseurs . . . 213−15. „Luftkanäle" begannen auch von der sog. Königinkammer aus, vgl. oben S. 118. Zur religiösen Deutung vgl. A. Badawi, The Stellar Destiny of Pharaoh and the so-called Air-Shafts of Cheops' Pyramid, in: MIO 10, 1964, 189−206; V. Trimble, Astronomical Investigations concerning the so-called Air-Shafts of Cheops' Pyramid, in: MIO 10, 1964, 183−87; anders E. Thomas, Air Channels in the Great Pyramid, in: JEA 39, 1953, 113.

[347] Zu einem ähnlichen Ergebnis gelangt Edwards bei der Untersuchung der „Luftkanäle" der Chephrenpyramide, in: FS Dows Dunham 55−57.

[348] Junker, Giza X 9−12; dagegen jedoch mit Recht Einwände bei MRA IV 74 und Observations no 54.

[349] PM III² 11−12.

[350] Lauer, in: ASAE 46, 1947, 246−59 und fig. 17.

[351] Lauer, in: ASAE 49, 1949, 116−23; MRA IV 60−65 und Observations no 45−50.

[352] MDAIK 39, 1983, 219−23.

[353] PM III² 15.

[354] Goyon, in: BIFAO 67, 1969, 49−69; id., Le secret des bâtisseurs . . . 138−44.

[355] PM III² 16−19 und M. Jones, Survey of the Temple of Isis, Mistress-of-the-Pyramid at Giza, 1980 Season, in: ARCE Newsletter 12, 1982, 139−51.

[356] Mark Lehner, The Pyramid Tomb of Queen Hetep-heres I and the Satellite Pyramid of Khufu, SDAIK 19.

[357] Reisner − Smith, Giza II 8−9.

[358] Reisner, Queen Hetep-heres. . ., in: BMFA Suppl. May 1927.

[359] Stadelmann, Chaef-Chufu = Chephren, in: SAK 11, 1985, FS Helck 165−172.

[360] Helck, Zur Entstehung des Westfriedhofes an der Cheopspyramide, in: ZÄS 81, 1956, 62−65.

[361] H. Ricke, Der Harmachistempel des Chephren in Gizeh, in: Beiträge Bf. 10.

[362] Abubakr-Mustafa, The Funerary Boat of Khufu, in: Beiträge Bf. 12, 6−11.

[363] PM III² 1−3. Zu den Friedhöfen der 4. Dynastie dort siehe ebenda 4−9. A. Klasens, in: LÄ I 24−25; MRA V 10−40 und tav. 2−4; Stadelmann, in: LÄ IV 1231−32.

[364] Makramallah, in: ASAE 32, 1932, 161−73, pl. IV, LD I 12 und Text 21−22; Nabil Swelim, History of the Third Dynasty 36−39.

365 Reisner, Giza I 28 ff. und II 5−8; vorsichtiger: Stevenson Smith, in: CAH[2] I 31−32.
366 Helck, Geschichte 60 u. MRA V 6−8.
367 Edwards, Pyramids 164; MRA V 12−14.
368 MRA V 14, Säulen aus Granit vom Totentempel wurden später in dem koptischen Kloster ed-Deir wiederverwendet.
369 Siehe die verschiedenen Rekonstruktionen von Perring und Maragioglio-Rinaldi, in: MRA V tav. 3. Aus dem Abgang läßt sich die Nordung der Pyramide mit geringen Abweichungen von 20′ berechnen.
370 Petrie, Pyramids and Temples 141. Der steile Böschungswinkel zeigt an, wie sehr man in der 4. Dynastie noch experimentiert: In Dahschur, an der Knickpyramide, beträgt der erste Böschungswinkel ca. 58−60°, dann 54° und 44° an der Spitze. Für die Rote Pyramide wurde ein Winkel von 45° gewählt. Cheops baut seine Pyramide mit einem Böschungswinkel von 51°50′, der Winkel der Chephrenpyramide ist wieder steiler: 53°10′.
371 Vgl. fig. 1 auf tav. 3 von MRA V.
372 Nabil Swelim, op.cit. 150 ff.
373 H. W. Müller, in: SDAIK 18 24−25.
374 Petrie, Pyramids and Temples 141. Zur Fortdauer seines Totenkultes siehe Wildung, Rolle äg. Könige . . ., in: MÄS 17, 193−199.
375 PM III[2] 2−3.
376 Stadelmann, Chaef-Chufu = Chephren, in: SAK 11, 1985, FS Helck 165−172.
377 PM III[2] 19−26. LÄ IV 1232−34.
378 Alvarez, Search for Hidden Chambers in the Pyramids, in: Science 167, Washington, 1970, 832−839.
379 MRA V 50 ff. und Observations no 23.
380 Edwards, Pyramids 154.
381 MRA V 116 ff. und Observations no 27. Hölscher, Das Grabdenkmal des Königs Chephren, Leipzig 1912, 31−32 nimmt dagegen unter Borchardts Einfluß eine ursprüngliche kleinere Pyramide an, die erweitert worden sei.
382 G. Belzoni, Voyages en Egypte et en Nubie, Paris 1979, 203−209; Hölscher, op.cit. 63−64.
383 Edwards, The Air-Channels of Chephren's Pyramid, FS Dows Dunham 55−58.
384 Maße nach Petrie, Pyramids and Temples. . . 97 ff.; der ideale Winkel betrug demnach 53°7′48″ oder altäg. 5H 1F auf 1E Steigung.
385 Petrie, op.cit. 97.
386 G. Belzoni, Egypt and Nubia, Illustrations of the Researches and Operations, London 1820, pl. 10.
387 Hölscher, op.cit. 67−69 und Bl. XIII.
388 Ahmed Hafez Abd el'Al, in: ASAE 62, 1977, 103−120 und pl. 1−15; MRA V 90−91.
389 Petrie, op.cit. 100 ff.; Hölscher, op.cit. 69; MRA V 94−96.
390 Hölscher, op.cit. 36 und 70; vgl. Petrie, op.cit. 101 ff. und anders MRA V 96 und Observations no 45.
391 Petrie, op.cit. pl. 4; Goyon, Le secrets des bâtisseurs. . . 105 ff. und Hölscher, op.cit. 33; vgl. auch Helck, RE XXIII, 2205, der die ramessidischen Graffiti dort mit der Restaurierungstätigkeit des Chaemwaset unter Ramses II. verbindet.
392 Hölscher, op.cit. 51 ff.; MRA V 64 ff.
393 Hölscher, op.cit. 52.
394 Dazu Ricke, Beiträge Bf. 5, 47 ff.
395 Borchardt, Neferirkare 5 und Sahure 12.
396 Ricke, in: Beiträge Bf. 5, 25−26.

[397] Zum Folgenden: Hölscher, op.cit. 24−30 und 50−60; MRA V 64 ff.

[398] Hölscher, op.cit. 53−54.

[399] Ricke, op.cit. 112.

[400] Zur Identifizierung dieses Raumes, der „tiefen Halle", siehe Paule Posener-Kriéger, Les Papyrus d'Abousir II, in: BdE LXV/2, 1976, 496−99. Zur Funktion: Arnold, in: MDAIK 33, 1977, 6−7.

[401] So Ricke, op.cit. 48−54 gegen Hölscher, op.cit. 27−28 und 55−58. Anders, aber wenig wahrscheinlich, MRA V 68−70 und Observations no 32.

[402] Junker, Giza VI 11. Anders Ricke, op.cit. 37 ff. und Arnold, loc.cit. 10.

[403] Hölscher, op.cit. 58; Stadelmann, in: MDAIK 39, 1983, 219−23.

[404] MRA V 92−94.

[405] Hölscher, op.cit. 15−23 und 37−49; MRA V 76 ff.

[406] Hölscher, op.cit. 16−17; zur Deutung dieser Inschrift Helck, RE XXIII, 2207−08; anders Ricke, Userkaf SH I 46−47; Stadelmann, in: LÄ V 1094−1099.

[407] Hölscher, op.cit. 45. Die oberen Magazine haben Alabasterfußböden und -verkleidung, die unteren solche aus Granit!

[408] Stadelmann, in: LÄ V 10 und id., La ville de pyramide à l'Ancien Empire, in: RdE 33, 1983, 69−72.

[409] Rostem, in: ASAE 48, 1948, 161−62; MRA VI 196; Goyon, in: RdE 23, 1971, 145−46; Stadelmann, in: RdE 33, 1983, 72.

[410] Wildung, in: Rolle äg. Könige 211−13, der diesen König allerdings Neb-ka liest.

[411] LÄ I 785−86.

[412] Siehe oben S. 77. PM III² 313; Nabil Swelim, History of the Third Dynasty, Chapt. III 125 ff.

[413] Siehe LÄ V 496−97.

[414] Lauer, Sur l'âge et l'attribution possible de l'excavation monumentale de Zaouiêt el-Aryân, in: RdE 14, 1962, 21−36; ebenso MRA VI 16−26.

[415] PM III² 26−35; Helck, in: RE XXIII, 2209−14; Stadelmann, in: LÄ IV 1234−39.

[416] Mark Lehner, in: AfO im Druck.

[417] Goyon, Le secret des bâtisseurs . . . 108 und photo.

[418] Vgl. oben Anm. 332.

[419] Maße nach MRA V 32 ff. und Observations no 5.

[420] MRA V 34 und Observations no 1.

[421] Petrie, op.cit. 110−120; Vandier, Manuel II 62; Edwards, Pyramids 161.

[422] Ricke, in: Beiträge Bf. 5, 122 bringt diese Nischenarchitektur mit dem Eindringen des Re in den Totenglauben in Beziehung und schreibt alle diese Änderungen im Grab des Mykerinos dem Schepseskaf zu. Es ist aber nicht einzusehen, wie Schepseskaf in der kurzen Regierung von 4 Jahren die Grabräume des Mykerinos auch noch zusätzlich hätte umbauen sollen. Im übrigen gibt es keinen Beleg dafür, daß das existierende Grab eines Königs von seinem Nachfolger umgebaut worden wäre. Borchardts Datierung in die Saitenzeit wird inzwischen allgemein abgelehnt, vgl. ZÄS 30, 1892, 98 ff.

[423] Vyse, Operations II 93−95.

[424] Vyse, Operations II 86; MRA V tav. 10; Donadoni-Roveri, Sarcofagi egizi 104-105 und fig. 13.

[425] Ricke, op.cit. 122 ff.

[426] Helck, in RE XXIII, 2211.

[427] PM III² 33.

[428] PM III² 34−35; Reisner, Mycerinus, Chapt. IV; MRA V 80 ff.

[429] Ricke, op.cit. 126.

[430] Siehe oben S. 74.

431 Siehe oben S. 97.
432 PM III² 32−33. Zur Rekonstruktion: Ricke, op.cit. 28−29 u. Taf. 1 und 3.
433 Urk. I 274−76. Goedicke, Königliche Dokumente aus dem Alten Reich 78−80.
434 Dazu Stadelmann, in: MDAIK 39, 1983, 221.
435 PM III² 27−32; Stadelmann, in: LÄ VI s. u. Taltempel.
436 Wood, in: JEA 60, 1974, 82−93.
437 So gegen MRA V 66 und tav. 10.
438 Selim Hasan, Giza 51 ff. hält dies fälschlicherweise für den Taltempel der Königin Chentkaus, vgl. dazu im folgenden.
439 Siehe LÄ VI s. u. Taltempel.
440 MRA V 78.
441 PM III² 433−34; Helck, in: RE XXIII 2215−2218; Stadelmann, in: LÄ IV 1239−1241.
442 Maße nach MRA VI 134 ff.
443 H. W. Müller, Gedanken zur Entstehung, Interpretation und Rekonstruktion ältester äg. Monumentalarchitektur, in: SDAIK 18, 21−22.
444 Ricke, Beiträge Bf. 5, 62 ff. Helck, loc.cit. 2215; id., Geschichte 57; Hornung, Grundzüge der Ägyptischen Geschichte, 1965, 34−35. Grdseloff, in: ASAE 42, 1943, 64−70.
445 Wildung, Rolle äg. Könige 225−26.
446 Ricke, op.cit. 64 ff.
447 Jéquier, Le Mastabat Faraoun 5.
448 Jéquier, Le Mastabat Faraoun 13−16 und pl. VI−IX und id., Douze ans de fouilles dans la necropole memphite 1924−36, Neuchâtel 1940, 21 ff. MRA VI tav. 15.
449 Cairo, JdE 52160-2; Jéquier, Mastabat Faraoun fig. 12 und Gunn, in: ASAE 29, 1929, 92.
450 Vgl. oben Anm. 445 und CAH² vol. I 35.
451 PM III² 288−89. Stadelmann in: LÄ V 1241−43.
452 H. W. Müller, op.cit., in: SDAIK 18, 22.
453 Borchardt, in: ASAE 38, 1938, 209 ff.
454 Borchardt, loc.cit. 210 ff. und Verner, in: BSFE 91, 1981, 10−12, und id., ZÄS 109, 1982, 75−78 und 157−66.
455 Maße nach Selim Hassan, Giza IV 15, korrigiert nach MRA VI 168 ff.
456 Gegen Selim Hassan, op.cit. 51, vgl. schon MRA VI Observations no 12; Stadelmann, in: RdE 33, 1983, 72.
457 Selim Hassan, op.cit. 19−23.
458 Selim Hassan, op.cit. 25.
459 PM III² 397−98; Helck, in: RE XXIII 2218−20; Stadelmann, in: LÄ IV 1244−45.
460 P. Posener-Kriéger, in: RdE 32, 1980, 83 ff. bes. 92−93.
461 MRA VII 12.
462 Altenmüller, in: MDAIK 28, 1972, 9−10; dagegen Stadelmann, in: ASAE 69, 1983, 374−378.
463 Edwards, Pyramids 137; Lauer, in: BSFE 15, 1954, 13; id., in: ASAE 53, 1955, 132.
464 Dies betont schon Ricke, in: Beiträge Bf. 5, 68−70, der dafür religiöse Gründe des Sonnenglaubens ins Feld führt; dagegen Lauer, in: ASAE 69, 1983, 374−378.
465 Maße nach Perring, Pyramids pl. 9 und MRA VII 10 ff.
466 Lauer, in: ASAE 53, 1955, 121.
467 MRA VII 12.
468 Lauer, loc.cit. 125 ff.
469 HESPOK, pl. 52.
470 Ricke, op.cit. 70.
471 JE 52501.

472 Ricke, SH-Userkaf I–II = Beiträge Bf. 8 und 9; Kaiser, Zu den Sonnenheiligtümern der 5. Dynastie, in: MDAIK 14, 1956, 104 ff.; Stadelmann, Sonnenheiligtum, in: LÄ V 1094–99; Helck, in: FS Söderberg 67–70.

473 Stadelmann, in: LÄ V 1094–99.

474 PM III² 326–35; Helck, in: RdE XXIII 2220–24; Stadelmann, in: LÄ IV 1245–46.

475 Borchardt, Das Grabdenkmal des Königs S'aꜣḥu-reꜥ, in: Wissenschaftliche Veröffentlichung der Deutschen Orient-Gesellschaft 14, Bd. I Der Bau, Leipzig 1910, 68–73; Perring, Pyramids III 15–16; MRA VII 44–48.

476 MRA VII 46.

477 Borchardt, op.cit. 70–71.

478 Borchardt, op.cit. 69–70, dazu MRA VII, Observations no 6.

479 Borchardt, op.cit. Bd. II Die Wandbilder, Abbildungsblätter und Text.

480 Arnold, in: MDAIK 33, 1977, 8 ff. Anders Borchardt, der allein die Totenopferkapelle als „Intimen Tempel" ansieht.

481 Borchardt, op.cit. 76–83.

482 Borchardt, op.cit. 6–12; 31–39 und 96 mit der Bauinschrift, welche das Jahr der 12. Zählung für die Verlegung des Basaltfußbodens des Taltempels belegt.

483 PM III² 339–40; Helck, in: RE XXIII 2224–25 und Stadelmann, in: LÄ IV 1246–47.

484 Perring, Pyramids III Appendix 19.

485 Borchardt, Das Grabdenkmal des Königs Nefer-ir-keꜣ'-Reꜥ, in: Wissenschaftliche Veröffentlichung der Deutschen Orient-Gesellschaft 11, 39.

486 Anders MRA VII 116, die 179 E ~ 93,62 m gemessen haben.

487 Borchardt, op.cit. 42 ff. und Bl. 2.

488 Borchardt, op.cit. 8–9 und 28–32.

489 Vgl. MRA VII 174 Observations no 30. Inzwischen ist auf der Südseite der Pyramide auch eine Bootsgrube gefunden worden, siehe Verner, in: ZÄS 107, 1980, 168–69.

490 Borchardt, op.cit. 17 ff. und 49–58.

491 Ricke, in: Beiträge Bf. 5, 75 ff.

492 MRA VII 122 ff. und Observations no 17. Vgl. auch Vandier, Manuel II 113–15.

493 Das fortgeschrittene Alter, eventuell auch Krankheit des Neferirkare könnten die eilige Fertigstellung veranlaßt haben.

494 Borchardt, op.cit. 17 und 36 ff.

495 Posener-Kriéger, Les archives du temple funéraire de Néferirkare-Kakai (Les papyrus d'Abousir), BdE 65 Bd. I und II.

496 Posener-Kriéger, op.cit. 493–518.

497 Posener-Kriéger, op.cit. 519–27.

498 Posener-Kriéger, op.cit. 527–33.

499 Verner, in: BSFE 91, 1981, 10–12 und in: ZÄS 107, 1980, 158 ff. Ein Relieffragment aus dem Tempel enthält die Titel der Königin „Mutter zweier Könige" mit dem Horusnamen des Neuserre.

500 PM III² 340; Verner, in: ZÄS 108, 1981, 77–81 und in: BSFE 91, 1981, 12–14.

501 Kaiser, in: MDAIK 14, 1956, 112.

502 Verner, Eine zweite unvollendete Pyramide in Abusir, in: ZÄS 109, 1982, 75–78.

503 PM III² 335–39; Helck, RE XXIII, 2226–29; Stadelmann, in: LÄ IV 1247. Maße nach Borchardt, Das Grabdenkmal des Ne-user-Reꜥ, in: Wissenschaftliche Veröffentlichung der Deutschen Orient-Gesellschaft 7 und MRA VIII 8 ff.

504 MRA VIII 10.

505 Borchardt, op.cit. 25–33 und 109 ff.

506 Borchardt, op.cit. 16–17.

[507] Borchardt, op.cit. 58–59; MRA VIII 26 und Observations no 13. Zu diesem Raum siehe Arnold, in: MDAIK 33, 1977, 10–11, der in ihm den „oberägyptischen Gottespalast" erkennt.

[508] Arnold, loc.cit. 11 denkt auch an einen Schrein der Nechbet.

[509] Borchardt, op.cit. 59.

[510] Borchardt, op.cit. 23; H. Sourouzian, L'apparition du pylône, in: Supplément au BIFAO 81, 1981, 141–151.

[511] Borchardt, op.cit. 42–50.

[512] Borchardt, op.cit. Bl. 3 und 10–12; 34–42.

[513] PM III^2 314–24 und Stadelmann, in: LÄ V 1094–99.

[514] Stadelmann, in: MDAIK 38, 1982, 382–83 und Taf. 89.

[515] Borchardt, in: ZÄS 42, 1905, 9.

[516] Siehe Anm. 514.

[517] MRA VIII 58–62.

[518] Berlandini, in: RdE 31, 1979, 3–28.

[519] PM III 424; Helck, in: RE XXXIII 2229–30; MRA VIII 64–116.

[520] Giza Mastaba 2370 A Text Urk. I 59 ff.; vgl. Stadelmann, in: Supplément au BIFAO 81, 1981, 158.

[521] Maße nach MRA VIII 66 ff.

[522] Ricke – Schott, in: Beiträge Bf. 5, 124 sehen dort den Ort des Kronenbegräbnisses und der Abydenischen Friedhofsgötter, vgl. aber auch 110.

[523] Aufnahme durch Maragioglio und Rinaldi, siehe MRA VIII 74 ff.

[524] Unveröffentlicht, vgl. jedoch Goyon, in: BIFAO 67, 1969, pl. 40, Darstellungen des Königs mit Göttern und Göttinnen mit eingelegten Augen.

[525] Grinsell, Egyptian Pyramids 143; Fakhry, Pyramids 181; MRA VIII 86–88.

[526] Urk. I 62,17 – 63,2.

[527] Plan und Maße nach MRA VIII, 98 ff.

[528] PM III^2 417–22; Helck, in: RE XXIII, 2230–31. A. Labrousse – J. Ph. Lauer – J. Leclant, Le temple haut du complexe funéraire du roi Ounas, Mission Archéologique de Saqqara II, BdE 73, 1977; Stadelmann, in: LÄ IV 1250–51.

[529] Maße nach Lauer, in: op.cit. (Anm. 528) 61 ff.

[530] Labrousse – Lauer – Leclant, op.cit. 124–28 von einer Kapelle des Asosi, vgl. auch pl. 39. Möglicherweise stammen diese Spolien aber von einer Restaurierung durch den Prinzen Chaemwaset, Sohn Ramses' II., dessen Inschrift sich auf der Südseite der Pyramide findet, vgl. op.cit. pl. 3.

[531] Kurt Sethe, Die altägyptischen Pyramidentexte Bd. I 1–4.

[532] Sethe, Die Totenliteratur der alten Ägypter, in: SPAW 18, Berlin 1931, 520 ff.

[533] Ricke, Bemerkungen zur äg. Baukunst des Alten Reiches II und Schott, Bemerkungen zum äg. Pyramidenkult, in: Beiträge Bf. 5, Kairo 1950.

[534] Spiegel, Das Auferstehungsritual der Unas-Pyramide, in: ÄA 23, 1971 und vorher schon, in: ASAE 53, 1955, 339 ff.

[535] Altenmüller, Die Texte zum Begräbnisritual in den Pyramiden des Alten Reiches, in: ÄA 24, 1972.

[536] Barta, Die Bedeutung der Pyramidentexte für den verstorbenen König, in: MÄS 39, 1981; vgl. auch Altenmüller, in: LÄS V 14–23.

[537] Labrousse – Lauer – Leclant, op.cit.

[538] Jedoch keine Einlagen mehr bei den Reliefs!

[539] PM III^2 418–20.

[540] PM III^2 393–96; Helck, in: RE XXIII, 2232–331; Lauer – Leclant, Le temple haut du

complexe funéraire du roi Téti, Mission Archéologique de Saqqarah I, BdE 51, 1972; Stadelmann, in: LÄ IV 1251–52.

[541] Siehe oben S. 77–78.

[542] Maße nach Lauer, in: BIFAO 79, 1979, 392, und Maragioglio – Rinaldi, Notizie sulle Piramidi di Zedefrâ, Zedkarâ Isesi, Teti, Turin 1962, tav. 9.

[543] Lauer – Leclant, op.cit. 10.

[544] Lauer – Leclant, loc.cit. 12–15 mit fig. 1–3.

[545] Lauer – Leclant, loc.cit. 27 und pl. 13 und 17 A.

[546] Lauer – Leclant, loc.cit. 29 und pl. 29.

[547] Lauer – Leclant, loc.cit. 31–35 u. pl. 16.

[548] Lauer – Leclant, loc.cit. pl. 33 A u. D. Hier sei auch der Fund einer „Totenmaske" erwähnt, die dem Teti zugeschrieben wird. Es ist möglich, daß es sich dabei um die Maske handelt, nach der die goldene Mumienmaske gearbeitet wurde und die, da sie mit dem toten König in Berührung gekommen war, gleichfalls im Tempel oder der Kultpyramide bestattet werden mußte.

[549] PM III² 396–97; Ahmed Fakhry, Pyramids 290–91.

[550] Maragioglio – Rinaldi, Notizie . . . tav. 10.

[551] Firth – Gunn, Teti Pyramid Cemeteries 10–14 und pl. 15 B.

[552] PM III² 397 und Maragioglio – Rinaldi, Notizie, tav. 10.

[553] Vgl. dazu Ricke, in: Beiträge Bf. 5, 41.

[554] PM III² 422–24; Helck, in: RE XXIII 2234–35; Stadelmann, in: LÄ IV 1252–53; Lauer, in: CRAIBL 1970, fig. 3 und 491–503; Leclant, in: ASAE 78, 1982, 55–59 mit Plan als fig. 1 auf S. 57; id., in: Orientalia 51, 1982, 432–33 u. 52, 1983, 482–83. Zum Stand der Publikation der Pyramidentexte der Pyramide Phiops' I. siehe Leclant, in: FS Edel 285 ff. Zur Geschichte der Entdeckung der Pyramidentexte siehe neuerdings Ridley, in: ZÄS 110, 1983, 74–80.

[555] Donadoni-Roveri, op.cit. 107–108, A 11 (Teti), A 12 (Phiops I.), A 13 (Merenre), A 14 (Phiops II.).

[556] Lauer, in: CRAIBL 1970, 491–503 Plan fig. 3.

[557] Lauer – Leclant, in: RdE 21, 1969, 55–62 u. pl. 8–10.

[558] Posener, in: LÄ I 67–69, aus dem Alten Reich bisher nur in Giza, 6. Dynastie.

[559] Urk. I 100–101.

[560] PM III² 425.

[561] Urk. I 106 ff.

[562] Urk. I 106 Z. 16–17.

[563] Donadoni-Roveri, op.cit. 107 A 13; Batrawi, in: ASAE 47, 1947, 107.

[564] Leclant, in: ASAE 78, 1982, 60; id., in: Orientalia 51, 1982, 433–34.

[565] PM III² 425–431; Helck, in: RE XXIII, 2235–38; Stadelmann, in: LÄ IV 1253–54; Edwards, Pyramids 195 ff.

[566] Jéquier, Le monument funéraire de Pepi II, Fouilles à Saqqarah, Bd. I 6–8.

[567] Jéquier, op.cit. I 11–13; Donadoni – Roveri, op.cit. A 14.

[568] Jéquier, op.cit. Bd. II 1–17 u. pl. 1–28.

[569] Jéquier, op.cit. Bd. II 19 ff. u. pl. 29 ff. bes. pl. 32.

[570] Jéquier, op.cit. Bd. II 27–29, vgl. dazu Lauer – Leclant, in: RdE 21, 1969, 61–62 zu der Annahme Jéquiers, die Statuen seien rituell erschlagen worden.

[571] Jéquier, op.cit. Bd. III 9–10 u. pl. 7.

[572] Jéquier, op.cit. Bd. III pl. 8 ff.

[573] Zur Diskussion siehe LÄ V 353 Anm. 8; Hornung, Geschichte als Fest.

[574] Jéquier, op.cit. Bd. III pl. 30–31.

[575] Jéquier, op.cit. Bd. III 23 u. 25 u. pl. 34.

576 Jéquier, op.cit. Bd. III 53 ff. u. pl. 61 ff.
577 Jéquier, op.cit. Bd. III 8 u. pl. 5.
578 PM III² 431−33; Stadelmann, in: LÄ IV 1251−54.
579 Jéquier, Les pyramides des reines Neit et Apouit, Fouilles à Saqqarah, 1−40 und Edwards, Pyramids 206−208.
580 Jéquier, op.cit. 41 ff.
581 Jéquier, La pyramide d'Oudjebten, Fouilles à Saqqarah.
582 Jéquier, Pyramides de Neit et Apouit 50 ff.
583 Jéquier, op.cit. 49 ff.
584 PM III² 425; Jéquier, La pyramide d'Aba, Fouilles à Saqqarah.
585 Lauer, Le premier temple de culte funéraire en Egypte, in: BIFAO 80, 1980, 45 ff.
586 Borchardt, Sahure 12.
587 Ricke, in: Beiträge Bf. 5, 35−36. Borchardt und Ricke nehmen allerdings eine andere Trennung vor, die den Fünf-Nischenraum zum Verehrungstempel zählt.
588 Ricke, op.cit. 60 ff.; Schott, ibid. 198 ff.
589 Borchardt, in: Zeitschrift für Geschichte der Architektur 3, 1910, 71.
590 Junker, Giza VI 8 ff.
591 Posener-Kriéger, Les archives. . . II 501−504 u. 537 ff.
592 Ricke, op.cit. II 34−35.
593 Arnold, Rituale und Pyramidentempel, in: MDAIK 33, 1977, 10−11.
594 Posener-Kriéger, op.cit. 496 ff. und Arnold, op.cit. 5 ff.
595 Zum Beispiel bei Djedkare Asosi, siehe Goyon, in: BIFAO 67, 1969, pl. 39.
596 Ricke, op.cit. II, 79 ff.; vgl. dagegen Arnold, loc.cit. Anm. 40.
597 LÄ VI s. u. Taltempel.
598 Stadelmann, La ville de pyramide à l'Ancien Empire, in: RdE 33, 1983, 75.
599 Urk. I 156−57.
600 Ricke, Bemerkungen zur Baukunst des Alten Reiches, in: Beiträge Bf. 4; Lauer, in: CASAE 9.
601 Kaiser, in: MDAIK 25, 1969, 16−17.
602 Ricke, op.cit. II 26 ff.
603 Stadelmann, Die Pyramiden des Snofru in Dahschur, Exkurs: Scheintür oder Stelen im Totentempel des Alten Reiches, in: MDAIK 39, 1983, 237−41.
604 Ricke, Bemerkungen zur Baukunst des Alten Reiches, Bd. I und II, in: Beiträge Bf. 4 u. 5.
605 Schott, Bemerkungen zum ägyptischen Pyramidenkult, in: Beiträge Bf. 5.
606 Bonnet, Ägyptische Baukunst und Pyramidenkult, in: JNES 12, 1953, 257.
607 Bonnet, op.cit. 263 ff.
608 Arnold, Rituale und Pyramidenkult, in: MDAIK 33, 1977, 1 ff.
609 Helck, Bemerkungen zu den Pyramidenstädten des Alten Reiches, in: MDAIK 15, 1957, 91 ff.; id., in: RE XXIII, 2255 ff.; Posener-Kriéger, op.cit. II 565 ff.
610 Stadelmann, Die Ḥntjw-š, der Königsbezirk š n pr-ˁ und die Namen der Grabanlagen der Frühzeit, in: Supplément au BIFAO 81, 1981, 153 ff.
611 Stadelmann, op.cit., in: RdE 33, 1983, 67 ff.; id., in: LÄ V 10−14.
612 Urk. I 59−63.
613 C. M. Zivie, Memphis, in: LÄ IV 24 ff.
614 Gute Zusammenfassung bei Lauer, Le mystère des Pyramides, Paris 1974, 261 ff.; Goyon, Le secret des bâtisseurs des grandes pyramides, Paris 1977; Arnold, in: LÄ V 1−4.
615 Aus dem Neuen Reich z. B. im Papyrus Anastasi I erhalten.
616 Urk. I 60−61.

617 Borchardt, in: ZÄS 37, 1899, 10 ff.; Clark – Engelbach, Ancient Egyptian Masonry, London 1930, 68.

618 Edwards, Pyramids 260 ff.

619 Lauer, in: BIFAO 77, 1977, 55 ff.

620 Dreyer – Swelim, in: MDAIK 38, 1982, 88 ff.

621 Palermostein, Zeile 3, 6–8 u. vs. 1,2 für Schepseskaf, vgl. Stadelmann, in: Supplément au BIFAO 81, 1981, 159–61.

622 Arnold, Überlegungen zum Problem des Pyramidenbaus, in: MDAIK 37, 1983, Abb. 1 und 2.

623 Sourouzian, in: MDAIK 38, 1982, 387 ff.

624 Stadelmann, in: MDAIK 39, 1983, 234 ff.

625 Arnold, in: MDAIK 37, 1981, 19 ff.

626 Dunham, Building an Egyptian Pyramid, in: Archaeology 9, 1956, 159 ff.; Goyon, Le secret . . . 177 ff.

627 MDAIK 39, 1983, 245–36.

628 Arnold, in: MDAIK 37, 1981, 21 ff.

629 Publikation in BIE vorgesehen.

630 Dagegen waren die Pyramiden sicher nicht bemalt. Rötliche Farbspuren sind eine natürliche Patina, vlg. dazu Lauer, Observations sur les pyramides, in: BdE 30, 1960, 31 ff.; Ali Hassan, in: MDAIK 28, 1972, 153 ff.

631 Glättung durch Feuer, wie sie Goyon in: RdE 28, 1976, 74 ff. für möglich hält, ist auszuschließen.

632 Borchardt, Entstehung der Pyramide. . . in: Beiträge Bf. 1, 1928, 17 ff., u. id., Sahure 96–97.

633 MDAIK 36, 1980, 437 ff.

634 MDAIK 37, 1981, 26 ff.

635 Helck, in: LÄ I 654; Arnold, in: LÄ V 1.

636 Quibell, Excavations at Saqqara 1905/06 pl. 13–15; 1906/07, pl. 6; Firth – Gunn, Teti Pyramid Cemeteries II, pl. 27 B.

637 Fakhry, Pyramids 202–4.

638 Arnold, Gräber des Alten und Mittleren Reiches in el Tarif, AV 17.

639 Arnold, Pyramiden des Mittleren Reiches, in: LÄ IV 1264.

640 Arnold, Der Tempel des Königs Mentuhotep von Deir el Bahari Bd. I Architektur und Deutung, AV 8 und id., in: LÄ IV 1264. PM II² 381 ff.

641 Arnold, op.cit. 62 ff.

642 Arnold, op.cit. 83 ff.

643 PM II² 386 ff.; Arnold, op.cit. 64 ff.

644 Stadelmann, in: LÄ V 11 u. Anm. 38.

645 Arnold, in: LÄ IV 1264 und id., Tempel des Mentuhotep. . . 28–30.

646 Naville, The XIth Dynasty Temple at Deir el Bahari I, 1907, 28 ff.

647 Arnold, op.cit. 29.

648 Arnold, op.cit. 28–32.

649 Robichon – Varille, Description sommaire du temple primitif de Médamaoud, Le Caire 1940.

650 Robichon – Varille, op.cit. 16 ff. und Vandier, Manuel II 379–81 u. fig. 319.

651 PM II² 400.

652 PM IV 77–81; Simpson, in: LÄ III 1057–61; Fakhry, Pyramids 211–13; Edwards, Pyramids 217–20; Arnold, in: LÄ IV 1263–64.

653 Hans Goedicke, Re-used Blocks from the Pyramid of Amenemhet I at Lisht, New York 1971.

654 Helck, in: LÄ V 6.
655 PM IV 81−86; Simpson, in: LÄ III 1059−61; Fakhry, Pyramids 213−16; Edwards, Pyramids 220−25; Arnold, in LÄ IV, 1264.
656 Helck, in: LÄ V 6.
657 PM III² 885−86; Arnold, in: LÄ IV 1264−65; Helck, in: RE XXIII, 2243−44.
658 Jacques de Morgan, Fouilles à Dahchour en 1894−95, 28−37.
659 Helck, in: LÄ V 6.
660 PM IV 107−112; Helck, in: RE XXIII, 2244−46; Arnold, in: LÄ IV 1265; Edwards, Pyramids 225−27; Fakhry, Pyramids 217−19.
661 Arnold, in: LÄ III 909−11.
662 Brunton, Lahun I 9 ff. u. pl. XXI, XXIII.
663 Petrie, Illahun, Kahun and Gurob 3−4; id., Lahun II pl. 25 (5).
664 Petrie, op.cit. pl. 3.
665 Brunton, Lahun I.
666 PM III² 882−85; Arnold, in: LÄ IV 1266 u. id., in: MDAIK 35, 1979, 2−5.
667 Helck, in: LÄ V 6.
668 Vyse, Pyramids III 59 ff.
669 Arnold, in: MDAIK 35, 1979, 4−5.
670 Dazu Kees, in: ZÄS 88, 1963, 97−113.
671 PM III² 887−90; Arnold, in: LÄ IV 1266−67 u. id., in: MDAIK 38, 1982, 17 ff.
672 Propyläen Kunstgeschichte Bd. 15 Taf. 56.
673 Arnold, in: MDAIK 36, 1980, 15 ff. u. Taf. 12, vgl. auch oben Anm. 670.
674 PM III² 888−89.
675 PM IV 100−103; Helck, in: RE XXIII 2248−49; L. Habachi, Hawara, in: LÄ 1072−74; Arnold, in: MDAIK 35, 1979, 1 ff.
676 Nagib Farag and Zaki Iskander, The Discovery of Neferwptah, Cairo 1971; Habachi, in: Or. Ant. 13, 1974, 336 ff.
677 Arnold − Stadelmann, in: MDAIK 33, 1977, Taf. 3b.
678 Kees, Labyrinth, in: RE XII 323; Lloyd, in: JEA 56, 1970, 81 ff.; Arnold, in: LÄ III 905−907.
679 Arnold, in: MDAIK 35, 1979, 1 ff.
680 Arnold, loc.cit. 7.
681 Daumas, La civilisation de l'Egypte pharaonique, 1965; Michałowski, in: JEA 54, 1968, 220; dagegen mit Recht Arnold, loc.cit. 9 u. Anm. 41−42.
682 PM IV 76−77; Simpson, Mazghuna, in: LÄ III 1196. Vandier, Manuel II 197−200; Edwards, Pyramids 236.
683 Leclant, in: Orientalia 27, 1958, 81 ff.; Maragioglio − Rinaldi, in: Orientalia 37, 1968, 325−38.
684 Arnold − Stadelmann, in: MDAIK 31, 1975, 174.
685 Lepsius, Pyramide Nr. 54; Fakhry, Pyramids 217; Arnold − Stadelmann, loc.cit. 175.
686 PM III² 434−35.
687 PM III² 435.
688 PM I², Part II 600 ff.; Winlock, in: JEA 10, 1924, 217−77.
689 Peet, Great Tomb Robberies 37−39 = Abbot Papyrus BM 10221.
690 Petrie, Abydos III, EEF 25, 35 ff.
691 Bruyère, Rapport sur les fouilles de Deir el Medineh 1922−23, pl. 19 ff.; 1923−24, pl. 6, 14 ff.; 1930, pl. 24, 32.
692 PM VII 195 ff. Tim Kendall, Kush; Dows Dunham, The Royal Cemeteries of Kush; Adams, Nubia Corridor to Africa, London 1977, 278 ff.

Abkürzungsverzeichnis

ADAIK	Abhandlungen des Deutschen Archäologischen Instituts Kairo, Glückstadt, Hamburg, New York
AE	Ancient Egypt, ab 1934: ~ and the East, London, New York
ÄA	Ägyptologische Abhandlungen, Wiesbaden
ÄF	Ägyptologische Forschungen, Glückstadt, Hamburg, New York
Aegyptus	Aegyptus. Rivista Italiana di Egittologia e di Papirologia, Milano
AfO	Archiv für Orientforschung, Berlin, ab Bd 15: Graz
Antiquity	Antiquity. A Quarterly Review of Archaeology, Cambridge
AO	Der Alte Orient, Leipzig
Archaeology	Archaeology. A Magazine Dealing with the Antiquity of the World, New York
ArOr	Archiv Orientálny, Prag, Paris, Bd 14 u. 15: Stuttgart u. Prag
ASAE	Annales du Service des Antiquités Le Caire
ASE	Archaeological Survey of Egypt, London
AV	Archäologische Veröffentlichungen, Deutsches Archäologisches Institut, Abt. Kairo, Bd 1−2 Berlin, Bd 3ff. Mainz
BAe	Bibliotheca Aegyptiaca, Brüssel
BdE	Bibliothèque d'Étude, Institut Français d'Archéologie Orientale, Kairo
BE	Bibliothèque Égyptologique, Kairo
BeiträgeBf	Beiträge zur ägyptischen Bauforschung und Altertumskunde, Kairo; 1944: Zürich; ab 1950: Kairo; ab 1969: Wiesbaden
BIE	Bulletin de l'Institut d'Égypte; bis 1920: Bulletin de l'Institut Égyptien, Kairo
BIFAO	Bulletin de l'Institut Français d'Archéologie Orientale, Kairo
BiOr	Bibliotheca Orientalis, Leiden
BMA	The Brooklyn Museum Annual, Brooklyn
BMFA	Bulletin of the Museum of Fine Arts, Boston
BMMA	Bulletin of the Metropolitan Museum of Art, New York
BMQ	The British Museum Quarterly, London
BSAE	British School of Archeology in Egypt, London; 1905: ERA; ab Bd 64 1952: BSEA bis Bd 10
BSEA	British School of Egyptian Archeology, London; bis Bd 63 1940: BSAE
BSFE	Bulletin de la Société Française d'Égyptologie, Paris
CASAE	Cahier. Suppléments aux ASAE, Kairo = SASAE
CdE	Chronique d'Égypte, Brüssel
CGC	Catalogue Général des Antiquités Égyptiennes du Musée du Caire, Kairo

284

CRAIBL	Comptes Rendus à l'Académie des Inscriptions et Belles-Lettres, Paris
CS	Collection Scientifique, Kairo
DAWW	Denkschriften der Kaiserlichen Akademie der Wissenschaften in Wien, Phil.-hist. Kl., Wien; ab 1950 DÖAW
DFIFAO	Documents de Fouilles de l'Institut Français d'Archéologie Orientale du Caire, Kairo
DLZ	Deutsche Literaturzeitung, Berlin, Leipzig
EEF	Egypt Exploration Fund, London
EEMM	The Metropolitan Museum of Art, The Egyptian Expedition. Supplement to BMMA, New York
EES	Egypt Exploration Society, London
EM	Excavation Memoirs, London
ERA	Egyptian Research Account, London; ab Bd 11 1906 = BSAE
Ex Oriente Lux	s. JEOL
Excav. Saqq.	Excavations at Saqqara, Kairo; 1954 u. 1958: at Sakkara, London. Service des Antiquités de l'Égypte
Expedition	Expedition. The Bulletin of the University Museum of the University of Pennsylvania, Philadelphia; bis Bd 21 = UMB = Bulletin of the University Museum
FIFAO	Fouilles de l'Institut Français d'Archéologie Orientale du Caire, Kairo
Fouilles Saqq.	Fouilles à Saqqarah, Kairo. Service des Antiquités de l'Égypte
GGA	Göttingische Gelehrte Anzeigen, Göttingen, Berlin
GLECS	Comptes Rendus du Groupe Linguistique d'Études Chamito-Sémitiques, Paris
GM	Göttinger Miszellen, Göttingen
JARCE	Journal of the American Research Center in Egypt, Boston
JEA	Journal of Egyptian Archaeology, London
JEOL	Jaarbericht van het Vooraziatisch-Egyptisch Genootschap (Gezelschap) „Ex Oriente Lux", Leiden
JESHO	Journal of the Economic and Social History of the Orient, Leiden
JNES	Journal of Near Eastern Studies, Chicago
Kémi	Kémi. Revue de Philologie et d'Archéologie Égyptiennes et Coptes, Paris
Kush	Kush. Journal of the Sudan Antiquities Service, Khartum
LÄ	Lexikon der Ägyptologie, Wiesbaden
LÄS	Leipziger Ägyptologische Studien, Glückstadt, Hamburg, New York
MÄS	Münchner Ägyptologische Studien, Berlin
MDAIK	Mitteilungen des Deutschen Archäologischen Instituts, Abtei-

	lung Kairo; bis 1944: Mitteilungen des Deutschen Instituts für Ägyptische Altertumskunde in Kairo, Berlin, Wiesbaden, ab 1970: Mainz
MDOG	Mitteilungen der Deutschen Orientgesellschaft, Berlin, Leipzig
Mém. Miss.	s. MMAF
MFA	Museum of Fine Arts, Boston
MIE	Mémoires de l'Institut d'Égypte; bis 1919: Institut Égyptien, Kairo
MIFAO	Mémoires publiés par les Membres de l'Institut Français d'Archéologie Orientale du Caire, Kairo
MIO	Mitteilungen des Instituts für Orientforschung, Berlin
MMA	The Metropolitan Museum of Art, Dept. of Egyptian Art, New York
MMAF	Mémoires publiés par les Membres de la Mission Archéologique Française au Caire, Paris
MMS	Metropolitan Museum Studies, New York
MonAeg	Monumenta Aegyptiaca, Brüssel
MonPiot	Fondation Eugène Piot, Monuments et Mémoires publiés par l'Académie des Inscriptions et Belles-Lettres, Paris
NAWG	Nachrichten von der Akademie der Wissenschaften zu Göttingen, Phil.-hist. Kl., bis 1940/41: NGWG, Göttingen
NGWG	Nachrichten von der Gesellschaft der Wissenschaften zu Göttingen, Phil.-hist. Kl., Fachgruppe I: Altertumswissenschaften, ab 1941: NAWG, Göttingen
OIC	Oriental Institute Communications, The University of Chicago, Chicago
OIP	Oriental Institute Publications, The University of Chicago, Chicago
OLZ	Orientalische Literaturzeitung, Berlin, Leipzig
Or	Orientalia, Nova Series, Rom
OrAnt	Oriens Antiquus, Rom
OrSu	Orientalia Suecana, Uppsala
RAPH	Recherches d'Archéologie, de Philologie et d'Histoire, Kairo
RAr	Revue Archéologique, Paris
RB	Revue Biblique, Paris
RC	La Revue du Caire, Kairo
RdE	Revue d'Égyptologie, Kairo; ab Bd 7: Paris
REA	Revue de l'Égypte Ancienne, Paris
RecTrav	Recueil de Travaux Rélatifs à la Philologie et à l'Archéologie Égyptiennes et Assyriennes, Paris
RevEg	Revue Egyptologique, Paris
RF	Rapports des Fouilles, London
RH	Revue Historique, Paris
RHR	Revue de l'Histoire de Religions, Paris
SAE	Service des Antiquités de l'Égypte, Kairo
SAK	Studien zur Altägyptischen Kultur, Hamburg

SAOC	Studies in Ancient Oriental Civilisation, The Oriental Institute of the University of Chicago, Chicago
SAS	Sudan Antiquities Service, Occasional Papers, Khartum
SASAE	Suppléments aux Annales du Service des Antiquités de l'Égypte, Cahier, Kairo = CASAE
SAWW	Sitzungsberichte der Akademie der Wissenschaften in Wien, Phil.-hist. Kl., Wien; ab 1950: SÖAW
SBAW	Sitzungsberichte der Bayerischen Akademie der Wissenschaften, Phil.-hist. Abt., München
SDAIK	Sonderschriften des Deutschen Archäologischen Instituts Kairo, Mainz
SDAW	Sitzungsberichte der Deutschen Akademie der Wissenschaften, Phil.-hist. Kl.; ab 1950: Kl. f. Sprachen, Lit. u. Kunst, Berlin; bis 1938: SPAW, Berlin
SHAW	Sitzungsberichte der Heidelberger Akademie der Wissenschaften, Phil.-hist. Kl., Heidelberg
Sieglin Exp.	Veröffentlichungen der Ernst von Sieglin Expedition in Ägypten, Leipzig
SNR	Sudan Notes and Records, Khartum
SÖAW	Sitzungsberichte der Österreichischen Akademie der Wissenschaften; bis 1947: der Kaiserlichen Akademie der Wissenschaften in Wien, Phil.-hist. Kl., Wien; bis 1950: SAWW
SPAW	Sitzungsberichte der Preußischen Akademie der Wissenschaften, Phil.-hist. Kl., Berlin; ab 1948 = SDAW
SSAW	Sitzungsberichte der Sächsischen Akademie der Wissenschaften zu Leipzig, Phil.-hist. Kl., Berlin; bis 1961 = LpBer
SSGW	Sitzungsberichte der Sächsischen Gesellschaft der Wissenschaften, Leipzig
StudAeg	Studia Aegyptiaca, Rom
UGAÄ	Untersuchungen zur Geschichte und Altertumskunde Ägyptens, Leipzig, Berlin; 1964: Nachdr. Hildesheim
WM	Wilbour Monographs, New York and Brooklyn
WVDOG	Wissenschaftliche Veröffentlichungen der Deutschen Orientgesellschaft, Berlin, Leipzig
WZKM	Wiener Zeitschrift für die Kunde des Morgenlandes, Wien
ZÄS	Zeitschrift für Ägyptische Sprache und Altertumskunde, Leipzig, Berlin
ZDMG	Zeitschrift der Deutschen Morgenländischen Gesellschaft, Leipzig, Wiesbaden

Bibliographie

Amélineau, Abydos   Émile Amélineau, Les Nouvelles Fouilles d'Abydos, Paris 1895–1904

Bissing, Re-Heiligtum   Friedrich Wilhelm von Bissing, ab Bd 2: u. Hermann Kees, Das Re-Heiligtum des Köngis Ne-Woser-Re (Rathures), 3 Bde, Berlin 1905–28

Bonnet, Reallexikon   s. RÄRG

Borchardt, Große Pyramide bei Gise   Ludwig Borchardt, Längen und Richtungen der vier Grundkanten der großen Pyramide bei Gise, Die Entstehung der Pyramide, Einiges zur dritten Bauperiode der großen Pyramide bei Gise, Beiträge Bf. 1, 1937

Borchardt, Neferirkare   Ludwig Borchardt, Das Grabdenkmal des Königs Nefer-ir-keʾ-reʿ, WVDOG 11, 1909

Borchardt, Neuserre   Ludwig Borchardt, Das Grabdenkmal des Königs Ne-user-reʿ, WVDOG 7, 1907

Borchardt, Sahure   Ludwig Borchardt, Das Grabdenkmal des Königs Sʾaʾḥu-reʿ, 2 Bde, WVDOG 14 u. 26, 1910 u. 1913

Bruyère-Kuentz, Tombes Thébaines   Bernard Bruyère et Charles Kuentz, Tombes Thébaines, La Nécropole de Deir el-Médineh I, 1; MIFAO 54, 1926

CAH   Cambridge Ancient History, Cambridge

De Morgan, Dahchour I/II   Jacques Jean Marie de Morgan, Fouilles à Dahchour, 2 Bde, Wien 1895–1903. I: Mars–Juin 1894, 1895, II: en 1894–95, 1903

Drioton-Vandier, Égypte   Étienne Drioton et Jacques Vandier, L'Égypte, Paris ⁴1962, in: Clio – Les Peuples de l'Orient Méditerranéen II

Edwards, Pyramids   I. E. S. Edwards, The Pyramids of Egypt, Penguin Books

Emery, Archaic Egypt   Walter B. Emery, Archaic Egypt, Harmondsworth 1961

Emery, Great Tombs   Walter B. Emery, Great Tombs of the First Dynasty, 3 Bde, Excav. Saqq., 1949–58

Emery, Hemaka   Walter B. Emery, The Tomb of Hemaka, Excav. Saqq., 1938

Fakhry, Pyramids   Ahmed Fakhry, The Pyramids, Chicago und London 1961 und 1969

Firth-Gunn, Teti Pyramid Cemeteries   Cecil M. Firth, Battiscombe Gunn, Teti Pyramid Cemeteries. I: Text, II: Plates, Excav. Saqq., 1926

Firth-Quibell, Step Pyramid   Cecil M. Firth, James Edward Quibell, The Step Pyramid, 2 Bde, Excav. Saqq., 1935

288

Goedicke, Königl. Dokumente	Hans Goedicke, Königliche Dokumente aus dem Alten Reich, ÄA 14, 1967
Goneim, Horus Sekhem-khet	Zakaria Goneim, Horus Sekhem-khet. The Unfinished Step Pyramid at Saqqara I, Excav. Saqq., 1957
Goyon, Le secret	Georges Goyon, Le secret des bâtisseurs des grandes pyrami- des. Khéops, Paris 1977
Grinsell, Pyramids	Leslie Grinsell, Egyptian Pyramids, Gloucester 1947
Hassan, Giza	Selim Hassan, Excavations at Giza, 10 Bde, Oxford u. Kairo 1929−60
Hatnub	Rudolf Anthes, Die Felseninschriften von Hatnub, UGAÄ 9, 1928, Nachdr. 1964
Helck, Beamtentitel	Wolfgang Helck, Untersuchungen zu den Beamtentiteln des äg. Alten Reiches, ÄF 18, 1954
Helck, Beziehungen	Wolfgang Helck, Die Beziehungen Ägyptens zu Vorderasien im 3. u. 2. Jahrtausend v. Chr., ÄA 5, 1962, ^{2}1971
Helck, Geschichte	Wolfgang Helck, Geschichte des Alten Ägypten, HdO 1. Abt., 1. Bd, 3. Abschnitt, 1968
Helck, Manetho	Wolfgang Helck, Untersuchungen zu Manetho und den ägypti- schen Königslisten, UGAÄ 18, 1956
Hornung, Fest	Erik Hornung, Geschichte als Fest, Darmstadt 1966
Jéquier, Deux Pyrami- des	Gustave Jéquier, Deux Pyramides du Moyen Empire, Fouilles Saqq., 1933
Jéquier, Frises d'Objets	Gustave Jéquier, Les Frises d'Objets des Sarcophages du Moyen Empire, MIFAO 47, 1921
Jéquier, Mastabat Fara- oun	Gustave Jéquier, Le Mastabat Faraoun, Fouilles Saqq., 1928
Jéquier, Pepi II	Gustave Jéquier, Le Monument Funéraire de Pepi II, 3 Bde, Fouilles Saqq., 1936−40
Jéquier, Pyramide d'Aba	Gustave Jéquier, La Pyramide d'Aba, Fouilles Saqq., 1935
Jéquier, Pyramides des Reines Neit et Apo- uit	Gustave Jéquier, Les Pyramides des Reines Neit et Apouit, Fouilles Saqq., 1933
Jéquier, Tombeaux	Gustave Jéquier, Tombeaux de Particuliers Contemporains de Pepi II, Fouilles Saqq., 1929
Junker, Giza	Hermann Junker, Bericht über die von der Akademie der Wis- senschaften in Wien auf gemeinsame Kosten mit Dr. Wilhelm Pelizäus unternommenen Grabungen auf dem Friedhof des AR bei den Pyramiden von Giza, 12 Bde, DAWW 69−75, 1929−55
Kaplony, Beitr. Inschriften	Peter Kaplony, Kleine Beiträge zu den Inschriften der ägypti- schen Frühzeit, ÄA 15, 1966
Kaplony, Inschriften	Peter Kaplony, Die Inschriften der ägyptischen Frühzeit, 2 Bde u. Suppl., ÄA 8 u. 9, 1963−64
Lauer, Histoire mon.	J.-Ph. Lauer, Histoire monumentale des pyramides d'Égypte, vol. I, Le Caire 1962
Lauer, Mystère	J. Ph. Lauer, Le mystère des pyramides, Paris 1974

Lauer, PD	Jean-Philippe Lauer, ab Bd 4: et Pierre Lacau, La Pyramide à Degrés, 5 Bde, Fouilles Saqq., 1936−65
Lauer, Saqqara	The Royal Cemetery of Memphis − Excavations and Discoveries since 1850, London 1976. Deutsch: Bergisch-Gladbach 1979
LD	Karl Richard Lepsius, Denkmaeler aus Aegypten und Aethiopien, 12 Bde u. Erg.bd, Berlin 1849−58, Leipzig 1913
LD, Text	Karl Richard Lepsius, Denkmäler aus Aegypten und Aethiopien, Text. Hg. von Eduard Naville, 5 Bde, Leipzig 1897−1913
Macramallah, Cimetière Archaïque	Rizkallah Macramallah, Un Cimetière Archaïque de la Classe Moyenne du Peuple à Saqqarah, Fouilles Saqq., 1940
Mariette, Mastabas	Auguste Mariette, Les Mastabas de l'Ancien Empire. Fragment du dernier ouvrage de A. Mariette, publié d'après le manuscrit de l'auteur par G. Maspero, Paris 1885
MRA	Vito Maragioglio und Celeste Rinaldi, Architettura delle Piramidi Menfite, Torino und Rapallo 1963−1975
Perring, Pyramids	J. E. Perring, The Pyramids of Gizeh etc. 3 Parts, London 1839−42
Petrie, Gerzeh and Mazghuneh	William M. Flinders Petrie, The Labyrinth, Gerzeh and Mazghuneh, BSAE 21, 1912
Petrie, Gizeh and Rifeh	William M. Flinders Petrie, Gizeh and Rifeh, BSAE 13, 1907
Petrie, Illahun, Kahun, Gurob	William M. Flinders Petrie, Illahun, Kahun and Gurob, London 1891
Petrie, Kahun, Gurob, Hawara	William M. Flinders Petrie, Kahun, Gurob and Hawara, London 1890
Petrie, Lahun II	William F. Flinders Petrie, Guy Brunton, Margaret A. Murray, Lahun II, The Pyramid, BSAE 33, 1920
Petrie, Medum	W. M. Fl. Petrie, Medum, London 1888
Petrie et al., Meydum and Memphis III	William M. Flinders Petrie, Meydum and Memphis III, BSAE 18, 1909
Petrie, Naqada and Ballas	William M. Flinders Petrie and James Edward Quibell, Naqada and Ballas, BSAE 1, 1896
Petrie, Pyramids	William M. Flinders Petrie, The Pyramids and Temples of Gizeh, London 1883
Petrie, RT	William M. Flinders Petrie, The Royal Tombs of the First Dynasty, 2 Bde, EEF 18 u. 21, 1900 u. 1901
Petrie, Tarkhan I and Memphis V	William M. Flinders Petrie, Gerald Averay Wainwright, Alan H. Gardiner, Tarkhan I and Memphis V, BSAE 23, 1913
PM	Bertha Porter and Rosalind L. B. Moss, Topographical Bibliography of Ancient Egyptian Hieroglyphic Texts, Reliefs and Paintings, 7 Bde, Oxford 1927−52, ²1960 ff.
pWestcar	Die Märchen des Papyrus Westcar, hg. von Adolf Erman, 2 Bde, Mitt. aus den Oriental. Slgg. der Königl. Museen zu Berlin 5−6, Berlin 1890
Quibell, Archaic Mastabas	James Edward Quibell, Archaic Mastabas, Excav. Saqq. 1912−14, 1923

Quibell, Excav. Saqq.	James Edward Quibell, Excavations at Saqqara 1905–1910, 3 Bde, Kairo 1907–1912
Quibell-Hayter, Teti Pyramid	James Edward Quibell, Angelo G. K. Hayter, Teti Pyramid, North Side, Excav. Saqq., 1927
RÄRG	Hans Bonnet, Reallexikon der ägyptischen Religionsgeschichte, Berlin 1953
Ranke, PN	Hermann Ranke, Die altägyptischen Personennamen, 2 Bde, Glückstadt 1935 u. 1952
RCK	The Royal Cemeteries of Kush, I: Dows Dunham, El Kurru, Cambridge 1950 II: Dows Dunham, Nuri, Boston 1955 III: Suzanne E. Chapman and Dows Dunham, Decorated Chapels of the Meroitic Pyramids at Meroe and Barkal, Boston 1952 IV: Dows Dunham, Royal Tombs at Meroe and Barkal, Boston 1957 V: Dows Dunham and George Andrew Reisner, The West and South Cemeteries at Meroe, Boston 1963
RCT	Alan H. Gardiner, The Royal Canon of Turin, Oxford 1959
RE	Paulys Realencyclopädie der classischen Altertumswissenschaften, Neue Bearbeitung unter Mitwirkung zahlreicher Fachgenossen, hg. von Georg Wissowa, 1–24. 1 A–9 A. Suppl. 1–10, Stuttgart 1893–1965
Reisner, Giza	George Andrew Reisner, A History of the Giza Necropolis, 2 Bde, I: London 1942. II: mit William Stevenson Smith, Cambridge 1955
Reisner, Tomb Development	G. A. Reisner, The development of the Egyptian Tomb down to the Accession of Cheops, Cambridge Mass.
Ricke, Bemerkungen AR I/II	Herbert Ricke, Bemerkungen zur ägyptischen Baukunst des Alten Reiches, 2 Bde, Beiträge Bf. 4 und 5,1, Zürich 1944, Kairo 1950
Ricke, Harmachis	Herbert Ricke, Der Harmachistempel des Chefren in Giseh, Beiträge Bf. 10, 1970
Ricke, Userkaf-SH I/II	Herbert Ricke, Das Sonnenheiligtum des Königs Userkaf, 2 Bde, Beiträge Bf. 7 u. 8, Kairo 1965–69
Smith	William Stevenson Smith, A History of Egyptian Sculpture and Painting in the Old Kingdom, Oxford 1946, [2]1949
Smith, Art and Architecture	William Stevenson Smith, The Art and Architecture of Ancient Egypt, London 1958, Harmondsworth [2]1965
Urk.	Urkunden des aegyptischen Altertums, begr. von Georg Steindorff, Abt. I, 1–4: Kurt Sethe, Urkunden des Alten Reiches, Leipzig [2]1933
Vandier, Manuel	Jacques Vandier, Manuel d'Archéologie Egyptienne, 5 Bde, Paris 1952–69
Vyse, Operations	Howard Vyse, Operations carried out on the Pyramids of Gizeh, 3 vol., London 1840–42

Wb   Wörterbuch der ägyptischen Sprache, hg. von Adolf Erman und Hermann Grapow, 6 Bde, Berlin u. Leipzig ^{2}1957

Wb, Belegst.   Wörterbuch der ägyptischen Sprache, hg. von Adolf Erman und Hermann Grapow, Die Belegstellen, 5 Bde, Berlin u. Leipzig 1940—59

Zeittafel

DYNASTIEN DER PYRAMIDENERBAUER

≈ 5500−3100 v. Chr.	VORGESCHICHTLICHE KULTUREN	
	Oberägypten: Tasa / Badari, Negade-I (Amratien), Negade-II (Gerzeen)	Unterägypten: Merimde, Fayum A, Omari, Maadi

| ≈ 3100−3000 v. Chr. | PROTODYNASTISCHE ZEIT Könige der Dynastie 0 Ni-Hor Hat-Hor Jrj-Hor Ka Skorpion Narmer | Grubengräber in Abydos Einsetzen schriftlicher Zeugnisse |

≈ 3000 v. Chr.   TRADITIONELLER ANSATZ DER „REICHSEINIGUNG"

≈ 3000−2700 v. Chr.	THINITENZEIT	
	1. DYNASTIE Hor-Aha = Menes Atotis Djer Djet / Wadjit Den / Udimu Adjib Semerchet Qa	Königsgräber als große nischendekorierte Mastabas in Sakkara-Nord Kenotaphe in Abydos und anderen Nekropolen
	2. DYNASTIE Hetepsechemui Raneb Ninetjer Wadjnes Peribsen Sened Neferkare Neferkasokar Hudjefa Khasechemui	Riesige Mastagräber in Sakkara Kenotaphe in Abydos

~ 2705–2630 v. Chr	3. DYNASTIE		Zeit der Stufenpyramiden
	Nebka Sanacht		
	Netjerichet Djoser		
	Sechemchet Djoserti		
	Chaba		
	Huni		

~ 2630–2475	4. DYNASTIE*		
v. Chr.	Snofru (ca. 44 Jahre)		
	Cheops (ca. 35 Jahre)		
	Djedefre (8 Jahre)		
	Chephren (ca. 35 Jahre)		„Pyramidenzeit"
	Baka (ca. 4–5 Jahre)		Pyramiden von Giza
	Mykerinos (18 Jahre)		
	Schepseskaf (4 Jahre)		
	Thamphthis (unbezeugt)		

* (Regierungsjahre nach Maßgabe der Bauzeit der Pyramiden erhöht)

2475–2325 v. Chr.	5. DYNASTIE		
	Userkaf	Nach der Tra-	Höhepunkt des Re-Kultes
	Sahure	dition Brü-	Pyramiden von Abusir
	Neferirkare	der,	
	(Schepseskare)	Söhne des	
	Neferefre	Sonnengottes	
	Neuserre	Re	
	Menkauhor		
	Djedkare Asosi		
	Unas		

2324–2137 v. Chr	6.–8. DYNASTIE		Pyramiden in Sakkara
	Teti		
	(Userkare)		
	Phiops I.		
	Merenre		
	Phiops II. (94 Jahre)		
	Nemti-emsaf		
	Königin Nitokris		

	7.–8. DYNASTIE		
	17 Könige, darunter		Gräber vermutlich in Sakkara-
	Jbj		Süd

2130–2025 v. Chr.	9.–10. DYNASTIE · HERAKLEOPOLITENKÖNIGE	
		Gräber vermutlich in Sakkara-
		Nord

294

2130–1994 v. Chr.	11. DYNASTIE · THEBANISCHE FÜRSTEN UND KÖNIGE
	Mentuhotep I.
	Antef I.
	Antef II. Wachanch ⎫ Saff-Gräber in Theben-West
	Antef III. ⎪
	Mentuhotep II. Reichseiniger, ⎬ Grabanlage in Form eines
	ca. 2025 ⎪ Urhügels in Deir el-Bahari
	Mentuhotep III. ⎪
	Mentuhotep IV. ⎭
1994–1781 v. Chr.	12. DYNASTIE
	Amenemhet I.
	Sesostris I.
	Amenemhet II. ⎫
	Sesostris II. ⎪ Pyramidengräber in Lischt,
	Sesostris III. ⎬ Illahun, Dahschur und Hawara
	Amenemhet III. ⎪ Pyramiden von Mazghuna
	Amenemhet IV. ⎪
	Königin Sobeknoferu ⎭
1781–1550 v. Chr.	2. ZWISCHENZEIT
	13. DYNASTIE
	ca. 50 Könige, darunter bedeu- Unvollendete Pyramiden mit
	tende Herrscher mit Namen äußerst kompliziertem Gang-
	Sebekhotep und und Verschlußsystem in
	Neferhotep Sakkara
	14. DYNASTIE ⎫
	Kleinkönige in Unterägypten ⎪
	⎪
	15. DYNASTIE ⎪
	(ca. 1650–1550 v. Chr.) ⎬ Gräber unbekannt
	Hyksos ⎪
	⎪
	16. DYNASTIE ⎪
	Vasallen der Hyksos ⎪
	in Unterägypten ⎭
	17. DYNASTIE Grabanlagen mit kleinen Zie-
	Thebanische Kleinkönige gelpyramiden in Theben
1550–1070 v. Chr.	NEUES REICH · 18.–20. DYNASTIE
	Aufgabe der königlichen Pyra-
	midengräber
	Privatleute können kleine
	bekrönende Ziegelpyramiden
	über ihren Gräbern haben
Ab 1070 v. Chr. bis	SPÄTZEIT
Mitte 4. Jh. n. Chr.	25. DYNASTIE Pyramidengräber in Nubien.
	(ca. 750–650 v. Chr.) Friedhöfe in Gebel Barkal,
	Königreiche von Nubien und Nuri und el-Kurru, sowie in
	Meroe Meroe bis ca. 350 n. Chr.

Fotonachweis

Brack: 71.

DAI Johannes: Vs vorn, 1, 13, 20 a, 21 a, 21 b, 31, 34, 65, 78–79, 80 a, 80 b, 80 c, 80 d, 81 a, 81 b, 84 b.

Dreyer: 68.

Egypt Exploration Society: 2 a, 2 b.

Esch: 28, 45 a, 39–40, 49 a.

Jaritz: 86, 87 a, 87 b, 88.

Hirmer Fotoarchiv: 9, 24–25, 51 a, 51 b, 61, 62, 64 a, Vorsatz hinten.

Lauer: 4.

Lehner: 47, 50, 52, 55 a, 55 b, 59 a.

Liepe: 7 a, 7 b, 8, 32, 38, 44, 56, 63 b, 69–70, 85.

John Ross, New York: 42–43.

Sourouzian: 83 a, 83 b.

Stadelmann: 3 a, 3 b, 5, 6, 12 a, 12 b, 14 a, 14 b, 15 a, 15 b, 20 b, 22 a, 22 b, 23 a, 23 b, 27, 29, 30 a, 30 b, 33 a, 33 b, 35, 36–37, 45 b, 46 a, 46 b, 48, 49 b, 53 a, 53 b, 54 a, 54 b, 57–58, 59 b, 60, 63 a, 64 b, 66, 67, 72 a, 72 b, 73, 74 a, 75 b, 76 a, 76 b, 77 a, 77 b, 82.

Henri Stierlin, Genf: 10–11.

Tawfik, Giza University: 84 a.

G. Thiem, Kaufbeuren: 16.

Uni-Dia: 74 b.

Verlagsarchiv: 17–18, 19, 26.

KULTURGESCHICHTE DER ANTIKEN WELT

VERLAG PHILIPP VON ZABERN · MAINZ

KULTURGESCHICHTE DER ANTIKEN WELT

VERLAG PHILIPP VON ZABERN · MAINZ

KULTURGESCHICHTE DER ANTIKEN WELT

VERLAG PHILIPP VON ZABERN · MAINZ

KULTURGESCHICHTE DER ANTIKEN WELT

Sonderband:
Ausgrabungen — Funde — Forschungen des Deutschen Archäologischen Instituts
258 Seiten; 127 Schwarzweißabbildungen; 14 farbige Abbildungen und Karten

Sonderband:
Edmund Buchner
Die Sonnenuhr des Augustus
112 Seiten; 25 Schwarzweißabbildungen; 32 Tafeln mit 53 Abbildungen

Sonderband:
Gianfilippo Carettoni
Das Haus des Augustus auf dem Palatin
95 Seiten mit 19 Abbildungen;
2 Plänen; 26 Farbtafeln mit 40 Abbildungen; 22 Tafeln mit 24 Abbildungen

Sonderband:
Wiktor A. Daszewski
Dionysos der Erlöser
Griechische Mythen im spätantiken Zypern
52 Seiten mit 3 Abbildungen;
19 Farbtafeln

Sonderband:
Werner Ekschmitt
Die Sieben Weltwunder
Ihre Erbauung, Zerstörung und Wiederentdeckung
277 Seiten; 94 Abbildungen; 28 Farb- und 50 Schwarzweißtafeln

Sonderband:
Roland Hampe / Erika Simon
Griechisches Leben im Spiegel der Kunst
96 Seiten mit 59 Photos

Sonderband:
Homer
Die Odyssee
In gekürzter Form nacherzählt von Eva Jantzen und biolophil illustriert von Brinna Otto
200 Seiten; 66 Zeichnungen nach griechischen Originalbildern

VERLAG PHILIPP VON ZABERN · MAINZ